임원경제지
권57-59

보양지

葆養志 3

임원경제지
권57-59

보양지 葆養志 3

풍석 서유구 지음 추담 서우보 교정

도올 김용옥 감수 및 서문

임원경제연구소 전종욱, 정명현 옮김

풍석문화재단

이 책은 ㈜DYB교육 송오현 대표 외 수많은 개인의 기부 및 문화체육관광부의 지원으로
완역 출판되었습니다.

임원경제지 보양지3

지은이   풍석 서유구
교 정   추담 서우보
옮기고 쓴 이   🌿**임원경제연구소** [전종욱(대표역자), 정명현]
            교감·교열 : 민철기, 정정기, 최시남, 김현진,
                      김수연, 강민우, 김광명, 김용미
            자료정리 : 고윤주
            감수 및 서문 : 도올 김용옥
펴낸 곳   🏛**풍석문화재단**
            펴낸 이 : 신정수
            진행 : 진병춘, 박정진 진행지원 : 박소해
            전화 : 02)6959-9921 E-mail : pungseok@naver.com
일러스트   노금희
편집디자인   아트퍼블리케이션 디자인 고흐
인 쇄   상지사피앤비
펴낸 날   초판 1쇄 2020년 11월 2일
            초판 2쇄 2021년 1월 15일
ISBN   979-11-89801-34-2

이 도서의 국립중앙도서관 출판예정도서목록(CIP)은 서지정보유통지원시스템 홈페이지
(http://seoji.nl.go.kr)와 국가자료종합목록 구축시스템(http://kolis-net.nl.go.kr)에서 이용하실 수 있습니다.
(CIP제어번호 : CIP2020040903)

* 표지그림 : 백자도 병풍(百子圖屛風)(국립고궁박물관 소장)
* 사진 사용을 허락해주신 국립수목원에 감사드립니다.

차례

일러두기

보양지 권제6 葆養志 卷第六 임원십육지 57 林園十六志 五十七

부모나 노인을 건강하도록 모시기(수친양로) 壽親養老

1. 원기 조리하기(조원) 調元

2. 노인병의 치료 療病

보양지 권제7 葆養志 卷第七   임원십육지 58 林園十六志 五十八

임신·출산과 육아(구사육영) 求嗣育嬰

1. 임신·출산(구사, 자손 얻기) 求嗣

양생월령표 養生月令表

1. 양생월령표(養生月令表) 養生月令表

일러두기

- 이 책은 풍석 서유구의 《임원경제지》를 표점, 교감, 번역, 주석, 도해한 것이다.
- 저본은 정사(正寫) 상태, 내용의 완성도, 전질의 구성 등을 고려하여 고려대학교 도서관 소장본으로 했다.
- 현재 남아 있는 이본 가운데 서울대학교 규장각한국학연구원, 일본 오사카 나카노시마부립도서관본을
  교감하고, 교감 사항은 각주로 처리했으며, 각각 규장각본, 오사카본으로 약칭했다.
- 교감은 본교(本校) 및 대교(對校)와 타교(他校)를 중심으로 하고, 필요에 따라서는 이교(理校)를 반영했으며
  교감 사항은 각주로 밝혔다.
- 번역주석의 번호는 일반 숫자(9)로, 교감주석의 번호는 네모 숫자(⑨)로 구별했다.
- 원문에 네모 칸이 쳐진 注와 서유구의 의견을 나타내는 案, 又案 등과 인용문헌은 원문의 표기와 유사하게
  네모를 둘렀다.
- 원문의 주석은【 】로 표기했다.
- 서명과 편명은 번역문에만 각각 《 》및 〈 〉로 표시했다.
- 표점 부호는 마침표(.), 쉼표(,), 물음표(?), 느낌표(!), 쌍점(:), 쌍반점(;), 인용부호(" ", ' '), 가운뎃점(·),
  모점(、), 괄호(( )), 서명 부호(《 》)를 사용했고 인명, 지명 등 고유명사에는 밑줄을 그었다.
- 字, 號, 諡號 등으로 표기된 인명은 성명으로 바꿔서 옮겼다.
- 그림 및 사진의 출처는 해당 자료와 함께 표기하였다. 별도표기가 없는 경우, 바이두(Baidu.com)와
  구글(Google.com) 등의 이미지를 활용하였다.

6

보양지 권제 6
葆養志 卷第六

임원십육지 57
林園十六志五十七

I. 부모나 노인을 건강하도록 모시기
(수친양로)

노인의 약이(藥餌)는 다만 북돋아 도와주는 법[扶將之法]일 뿐이다. 따라서 단지 따
뜻하고 화평하게 해주는 약, 기(氣)를 순조롭게 해주는 약, 식욕을 돋워주는 약, 허
함을 보해주는 약, 중화(中和)를 이루는 약만 써서 치료할 수 있다. 시장에서 파는
약을 구매하거나 타인이 보내주어 처방 내용을 모르는 약 및 성질이 강한 약제를
쓰면 안 된다. 그러므로 매우 신중하고 자세히 살펴 사용해야 한다.

- I -

부모나 노인을 건강하도록 모시기
(수친양로)

壽親養老

1. 원기 조리하기(조원)

調元

1) 총론

總論

노인의 도(道)는 항상 선을 생각하고 악을 생각지 않아야 하고, 살림[生]을 생각하고 죽임을 생각지 않아야 하며, 신용을 생각하고 속임을 생각지 않아야 한다. 노름하느라 기력을 함부로 쓰지 않고, 무거운 것을 들지 않으며, 빨리 걷지 않아야 한다. 과도한 기쁨이나 노여움을 없애고, 너무 골똘히 보거나 듣지 않으며, 지나치게 심각히 생각지 않으며, 지나치게 염려하지 않아야 한다.

老人之道, 當常念善, 無念惡 ; 常念生, 無念殺 ; 常念信, 無念欺. 無作博戲强用氣力, 無擧重, 無疾行. 無喜怒, 無極視, 無極聽, 無太用意, 無太思慮.

한숨 쉬지 않고, 소리치지 않으며, 읊조리지 않고, 휘파람이나 노래를 부르지 않아야 한다. 울음소리를 내지 않고, 지나치게 슬퍼하지 않으며, 경조사에 나아가지 않고, 빈객을 접대하지 않고, 연회석에 나가지 않으며, 항상 담박하게 먹어야 한다. 이와 같이 하면 무병하면서 천명대로 살 수 있다. 《후생훈찬(厚生訓纂)[1]》[2]

無吁嗟, 無叫喚, 無吟咏, 無歌嘯. 無嗃啼, 無悲愁, 無哀慟, 無慶弔, 無接對賓客, 無豫局席, 常常淡食. 如此者, 可以無病常壽. 《厚生訓纂》

---

1 후생훈찬(厚生訓纂) : 중국 명나라의 사관(史官) 주신(周臣, ?~?)이 가정(嘉靖) 연간 28년(1549)에 《안씨가훈(顏氏家訓)》·《삼원연수참찬서(三元延壽參贊書)》·《양생잡찬(養生雜纂)》 등의 책에서 양생에 관한 내용을 간략하게 취하여 편찬한 책. 총 6권. 육영(育嬰)·음식(飲食)·기거(起居)·어정(御情)·처기(處己)·목친(睦親)·치가(治家)·양노(養老)·법어(法語)의 9개 주제로 분류하였다.
2 《厚生訓纂》 卷6 〈養老〉(《壽養叢書》 7, 121~122쪽).

노인은 복식(服食)[3] · 장식(將息)[4] · 조신(調身)[5] · 안마(按摩) · 요동(搖動)[6]의 방법을 알아야 하고 도인(導引)[7]과 행기(行氣)[8]를 몸에 익혀야 하고, 살생하여 고기로 자양(自養)해서는 안 된다. 또 좋은 책이 아니면 읽지 말고, 좋은 소리가 아니면 듣지 말고, 좋은 일이 아니면 하지 말고, 좋은 음식이 아니면 먹지 말아야 한다.

老人須知服食、將息、調身、按摩、搖動, 取接導引、行氣, 不得殺生, 取肉以自養. 又當非其書勿讀, 非其聲勿聽, 非其務勿行, 非其食勿食.

마왕퇴 출토 〈도인도〉

좋은 음식이 아닌 것은, 돼지 · 닭 · 생선 · 마늘 · 회 · 생고기 · 생채 · 백주와 같이 모두 차고 딱딱한 종류이다. 항상 담박하게 먹는 법을 배워야 하니, 느

非其食者, 如豬犰、鷄、魚、蒜、鱠、生肉、生菜、白酒, 一應冷硬之類. 常學淡食,

---

3 복식(服食) : 약 음식 복용.

4 장식(將息) : 보양(保養)이나 휴양(休養)을 말함.

5 조신(調身) : 몸을 가지런히 하고 조심하여 조화롭게 하는 것을 말함. 조식(調息) · 조심(調心)이라고도 한다.

6 요동(搖動) : 미상. 몸을 흔들고 움직이는 운동의 방법 정도로 이해된다.

7 도인(導引) : 도교의 양생술 중의 하나. 체조를 하듯 몸의 구석구석을 움직여서 근육을 풀어주거나, 피부를 마찰하는 방식 등으로 근력과 혈액 순환을 개선시키는 건강법이다. 중국 호남성(湖南省) 장사시(長沙市) 마왕퇴(馬王堆) 고분에서 1974년 출토된 한(漢)나라 유물 중 백서(帛書)에 그려진 〈도인도(導引圖)〉는 도인을 통한 양생술이 한나라 시대에 이미 널리 퍼져 있던 문화였음을 보여준다.

8 행기(行氣) : 기의 순환을 촉진하는 방법. 통기(通氣)라고도 한다.

끼하지 않고 맑으며 달고 부드러운 음식이 좋다.

　대체로 담박한 맛이 오미의 근본이요, 땅[土德]의 충화지기(沖和之氣)이다. 담박한 음식으로 위장을 기르면 온갖 병이 생기지 않는다.

　그래서 "노인은 고기가 아니면 배부르지 않지만, 살이 찌면 풍(風)이 생긴다. 또 사람을 옆에 끼고 자지 않으면 따뜻해지지 않으나, 따뜻하면 음욕(淫慾)이 많아진다. 반드시 배를 주리지도 부르지도 않아야[不飢不飽] 하고, 춥지도 덥지도 않아야[不寒不熱] 한다. 일상생활 중에 말하고 웃고 잠자고 밥 먹는 짧은 순간마다 망령되이 실수하는 일이 없으면 수명을 늘일 수 있을 것이다."라 했다. 《후생훈찬》[9]

　태을진인(太乙眞人)[10]이 다음과 같이 말했다.
① 말을 줄여 내기(內氣)를 기른다.
② 색욕을 경계하여 정기(精氣)를 기른다.
③ 자양분이 있는 음식을 줄여 혈기(血氣)를 기른다.
④ 진액(津液, 침)을 삼켜 장기(臟氣)를 기른다.
⑤ 성내거나 노여워하지 않아 간기(肝氣)를 기른다.
⑥ 음식을 담박하게 먹어 위기(胃氣)를 기른다.
⑦ 생각이나 근심을 줄여 심기(心氣)를 기른다.

　사람은 기(氣)로 말미암아 살고, 기는 신(神)으로 말미암아 안정되게 몸에 머문다. 기를 기르고 몸을

輕淸甜軟爲佳.

蓋淡爲五味之本, 土德沖和之氣. 淡食養胃, 則百病不生.

故云 : "老者非肉不飽, 肥則生風, 非人不煖, 煖則多淫. 必須不飢[1]不飽, 不寒不熱, 行住坐臥, 言談笑語, 寢食造次之間, 不妄失者, 則可延年益壽矣." 同上

太乙眞人曰 :

"一者, 少言語, 養內氣.
二者, 戒色慾, 養精氣.
三者, 薄滋味, 養血氣.
四者, 嚥津液, 養臟氣.
五者, 莫嗔怒, 養肝氣.
六者, 淡飮食, 養胃氣.
七者, 少思慮, 養心氣."

人由氣生, 氣由神住, 養氣全身, 可得眞道.

9　《厚生訓纂》卷6〈養老〉(《壽養叢書》7, 122~123쪽).
10　태을진인(太乙眞人) : 하늘에 있는 진선(眞仙)의 이름. 태을선(太乙仙)이라고도 한다. 본문에서 말한 7가지 방법을 모아 흔히 칠금문(七禁文)이라 일컫는다.
[1] 飢 : 저본에는 "肥". 오사카본·규장각본·《厚生訓纂·養老》에 근거하여 수정.

보전하면 참된 도를 얻을 수 있다.

일반적으로 만물 중에서 보호해야 할 것은 원기(元氣)보다 앞서는 게 없고, 섭양의 도는 중용(中庸) 지키기만 한 게 없다. 실제로 그 안에 도화(陶和)[11]를 지니고 있으니, 이를 지키는 방도는 한가할 때 편안하면서도 위태로움을 잊지 않는 것이다. 이것이 성인이 미리 경계한 바이니, 노인은 더욱 삼가지 않으면 안 된다.《후생훈찬》[12]

凡在萬物之中所保者, 莫先於元氣, 攝養之道, 莫若守中. 實內有陶和, 將護之方, 須在閑日, 安不忘危. 聖人豫戒, 老人尤不可不愼也. 同上

2) 참된 원기[眞元] 보호하기

춘하추동과 사시음양의 변화 속에서 병이 나는 것은 기운을 지나치게 쓰는 데에서 비롯된다. 오장이 기를 받는 것은 대개 정해진 분수(分數)가 있다. 그 본성을 따르지 않고 억지로 언행을 하다가 기를 지나치게 써서 기가 손상되면 이 때문에 병이 난다.

양생을 잘하는 사람은 참된 원기를 지켜서 외부의 사기와 객기가 침범치 못하게 한다. 그러나 약이(藥餌, 약과 약 음식)에 이르러서는 진기(眞氣)를 보호하는 약은 적고 화기(和氣)를 쳐내는 약은 많다. 그러므로 약을 잘 복용하는 사람이 보양을 잘하는 사람만 못한 것이다.《후생훈찬》[13]

保眞元

春夏秋冬、四時陰陽, 生病起於過用. 五臟受氣, 蓋有常分, 不適其性而强云爲, 用之過耗, 是以病生.

善養生者, 保守眞元, 外邪客氣不得而干之. 至於藥餌, 則招徠眞氣之藥少, 攻伐和氣之藥多, 故善服藥者, 不如善保養.《厚生訓纂》

---

11 도화(陶和) : 도야조치(陶冶調治)의 준말. 인격을 닦고 심성을 가다듬는 도야(陶冶)와 음식, 동작, 거처 등을 적당히 몸에 맞게 하여 쇠약해진 몸을 회복하게 하는 조치[調治, 조리(調理)]를 이르는 말.
12 《厚生訓纂》卷6〈養老〉《壽養叢書》7, 123쪽).
13 《厚生訓纂》卷6〈養老〉《壽養叢書》7, 123~124쪽).

3) 몸조리[調將, 조장]

여름에는 바람을 맞거나 서늘한 기운을 몸속에 들이면 안 된다.《후생훈찬》[14]

겨울에는 일찍 자고 늦게 일어나서 서리의 찬 기운을 피한다.《후생훈찬》[15]

날씨가 추울 때 먼길을 떠나 매서운 바람[嚴風]의 고통을 무릅쓰는 일은 절대 해서는 안 된다.《후생훈찬》[16]

노인은 큰 바람·큰 비·큰 추위·큰 더위·이슬과 안개·진눈깨비·회오리·악기(惡氣, 나쁜 기운)를 피해야 한다. 추위나 더위의 고통을 무릅쓰지 않을 수 있는 것을 '큰 상서로움[大祥]'이라 한다.《후생훈찬》[17]

4) 번뇌 없애기

노년기 양생(養生)의 도는 기이함을 구하는 것을 귀하게 여기지 않는다. 먼저 환상을 깨고 번뇌를 없애며 마음속의 우울함을 씻어내야 한다. 명예와 이익은 구차히 구하지 말고, 기쁨과 노여움은 함부로 표현하지 말고, 여색을 취하는 데는 관습을 따르지

論調將

夏月, 不可當風納涼.《厚生訓纂》

冬月, 早眠晚起以避霜威. 同上

天寒, 切不可遠出, 觸冒嚴風. 同上

老人當避大風、大雨、大寒、大暑、露霧、霰雪、旋風、惡氣. 能不觸冒, 是爲"大祥". 同上

除煩惱

年老養生之道不貴求奇, 先當破幻除惱[2], 洗滌胸中憂鬱, 而名利不苟求, 喜怒不妄[3]發, 聲色不因循, 滋味不耽嗜, 神慮不邪思, 三

---

14 《厚生訓纂》卷6〈養老〉(《壽養叢書》7, 119쪽).
15 《厚生訓纂》, 위와 같은 곳.
16 《厚生訓纂》卷6〈養老〉(《壽養叢書》7, 120쪽).
17 《厚生訓纂》, 위와 같은 곳.
[2] 破幻除惱:《厚生訓纂·養老》에는 "以前賢破幻之詩".
[3] 妄 : 저본에는 "忘". 오사카본·《厚生訓纂·養老》에 근거하여 수정.

말고, 맛은 즐기거나 탐내지 말고, 신려(神慮, 정신의 생각)는 삿되이 움직이지 말고, 삼강오상(三綱五常)[18]을 현실에 맞게 구현하고, 빈부안위(貧富安危, 가난함과 넉넉함 및 편안함과 위태로움)도 편안히 받아들이면 이 또한 수명을 기르는 대도(大道)이다. 《후생훈찬》[19]

노인은 하루 중에[20] 일상생활을 하며 일체 행동에 마음을 태산(泰山)[21]처럼 잡아 흔들리지 않아야 하고, 네 관문인 눈·귀·코·입을 삼가 지키어 기가 안팎으로 드나듦을 막아야 한다. 이를 '수명을 기르는 긴요한 요소[養壽緊要, 양수긴요]'라 이름한다. 《중양사어(重陽師[22]語)》[23]

5) 의복

노인은 뼈와 살이 성기고 차가우므로 중풍에 걸리기 쉽다. 만약 내복을 몸에 붙게 입어 따뜻한 기운이 몸에 붙으면 자연히 기혈이 잘 돌아 팔다리가

綱五常現成規模, 貧富安危且據見定, 是亦養壽之大道也.《厚生訓纂》

老人于十二時中, 行住坐臥, 一切動中, 要把心似泰山, 不搖不動, 謹守四門眼耳鼻口, 不令內入外出, 此名"養壽緊要".《重陽師語》

論衣服

老人骨肉疏冷, 風寒易中. 若窄衣貼身, 煖氣着體, 自然氣血流通, 四肢和暢.

---

18 삼강오상(三綱五常) : 사람이 지켜야 할 도리. 삼강(三綱)은, 임금은 신하의 근본[군위신강(君爲臣綱)]이고, 남편은 부인의 근본[부위부강(夫爲婦綱)]이고, 어버이는 자식의 근본[부위자강(父爲子綱)]이라는 3가지 덕목을 가리키고, 오상(五常)은 인(仁)·의(義)·예(禮)·지(智)·신(信)을 가리킨다.

19 《厚生訓纂》卷6〈養老〉《壽養叢書》7, 124~125쪽).

20 하루 중에 : 원문의 "십이시중(十二時中)"을 풀이한 것으로, 12시는 24시간을 의미한다.

21 태산(泰山) : 중국 산동성 중부 태안시에 있는 산. 해발 1,545m.

22 중양사(重陽師) : 중국 도교 전진파(全眞派)의 창시자 왕중양(王重陽, 1113~1170)을 말한다. 본명은 중부(中孚)인데, 입도한 뒤 도호(道號)를 중양자로 개명해 왕중양이라 불리었다. 왕중양은 유·불·도의 삼교합일과 삼교동원을 제창하여 불교의 《반야심경》, 유교의 《효경》, 도교의 《도덕경》과 《청정경》을 공부하기를 권했다. 그는 부적·주문·금단을 비판하였고, 수도의 취지는 청정무위, 진공진행을 강조하였으며 '삼주오회(三州五會)'를 결성, 산동반도 일대에 크게 흥행하였다. 왕중양의 전진교(全眞敎)는 왕현보(王玄甫)·종리권(鍾離權)·여동빈(呂洞賓)·유해섬(劉海蟾)·왕중양(王重陽)을 전진5조(全眞五祖)로 삼았으며 그가 세상을 떠난 후에도 제자들인 칠진(七眞)은 계속해서 선교하여 십여 년 만에 중국 북방의 지배적인 종교가 되었다. 왕중양의 저서는 《중양전진집》, 《중양교화집》, 《분배십화집》으로, 모두 《정통도장(正統道藏)》에 수록되었다.

23 출전 확인 안 됨 ;《遵生八牋》卷1〈淸修妙論牋〉上(《遵生八牋校注》, 19쪽).

조화롭고 막힘이 없다. 비록 몹시 더운 여름이라도 또한 웃통을 벗어 그 목과 목덜미를 드러내서는 안 된다.

대개 뇌에서 목[頸項]24까지는 바로 풍부(風府)25로서 독맥(督脈)이 지나는 곳이다. 중풍에 걸린 사람은 이 풍부로 풍(風)이 들어온 경우가 많다. 항상 부드러운 솜을 넣은 겹수건을 건책(巾幘)26 아래 붙여서는 목덜미 아래로 내리고 살에 닿게 한다. 그렇게 옷깃으로 집어넣고 등과 어깻죽지 사이에 이르게 해야 피부를 보호하는 데에 빼어난 방법이다. 그렇지 않으면 풍이 피부를 손상시켜 반드시 큰 병이 될 것이다.《후생훈찬》27

봄에 날씨가 갑자기 따뜻해져도 단번에 솜옷을 줄이지 말고 1겹씩 점차 줄여야 갑자기 몸이 상하지 않는 지경이 되지 않을 것이다.《후생훈찬》28

겨울에 이불과 옷은 가볍고 부드러운 것을 사용하되, 배를 따뜻하게 덮는 일이 중요하다.《후생훈찬》29

雖遇盛夏, 亦不可令袒露其頸項.

蓋自腦至頸項, 乃風府督脈所過, 中風人, 多是[4]風府而入. 須常用軟絮夾帛貼巾幘中, 垂於頸下, 着肉入衣領中, 至背膊間, 以護腠理爲妙. 不然, 風傷腠中, 必爲大患.《厚生訓纂》

春時, 遇天氣頓煖, 不可頓減綿衣, 須一重重漸減, 庶不至暴傷. 同上

冬月, 衾服輕軟, 仍要煖裏肚腹. 同上

---

24 목[頸項] : 경(頸)은 앞 목과 옆 목을 말하고, 항(項)은 뒷목(목덜미)을 말한다. 발항(脖項)이라고도 한다.
25 풍부(風府) : 뒷정중선에서 뒤 머리카락 경계로부터 1치 위, 후두골(後頭骨)의 직하와 제1경추와의 사이 우묵한 곳. 설본(舌本)·조계(曹谿)·성성(惺惺)이라고도 한다.
26 건책(巾幘) : 한 폭의 헝겊으로 만들어 머리에 쓰는 모자.
27 《厚生訓纂》卷6〈養老〉(《壽養叢書》7, 118쪽).
28 《厚生訓纂》卷6〈養老〉(《壽養叢書》7, 118~119쪽).
29 《厚生訓纂》卷6〈養老〉(《壽養叢書》7, 119쪽).
[4] 是 : 오사카본에는 해당 원문의 윗 여백에 "是似誤(시자는 잘못된 듯하다)"라는 서유구의 두주(頭注)가 적혀 있다.

6) 음식

노인의 음식은 대체로 따뜻하고 익히고 뜨겁고 부드러워야 하며, 차지고 딱딱하고 익히지 않고 찬 음식을 금한다. 음식이 나오면 갑자기 배불리 먹지 말고, 다만 조금씩 자주 먹어서 비위가 쉽게 소화할 수 있도록 하며, 곡기(穀氣)가 항상 배 속에 있도록 한다. 만약 갑자기 배불리 먹으면 위를 손상시키는 경우가 많다. 노인의 장위(腸胃)는 약하고 엷어[虛薄] 소화를 잘 못하므로 병이 들기 쉽다.

그러나 더욱 금해야 할 일은 섞어 먹는 것이니, 섞어 먹으면 오미(五味)가 서로 어지러이 섞여 병이 생기기 더 쉽다. 우유·연유·꿀과 같은 음식은 겨울과 봄 사이에 항상 따뜻하게 먹으면 꽤 좋으나 많이 먹지 말아야 한다. 배가 불룩해져 설사가 날 걱정이 있기 때문이다. 자식된 자는 더욱 유의해야 한다. 《후생훈찬》[30]

여름에 몸을 더욱 잘 보해야 한다. 음식은 너무 배불리 먹지 말고, 날음식과 차가운 음식, 거칠고 딱딱한 음식, 비리고 기름기 많은 음식 및 억지로 먹는 음식은 더욱 경계해야 한다. 갈증에는 좁쌀 끓인 물이나 두구숙수(荳蔲熟水)[31]를 마시면 효과가 빼어나다. 《후생훈찬》[32]

論飮食

老人之食, 大抵宜溫熟熱軟, 忌粘硬生冷. 其應進飮食, 不可頓飽, 但頻頻與食, 使脾胃易化, 穀氣常存. 若頓令飽食, 則多傷胃. 老人腸胃虛薄, 不能消運, 故易成疾.

然尤大忌雜食, 雜則五味相撓, 更易生患. 若乳、酪酥、蜜, 冬春間常溫而食之, 頗宜, 但不宜多食, 恐致腹脹作瀉. 爲人子者, 宜留意焉.《厚生訓纂》

夏月, 尤宜保輔. 飮食勿令太飽, 尤戒生冷、粗硬、油膩及勉强飮食. 渴飮粟米湯、荳蔲熟水, 爲妙. 同上

---

30 《厚生訓纂》卷6〈養老〉(《壽養叢書》7, 120쪽).
31 두구숙수(荳蔲熟水) : 두구(荳蔲)를 넣어 달인 물. 두구는 향이 강한 열매로 비위의 습기를 제거하고 소화 불량을 치료하는 데 사용된다.
32 《厚生訓纂》卷6〈養老〉(《壽養叢書》7, 119쪽).

겨울에는 아침마다 순주(醇酒)33를 조금 마신 뒤 죽을 먹으면 좋다. 잠잘 때 가슴을 시원하게 뚫어주고 담을 삭이는 약제를 복용한다. 굽거나 뜨겁거나 건조하거나 독성이 있는 음식은 더욱 경계해야 한다. 《후생훈찬》34

冬月, 每朝宜少飲醇酒, 然後進粥. 臨臥, 服涼膈化痰之劑. 其炙煿燥毒之物, 尤切戒之. 同上

노인은 우유로 죽을 쑤어 먹으면 크게 보한다. 날씨가 추울 때는 산약(마)주, 육주(肉酒)35를 수시로 1잔씩 올려 쇠약해지지 않게 돕고 한기를 막는다. 《후생훈찬》36

老人以牛乳煮粥食, 大補益. 天寒之日, 山藥酒、肉酒, 時進一杯, 以扶衰弱, 以禦寒氣. 同上

갓 익은 오곡(五穀)37은 노인이 먹기에 좋지 않으니, 일체의 묵은 병이 도지기 때문이다. 《후생훈찬》38

新登五穀, 老人不宜食, 動一切宿疾. 同上

늙어서 비대한 사람은 더위가 와서 열을 받으면 뱃속에 불이 타오르며 온몸에 땀이 흐르고 가슴 속이 타고 갈증이 난다. 이 와중에 갑자기 얼음이나 눈처럼 차가운 음료를 보면 단번에 다 마시고서는 서늘한 기운에 잠을 잔다. 이 습관이 오래되어 찬 기운이 정체가 되면 가을에 학질 아니면 이질이 생긴다. 《수친양로서》39

年老豐肥之人, 承暑冒⑤熱, 腹內火燒, 遍身汗流, 心中焦渴, 忽遇氷雪冷漿, 盡力而飲, 承涼而睡, 久而停滯, 秋來不瘧則痢. 《壽親養老書》

---

33 순주(醇酒) : 다른 재료가 전혀 섞이지 않은 전국술. 무회주(無灰酒)라고도 하며 아주 좋은 술을 뜻한다.
34 《厚生訓纂》, 위와 같은 곳.
35 육주(肉酒) : 쌀과 누룩에 여러 향료 및 소나 양의 고기를 추가해서 담근 술. 몸을 보하는 약주로 쓰인다.
36 《厚生訓纂》卷6〈養老〉(《壽養叢書》7, 119~120쪽).
37 오곡(五穀) : 주식으로 사용되는 5가지 곡식. 곧 쌀, 보리, 조, 콩, 기장이다.
38 《厚生訓纂》卷6〈養老〉(《壽養叢書》7, 121쪽).
39 《壽親養老新書》卷1〈簡妙老人備急方〉第15 (《文淵閣四庫全書》738, 327쪽).
⑤ 冒 : 저본에는 "胃".《壽親養老新書·簡妙老人備急方》에 근거하여 수정.

7) 거처

노인이 거처하는 방은 반드시 매우 빈틈없이 만들어 풍(風)에 의해 몸이 손상되지 않도록 해야 한다. 《후생훈찬》[40]

겨울에는 따뜻하고 깨끗한 밀실(密室)이 가장 좋다. 《후생훈찬》[41]

여름에는 너른 대청의 정실(靜室, 조용한 방)에 살아야 한다. 물이 흐르고 녹음[木陰]이 있는 깨끗한 곳으로 시원한 기운이 저절로 있는 곳이어야 하지만, 바람을 맞아 서늘한 기운을 몸에 들이면 안 된다. 《후생훈찬》[42]

8) 말타기

늙어서 비대한 사람은 말을 타면 안 되는데, 떨어질 염려가 있기 때문이다. 굳이 말을 탈 때는 말에 앉는 기구를 별도로 설치해야, 온당하여 잘못될 일이 없다. 《수친양로서》[43]

論居處

老人所居之室, 必須大周密, 無致風傷也. 《厚生訓纂》

冬月, 最宜密室溫淨. 同上

夏月, 當居虛堂靜室. 水次木陰潔淨之處, 自有清涼, 不可當風納涼. 同上

論騎乘

年老豐肥之人, 不可騎馬, 恐有墜墮. 宜別置乘座器具, 穩當無失. 《壽親養老書》

---

[40] 《厚生訓纂》卷6〈養老〉《壽養叢書》7, 120쪽).
[41] 《厚生訓纂》卷6〈養老〉《壽養叢書》7, 119쪽).
[42] 《厚生訓纂》, 위와 같은 곳.
[43] 《壽親養老新書》, 위와 같은 곳.

2. 노인병의 치료

療病

1) 노인병의 원인

무릇 사람은 2개의 신장 사이의 하얀 막 속에 크기가 젓가락끝만 한 일점(一點)의 동기(動氣)가 있다. 이것이 변화를 고무시키고, 온몸을 통괄하고, 삼초(三焦)[1]를 훈증하며, 음식물을 소화하고, 밖으로 육음(六陰)[2]을 막고, 안으로 만려(萬慮)를 담당하느라 밤낮으로 쉬지 않는다.

늙어서 정혈(精血)이 모두 소모되면 평소의 칠규(七竅)[3] 기능이 반대로 된다. 올 때는 눈물이 안 나고 웃을 때 도리어 눈물이 나며, 코에는 탁한 콧물이 많고 귀에는 매미 소리가 나고, 밥 먹을 때 입이 마르며 잘 때는 침이 흐른다. 오줌은 절로 나오고 대변은 변비 아니면 설사요, 낮에는 잠이 많고 밤에는 말똥말똥하여 잠을 못 잔다. 이것이 노인의 병이다. 《의학입문》[4]

論老人病源

夫人兩腎之間, 白膜之內, 一點動氣, 大如筯頭, 鼓舞變化, 大闔周身, 薰蒸三焦, 消化水穀, 外禦六陰, 內當萬慮, 晝夜無停.

年老, 精血俱耗, 平居七竅反常. 啼哭無淚, 笑反有淚, 鼻多濁涕, 耳作蟬鳴, 喫食口乾, 寢則涎溢, 溲尿自遺, 便燥或泄, 晝則多睡, 夜臥惺惺不眠, 此老人之病也.《醫學入門》

---

1 삼초(三焦) : 몸의 체간부(體幹部)를 상초(上焦)·중초(中焦)·하초(下焦)의 3부위로 나누는데, 이를 합하여 삼초라고 한다. 상초는 목구멍에서 위장의 분문(噴門, 식도에서 위장으로 음식물이 들어가는 입구)까지에 해당한다. 중초는 위장의 분문에서 위장의 유문(幽門, 위에서 십이지장까지의 연결 부분)까지 해당한다. 하초는 위의 유문에서 전음과 후음까지, 즉 배꼽 아래 하복부에 해당한다.

2 육음(六陰) : 번뇌를 일으키는 근원이 되는, 안(眼, 눈)·이(耳, 귀)·비(鼻, 코)·설(舌, 혀)·신(身, 몸)·의(意, 의식)의 육근(六根)을 가리키는 말. 이 6가지는 사람들의 마음을 흔들어서 큰 도(道)를 깨달을 수 없게 한다는 의미에서 '여섯 도적[육적(六賊)]'이라고도 한다.

3 칠규(七竅) : 사람의 얼굴에 있는 7개의 구멍. 귀·눈·코·입의 구멍을 말한다.

4 《醫學入門》卷4〈內傷類〉"虛類" '養老', 803쪽.

2) 약치료가 음식치료(食治, 식치)만 못하다

노인의 성질은 모두 약을 싫어하고 밥을 좋아하니, 음식으로 병을 치료함이 약을 쓰는 일보다 낫다. 더욱이 노인의 병은 토하고 설사하기를 삼가야 하니, 음식을 조절하여 치료함이 더욱 좋다.《수친양로서》[5]

일반적으로 노인에게 병이 있으면 먼저 음식으로 치료해보고, 낫지 않은 뒤에야 약을 복용한다. 이것이 노인을 봉양하는 중요한 방법이다.《수친양로서》[6]

3) 약이(藥餌, 약과 약음식)

노인의 약이(藥餌)는 다만 북돋아 도와주는 법[扶將之法]일 뿐이다. 따라서 단지 따뜻하고 화평하게 해주는 약, 기(氣)를 순조롭게 해주는 약, 식욕을 돋워주는 약, 허함을 보해주는 약, 중화(中和)를 이루는 약만 써서 치료할 수 있다. 시장에서 파는 약을 구매하거나 타인이 보내주어 처방 내용을 모르는 약 및 성질이 강한 약제를 쓰면 안 된다. 그러므로 매우 신중하고 자세히 살펴 사용해야 한다.《후생훈찬》[7]

하지(夏至) 이후에는 맛이 달고 약성이 차가워 폐와 신장을 편안하게 보하는 약을 복용한다. 이 약

論藥治不如食治

老人之性，皆厭藥而喜食，以食治疾，勝於用藥. 況老人之疾，愼於吐痢，尤宜用食以治之.《壽親養老書》

凡老人有患，宜先以食治，未愈然後服藥，此養老之大法也. 同上

論藥餌

老人藥餌，止是扶將之法，只可溫平、順氣、進食、補虛、中和藥治之. 不可用市肆買、他人惠送不知方味及狼虎之劑，最宜愼重詳審.《厚生訓纂》

夏至以後，宜服甘寒平補肺腎之藥，二三十服以助

5 　《壽親養老新書》卷1〈食治養老序〉第13（《文淵閣四庫全書》738, 304쪽).
6 　《壽親養老新書》, 위와 같은 곳.
7 　《厚生訓纂》卷6〈養老〉（《壽養叢書》7, 121쪽).

20~30첩을 복용하여 원기를 돕는다. 《후생훈찬》[8]

元氣. 同上

겨울에는 잠잘 때 가슴을 시원하게 뚫어주고 담을 삭이는 약제를 복용한다. 굽거나 뜨겁거나 건조하거나 독성이 있는 음식은 더욱 절대로 경계해야 한다. 《후생훈찬》[9]

冬月臨臥, 服涼膈化痰之劑, 其炙煿燥毒之物, 尤切戒之. 同上

노인이 눈이 보이지 않고 귀가 들리지 않는 이유는 신수(腎水, 신장의 수기)가 쇠하고 심화(心火, 심장의 화기)가 성하기 때문이다. 이런 노인에게 만약 준보(峻補)[10]를 쓰면 신수가 더욱 마르고 심화가 더욱 치성할 것이다. 《수친양로서》[11]

老人目暗耳聾, 腎水衰而心火盛也. 若峻補之, 則腎水彌涸, 心火彌茂. 《壽親養老書》

노인은 신장이 허하고 힘이 없어 밤에 소변이 많다. 신장은 발을 주관하는데, 신수가 허하여 화기가 내려가지 않기 때문에 발이 마비된다. 심화가 폐를 올라타기만 하고 오줌보[脬囊]에 들어가지 않으므로 밤에 오줌이 많다. 만약 준보(峻補)를 쓰면 화는 더욱 위로 올라가고 오줌보도 더욱 차가워질 것이다. 《수친양로서》[12]

老人腎虛無力, 夜多小溲. 腎主足, 腎水虛而火不下, 故足痿. 心火上乘肺, 而不入脬囊, 故夜多小溲. 若峻補之, 則火益上行, 脬囊亦寒矣. 同上

노인이 숨이 차고 기침하는 이유는 화기가 폐에

老人喘嗽, 火乘肺也. 溫

---

8 《厚生訓纂》卷6〈養老〉(《壽養叢書》7, 119쪽).
9 《厚生訓纂》, 위와 같은 곳.
10 준보(峻補) : 보법(補法)의 하나. 작용이 센 보약으로 허한 병증을 급히 치료하는 방법.
11 《壽親養老新書》卷1〈簡妙老人備急方〉第15 (《文淵閣四庫全書》738, 327쪽).
12 《壽親養老新書》卷1〈簡妙老人備急方〉第15 (《文淵閣四庫全書》738, 327~328쪽).

올라가기 때문이다. 이때는 온보(溫補)[13]를 쓰면 좋고, 준보(峻補)를 쓰면 위태롭다. 《수친양로서》[14]

補之則宜[1], 峻補之則危. 同上

나이가 많은 사람은 비록 외감(外感)[15]이 있어도 성미가 쓰고 약성이 차가운 약과 땀을 많이 흘리게 하는 약, 구토를 많이 하게 하는 약, 설사를 많이 하게 하는 약은 절대 금한다. 이때는 화평한 약으로 조리해야 한다. 《의학입문》[16]

年老之人, 雖有外感, 切忌苦寒藥及大汗吐下. 宜以平和之藥, 調治. 《醫學入門》

노인이 만약 계속 피곤해하고 기운이 없어지면 온보(溫補)하는 약을 넣어 조리하고 죽[饘粥]으로 보양한다. 일반적으로 천성을 기르고 수명을 늘이는 약은 모두 가려서 쓸 수 있다. 또 젖이나 우유를 항상 복용함이 가장 좋다. 《의학입문》[17]

老人, 若一向憊乏, 則當加溫補調停, 饘粥以爲養. 凡養性延年之藥, 皆可選用. 又人乳、牛乳, 常服最佳. 同上

대체로 노인병의 치료법은 기력을 보양함을 위주로 한다. 《제중신편(濟衆新編)[18]》[19]

大抵老人之病治法, 補養氣力爲主. 《濟衆新編》

---

13 온보(溫補) : 보법(補法)의 하나. 작용이 평순한 보약으로 허한 병증을 비교적 완만하게 치료하는 방법.
14 《壽親養老新書》卷1〈簡妙老人備急方〉第15 (《文淵閣四庫全書》738, 328쪽).
15 외감(外感) : 육음(六陰)이나 역려지기(疫癘之氣) 등의 외사(外邪)를 감수하는 것. 병의 원인 분류 중 하나임.
16 《東醫寶鑑》〈內景篇〉卷1 '附養老' '老人治病'(《原本 東醫寶鑑》, 81쪽).
17 《東醫寶鑑》, 위와 같은 곳.
18 제중신편(濟衆新編) : 조선 시대의 시의(侍醫) 강명길(康命吉, 1737~1806)이 정조(正祖)의 명령으로 《동의보감(東醫寶鑑)》을 비롯한 국내외의 의학책 21종을 참고하여 저술한 의서(醫書). 8권 5책.
19 《濟衆新編》卷7〈養老〉 "老人保養", 145쪽.
[1] 宜 : 저본에는 "□". 《壽親養老新書·簡妙老人備急方》에 근거하여 보충. 오사카본에는 해당 원문의 윗 여백에 "상고해 보라(俟考)"라는 서유구의 두주(頭注)가 적혀 있다.

4) 양로익기(養老益氣, 노인 보양하여 기운 북돋기) 음식 치료 방법

食治養老益氣方

4-1) 우유(牛乳) 방법

牛乳方

수친양로서 [20] 허한 기운을 보익한다.

壽親養老書 壽親養老書 補虛益氣.

우유 5승, 필발(蓽茇)[21]가루 1냥을 은그릇 안에 넣고, 물 3승에 필발 섞은 우유를 타서 3승이 되도록 달인 뒤, 오지그릇[瓷合] 속에 넣는다. 식전마다 작은 잔으로 따뜻하게 1잔씩 복용한다.

牛乳五升、蓽茇末一兩, 入銀器內, 以水三升和乳合, 煎取三升, 後入瓷合中. 每於食前, 煖一小盞服之.

우유는 노인에게 가장 좋다. 혈맥을 평안하게 보하고, 심기를 보익하며, 기육을 길러주고 신체를 강건케 하며, 얼굴을 윤택하게 하고 눈이 빛나게 하며 마음이 기쁘게 하고, 쇠약하지 않게 한다. 그러므로 자식 된 자는 항상 이바지하여 상시 복용할 수 있도록 해야 한다. 간혹 우유떡이나 이유식으로도 만들어 언제나 충분할 때까지 마음대로 먹을 수 있도록 한다. 이는 고기보다 훨씬 낫다.

牛乳最宜老人, 平補血脈, 益心, 長肌肉, 令人身體康强, 滑澤面, 目光, 悅志不衰. 故爲人子者, 常須供之, 以爲常食. 或爲乳餠或作斷乳等, 恒使恣意 充足爲度. 此物勝肉遠矣.

종행서 [22][23] 우유 1승에 고운 쌀가루를 조금 넣고 죽을 쑤어 푹 익혀서 항상 복용하면 노인에게 가장 좋다.

種杏書 牛乳汁一升, 入細米心少許, 煮粥令熟, 常服, 最宜老人.

---

20 《壽親養老新書》卷1〈食治老人諸疾方〉第14 "食治養老益氣方" '食治老人補虛牛乳方'(《文淵閣四庫全書》738, 305쪽).

21 필발(蓽茇) : 후춧과에 속하는 풀. 열매는 오디와 비슷하며 속을 덥히고 홍분을 가라앉히는 약재로 쓰인다.

22 종행서(種杏書) : 저자 미상의 의서. 그 내용 중 일부가 《동의보감》에 수록되어 있다.

23 《東醫寶鑑》〈內景篇〉卷1 "附養老" '老人保養'(《原本 東醫寶鑑》, 81쪽).

제중신편 [24] 지금 내국법(內局法)[25]에는 우유를 솥 안에 넣고 분량의 한도를 정하여 맑은 물을 적당량 넣고 한도가 되도록 달이다가 비로소 고운 쌀가루를 넣고 익힌 뒤, 소금물을 조금 넣어 간을 조절하여 거둔다. 이를 '우락죽(牛酪粥)'이라 한다.

濟衆新編 今內局法, 牛乳盛於鍋內, 定其多少之限, 而量入淸水, 煎熬到限, 始入細米心, 令熟, 後入鹽水少許, 調鹹淡以收, 名"牛酪粥."

4-2) 약수를 소에게 먹여 우유를 취하는 복식방(服食方)

以藥水飮牛取乳服食方

수친양로서 [26] 종유 1근(제일 좋은 것을 곱게 간 것), 인삼 3냥[노두(蘆頭)를 제거한 것], 감초 5냥(약간 붉게 구운 것), 건지황 2냥, 황기 3냥(썬 것), 두충 3냥(주름진 껍질을 제거한 것), 육종용 6냥, 백복령 5냥, 맥문동 4냥(심을 제거한 것), 서여(薯蕷, 참마) 6냥, 석곡(石斛)[27] 2냥(뿌리를 제거하고 썬 것)을 함께 가루 낸다.

물 3승을 먼저 달이다가 좁쌀 7승을 여기에 넣고 죽을 쑨다. 이를 그릇에 담아 앞의 약 1냥을 넣고 고루 휘젓는다. 조금 뒤에 냉수를 타서 목마른 소에

壽親養老書 鐘乳一斤(上好者細研)、人蔘三兩(去蘆頭)、甘草五兩(炙微赤)、乾地黃二兩、黃芪三兩(剉)、杜沖三兩(去皺皮)、肉蓯蓉六兩、白茯苓五兩、麥門冬四兩(去心)、薯蕷六兩、石斛二兩(去根, 剉), 共爲末. 以水三升先煮, 粟米七升爲粥, 放盆內, 用藥一兩攪令均. 少和冷水 與渴牛飮

---

24 《濟衆新編》卷2〈身形〉"老人治病"·【內局】牛乳粥, 48쪽.

25 내국법(內局法) : 내국(內局)은 조선 시대 내의원(內醫院)이다. 이곳은 왕의 약을 조제하고 질병의 치료를 관장하는 곳으로, 내국법은 이곳에서 사용했던 약 조제법을 말한다. 인용 원문이 정조(正祖)의 어의(御醫) 강명길(康命吉)이 저술한 《제중신편(濟衆新編)》임을 생각하면 강명길이 근무하는 내의원에서의 방법을 자신의 의서에 옮겼을 가능성이 높다. 현재 《제중신편(濟衆新編)》에도 같은 내용이 보인다.

26 《壽親養老新書》卷1〈食治老人諸疾方〉第14 "食治養老益氣方"·'食治老人養老以藥水飮牛取乳服食方'(《文淵閣四庫全書》738, 305쪽).

27 석곡(石斛) : 난과의 금채석곡(金釵石斛) 또는 동속 근연식물의 지상부로 만든 약재. 성질은 평하고 맛은 달며 독이 없다. 허리와 다리가 연약한 증상을 낮게 하고 허손증을 보하는 효능이 있다.

게 이 죽을 충분히 먹인다. 부족하면 더 먹인다. 이렇게 먹인 뒤 하루 지나 우유를 마실 때 환자는 목이 말라도 맑은 물을 마시지 말고 아침에 그 우유를 복용한다. 이때 날것으로 먹든지 익혀 먹든지 임의대로 한다.

之, 令足, 不足更飲之. 壹日飲時, 患渴, 不飲淸水, 平朝, 取牛乳服之, 生熟任意.

소는 3살 이상, 7살 이하여야 한다. 순황색이 최상이고, 나머지 색깔은 좋지 않다. 이 우유는 항상 송아지에게 먼저 마셔보게 해야 한다. 만약 송아지가 마시지 않으면 그 우유는 기운을 요동시키는 것이니, 복용하면 안 된다.

牛須三歲以上, 七歲以下, 純黃色者爲上, 餘色爲下. 其乳, 常令犢子飮之, 若犢子不飮者, 其乳動氣, 不堪服也.

마늘, 돼지, 생선, 날음식과 차가운 음식, 군내나 악취가 나는 음식을 삼간다. 그 젖소는 깨끗하게 길러야 하니, 씻기고 쓸어주며 먹이고 기를 때 일반적인 방법대로 주의 깊게 돌봐야 한다.

愼蒜、猪、魚、生冷、陳臭. 其乳牛, 淸潔養之, 洗刷飮飼, 須如法用心看之.

4-3) 인유(人乳, 젖) 방법

人乳方

종행서 [28] 병이 없는 부인의 젖 2잔과 좋은 청주 0.5잔을 은그릇이나 돌그릇에 넣고 함께 끓여 단번에 복용한다. 매일 오경(五更, 새벽 3~5시)에 1번 복용한다.

種杏書 無病婦人乳汁二盞、好淸酒半盞, 入銀器或石器內, 同滾, 頓服. 每日五更時, 一服.

4-4) 법제저두(法製猪肚, 법제한 돼지밥통) 방법

法製猪肚方

수친양로서 [29][30] 허약하고 야위어 기력이 부족한 증

又 補虛羸乏氣力.

---

28 《東醫寶鑑》〈內景篇〉卷1 "附養老" '老人保養'(《原本 東醫寶鑑》, 81쪽).

29 수친양로서 : 원문은 '又'라고 적혀 있어서 《종행서》로 옮겨야 하지만, 이하의 처방이 모두 《수친양로서》에 기재되어 있으므로, 번역문에서 출전을 《수친양로서》로 수정하였음을 밝혀둔다.

30 《壽親養老新書》卷1〈食治老人諸疾方〉第14 "食治養老益氣方" '食治老人補虛羸乏氣力法製猪肚方'(《文淵閣四庫全書》738, 304쪽).

상을 보한다.

먼저 돼지밥통 1개(먹는 법대로 씻은 것)를 취하여 인삼 0.5냥(노두를 제거한 것), 말린 생강 0.2냥(포제하여 썬 것), 산초 0.2냥(눈은 떼어내고 입이 열리지 않은 것은 제거한 뒤 약간 볶아 땀과 같은 액을 제거한 것), 총백 7줄기(수염을 제거하고 썬 것), 찹쌀 0.3승을 함께 찧어 가루 낸 뒤, 이를 섞어서 돼지밥통에 넣고, 돼지밥통을 봉합하여 기운이 새지 않도록 한다. 물 5승을 솥에 붓고 봉합한 밥통을 약한 불로 달여 푹 익힌다.

빈속에 복용하는데, 따뜻하게 두었다가 복용한다. 그 다음에 따뜻한 술 1중간잔을 복용한다.

先取獖猪肚一枚(洗如食法)、人蔘五錢(去蘆頭)、乾薑二錢(炮製到)、椒二錢(去目不開口者, 微炒去汗)、蔥白七莖(去鬚切)、糯米三合, 共擣爲末, 合和相得入猪肚內, 縫合勿令洩氣, 以水五升於鐺內, 微火煮令爛熟.

空心服, 放溫服之, 次煖酒一中盞服之.

4-5) 전저방(煎猪肪, 끓인 돼지비계) 방법

수친양로서 [31] 매우 허약하고 피곤한 증상을 치료한다.

돼지비계(물기가 없는 것) 0.5근, 총백 1줄기를 솥 안에 끓여 총백이 누렇게 되면 곧 그친다. 온도가 체온과 같아지면 빈속에 단번에 복용하되, 다 먹는다. 따뜻하게 덮고 누워 해질녘이 된 다음에야 흰죽에 싸라기를 타서 먹는다. 3일이 지난 뒤에 아래에서 소개할 양간갱(羊肝羹)을 복용해야 한다.

煎猪肪方

又 治大虛羸困極.

猪肪(不中水者)半斤、蔥白一莖, 於銚內煎, 令蔥黃卽止. 候冷煖如身體, 空腹頓服之, 令盡. 煖蓋覆臥, 至日晡後, 乃白粥調糜. 過三日後, 宜服羊肝羹.

---

31 《壽親養老新書》卷1 〈食治老人諸疾方〉 第14 "食治養老益氣方" '治老人大虛羸困極宜服煎猪肪方'(《文淵閣四庫全書》738, 305쪽).

4-6) 양간갱(羊肝羹, 양의 간으로 끓인 국) 방법

羊肝羹方

수친양로서 [32] 양의 간 1개(근막을 제거하고 잘게 썬 것), 양등심 2덩이(잘게 썬 것), 누룩가루 0.5냥, 구기자나무뿌리 5근(썬 것)을 물 15승으로 달여 4승을 취하고 찌꺼기를 버린다. 그 즙으로 양의 간 등의 약미를 끓여 푹 익힌 뒤, 두시 1작은잔, 총백 7줄기(썬 것)를 넣은 다음 오미로 간을 맞추어 국을 끓여 빈속에 먹는다.

又 羊肝一具(去筋膜, 細切)、羊脊膂肉二條(細切)、麹末半兩、枸杞根五斤(剉), 以水一斗五升煮取四升, 去滓, 用其汁煮羊肝等令爛, 入豉一小盞, 蔥白七莖(切), 以五味調和, 作羹, 空腹食之.

3일이 지난 뒤에 음식 조심하기를 이전의 방법과 같이 한다.

後三日, 慎食如上法.

4-7) 유면박탁(油麵餺飥, 참기름수제비) 방법

油麵餺飥方

수친양로서 [33] 허하고 피로함을 보한다.

又 補虛勞.

생참기름 1근, 물에 일어둔 멥쌀뜨물 1근을 약한 불로 달여 뜨물이 다 없어져야 그치고 꺼내어 저장한다. 여기에 소금 끓인 물 0.2승을 합하고 밀가루와 반죽하여 수제비를 만든다. 이를 끓여 익힌 뒤 오미를 넣어 간을 맞춰 먹는다.

生胡麻油一斤、淅粳米泔清一斤, 以微火煎, 盡泔清, 乃止, 出貯之. 取合鹽湯二合, 將和麵作餺飥, 煮令熟, 入五味, 食之.

4-8) 구기전(枸杞煎, 구기자뿌리 달인 음료) 방법

枸杞煎方

수친양로서 [34] 위중한 병에 자주 걸리고, 허약하여

又 治頻遭重病, 虛羸不可

---

32 《壽親養老新書》卷1〈食治老人諸疾方〉第14 "食治養老益氣方" '羊肝羹方'(《文淵閣四庫全書》738, 305~306쪽).

33 《壽親養老新書》卷1〈食治老人諸疾方〉第14 "食治養老益氣方" '食治老人補虛勞油麵餺飥方'(《文淵閣四庫全書》738, 306쪽).

34 《壽親養老新書》卷1〈食治老人諸疾方〉第14 "食治養老益氣方" '食治老人頻遭重病虛羸不可平復宜服此枸杞煎方'(《文淵閣四庫全書》738, 305쪽).

잘 회복되지 않는 증상을 치료한다.

생구기자나무뿌리(10승을 잘게 썰고 물 50승으로 달여서 맑은 즙 15승을 취한 것), 흰양의 등골뼈 1개(썰어 부순 것)를 약한 불로 달여 5승을 취하고 찌꺼기를 버린다. 달인 물은 오지그릇 속에 쏟는다.

0.1승마다 술 1작은잔과 데워 함께 복용한다. 식전마다 따뜻하게 복용한다.

平復.

生枸杞根(細剉一斗, 以水五斗·煮取一斗五升, 澄清)、白羊脊骨一具(剉碎), 以微火煎, 取五升, 去滓, 入瓷合中.

每服一合, 與酒一小盞合煖. 每於食前, 溫服.

4-9) 우골고(牛骨膏, 쇠뼈에서 추출한 고)

牛骨膏

제중신편 35 중기(中氣, 비위의 기)를 보익하고, 근골을 강건하게 하며, 걸음걸이를 씩씩하게 하고, 정수(精髓)를 메우며, 기력을 건장케 하고, 피부를 살지고 윤택하게 하며, 수명을 늘린다.

어리고 살찐, 거세한 황소를 고기는 제거하고 뼈를 취하여 큰 솥에 물을 많이 붓고 달여 10승 정도 남게 한다. 이를 잘 걸러서 그릇에 저장했다가 응고가 되면 기름을 제거하고 깨끗하고 맑은 부분만 취한다. 이를 중탕해서 물로 만든다.

여기에 소금을 조금 넣어 적당량을 마신다. 간혹 오미로 간을 맞춰 먹기도 한다.

濟衆新編 補中益氣, 强筋骨, 健行步, 益髓塡精, 氣力健壯, 肌膚肥澤, 益壽延年.

嫩肥黃犍牛, 去其肉, 取其骨, 用大鼎多灌水, 煎至一斗許, 漉濾貯器, 待凝去油, 只取精明者, 重湯化爲水.

入鹽少許, 量宜飮下. 或和五味, 食之.

4-10) 연자죽(蓮子粥, 연육으로 쑨 죽)

蓮子粥

제중신편 36 주로 갈증과 설사를 멎게 하고, 신(神)을

又 主止渴, 止痢, 益神安

---

35 《濟衆新編》卷7〈養老〉"老人保養" '牛骨膏', 146쪽.
36 《濟衆新編》卷7〈養老〉"老人保養" '蓮子粥', 145쪽.

돕고, 마음을 안정시키며, 지기(志氣)를 강하게 하고, 귀와 눈을 총명하게 하고, 장부를 보하며, 기력을 기르고, 피부를 윤택하게 하고, 오장을 살찌우며, 허약하고 야위는 증상을 보한다. 또 수기(水氣)를 치료하고, 온갖 질병을 없애며, 사람을 기쁘게 한다.

心, 强志益氣, 聰耳明目, 補臟腑, 養氣力, 潤皮膚, 肥五臟, 補虛羸, 治水氣, 除百病, 令人喜.

연육(심과 껍질을 제거한 것) 6냥, 감인(芡仁, 가시연밥)(볶은 것) 4냥, 백복령(수비한 것) 3냥.

이상의 약미들을 가루 낸 뒤, 고루 섞어 1냥마다 잣(곱게 가루 낸 것) 0.5냥, 물 1승을 함께 개어 쌀뜨물이나 쌀가루를 넣고 죽을 쑤어 꿀을 조금 탄다.

오랫동안 복용하면 매우 좋다.

蓮肉(去心皮)六兩、芡仁(炒)四兩、白茯苓(水飛)三兩.

右末, 和均, 每一兩, 海松子(細屑)五錢, 水一升, 同和, 入米泔心或碎米心, 煮成粥, 和蜜少許.

長服, 極佳.

4-11) 진자죽(榛子粥, 개암으로 쑨 죽)

榛子粥

제중신편 [37] 주로 기력을 더하고, 장위(腸胃)를 부드럽게 하며, 먹지 않아도 배가 고프지 않게 하며, 위를 열어주어 튼튼하게 작동하게 하고, 비위(脾胃)를 화평케 하고, 기육을 기르며, 속을 따뜻하게 하여 설사를 멎게 하며, 기운을 북돋고, 번열을 제거한다.

개암을 물에 담그고 껍질을 제거한 다음 양에 관계없이 물로 갈아 걸러내고 즙을 낸 뒤 끓인다. 멥쌀로 뜨물을 내어 알맞게 넣고 죽을 쑨다.

여기에 꿀을 개어 먹는다. 오랫동안 복용하면 매우 좋다.

【안】 소금으로 간을 맞춰 먹어도 된다】

又 主益氣力, 寬腸胃, 不食不飢, 開胃健行, 平脾胃, 長肌肉, 溫中止痢, 壯氣除煩.

榛子, 水沈去皮, 不拘多少, 用水磨濾, 取汁煮沸. 以粳米作泔, 量入成粥.

和蜜服, 長服, 甚佳.

【案】 亦可調鹽食】

---

37 《濟衆新編》卷7〈養老〉"老人保養"'榛子粥', 145쪽.

4-12) 증손백출산(增損白尤散)

단계심법부여(丹溪心法附餘) 38 39 쇠약한 노인을 보양한다.

인삼·백출·백복령·진피·곽향·말린 칡뿌리 각 0.07냥, 목향·말린 생강·감초 각 0.03냥.

이상의 약미들을 썬 뒤, 물에 달인다. 수시로 따뜻하게 복용한다.

5) 노인 오로칠상(五勞七傷)40 음식 치료 방법

5-1) 법자양두(法煮羊頭, 법제하여 삶은 양머리) 방법

수친양로서 41 오로칠상과 허약하고 피로한 증상을 보한다.

흰양의 머리와 발굽 1부(副)42(풀을 태우는 불[草火]로 태워 황색이 되면 재와 먼지를 제거한 것)를 물에 삶아 반쯤 익힌 뒤에 후추 0.5냥, 두시 0.5근, 말린 생강 0.5냥, 총백(자른 것) 0.5승, 필발 0.5냥을

增損白尤散

丹溪心法附餘 ② 保養衰老.

人蔘·白尤·白茯苓·陳皮·藿香·乾葛各七分、木香·乾生薑·甘草各三分.

右剉, 水煎. 不拘時, 溫服.

食治老人五勞七傷方

法煮羊頭方

壽親養老書 補五勞七傷、虛損.

白羊頭蹄一副(用草火燒, 令黃色, 刮去灰塵), 水煮半熟後, 內胡椒五錢 ③ 、豉半斤、乾薑五錢 ④ 、蔥白

---

38 단계심법부여(丹溪心法附餘) : 중국 명나라의 의학자 방광(放廣, ?~?)이 1536년에 간행한 종합 의서로, 명나라의 왕륜(王綸, ?~1161)이 저술한 《단계부여(丹溪附餘)》에 자세한 설명을 덧붙여 편찬한 의서이다. 총 24권으로 구성되어 있다.

39 《東醫寶鑑》〈內景篇〉卷1 "附養老" '老人保養'(《原本 東醫寶鑑》, 81쪽).

40 오로칠상(五勞七傷) : 오로는 오장이 허약해서 생기는 허로(虛勞)를 5가지로 나눈 것으로, 심로(心勞), 폐로(肺勞), 간로(肝勞), 비로(脾勞), 신로(腎勞) 등이고, 칠상은 남자의 신기(腎氣)가 허약하여 생기는 음한(陰寒), 음위(陰痿), 이급(裏急), 정루(精漏), 정소(精少), 정청(精淸), 소변삭(小便數) 등 7가지 증상을 일컫는다.

41 《壽親養老新書》卷1〈食治老人諸疾方〉第14 "食治養老益氣方" '食治老人補五勞七傷虛損法煮羊頭方'(《文淵閣四庫全書》738, 305쪽).

42 부(副) : 양 한 마리의 머리 1개, 발굽 4개를 모두 지칭하는 말이다.

② 丹溪心法附餘 : 《東醫寶鑑·內景篇·附養老》에는 "丹溪附餘".

③ 五錢 : 《壽親養老新書·食治老人諸疾方·食治養老益氣方》에는 "半兩".

④ 五錢 : 《壽親養老新書·食治老人諸疾方·食治養老益氣方》에는 "半兩".

넣고 다시 삶아 푹 익힌 뒤 뼈를 제거한다.

빈속에 식성에 따라 먹는다. 1일에 1그릇을 먹는데, 7그릇을 먹으면 곧 그친다. 날음식과 차가운 음식, 식초와 미끄러운 성질의 음식, 오신(五辛)43, 군내나 악취가 나는 음식, 돼지와 닭 등은 이 약을 복용하는 7일 동안 삼간다.

5-2) 양신종용(羊腎蓯蓉, 양콩팥과 육종용으로 만든 국) 방법

수친양로서 44 오로칠상, 양기(陽氣)가 쇠약해지는 증상, 허리와 다리에 힘이 없어지는 증상을 치료한다.

양콩팥 1쌍(근막의 기름을 제거하고 잘게 썬 것), 육종용 1냥(술에 하룻밤 담근 뒤, 주름진 껍질을 제거하고 잘게 썬 것)을 섞어 국을 만든다. 여기에 총백·소금·오밋가루 등을 모두 일반적인 방법대로 넣는다.

빈속에 복용한다.

5-3) 양육죽(羊肉粥, 양고기죽) 방법

수친양로서 45 허약하고 피로하며 여위고 초췌한 증상을 치료하고, 양기(陽氣)를 도우며, 근육과 뼈를 건장하게 한다.

(切)半升、蓽菝五錢⑤, 更煮令爛, 去骨,

空腹, 適性食之, 日食一具, 滿七具即止. 禁生冷、醋滑、五辛、陳臭、猪鷄等七日.

羊腎蓯蓉方

又 治五勞七傷, 陽氣衰弱, 腰脚無力.

羊腎一對(去筋膜脂, 細切)、肉蓯蓉一兩(酒浸一宿, 刮去皺皮, 細切), 和作羹, 着蔥白、鹽、五味末等, 一如常法.

空腹服之.

羊肉粥方

又 治虛損羸瘦, 助陽, 壯筋骨.

---

43 오신(五辛) : 매운 맛을 내는 파, 마늘, 생강, 겨자, 후추의 5가지 음식.

44 《壽親養老新書》卷1〈食治老人諸疾方〉第14 "食治五勞七傷諸方" '食治五勞七傷陽氣衰弱腰脚無力宜食羊腎蓯蓉羹方'(《文淵閣四庫全書》738, 308쪽).

45 《壽親養老新書》卷1〈食治老人諸疾方〉第14 "食治老人虛損羸瘦諸方" '食治老人虛損羸瘦助陽壯筋骨羊肉粥方'(《文淵閣四庫全書》738, 309쪽).

⑤ 五錢 : 《壽親養老新書·食治老人諸疾方·食治養老益氣方》에는 "半兩".

양고기[羊肉] 2근(32냥)을 기름과 껍질을 제거하고 척추에 붙은 살코기 4냥을 취하여 잘게 썰어둔다. 나머지 기름과 껍질 1.75근(28냥)을 따로 취하여 물 5큰잔에 황기 1냥, 인삼(노두를 제거한 것) 2냥, 백복령 1냥, 대추 5개를 넣고 달여 즙 3잔을 만든다. 찌꺼기를 제거한 뒤 멥쌀 0.3승을 넣고 죽을 쑤어 익으려 하면 앞에 썰어둔 생고기를 넣고 다시 끓여 오미를 넣어 간을 맞춘다.

빈속에 복용한다.

5-4) 골즙자병(骨汁煮餠, 양꼬리뼈즙을 달여 만든 떡) 방법

수친양로서 46 허약하고 피로하며 여위고 초췌한 증상, 하초(下焦)가 오랫동안 냉한 증상, 눈이 보이지 않고 귀가 들리지 않는 증상을 치료한다.

큰 양의 꼬리뼈 1개(물 5잔으로 끓여 2.5큰잔을 만든 것)에 총백(수염을 제거하고 썬 것) 5줄기, 진피(탕에 담갔다가 흰 속을 제거하고 구운 것) 1냥, 형개 1줌을 넣고 5~7번 끓인 뒤, 찌꺼기를 제거하고 그 즙 약간으로 면 3냥을 반죽하여 수제비를 만든다. 다시 즙에 양고기 4냥(잘게 썬 것)을 넣고 함께 끓이다가 오미를 넣어 간을 맞춘다.

빈속에 복용한다.

羊肉二斤, 去脂皮, 取精膂肉留四兩, 細切, 另取餘一斤十二兩, 以水五大盞, 入黃芪一兩、人蔘(去蘆頭)二兩、白茯苓一兩、棗五枚, 煎取汁三盞, 去滓, 入粳米三合, 煮粥, 臨熟, 下切了生肉, 更煮, 入五味調和. 空心服之.

骨汁煮餠方

又 治虛損羸瘦, 下焦久冷, 眼昏耳聾.

大羊尾骨一條(以水五盞, 煮取汁二大盞五分), 入蔥白(去鬚切)五莖、陳橘皮(湯浸, 去白穰焙)一兩、荊芥一握, 煮五七沸, 去滓, 用汁少許搜麵三兩, 作索餠. 却於汁中, 與羊肉(細切)四兩, 同煮, 入五味. 空腹服之.

---

46 《壽親養老新書》卷1〈食治老人諸疾方〉第14 "食治老人虛損羸瘦諸方" '食治老人虛損羸瘦下焦久冷眼昏耳聾骨汁煮餠方'(《文淵閣四庫全書》738, 309쪽).

5-5) 녹신죽(鹿腎粥, 사슴콩팥으로 쑨 죽) 방법

수친양로서 47 오로칠상, 양기가 쇠약한 증상을 치료하고, 기력을 강하게 한다.

사슴콩팥 1쌍(기름막을 제거하고 잘게 썬 것), 육종용 2냥(술에 하룻밤 담근 뒤, 껍질을 깎아 제거하고 썬 것)을 준비하고, 먼저 멥쌀 0.2승을 물 2잔으로 끓여 죽을 쑤고 익을 때쯤 사슴콩팥, 육종용, 파를 넣는다.

5-6) 자계죽(雌鷄粥, 암탉죽) 방법

수친양로서 48 오로칠상을 치료하고, 하원(下元, 하초의 원기)을 돕고, 기해(氣海)49를 건장하게 한다. 1개월 남짓 복용하면 기육(肌肉)이 충만하고 왕성해져서 노인이 소년처럼 된다.

누런암탉 1마리(깃털과 내장을 제거한 것), 아위(阿魏)50 약간(졸인 것), 육종용(1냥을 술에 하룻밤 담근 뒤, 주름진 껍질을 깎아 제거하고 썬 것), 생참마 1냥(자른 것), 멥쌀 0.2승(깨끗하게 씻은 것)을 준비한다.

먼저 닭을 푹 삶아 뼈를 발라내고 즙을 낸 뒤, 쌀

鹿腎粥方

又 治五勞七傷, 陽氣衰弱, 强益氣力.

鹿腎一對(去脂膜, 細切)、肉蓯蓉二兩(酒浸一宿, 刮去皮切)、先以粳米二⑥合, 水二盞煮作粥, 欲熟, 下鹿腎、蓯蓉、蔥.

雌鷄粥方

又 治五勞七傷, 益下元, 壯氣海. 服經月餘, 肌肉充盛, 老成少年.

黃雌鷄一隻(去毛藏腹)、阿魏少許(煉過)、肉蓯蓉(酒浸一宿一兩, 刮去皺皮, 切)、生薯蕷一兩(切)、粳米二合(淘洗).

先將鷄爛煮, 擘骨取汁, 下

---

47 《壽親養老新書》卷1〈食治老人諸疾方〉第14 "食治五勞七傷諸方" '食治老人五勞七傷陽氣衰弱强益氣力鹿腎粥方'(《文淵閣四庫全書》738, 308~309쪽).

48 《壽親養老新書》卷1〈食治老人諸疾方〉第14 "食治五勞七傷諸方" '食治老人五勞七傷益下元壯氣海服經月餘肌肉充盛老成少年宜服食雌鷄粥方'(《文淵閣四庫全書》738, 309쪽).

49 기해(氣海) : 배꼽 아래 0.1척 쯤 되는 부분의 급소로 한방에서 하단전(下丹田)을 혈로서 이르는 말.

50 아위(阿魏) : 미나릿과의 여러해살이풀의 줄기에서 흘러내린 진액. 살충·징가(癥瘕)·적취(積聚)·고독(蠱毒) 등에 효능이 있다.

⑥ 二 : 《壽親養老新書·食治老人諸疾方·食治五勞七傷諸方》에는 "三".

과 닭고기, 육종용 등을 넣고 모두 삶아 죽을 쑤어 오미를 넣고 간을 맞춘다.

빈속에 먹는다.

米及鷄肉、蓯蓉等，都煮粥，入五味．

空心食之．

5-7) 작아죽(雀兒粥, 참새죽) 방법

雀兒粥方

수친양로서 51 장부를 치료하고, 허약하고 피로하며 여위고 초췌한 증상, 양기가 허약한 증상을 치료한다.

又 治臟腑, 虛損羸瘦, 陽氣乏弱．

참새새끼 5마리(먹는 방법대로 잘게 썰어 볶은 것)에 술 0.1승을 넣고 조금 끓인 뒤, 물 2.5큰잔을 붓고 좁쌀 0.1승을 넣고 끓여 죽을 쑨다.

雀兒五隻(如食法, 細切炒), 入酒一合, 煮少時, 入水二大盞半, 下粟一合煮作粥, 欲熟, 下蔥白、五味等．

익을 때쯤 총백·오미 등을 넣는다. 익으면 빈속에 복용한다.

候熟, 空心服之．

5-8) 계자삭병(鷄子索餠, 계란수제비) 방법

鷄子索餠方

수친양로서 52 허약하고 피로하며 여위고 초췌한 증상을 치료하고, 사람을 허옇게 살찌우며 윤기 나게 한다.

又 治虛損羸瘦, 令人肥白光澤．

계란흰자 4냥에 흰밀가루 4냥을 반죽한 뒤 수제비를 만들어 두시즙 속에 넣고 끓여 익힌다. 따로 흰양의 고기 4냥을 볶아 고깃국으로 끓였다가 이전에 만든 즙에 섞고 오미를 넣어 간을 맞춘다.

鷄子淸四兩, 搜白麪四兩, 作索餠, 於豉汁中, 煮令熟．別用白羊肉四兩炒作臛, 與前汁和, 入五味．

---

51 《壽親養老新書》 卷1 〈食治老人諸疾方〉 第14 "食治老人虛損羸瘦諸方" '食治老人臟腑虛損羸瘦陽氣乏弱雀兒粥方'(《文淵閣四庫全書》 738, 309쪽).

52 《壽親養老新書》 卷1 〈食治老人諸疾方〉 第14 "食治老人虛損羸瘦諸方" '食治老人虛損羸瘦令人肥白光澤雞子索餅方'(《文淵閣四庫全書》 738, 309쪽).

빈속에 복용한다.

空心服之.

5-9) 난요장양도병자(煖腰壯陽道餅子, 허리를 따뜻하게 하여 양기를 강건하게 하는 떡) 방법

煖腰壯陽道餅子方

수친양로서 [53] 오로칠상, 하초(下焦)가 허하고 냉한 증상, 소변에 정액이 섞여 나오는 증상을 치료한다.

부자 1냥(포제하여 껍질과 배꼽을 제거한 것), 신국 3냥, 육종용 1.5냥(술에 하룻밤 담근 뒤, 주름진 껍질을 깎아서 제거하고 구워 말린 것), 말린 생강 1냥(썰어서 포제한 것), 계심(桂心)[54] 1냥, 오미자 1냥, 큰 대추 20알(삶아서 껍질과 씨를 제거한 것), 양의 골수 2냥, 토사자 1냥(술에 3일 담근 뒤, 햇볕에 말린 것), 흰밀가루 1근, 꿀 4냥, 누런소의 젖 1.5근, 연유 1냥, 천초 0.5냥(눈은 떼어내고 입이 열리지 않은 것은 제거한 뒤 약간 볶아 땀과 같은 액을 제거한 것)을 모두 가루 낸다.

밀가루를 넣고 연유, 꿀, 양의 골수, 누런소의 우유를 섞고 대춧살을 넣어 숙성시킨다. 그런 다음 동이 속에 넣고 반죽하였다가 뚜껑을 덮어 바람이 통하지 않게 한 뒤 한나절 지나서 꺼낸다. 다시 충분히 반죽하고, 손으로 주물러 풀떡[糊餅]크기로 만든

又 治五勞七傷, 下焦虛冷, 水便遺精.
附子一兩(炮製, 去皮臍)、神麴[7]三兩、肉蓯蓉一兩半(酒浸一宿, 刮去皺皮, 炙乾)、乾薑一兩(剉炮製)、桂心一兩、五味子一兩、大棗二十枚(煮去皮核)、羊髓二兩、兔絲子一兩(酒浸三日, 曬乾)、白麵一斤、蜜四兩、黃牛乳一斤半、酥一[8]兩, 漢椒五錢(去目不開口者, 微炒出汗), 共爲末.
入麵, 以酥、蜜、髓、乳相和, 入棗瓢熟, 搜於盆中, 蓋覆勿令通風, 半日久卽將出. 更搜令熟, 捍作糊餅大, 面上以筯挑之, 卽入

---

53 《壽親養老新書》卷1〈食治老人諸疾方〉第14 "食治五勞七傷諸方" '食治老人五勞七傷下焦虛冷小便遺精宜食暖腰壯陽道餅子方'(《文淵閣四庫全書》738, 308쪽).
54 계심(桂心) : 계피(桂皮)는 계수나무의 껍질이고, 계심은 계수나무의 중심부를 말한다.
7 麴 : 저본에는 "曲". 《壽親養老新書·食治老人諸疾方·食治五勞七傷諸方》에 근거하여 수정.
8 一 : 《壽親養老新書·食治老人諸疾方·食治五勞七傷諸方》에는 "二".

다음 윗면에서 젓가락으로 조금씩 떼어내어[挑] 화로 속에 넣고 위아래를 잘 굽는다.[55]

매일 빈속에 5개를 먹는다. 또 다른 방법으로는 술밑을 넣어 섞는다고 하니, 더욱 좋다.

6) 노인 비위(脾胃) 기운의 허약증 음식 치료 방법

6-1) 양육삭병(羊肉索餠, 양고기수제비) 방법

수친양로서 [56] 비위 기운이 허약하여 많이 먹지 못하고, 팔다리가 피곤하고 힘이 없으며 누렇게 야위는 증상을 치료한다.

생강즙 0.2승을 흰양의 고기 4냥, 흰밀가루 6냥과 반죽하고 썰어서 고깃국을 끓인다. 여기에 오미·산초·파를 넣고 끓인다.

빈속에 먹되, 1일에 1번 복용한다. 늘 만들어 먹으면 더욱 좋다.

6-2) 양저두(釀猪肚, 돼지밥통으로 빚은 술) 방법

수친양로서 [57] 비위 기운이 허약하여 음식을 못 먹고 자주 피곤하며 힘이 없는 증상을 치료한다.

돼지밥통 1개(살진 돼지밥통을 깨끗하게 씻은 것)를 준비한다. 인삼가루 0.5냥, 귤껍질가루 0.5냥, 돼

爐熬中, 上下以火煿令熟.

每日空腹, 食五枚. 一方, 入酵和, 更佳.

食治老人脾胃氣弱方

羊肉索餠方

壽親養老書 治脾胃氣弱, 不多食, 四肢困乏無力, 黃瘦.

生薑汁二合, 搜白羊肉四兩、白麵六兩, 切作膘頭, 下五味·椒·蔥煮.

空心食之, 日一服, 如常作益佳.

釀猪肚方

又 治脾胃氣弱, 不能飲食, 多困無力.

猪肚一箇(肥者淨洗之). 以人蔘末五錢[9]、橘皮末五

---

55 밀가루를……굽는다 : 여기서 설명한 제조법에서는 앞 단락에서 제시한 약미들 중 밀가루·연유·꿀·양의 골수·우유·대촛살만 이용되고 나머지를 어떻게 사용하는지에 대한 언급이 없는데, 크게 전반부 약은 가루를 내고 후반부 약들은 그것을 반죽하는 액체로 나누어서 모든 약미를 다 합해서 사용하는 것으로 추정된다.

56 《壽親養老新書》卷1〈食治老人諸疾方〉第14 "食治老人脾胃氣弱方" '食治老人脾胃氣弱不多食四肢困乏無力黃瘦羊肉索餠方'(《文淵閣四庫全書》738, 309~310쪽).

57 《壽親養老新書》卷1〈食治老人諸疾方〉第14 "食治老人脾胃氣弱方" '食治老人脾胃氣弱不能飲食多困無力釀猪肚方'(《文淵閣四庫全書》738, 310쪽).

9 五錢 : 《壽親養老新書·食治老人諸疾方·食治五勞七傷諸方》에는 "半兩".

지지라 2개(잘게 썬 것), 밥 0.5사발, 총백 0.5줌을 돼지밥통 속에 넣고 섞은 뒤 산초·간장·오미를 섞어 넣은 다음, 입구를 봉합하고 푹 익도록 찐다.

빈속에 조금씩 먹는다. 2~3번 사용할 약제를 만들어 먹을 수 있으면 겸하여 피로함을 보해준다.

錢⑩、猪脾二枚(細切)、飯半盌、蔥白半握, 納猪肚中相和, 入椒·醬·五味訖, 縫口合, 蒸之令爛熟.

空心漸食之. 能作三兩劑, 兼補勞.

6-3) 양척죽(羊脊粥, 양의 등골뼈 삶은 물로 쑨 죽) 방법

羊脊粥方

수친양로서 58 비위 기운이 허약하여 피로하고 음식이 내려가지 않는 증상을 치료한다.

큰 양의 등골뼈 1개(두툼한 것을 망치로 부순 것)를 물 5승에 달여 2승의 즙을 낸다. 여기에 청량미(靑粱米)59 0.4승을 넣고 끓여 죽을 쑨다.

빈속에 먹는다. 오미를 넣을 수도 있다. 항상 복용하면 그 효과가 다른 것이 미치기 어려우니, 매우 효과가 있다.

又 治脾胃氣弱, 勞損, 不下食.

大羊脊骨一具(肥者槌碎), 以水五升煎, 取二升汁, 下青粱米四合, 煮作粥.

空心食之. 可下五味. 常服, 其功難及, 甚效.

6-4) 양혈(羊血, 양선지) 방법

羊血方

수친양로서 60 비위 기운이 허약하여 헛구역질을 하고 음식이 내려가지 않는 증상을 치료한다.

양선지(신선한 것) 1근(밀가루와 간장으로 반죽하

又 治脾胃氣弱, 乾嘔, 不能下食.

羊血(鮮者)一斤(麪醬作

---

58 《壽親養老新書》卷1〈食治老人諸疾方〉第14 "食治老人脾胃氣弱方" '食治老人脾胃氣弱勞損不下食羊脊粥方'(《文淵閣四庫全書》738, 310쪽).

59 청량미(靑粱米) : 조(粟)의 일종으로 약재로 사용하며, 생동찰벼에서 수확한 쌀을 말한다. 생동찰벼 이삭에는 털이 있으며 벼의 알은 퍼렇다. 쌀알은 퍼렇고 흰기장쌀이나 누런 기장쌀보다 잘다. 다른 곡식에 비하여 비장과 위를 아주 잘 보하는 효능이 있다.

60 《壽親養老新書》卷1〈食治老人諸疾方〉第14 "食治老人脾胃氣弱方" '食治老人脾胃氣弱乾嘔不能下食羊血方'(《文淵閣四庫全書》738, 310~311쪽).

⑩ 五錢 :《壽親養老新書·食治老人諸疾方·食治五勞七傷諸方》에는 "半兩".

여 조각으로 만든 것)을 총백 1줌, 흰밀가루 4냥(반죽해서 자른 것)과 함께 끓여 익힌다.

조금씩 먹는다. 3~5번 복용하면 매우 효험이 있고, 장부를 보익할 수 있다.

6-5) 호육자(虎肉炙, 호랑이고기구이) 방법

수친양로서 [61] 비위 기운이 허약하고, 속이 메스꺼우며, 음식 생각이 없고, 항상 구토하는 증상을 치료한다.

호랑이고기 0.5근(잘라서 다진 것), 총백 0.5줌(잘게 썬 것)에 산초·간장·오미로 간을 맞추고 굽는다.

빈속에 먹는다. 차게 먹는 것이 좋고, 뜨겁게 먹어서는 안 된다. 치아를 상하게 하기 때문이다.

6-6) 황자계혼돈(黃雌鷄餛飩, 누런암탉만두) 방법

수친양로서 [62] 비위 기운이 허약함으로 인해 많이 먹지 못하여 야위는 증상을 치료한다.

누런암탉의 고기 5냥을 잘라 흰밀가루 7냥, 총백(잘게 썬 것) 0.2승과 섞어 만두를 만든다. 여기에 산초·간장·오미를 넣어 간을 맞추고 푹 끓인다.

빈속에 먹는다. 1일에 1번 복용하면 장부에 크게

片), 同蔥白一握、白麵四兩(捍切), 煮令熟.

漸食之. 三五服, 極有驗, 能補益臟腑.

虎肉炙方

又 治脾胃虛弱, 惡心, 不欲飲食, 常嘔吐.

虎肉半斤(切作欒)、蔥白半握(細切), 以椒·醬·五味調, 炙之.

空心食. 冷爲佳, 不可熱食, 損齒.

黃雌鷄餛飩方

又 治脾胃氣弱, 不多食瘦瘦.

黃雌鷄肉五兩, 切之, 和白麵七兩、蔥白(細切)二合, 作餛飩, 下椒·醬·五味調和, 煮熟.

空心食之. 日一服, 大益臟

61 《壽親養老新書》卷1〈食治老人諸疾方〉第14 "食治老人脾胃氣弱方" '食治老人脾胃虛弱惡心不欲飲食常嘔吐虎肉炙方'(《文淵閣四庫全書》738, 311쪽).
62 《壽親養老新書》卷1〈食治老人諸疾方〉第14 "食治老人脾胃氣弱方" '食治老人脾胃氣弱不多食瘦瘦黃雌鷄餛飩方'(《文淵閣四庫全書》738, 311쪽).

이롭고, 안색을 윤택하게 한다.

腑, 悅澤顏色.

6-7) 계자박탁(鷄子餺飥, 계란수제비) 방법

수친양로서 63 비위 기운이 허약하여 많이 먹지 못하고, 발걸음에 힘이 없고, 누렇게 야위며 기운이 약해지는 증상과 밥만 보면 곧바로 토하는 증상을 치료한다.

계란 3개를 흰자위만 취하여 흰밀가루 5냥에 반죽한다. 다시 흰양고기 5냥(고깃국으로 끓인 것)을 밀가루와 함께 오미를 넣고 푹 끓인다.

빈속에 먹는다. 1일에 1번 복용하는데, 항상 복용하면 허한 증상을 매우 보한다.

鷄子餺飥方

又 治脾胃氣弱, 不多飮食, 行步無力, 黃瘦, 氣微, 見食卽吐.

鷄子三枚取白, 搜白麵五兩. 又以白羊肉五兩(作臛頭), 與麵入五味, 煮熟.
空心食之. 日一服, 常作, 極補虛.

6-8) 즉어숙회(鯽魚熟鱠, 붕어숙회) 방법

수친양로서 64 비위 기운이 허약하여 음식이 내려가지 않고, 몸이 허하면서 피로하고, 야위는 증상 및 기력이 쇠미하여 제대로 걷지 못하는 증상을 치료한다.

붕어살 0.5근(잘게 회를 뜬 것)을 두시즙 속에 넣고 끓여 익힌 뒤, 후추·시라를 생강·귤껍질 등의 가루 및 오미와 함께 넣는다.

빈속에 먹는다. 항상 복용하면 더욱 좋다.

鯽魚熟鱠方

又 治脾胃氣弱, 食飮不下, 虛劣羸瘦, 及氣力衰微, 行履不得.

鯽魚肉半斤(細作膾), 投豉汁中, 煮令熟, 下胡椒、時蘿、竝薑、橘皮等末及五味.
空腹食. 常服尤佳.

---

63 《壽親養老新書》卷1〈食治老人諸疾方〉第14 "食治老人脾胃氣弱方" '食治老人脾胃氣弱不多進食行步無力黃瘦氣微見食卽欲吐雞子餺飥方'(《文淵閣四庫全書》738, 310쪽).

64 《壽親養老新書》卷1〈食治老人諸疾方〉第14 "食治老人脾胃氣弱方" '食治老人脾胃氣弱飲食不下虛劣羸瘦及氣力衰微行履不得鯽魚熟鱠方'(《文淵閣四庫全書》738, 310쪽).

6-9) 곽채갱(藿菜羹, 콩잎국) 방법

수친양로서 [65] 비위 기운이 허약하여 음식을 먹지 못하고 야위는 증상을 치료한다.

콩잎 4냥(썬 것), 붕어고기 5냥을 끓여 국을 만든다. 여기에 오미·산초·생강을 넣고 아울러 밀가루 조금을 개어 넣는다.

빈속에 먹는다. 항상 3~5일 동안 복용하면 매우 보익된다.

6-10) 국말삭병자(麴末索餅子, 누룩가루수제비) 방법

수친양로서 [66] 비위 기운이 허약하여 음식을 소화하지 못하고 야위며, 거동에 힘이 없어서 자주 눕는 증상을 치료한다.

누룩가루 2냥(찧어서 가루로 만든 것), 흰밀가루 5냥을 생강즙 3냥으로 반죽하고, 흰양고기 3냥(고깃국으로 만든 것)과 산초·간장·오미를 넣고 끓여 익힌다.

빈속에 먹는다. 1일에 1번 복용하는데, 항상 복용하면 더욱 좋다.

6-11) 속죽(粟粥, 좁쌀죽) 방법

수친양로서 [67] 비위 기운이 허약하여 구토를 하고 음

藿菜羹方

又 治脾胃氣弱, 飲食不多, 羸乏.

藿菜四兩(切之)、鯽魚肉五兩, 煮作羹, 下五味、椒、薑, 並調些少麵.

空心食之. 常以三五日服, 極補益.

麴末索餅子方

又 治脾胃氣弱, 食不消化, 羸瘦, 擧動無力, 多臥.

麴末二兩(擣爲麵)、白麵五兩, 以薑汁三兩搜和, 白羊肉三兩(作臛頭), 並椒·醬·五味, 煮熟.

空心食之. 日一服, 常服尤佳.

粟粥方

又 治脾胃氣弱虛, 嘔吐不

---

65 《壽親養老新書》卷1〈食治老人諸疾方〉第14 "食治老人脾胃氣弱方" '食治老人脾胃氣弱飲食不多羸乏藿菜羹方'(《文淵閣四庫全書》738, 310쪽).

66 《壽親養老新書》卷1〈食治老人諸疾方〉第14 "食治老人脾胃氣弱方" '食治老人脾胃氣弱食不消化羸瘦擧動無力多臥麴末索餅子方'(《文淵閣四庫全書》738, 310쪽).

67 《壽親養老新書》卷1〈食治老人諸疾方〉第14 "食治老人脾胃氣弱方" '食治老人脾胃氣弱虛嘔吐不下食漸加羸瘦粟米粥方'(《文淵閣四庫全書》738, 311쪽).

식이 내려가지 않아서 점점 야위는 증상을 치료한다.

좁쌀 0.4승(깨끗하게 일은 것)에 흰밀가루 4냥을 반죽하여 고루 섞은 다음 끓여 죽을 쑨다.

빈속에 먹는다. 1일에 1번 복용하면 신장의 기를 매우 잘 기르고 위를 부드럽게 한다.

下, 漸加羸瘦.

粟米四合(淨淘), 拌白麵四兩, 令均, 煮作粥.

空心食之. 一日一服, 極養腎氣, 和胃.

6-12) 생강탕(生薑湯) 방법

生薑湯方

수친양로서 [68] 음식이 내려가지 않거나 구역질하며 허약한 증상을 치료한다.

생강 2냥(껍질을 제거하고 잘게 썬 것), 좁쌀죽 윗물 1승에 소금을 조금 섞고 달여 0.7승을 취한다.

빈속에 항상 만들어 복용하면 위를 열어주어 음식이 잘 넘어가게 한다.

又 治飮食不下, 或區逆虛弱.

生薑二兩(去皮, 細切)、漿水一升, 和少鹽, 煎取七合.

空心常作, 開胃進食.

6-13) 백시죽(白柹粥, 곶감죽)

白柹粥

제중신편 [69] 몸을 따뜻하게 보하고, 장과 위의 벽을 두껍게 하며, 비위를 튼튼하게 하고, 묵은 음식을 소화시키고, 얼굴의 기미를 없애며, 묵은 피를 제거하고, 목소리를 부드럽게 한다.

곶감을 양에 관계없이 물에 담갔다가 체로 걸러 즙을 취한 다음 찹쌀뜨물을 타고 끓여 죽을 쑨다.

임의대로 먹는다. 꿀을 개어 먹어도 좋다. 간혹 찹쌀가루를 개어 떡이나 경단을 만들어 먹으면 무

濟衆新編 溫補, 厚腸胃, 健脾胃, 消宿食, 去面黯, 除宿血, 潤聲喉.

乾柹, 不拘多少, 水浸, 下篩取汁, 和糯米泔煮成粥.

任食之. 和蜜用亦好. 或和糯 [11] 米粉, 作餠粳團, 可以

---

68 《壽親養老新書》卷1〈食治老人諸疾方〉第14 "食治老人脾胃氣弱方" '食治老人飮食不下或嘔逆虛弱生薑湯方'(《文淵閣四庫全書》738, 311쪽).

69 《濟衆新編》卷7〈養老〉"老人保養" '白柹粥', 146쪽.

[11] 糯 : 《濟衆新編·養老·老人保養》에는 "粘".

른 대변을 단단하게 만들 수 있다. 메밀가루를 개어 운두병(雲頭餠, 구름모양의 떡)을 만들어 먹어도 장과 위를 실하게 하고 기력을 북돋울 수 있다.

堅大便. 或和木麥粉, 作雲頭餠, 可以實腸胃, 益氣力.

7) 노인의 식체(食滯) 음식 치료 방법

7-1) 산사죽(山査粥, 산사나무열매죽)

食治老人食滯方

山査粥

제중신편 [70] 주로 식적(食積)[71]을 소화시키고, 오랜 체증을 삭이며, 맺힌 기운을 뚫어주고, 이질(痢疾)[72]을 치료하며, 위를 건강하게 하여 가슴을 열어주고, 담괴(痰塊)와 혈괴(血塊)를 사그라들게 하고, 생선이나 고기를 먹고 생긴 체증을 치료한다.

濟衆新編 主消食積, 化宿滯, 行結氣, 療痢疾, 健胃開膈, 消痰塊、血塊, 治魚肉滯.

산사육(씨를 제거하고 곱게 가루 낸 것) 1냥, 계피(곱게 가루 낸 것) 0.1냥, 장류수(長流水)[73] 1승을 함께 끓이고 찹쌀가루를 양에 맞게 넣어 죽을 쑨다.

山査肉(去核細末)一兩、桂皮(細末)一錢、長流水一升, 同和煮沸, 糯米粉量入, 作粥.

꿀을 타 복용한다.

和蜜用.

8) 노인의 눈병 음식 치료하는 방법

8-1) 저간갱(猪肝羹, 돼지간국) 방법

食治老人眼目方

猪肝羹方

수친양로서 [74] 간장이 허약하여 먼곳을 보려 해도 잘 보지 못하고 힘이 없는 증상을 치료하고, 간을 보한다.

壽親養老書 治肝臟虛弱, 遠視無力, 補肝.

---

70 《濟衆新編》卷7〈養老〉"老人保養"'山査粥', 145~146쪽.

71 식적(食積) : 음식이 잘 삭지 않고 뭉쳐서 생기는 병증.

72 이질(痢疾) : 배가 아프고 대변을 자주 보는데 대변의 양이 적고, 속이 땅기며 뒤가 무겁고, 피고름같은 대변을 보는 병증.

73 장류수(長流水) : 길게 흐르는 물, 곧 생기가 있고 산소함량이 많은 물을 가리킨다. 천리수(千里水)라고도 한다.

74 《壽親養老新書》卷1〈食治老人諸疾方〉第14"食治眼目方"'食治老人肝臟虛弱遠視無力補肝猪肝羹方'(《文淵閣四庫全書》738, 306쪽).

돼지간 1개(잘게 썰고 근막을 제거한 것)에 총백 1줌(수염뿌리를 제거하고 썬 것)을 넣고 두시즙에 끓여 국을 만든다.

익을 때 계란을 깨고 넣어 먹는다.

猪肝一具(細切去筋膜), 入蔥白一握(去鬚切者), 豉汁中煮作羹.

臨熟, 打破鷄子, 投在內食之.

8-2) 또 다른 방법

又方

수친양로서 75 청양(靑羊, 푸른 빛이 도는 양)의 간 1개(잘게 썰고 물에 끓여 익힌 뒤 걸러내어 말린 것)를 준비한다.

又 靑羊肝一具(細切, 水煮熟, 漉乾).

소금·간장·식초를 개어 먹으면 바로 효과가 있다.

以鹽·醬·醋和食之, 立效.

8-3) 오계간죽(烏鷄肝粥, 오골계간죽) 방법

烏鷄肝粥方

수친양로서 76 간장(肝臟)에 풍기(風氣)가 들어 허약해지면서 눈이 보이지 않는 증상을 치료한다.

又 治肝臟風虛, 眼暗.

오골계의 간 1개(잘게 썬 것)를 준비한다.

烏鷄肝一具(細切).

두시와 쌀로 국과 죽을 만들어 먹는다.

以豉和米作羹粥, 食之.

8-4) 마치실반총시죽(馬齒實拌蔥豉粥, 쇠비름씨에 파와 된장을 넣어 만든 죽) 방법

馬齒實拌蔥豉粥方

수친양로서 77 청예(靑瞖)와 백예(白瞖)78를 치료하고

又 治靑、白瞖⑫, 明目, 除

---

75 《壽親養老新書》卷1〈食治老人諸疾方〉第14 "食治眼目方" '又方'(《文淵閣四庫全書》738, 306쪽).

76 《壽親養老新書》卷1〈食治老人諸疾方〉第14 "食治眼目方" '食治老人肝臟風虛眼暗烏鷄肝粥方'(《文淵閣四庫全書》738, 306쪽).

77 《壽親養老新書》卷1〈食治老人諸疾方〉第14 "食治眼目方" '食治老人靑白瞖明目除邪氣利大腸去寒熱馬齒實拌蔥豉粥方'(《文淵閣四庫全書》738, 306쪽).

78 청예(靑瞖)와 백예(白瞖) : 청예는 정주(睛珠, 렌즈체)가 흐려지면서 앞이 보이지 않는 병증이고, 백예는 눈의 검은자위 안팎에서 시선을 가리는 아롱이나 눈병이 나은 뒤에 남겨진 자국을 가리킨다.

⑫ 瞖 : 저본에는 "醫". 《壽親養老新書·食治老人諸疾方·食治眼目方》에는 "翳". 오사카본·규장각본에 근거하여 수정.

눈을 밝게 하며, 사기를 없애고, 대장을 소통하며, 한열을 제거한다.

쇠비름씨 1승을 가루 낸다. 1술씩 복용할 때마다 총시죽(葱豉粥, 파와 된장을 넣어 만든 죽)을 끓여 함께 잘 저어 먹는다. 쇠비름나물로는 국이나 죽을 만들어 먹는다.

모두 눈을 밝게 하는 데 매우 좋다.

邪氣, 利大腸, 去寒熱.

馬齒實一升爲末, 每服一匙. 煮蔥豉粥, 和攪食之. 馬齒菜, 作羹粥吃.

竝明目, 極佳.

8-5) 또 다른 방법

수친양로서 [79] 파씨 0.5근(푹 볶은 것)을 가루 낸다. 1술씩 먹을 때마다 물 2큰잔에 파씨를 달여 1큰잔으로 만든 뒤 찌꺼기를 제거하고 쌀을 넣고 죽을 쑤어 먹는다.

又方

又 蔥子半斤(炒熟)爲末, 每服一匙. 以水二大盞煎一大盞, 去滓, 入米煮粥, 食之.

8-6) 창이자죽(蒼耳子粥, 도꼬마리씨죽) 방법

수친양로서 [80] 눈이 침침해서 밝게 보이지 않는 증상을 치료한다.

도꼬마리씨 0.5냥을 흐물흐물하게 찧은 다음 천으로 비틀어 짜되 물을 섞어 즙을 내고 멥쌀 0.3승과 섞어 죽을 쑤어 먹는다.

간혹 가루 낸 뒤, 달여 복용해도 좋다.

蒼耳子粥方

又 治目暗不明.

蒼耳子五錢擣爛, 用布絞濾以水取汁, 和粳米三合, 煮粥食之.

或作散煎服亦佳.

8-7) 치자인죽(枝子仁粥, 치자속씨죽) 방법

수친양로서 [81] 열이 나서 눈이 벌겋고 깔깔하게 아

枝子仁粥方

又 治熱發, 眼赤, 澁痛.

---

79 《壽親養老新書》卷1〈食治老人諸疾方〉第14 "食治眼目方" '又方'(《文淵閣四庫全書》738, 306쪽).

80 《壽親養老新書》卷1〈食治老人諸疾方〉第14 "食治眼目方" '食治老人目暗不明蒼耳粥方'(《文淵閣四庫全書》738, 306쪽).

81 《壽親養老新書》卷1〈食治老人諸疾方〉第14 "食治眼目方" '食治老人熱發眼赤??痛梔子仁粥方'(《文淵閣四庫全書》738, 306~307쪽).

픈 증상을 치료한다.

치자속씨 1냥을 가루 낸 뒤, 4번으로 나누어 복용한다. 복용할 때마다 쌀 0.3승으로 죽을 쑨다.

익을 때쯤 치잣가루 0.01냥을 넣고 고루 저어 복용한다.

枝子仁一兩爲末, 分爲四服. 每服, 用米三合煮粥. 臨熟時, 下枝子末一分, 攪令均, 服之.

8-8) 계두실죽(鷄頭實粥, 가시연밥죽) 방법

수친양로서 [82] 정기를 북돋고, 의지를 강건하게 하며, 귀와 눈을 총명하게 한다.

가시연밥 0.3승을 익도록 끓여 껍질을 제거한 뒤 고(膏)처럼 간다. 그런 다음 멥쌀 0.1승을 넣고 죽을 쑨다.

빈속에 복용한다.

鷄頭實粥方

又 益精氣, 强志意, 聰利耳目.

鷄頭實三合煮令熟, 去殼, 硏如膏, 入粳米一合, 煮粥.

空腹服之.

8-9) 만청죽(蔓菁粥, 순무씨죽) 방법

수친양로서 [83] 속을 보하고, 눈을 밝게 하며, 소변을 소통시킨다.

순무씨 0.2승을 찧어서 물 2큰잔을 넣고 비틀어 짜서 즙을 내고, 여기에 멥쌀 0.3승을 넣고 달여 죽을 쑨다.

빈속에 먹는다.

蔓菁粥方

又 補中, 明目, 利小便.

蔓菁子二合擣碎, 入水二大盞, 絞濾取汁, 着粳米三合, 煮粥.

空心食之.

---

82 《壽親養老新書》卷1〈食治老人諸疾方〉第14 "食治眼目方" '食治老人益精氣强志意聰利耳目鷄頭實粥方'(《文淵閣四庫全書》738, 307쪽).

83 《壽親養老新書》卷1〈食治老人諸疾方〉第14 "食治眼目方" '治老人補中明目利小便蔓菁粥方'(《文淵閣四庫全書》738, 307쪽).

8-10) 연실죽(蓮實粥, 연밥죽) 방법

수친양로서 [84] 귀와 눈을 총명하게 하고 의지를 강건하게 한다.

연밥 0.5냥(껍질을 제거하고 잘게 썬 것)을 물에 끓여 익히고 찹쌀가루 0.3승을 넣어 죽을 쑨다. 익으면 연실을 넣고 고루 저어 뜨겁게 먹는다.

8-11) 죽엽죽(竹葉粥, 댓잎 이용하여 쑨 쌀죽) 방법

수친양로서 [85] 횡격막 상부의 풍열로 머리와 눈 부위가 벌겋게 붓고 아프며 눈이 희미하게 보이는 증상을 치료한다.

댓잎 50개(깨끗하게 씻은 것), 석고 3냥을 물 3큰잔에 끓여 2큰잔으로 만든다. 찌꺼기를 제거하고 맑아지면 잘 일어둔 멥쌀 0.3승을 넣고 죽을 쑨다.

익으면 설탕 1냥을 넣어 먹는다.

9) 노인의 이롱(耳聾)[86] 음식 치료 방법

9-1) 자석저신갱(磁石猪腎羹, 자석과 돼지콩팥을 넣고 끓인 국) 방법

수친양로서 [87] 오래된 이롱을 치료하고, 신장을 기

蓮實粥方

又 益耳目聰明, 强志.

蓮實半兩(去皮細切)水煮令熟, 入糯末三合, 作粥. 候熟, 入蓮實攪均, 熱食.

竹葉粥方

又 治膈上風熱, 頭目赤腫痛, 目視䀮䀮.

竹葉五十片(淨洗)、石膏三兩, 以水三大盞煎至二大盞, 去滓澄清, 入淅粳米三合, 煮粥.

候熟, 入砂糖一兩, 食之.

食治老人耳聾方

磁石猪腎羹方

壽親養老書 治久患耳聾,

---

84 《壽親養老新書》卷1〈食治老人諸疾方〉第14 "食治眼目方" '食老人益耳目聰明補中强志蓮實粥方'(《文淵閣四庫全書》738, 307쪽).

85 《壽親養老新書》卷1〈食治老人諸疾方〉第14 "食治眼目方" '食老人膈上風熱頭目赤痛目赤䀮䀮竹葉粥方'(《文淵閣四庫全書》738, 307쪽).

86 이롱(耳聾) : 소리를 잘 듣지 못하는 증상. 농외(聾聵)라고도 한다.

87 《壽親養老新書》卷1〈食治老人諸疾方〉第14 "食治耳聾耳鳴諸方" '食治老人久患耳聾養腎臟强骨氣磁石猪腎羹方'(《文淵閣四庫全書》738, 307쪽).

르고, 골기(骨氣)를 강화한다.

　자석 1근(절구로 찧고 물로 일어 붉은 즙을 제거하고 면으로 싼 것)을 물 5승으로 끓여 2승을 취한 뒤 자석을 제거한다. 여기에 돼지콩팥 1쌍(기름막을 제거하고 잘게 썬 것)을 넣고 파·두시·생강·산초로 양념하여 간을 맞춰 국을 만든다.

　빈속에 먹는다. 죽을 쑤거나 술에 넣어 먹는 방법도 모두 좋다.

9-2) 녹신죽(鹿腎粥, 사슴콩팥을 끓인 죽)

수친양로서 [88] 신기(腎氣)가 허약하고 피로해져서 생긴 이롱을 치료한다.

　사슴콩팥 1쌍(막을 제거하고 썬 것), 멥쌀 0.3승을 두시즙에 섞고 끓여 죽을 쑤고, 오미를 일반적인 방법대로 넣고 섞는다.

　빈속에 먹는다. 국이나 술을 만들어도 모두 좋다.

9-3) 저신죽(猪腎粥, 돼지콩팥을 끓인 죽) 방법

수친양로서 [89] 신장의 기운이 피곤하여 생긴 이롱을 치료한다.

　총백 2줄기(썰고 수염뿌리를 제거한 것), 염교[薤白][90](줄기와 수염을 제거한 것), 인삼 0.01냥(노두를

養腎臟, 强骨氣.

磁石一斤(杵碎, 水淘, 去赤汁, 綿裹), 以水五升煮取二升, 去磁石, 猪腎一對(去脂膜, 細切)投入, 調和以蔥、豉、薑、椒, 作羹.

空腹食之. 作粥及入酒竝得.

鹿腎粥方

又 治腎氣虛損耳聾.

鹿腎一對(去膜切)、粳米三合, 於豉汁中相和, 煮作粥, 入五味如法調和.

空腹食之. 作羹酒皆得.

猪腎粥方

又 治腎臟氣憊耳聾.

蔥白二莖(切去鬚)、薤白(去莖去鬚)、人蔘一分(去蘆

---

88 《壽親養老新書》卷1〈食治老人諸疾方〉第14 "食治耳聾耳鳴諸方" '食治老人腎氣虛損耳聾鹿腎粥方'(《文淵閣四庫全書》738, 307쪽).

89 《壽親養老新書》卷1〈食治老人諸疾方〉第14 "食治耳聾耳鳴諸方" '食治老人腎臟氣憊耳聾猪腎粥方'(《文淵閣四庫全書》738, 308쪽).

90 염교[薤白] : 백합과 식물인 염교의 비늘줄기를 말린 것으로, 기를 다스려 가슴을 뚫어주고 양기를 통하게 하여 엉긴 것을 풀어주는 효능이 있다.

제거한 것), 방풍 0.01냥(노두를 제거한 것), 멥쌀 0.2승에 물을 붓고 솥에 넣어 죽을 쑨다. 죽이 익으려 하면 속을 헤집고 가운데에 돼지콩팥 1냥(막을 제거하고 잘게 썬 것)을 넣은 다음 휘젓거나 흔들지 말고 약한 불로 다시 끓여 한참 뒤에 오미를 넣는다.

빈속에 복용한다.

頭)、防風一分(去蘆)、粳米二合, 着水下鍋中煮. 候粥臨熟, 撥開中心, 下猪腎一兩(去膜細切者), 莫攪動, 慢火更煮, 良久, 入五味.

空腹服.

9-4) 오계고죽(烏鷄膏粥, 오골계기름죽) 방법

수친양로서 [91] 오장의 기운이 막혀서 생긴 이롱을 치료한다.

오골계기름 1냥, 멥쌀 0.3승을 섞고 죽을 쑤어 오미를 넣고 간을 맞춘다.

빈속에 먹는다. 오골계기름을 술에 개어 마셔도 좋다.

烏鷄膏粥方

又 治五臟氣壅耳聾.

烏鷄脂一兩、粳米三合, 相和煮粥, 入五味調和.
空腹食之. 烏鷄脂和酒飮亦佳.

9-5) 이어뇌수죽(鯉魚腦髓粥, 잉어뇌죽) 방법

수친양로서 [92] 이롱이 차도가 없는 경우를 치료한다.

잉어뇌 2냥, 멥쌀 0.2승으로 죽을 쑤어 오미로 간을 맞춘다.

빈속에 먹는다.

鯉魚腦髓粥方

又 治耳聾不差.

鯉魚腦髓二兩、粳米三合, 煮粥, 以五味調和.
空腹服之.

---

91 《壽親養老新書》卷1〈食治老人諸疾方〉第14 "食治耳聾耳鳴諸方" '食治老人五臟氣壅耳聾烏鷄膏粥方'(《文淵閣四庫全書》738, 307쪽).

92 《壽親養老新書》卷1〈食治老人諸疾方〉第14 "食治耳聾耳鳴諸方" '食治老人耳聾不差鯉魚腦髓粥方'(《文淵閣四庫全書》738, 307~308쪽).

10) 노인의 설사를 음식 치료하는 여러 방법   食治老人瀉痢諸方

10-1) 저간전(猪肝煎, 돼지간 조림) 방법   猪肝煎方

보기 수친양로서 [93] 비위의 기운이 허하여 자주 설사하고, 야위며 힘이 없는 증상을 치료한다.

壽親養老書 治脾胃虛氣, 頻頻下痢, 瘦乏無力.

거세한 돼지의 간 1개(기름막을 제거한 뒤 썰어 조각으로 만들고 씻어서 피를 제거한 것)를 좋은 식초 1승을 넣고 약한 불로 달여 간에서 땀처럼 액이 나오게 한다.

獖猪肝一具(去膜, 切作片, 洗去血)以好醋一升煎, 以[13]微火令泣.

다 마르면 빈속에 항상 복용한다. 또 눈을 밝게 하고, 속을 따뜻하게 하며, 냉기를 제거한다.

盡乾卽空心常服之. 亦明目溫中, 除冷氣.

10-2) 황자계(黃雌鷄炙, 누런암탉의 구이) 방법   黃雌鷄炙方

수친양로서 [94] 비위의 기운이 냉하고 창자가 미끄러워 설사를 자주 하는 증상을 치료한다.

又 治脾胃氣冷, 腸滑[14]數痢.

누런암탉 1마리를 오미·산초·간장을 바르고 구워 익힌다.

黃雌鷄一隻, 以五味、椒、醬刷炙之, 令熟.

빈속에 조금씩 먹는다. 또 장부를 크게 보익한다.

空心漸食. 亦甚補益臟腑.

10-3) 즉어숙회(鯽魚熟膾, 붕어숙회) 방법   鯽魚熟膾方

수친양로서 [95] 비위의 기운이 냉하고, 백리(白痢)[96]가

又 治脾胃氣冷, 痢白膿涕,

---

93 《壽親養老新書》卷1〈食治老人諸疾方〉第14 "食治老人瀉痢諸方" '食治老人脾胃虛氣頻頻下痢瘦乏無力猪肝煎'(《文淵閣四庫全書》738, 312쪽).

94 《壽親養老新書》卷1〈食治老人諸疾方〉第14 "食治老人瀉痢諸方" '食治老人脾胃氣冷腸滑數痢黃雌雞炙方'(《文淵閣四庫全書》738, 311쪽).

95 《壽親養老新書》卷1〈食治老人諸疾方〉第14 "食治老人瀉痢諸方" '食治老人脾胃氣冷白膿涕腰脊疼痛瘦弱無力鯽魚熟鱠'(《文淵閣四庫全書》738, 311쪽).

96 백리(白痢) : 이질(痢疾)의 한 가지. 흰점액이나 농액이 섞인 대변을 보는 증상. 백농리(白膿痢)·백체리(白滯痢)라고도 한다.

[13] 以 : 《壽親養老新書·食治老人諸疾方·食治老人瀉痢諸方》에는 "肝".

[14] 滑 : 오사카본에는 "□". 오사카본에는 해당 원문의 윗 여백에 "상고해 보라(俟考)"라는 서유구의 두주(頭注)가 적혀 있다.

있으며, 진한 콧물이 나고, 허리등뼈가 쑤시고 아프며, 야위고 허약해져서 힘이 없는 증상을 치료한다.

두시즙 0.7승, 말린 생강 0.5냥, 귤껍질가루 0.5냥을 산초·간장·오미로 간을 맞춰 끓인다. 여기에 붕어살 9냥(썰어 회를 뜬 것)을 넣고 끓여 익힌다.

빈속에 먹는다. 1일에 1번 복용하면 그 효과가 더욱 크다.

腰脊疼痛, 瘦弱無力.

豉汁七合、乾薑五錢、橘皮末五錢, 以椒、醬、五味調和煮沸, 鯽魚肉九兩(切作膾)投之煮熟.

空心食之. 日一服卽其效尤益.

10-4) 즉어죽(鯽魚粥, 붕어죽) 방법

鯽魚粥方

수친양로서 [97] 적리(赤痢)[98]·백리(白痢)로 찌르는 듯이 아프거나, 많이 먹지 못하여 야위는 증상을 치료한다.

붕어살코기 7냥, 청량미 4냥, 귤껍질가루 0.5냥을 섞고 달여 죽을 쑨다. 오미·산초·간장·파를 넣고 간을 맞춘다.

빈속에 먹는다. 2번만 복용해도 또한 피로함을 치료하고, 장부를 조화롭게 한다.

又 治赤、白痢刺痛, 不多食瘦瘦.

鯽魚肉七兩、青粱米四兩、橘皮末五錢[15], 相和煮作粥, 下五味、椒、醬、蔥調和.

空心食之. 二服亦治勞, 和臟腑.

10-5) 적석지박탁[赤石脂餺飥, 적석지(赤石脂)[99]수제비] 방법

赤石脂餺飥方

수친양로서 [100] 장위의 냉기로 설사가 그치지 않는 증상을 치료한다.

又 治腸胃冷氣, 痢下不止.

---

97 《壽親養老新書》卷1〈食治老人諸疾方〉第14 "食治老人瀉痢諸方"·'食治老人赤白痢刺痛不多食瘦瘦鯽魚粥方'(《文淵閣四庫全書》738, 312쪽).

98 적리(赤痢) : 이질의 한 가지. 점액이나 혈액이 섞인 대변을 설사하는 증상.

99 적석지(赤石脂) : 붉은 빛이 도는 고운 흙으로, 한약재로 쓰인다.

100 《壽親養老新書》卷1〈食治老人諸疾方〉第14 "食治老人瀉痢諸方"·'食治老人腸胃冷氣痢下不止赤石脂餺飥方'(《文淵閣四庫全書》738, 311쪽).

15 五錢:《壽親養老新書·食治老人諸疾方·食治老人瀉痢諸方》에는 "一分".

적석지 5냥(갈고 체로 걸러 밀가루처럼 만든 것)에 흰밀가루 7냥과 섞은 다음 반죽해서 끓여 익히고, 파·간장·오미·고깃국을 넣는다.

빈속에 먹는다. 3~4번 복용하면 모두 낫는다.

10-6) 초면죽(椒麵粥) 방법

[수친양로서]¹⁰¹ 비위가 허약하여 냉하고 아프며, 설사가 수시로 나고, 음식을 넘기지 못하는 증상을 치료한다.

촉초(산초) 1냥(볶고 갈아 가루 낸 것)을 흰밀가루 4냥과 반죽하여 고루 섞고 바로 끓인다.

빈속에 먹는다. 1일에 1번 복용하면 더욱 좋다.

10-7) 감초탕(甘草湯) 방법

[수친양로서]¹⁰² 차가운 것과 뜨거운 것이 조화롭지 못한 증상, 적리와 백리¹⁰³, 복통이 멎지 않는 증상을 치료한다.

감초 1냥(썰어 볶은 것), 생강 2냥(껍질을 긁어서 제거하고 썬 것), 오두(부자) 0.1승을 물 1승으로 달여 0.7승을 취하고 찌꺼기를 제거한다.

빈속에 복용한다. 불과 3일 만에 곧바로 낫는다.

赤石脂五兩(碎篩如麵)和白麵七兩, 搜作之, 煮熟, 下蔥、醬、五味、臛頭. 空心食之. 三四服, 皆愈.

椒麵粥方

[又] 治脾胃虛弱, 冷痛, 泄瀉無常, 不下食.

蜀椒一兩(熬擣爲末)和白麵四兩, 拌之令均, 卽煮. 空心食之. 日一服尤佳.

甘草湯方

[又] 治冷熱不調, 下痢、赤白, 腹痛不止.

甘草一兩(切熬)、生薑二[16]兩(刮去皮切)、烏豆一合, 以水一升煎取七合, 去滓. 空心服之. 不過三日卽愈.

---

101 《壽親養老新書》卷1〈食治老人諸疾方〉第14 "食治老人瀉痢諸方" '食治老人脾胃虛弱冷痛泄瀉無常不下食椒麵粥方'(《文淵閣四庫全書》738, 312쪽).

102 《壽親養老新書》卷1〈食治老人諸疾方〉第14 "食治老人瀉痢諸方" '食治老人冷熱不調下痢赤白腹痛不止甘草湯方'(《文淵閣四庫全書》738, 312쪽).

103 적리와 백리 : 원문의 '하리(下痢)'는 이질의 총칭으로, 적리와 백리를 아우르는 말이다. 여기서는 위에서 언급한 적리와 백리를 가리키는 것으로 보았다.

[16] 二 : 《壽親養老新書·食治老人諸疾方·食治老人瀉痢諸方》에는 "一".

10-8) 해백죽(薤白粥, 염교죽) 방법

薤白粥方

수친양로서 [104] 장위가 허하고 냉함으로 인해 설사하여 뱃속에서 수곡(水穀)[105]을 나누지 못하는 증상을 치료한다.

又 治腸胃虛冷, 泄痢, 水穀不分.

염교 1줌(잘게 썬 것), 멥쌀 0.4승, 총백 3줄기(잘게 썬 것)를 섞어 국을 끓이고, 오미·산초·간장·생강을 넣는다.

薤白一握(細切)、粳米四合、蔥白三莖(細切), 相和作羹, 下五味、椒、醬、薑.

빈속에 먹는다. 항상 만들어 먹으면 효과를 낸다.

空心食. 常作取效.

10-9) 국말죽(麴末粥, 누룩가루죽) 방법

麴末粥方

수친양로서 [106] 비장이 허하고 기가 약하여 음식이 소화되지 않고 설사가 수시로 나는 증상을 치료한다.

又 治脾虛氣弱, 食不消化, 泄痢無定.

신국 2냥(굽고 찧어 체에 거른 다음 가루 낸 것), 청량미 0.4승(깨끗하게 씻은 것)을 섞고 죽을 쑨다.

神麴二兩(炙擣羅, 爲末)、青粱米四合(淨淘), 相和煮粥.

빈속에 먹는다. 항상 3~5번 복용하면 곧바로 낫는다.

空心食之. 常三五服立愈.

10-10) 차전자음(車前子飮, 질경이씨음료) 방법

車前[17]子飮方

수친양로서 [107] 적리와 백리가 수시로 나고, 번열이 멎지 않는 증상을 치료한다.

又 治赤、白痢無度, 煩熱不止.

104《壽親養老新書》卷1〈食治老人諸疾方〉第14 "食治老人瀉痢諸方"'食治老人腸胃虛冷泄痢水穀不分薤白粥方'(《文淵閣四庫全書》738, 312쪽).

105 수곡(水穀) : 물과 곡식 낟알이라는 뜻으로, 음식물을 가리킨다.

106《壽親養老新書》卷1〈食治老人諸疾方〉第14 "食治老人瀉痢諸方"'食治老人脾虛氣弱食不消化泄痢無定麴末粥方'(《文淵閣四庫全書》738, 312쪽).

107《壽親養老新書》卷1〈食治老人諸疾方〉第14 "食治老人瀉痢諸方"'食治老人赤白痢日夜無度煩熱不止車前子飮'(《文淵閣四庫全書》738, 312쪽).

[17] 前 : 저본에는 "煎". 오사카본·《壽親養老新書·食治老人諸疾方·食治老人瀉痢諸方》에 근거하여 수정.

질경이씨 0.5승(면으로 싼 다음 물 2승에 달여 1.5승의 즙을 취한 것)에 청량미 0.3승을 넣고 끓여 음료를 만든다.

빈속에 먹는다. 1일에 3번 복용하면 열독을 가장 잘 제거한다.

車前子五合(綿裹, 用水二升煎, 取一升半汁)入靑粱米三合, 煮作飮.

空心食之. 日三服, 最除熱毒.

10-11) 서미죽(黍米粥, 기장죽) 방법

黍米粥方

수친양로서 108 설사가 멎지 않고, 날로 점점 누렇게 야위어가며 힘이 없고, 많이 먹지 못하는 증상을 치료한다.

又 治痢不止, 日漸黃瘦無力, 不多食.

기장 0.4승(깨끗하게 씻은 것)으로 죽을 쑨다. 익으려 하면 아교 1냥(구워 가루 낸 것)으로 간을 맞춘다.

黍米四合(淨淘)煮粥, 臨熟, 阿膠一兩(炙爲末)調和.

빈속에 먹는다. 1일에 1번 복용하면 더욱 효과가 있다.

空心食之. 日一服尤效.

10-12) 마치채(馬齒菜, 쇠비름나물) 방법

馬齒菜方

수친양로서 109 적백리 및 뱃속에서 수곡(水穀)이 제대로 분리되지 않는 증상과 복통을 치료한다.

又 治下痢赤白及水穀不度, 腹痛.

쇠비름나물 1근(깨끗하게 씻은 것)을 삶아 익히고 오미나 생강·식초를 넣는다.

馬齒菜一斤(淨洗)煮令熟, 以五味或薑, 醋.

조금씩 먹는다. 그 효과가 비할 데 없다.

漸食之. 其功無比[18].

---

108 《壽親養老新書》卷1〈食治老人諸疾方〉第14 "食治老人瀉痢諸方" '食治老人痢不止日漸黃瘦無力不多食黍米粥方'(《文淵閣四庫全書》738, 312쪽).

109 《壽親養老新書》卷1〈食治老人諸疾方〉第14 "食治老人瀉痢諸方" '食治老人下痢赤白及水穀不度腹痛馬齒菜方'(《文淵閣四庫全書》738, 312쪽).

[18] 比 : 저본에는 "和". 오사카본·《壽親養老新書·食治老人諸疾方·食治老人瀉痢諸方》에 근거하여 수정.

11) 노인의 번갈(煩渴)[110]과 열증(熱症)을 음식 치료하는 여러 방법

食治老人煩渴熱諸方

11-1) 우유(牛乳) 방법

牛乳方

수친양로서[111] 소갈로 가슴 속이 답답하고 괴로우며, 항상 열이 나고, 신체가 말라비틀어져 누렇게 야위는 증상을 치료한다.

壽親養老書 治消渴煩悶, 常熱, 身體枯燥黃瘦.

우유 1승(좋은 것을 약간 달인 것)을 2번으로 나누어 복용한다.

牛乳一升(眞者微熱)分爲二服.

빈속에 먹는다. 오장을 매우 보익하여 사람을 강건하고 환하게 한다.

空心食之. 極補益五臟, 令人强健光悅.

11-2) 저두(猪肚, 돼지밥통 요리) 방법

猪肚方

수친양로서[112] 소갈로 인한 열중(熱中)[113]으로, 물을 마셔도 갈증이 멎지 않는 증상, 소변이 수시로 나오는 증상, 번열을 치료한다.

又 治消渴熱中, 飲水不止, 小便無度, 煩熱.

돼지밥통 1개(살진 돼지밥통을 깨끗하게 씻은 것), 총백 1줌, 두시 0.5승(면으로 싼 것)을 끓여 푹 익힌다. 여기에 오미를 넣고 간을 맞춘다.

猪肚一具(肥者淨洗)、蔥白一握、豉五合(綿裹), 煮爛熟, 下五味調和.

썰어서 빈속에 조금씩 먹는다. 갈증 날 때 바로 즙을 마신다. 또 과로로 생긴 열증도 치료하는데, 모두 차도가 있다.

空心切漸食之. 渴卽飲汁. 亦治勞熱, 皆差.

---

110 번갈(煩渴) : 가슴이 답답하여 입이 마르고 갈증이 나는 병증.
111 《壽親養老新書》卷1〈食治老人諸疾方〉第14 "食治老人煩渴熱諸方" '食治老人消渴煩悶常熱身體枯燥黃瘦牛乳方'(《文淵閣四庫全書》738, 313쪽).
112 《壽親養老新書》卷1〈食治老人諸疾方〉第14 "食治老人煩渴熱諸方" '食治老人消渴熱中飲水不止小便無度煩熱猪肚方'(《文淵閣四庫全書》738, 313쪽).
113 열중(熱中) : 비위에 조열사(燥熱邪)가 왕성해서 정혈과 진액이 소모되어 생기는 증상. 중소(中消)·소중(消中)·소비(消脾)·위소(胃消)·비소(脾消)라고도 한다.

11-3) 토두음(兔頭飮, 토끼머리음료) 방법

수친양로서 [114] 번갈로 인해 물을 마셔도 충분하다고 여기지 않는 증상, 날로 점점 여위어가고 피곤한 증상을 치료한다.

토끼머리 1개(깨끗하게 씻은 것), 두시 0.5승(면으로 싼 것)을 물 7승으로 끓여 5승의 즙을 취한다.

갈증이 나면 바로 조금씩 마시는데, 매우 효과가 있다.

兔頭飮方

又 治煩渴, 飮水不足, 日漸羸瘦困弱.

兔頭一枚(淨洗)、豉五合(綿裹), 以水七升煮取五升汁. 渴卽漸飮之, 最效.

11-4) 녹두(鹿頭, 사슴머리) 방법

수친양로서 [115] 소갈에 여러 약을 먹어도 차도가 없고, 누렇게 여위며 힘이 없는 증상을 치료한다.

사슴머리 1개(포제하여 털을 제거한 뒤 깨끗하게 씻은 것)를 끓여서 푹 익힌다.

빈속에 오미로 간을 맞춰 먹고 아울러 즙도 함께 복용하면 매우 효과가 있다.

鹿頭方

又 治消渴, 諸藥不差, 黃瘦力弱.

鹿頭一枚(炮去毛, 淨洗之)煮令爛熟.

空心以五味食之, 幷服汁, 極效.

11-5) 황자계갱(黃雌鷄羹, 누런암탉국) 방법

수친양로서 [116] 번갈로 소변이 누렇고 수시로 나오는 증상을 치료한다.

누런암탉 1마리, 멥쌀 0.2승, 총백 1줌으로 끓여 죽을 만들고 오미를 조금 넣어 간을 맞춘다.

黃雌鷄羹方

又 治煩渴, 小便黃色無度.

黃雌鷄一隻、粳米二合、蔥白一握, 煮作羹, 下五味少着.

---

114 《壽親養老新書》卷1〈食治老人諸疾方〉第14 "食治老人煩渴熱諸方" '食治老人煩渴飮水不足日漸羸瘦困弱兔頭飮方'(《文淵閣四庫全書》738, 313쪽).

115 《壽親養老新書》卷1〈食治老人諸疾方〉第14 "食治老人煩渴熱諸方" '食治老人消渴諸藥不差黃瘦力弱鹿頭方'(《文淵閣四庫全書》738, 314쪽).

116 《壽親養老新書》卷1〈食治老人諸疾方〉第14 "食治老人煩渴熱諸方" '食治老人煩渴小便黃色無度黃雌鷄羹方'(《文淵閣四庫全書》738, 313쪽).

빈속에 먹는다. 조금씩 계속 먹으면 반드시 효과가 있다.

空心食之. 漸進當效.

11-6) 야계학(野鷄臛, 꿩고깃국) 방법

野鷄臛方

수친양로서 [117] 번갈로 장부가 건조하고 마르는 증상, 갈증이 멎지 않는 증상을 치료한다.

又 治煩渴臟腑乾枯, 渴不止.

꿩 1마리(일반적인 방법대로 손질하여 잘게 썬 것), 총백 1줌, 멥쌀 0.2승(곱게 간 것)을 섞어 고깃국을 끓인다. 여기에 오미·산초·간장을 넣어 간을 맞춘다.

野鷄一隻(治如常法細切)、蔥白一握、粳米二合(細硏), 相和, 羹作臛, 下五味·椒·醬.

빈속에 먹는다. 항상 만들어 복용하면 효과가 좋고 빼어나다.

空心食之. 常作服佳妙.

11-7) 구기음(枸杞飲, 구기자음료)

枸杞飲方

수친양로서 [118] 번갈로 인한 입마름증[口乾], 뼈마디가 후끈거리고 열이 나는 증상을 치료한다.

又 治煩渴口乾, 骨節煩熱.

구기자나무뿌리의 속껍질 1승, 밀 1승(깨끗하게 인 것)을 물 10승으로 달여 7승의 즙을 취하고, 멥쌀 0.3승(간 것)을 넣어 음료를 만든다.

枸杞根白皮一升、小麥一升(淨淘), 以水一斗煮取七升汁, 粳米三合(硏)入作飲.

갈증이 나면 바로 조금씩 복용한다.

渴卽漸服之.

11-8) 대맥탕(大麥湯, 보리차) 방법

大麥湯方

수친양로서 [119] 번갈이 멎지 않는 증상, 물을 마셔도

又 治煩渴不止, 飲水不定

---

117 《壽親養老新書》卷1〈食治老人諸疾方〉第14 "食治老人煩渴熱諸方" '食治老人煩渴臟腑乾枯渴不止野雞臛方'(《文淵閣四庫全書》738, 313쪽).

118 《壽親養老新書》卷1〈食治老人諸疾方〉第14 "食治老人煩渴熱諸方" '食治老人煩渴口乾骨節煩熱枸杞飲方'(《文淵閣四庫全書》738, 312~313쪽).

119 《壽親養老新書》卷1〈食治老人諸疾方〉第14 "食治老人煩渴熱諸方" '食治老人煩渴不止飲水不定轉渴舌捲

안정되지 않고 더욱 갈증이 나는 증상, 혀가 말리고 바싹 타들어 가는 증상을 치료한다.

보리 2승을 물 7승에 달여 5승을 취한 다음 찌꺼기를 제거하고 붉은 설탕[赤糖]을 넣어 간을 맞춘다.

갈증이 날 때 바로 복용하면 낫는다.

轉渴, 舌捲乾焦.

大麥二升以水七升煎取五升, 去滓, 下赤餳調之. 渴卽服, 愈.

11-9) 청량미음(靑粱米飮, 청량미음료) 방법

수친양로서 120 소갈로 열과 번조증이 심하게 남으로 인해 불안한 증상과 힘이 없는 증상을 치료한다.

청량미 1승(깨끗하게 씻어 인 다음 곱게 간 것)을 물 3승에 넣고 끓인다.

갈증이 날 때 바로 조금씩 마신다. 열과 번조증을 매우 잘 치료한다.

靑粱米飮方

又 治消渴, 壯熱燥不安兼無力.

靑粱米一升(淨洗淘之, 硏令細)以水三升和煮之. 渴卽漸飮之. 極治熱燥.

11-10) 청두(靑豆, 녹두) 방법

수친양로서 121 소갈로 인한 열중(熱中)으로 물을 수시로 마셔도 항상 부족한 듯한 증상을 치료한다.

녹두 2승(깨끗하게 인 것)을 삶아 푹 익힌다.

빈속에 배고플 때 바로 먹는다. 갈증 날 때는 바로 즙을 마신다. 간혹 죽을 쑤어 먹기도 하니, 식성에 따라 먹어도 좋다.

靑豆方

又 治消渴熱中, 飮水無度, 常若不足.

靑豆二升(淨淘), 煮令爛熟. 空心饑卽食之. 渴卽飮汁. 或作粥食之, 任性亦佳.

乾焦大麥湯方'《文淵閣四庫全書》738, 313쪽).

120 《壽親養老新書》卷1〈食治老人諸疾方〉第14 "食治老人消渴壯熱燥不安兼無力靑粱米飮方'《文淵閣四庫全書》738, 313쪽).

121 《壽親養老新書》卷1〈食治老人諸疾方〉第14 "食治老人消渴熱中飮水無度常若不足靑豆方'《文淵閣四庫全書》738, 313쪽).

11-11) 동과갱(冬瓜羹, 동아국) 방법

冬瓜羹方

수친양로서 [122] 소갈로 인한 번열, 심신이 어지러운 증상, 가슴 속이 번조하고 답답하며 불안한 증상을 치료한다.

동아 0.5근(껍질을 제거한 것), 시심(豉心) [123] 0.2승 (면으로 싼 것), 총백 0.5줌을 함께 끓여 국을 만든 뒤, 오미를 넣어 간을 맞춘다.

빈속에 먹는다. 항상 죽을 만들어 먹으면 좋다.

又 治消渴煩熱，心神狂亂，燥悶不安.

冬瓜半斤(去皮)、豉心二合(綿裹)、蔥白半握，和煮作羹，下五味調和.
空心食之. 常作粥佳.

11-12) 노근음(蘆根飲, 갈대뿌리음료) 방법

蘆根飲方

수친양로서 [124] 소갈로 인한 열중으로 물을 마셔도 충분하다고 여기지 않는 증상, 오장이 건조하고 마르는 증상을 치료한다.

갈대뿌리(썬 것) 1승(물 10승에 달여 7.5승을 취한 것)에 청량미 0.5승을 넣고 끓여 음료로 만든다.

빈속에 먹는다. 조금씩 계속 먹으면 더욱 효과가 있다. 짠 음식, 구운 고기, 익힌 밀가루 등을 금한다.

又 治消渴熱中，飲水不足，五臟乾枯.

蘆根(切)一升(水一斗煎取七升半)，入靑粱米五合，煮作飮.
空心食之. 漸進爲度，益效. 忌鹹食、炙肉、熟麵等.

11-13) 홍시죽

紅柹粥

제중신편 [125] 심장과 폐를 윤택하게 하고, 소갈을 멎게 하며, 폐위(肺痿) [126]를 치료하고, 심열을 내리며,

濟衆新編 潤心肺，止消渴，療肺痿，淸心熱，開胃

---

122 《壽親養老新書》卷1〈食治老人諸疾方〉第14 "食治老人煩渴熱諸方" '食治老人消渴煩熱心神狂亂躁悶不安冬瓜羹方'(《文淵閣四庫全書》738, 314쪽).

123 시심(豉心) : 된장을 뜰 때 장독의 속 깊은 곳에서 뜬 것을 말한다.

124 《壽親養老新書》卷1〈食治老人諸疾方〉第14 "食治老人煩渴熱諸方" '食治老人消渴消中飮水不足五臟乾枯蘆根飮子'(《文淵閣四庫全書》738, 314쪽).

125 《濟衆新編》卷7〈養老〉"老人保養" '紅柹粥', 146쪽.

126 폐위(肺痿) : 폐병의 한 가지. 기침을 하면서 입안에서 끈끈한 가래침이 나오며 폐가 줄어들어 늘지 않는 병증.

위기를 열어주고, 주열(酒熱)[127]을 풀어주고, 위열(胃熱)[128]을 편안하게 하고, 입마름증을 멎게 하고, 토혈을 치료하며, 원기를 보한다.

홍시를 양에 관계없이 체에 걸러 즙을 내고 찹쌀뜨물과 섞어 죽을 쑨다.

임의대로 먹는다. 꿀을 타면 더욱 좋다. 간혹 홍시를 찹쌀가루로 반죽하여 경단이나 떡을 만들면 중기(中氣)를 보익할 수 있다.

氣, 解酒熱, 安胃熱, 止口乾, 治吐血, 補元氣.

紅柿, 不拘多少, 下篩取汁, 和糯米泔, 煮粥.

任食之. 和蜜尤好. 或和糯[19]米粉成泥, 作粳團餠, 可以補中益氣.

11-14) 이청음(梨菁飮, 배·무음료)

梨菁飮

제중신편 [129] 객열(客熱)[130]을 제거하고, 가슴이 답답한 증상을 멎게 하고, 풍열을 사그라들게 하며, 흉중에 뭉친 열을 치료한다. 또 기운을 아래로 내릴 수도 있다.

又 除客熱, 止心煩, 消風熱, 治胸中熱結, 又能下氣.

생배를 갈아 즙 0.2승을 취하고, 무를 갈아 즙 0.1승을 취하여 함께 섞는다.

꿀을 조금 타서 쓴다.

生梨磨取汁二合, 菁根磨取汁一合, 同和.
調淸蜜少許用.

11-15) 계속음(桂粟飮, 계피좁쌀음료)

桂粟飮

제중신편 [131] 번열을 해소하고, 갈증과 설사를 멎게 하고, 대장을 실하게 하고, 곽란(霍亂)[132]을 멎게 한다.

又 解煩熱, 止渴止泄, 實大腸, 止霍亂.

---

127 주열(酒熱) : 술을 마신 뒤 열이 나는 병증.
128 위열(胃熱) : 위에 열이 있는 병증. 위에 열사(熱邪)가 침입하거나 더운 음식, 자극적인 음식을 지나치게 많이 먹어서 생기는 병증. 위화(胃火)·위열화화(胃熱化火)라고도 한다.
129 《濟衆新編》卷7〈養老〉"老人保養" '梨菁飮', 146쪽.
130 객열(客熱) : 밖으로부터 침입한 열사(熱邪)로 인해 나는 몸의 열.
131 《濟衆新編》卷7〈養老〉"老人保養" '桂粟飮', 146쪽.
132 곽란(霍亂) : 여름철에 더위를 먹거나 차거나 날 것, 변질된 음식물을 잘못 먹고 갑자기 토하고 설사하는 병증.
[19] 糯 : 《濟衆新編·養老·老人保養》에는 "粘".

좁쌀 1승을 물에 담가 깨끗하게 씻은 뒤 볶아 아주 잘 익힌다. 계피(거친 껍질을 제거한 것) 0.5냥을 함께 곱게 가루 낸 뒤, 서로 섞는다.

0.1승마다 따뜻한 꿀물에 타서 넘긴다.

粟米一升水浸, 淨洗, 炒極熱, 桂皮(去麤皮)五錢竝細末, 同和.

每一合, 溫蜜水調下.

12) 노인의 수기(水氣)[133]를 음식 치료하는 여러 방법

食治老人水氣諸方

12-1) 수우육(水牛肉, 물소고기) 방법

水牛肉方

수친양로서 [134] 수기병(水氣病)[135], 팔다리가 붓고 조이는 증상, 침중(沈重, 위독한 병세), 숨이 가쁘고 호흡이 불안한 증상을 치료한다.

물소고기(신선한 것) 1근을 쪄서 푹 익힌다.

오미·생강·식초를 넣어 간을 맞추고 빈속에 조금씩 먹는다. 식성에 따라 먹으면 좋다.

壽親養老書 治水氣病, 四肢腫悶, 沈重, 喘息不安.

水牛肉(鮮者)一斤蒸爛熟.

空心, 以五味·薑·醋, 漸食之. 任性爲佳.

12-2) 수우피(水牛皮, 물소가죽) 방법

水牛皮方

수친양로서 [136] 수기(水氣)로 인해 신체가 붓고 얼굴과 눈이 부어오르는 증상을 치료한다.

물소가죽 3근(털을 긁어서 제거하고 깨끗하게 씻은 것), 귤껍질 1냥을 서로 섞고 끓여 푹 익힌다. 이를 썰어서 생강·식초·오미를 넣고 간을 맞춘다.

조금씩 먹는다. 항상 만들어 먹으면 더욱 좋다.

又 治水氣身體虛腫, 面目虛脹.

水牛皮三斤(刮去毛, 淨洗)、橘皮一兩, 相和, 煮令爛熟, 切作, 以生薑·醋·五味. 漸食之. 常作尤佳.

---

133 수기(水氣) : 몸 안에 수습(水濕)이 고여 얼굴과 눈, 팔다리, 가슴과 배, 온몸이 붓는 질환. 부종(浮腫)의 다른 이름이다.

134 《壽親養老新書》卷1 〈食治老人諸疾方〉第14 "食治老人水氣諸方" '食治老人水氣病四肢腫悶沈重喘息不安水牛肉方'(《文淵閣四庫全書》738, 314쪽).

135 수기병(水氣病) : 수기(水氣)로 인해 발생하는 모든 병. 병인(病因)으로 볼 때는 수기라 하고, 증상으로 볼 때는 수종(水腫)이라고도 한다. 수종은 부종(浮腫)이라고도 한다.

136 《壽親養老新書》卷1 〈食治老人諸疾方〉第14 "食治老人水氣諸方" '食治老人水氣身體虛腫面目虛脹水牛皮方'(《文淵閣四庫全書》738, 315쪽).

12-3) 단육갱(貓肉羹, 오소리고깃국) 방법

| 수친양로서 |[137] 수기로 인해 부종이 생기는 증상, 피부가 건조하여 가려운 증상, 숨이 차서 음식을 내리지 못하는 증상, 가슴과 배가 부풀어올라 기절할 듯한 증상을 치료한다.

오소리고기 1근(잘게 썬 것), 총백 0.5줌(썬 것), 멥쌀 0.3승을 함께 끓여 국을 만들고 오미·산초·생강을 넣어 간을 맞춘다.

빈속에 항상 복용하면 매우 효험이 있다.

貓肉羹方

又 治水氣浮腫, 皮膚燥痒, 氣急不能下食, 心腹脹滿氣欲絶.

貓肉一斤(細切)、蔥白半握(切)、粳米三合, 和煮作羹, 下五味, 椒、薑.

空心常食之最驗.

12-4) 백자리어(白煮[138]鯉魚, 맑게 삶은 잉어) 방법

| 수친양로서 |[139] 수기로 인한 질병, 가슴과 배가 부풀어오르는 증상, 팔다리가 타들어가듯이 아파 힘이 없는 증상을 치료한다.

잉어 1마리(무게 2근짜리), 귤껍질 2냥을 함께 끓여 푹 익힌다.

빈속에, 오미를 넣고 소금을 조금 찍어 먹는다. 항상 복용하면서 즙을 조금씩 마셔 조리하면 효험이 있다.

白煮鯉魚方

又 治水氣疾, 心腹脹滿, 四肢煩痛, 無力.

鯉魚一頭(重二斤者)、橘皮二兩, 和煮令爛熟.

空心, 以五味少着鹽食之. 常服, 幷飲少許汁, 將理爲驗.

12-5) 이어학두(鯉魚臛頭, 잉어고깃국) 방법

| 수친양로서 |[140] 수기로 인한 병 때문에 신체에 부종

鯉魚臛頭方

又 治水氣病身體腫, 悶滿

---

137 《壽親養老新書》 卷1 〈食治老人諸疾方〉 第14 "食治老人水氣諸方" '食治老人水氣浮腫身皮膚燥癢氣急不能下食心腹脹 滿氣欲絶貓肉羹方'(《文淵閣四庫全書》 738, 314쪽

138 백자(白煮): 맑은 물에 삶는 조리법. 간장 대신 소금을 쓰며, 일본 음식의 조리법 중 '시라니'라는 방식으로 아직 남아 있다. 여기서는 '맑게 삶은'으로 번역한다.

139 《壽親養老新書》 卷1 〈食治老人諸疾方〉 第14 "食治老人水氣諸方" '食治老人水氣疾心腹脹滿四肢煩疼無 力白煮鯉魚方'(《文淵閣四庫全書》 738, 315쪽).

140 《壽親養老新書》 卷1 〈食治老人諸疾方〉 第14 "食治老人水氣諸方" '食治老人水氣病身體腫悶滿氣急不能

이 생기는 증상, 가슴이 답답하고 숨이 차서 먹지를 못하는 증상, 피부가 찢어지는 듯한 증상, 팔다리가 항상 아파 굽히거나 펴지 못하는 증상을 치료한다.

삼씨 1승(볶아 곱게 간 것)을 물로 여과하여 즙을 낸다. 잉어살 4냥, 총백 1줌을 끓여 고깃국을 만든 뒤, 오미·산초·생강을 넣어 간을 맞춘다.

빈속에 조금씩 먹는다. 항상 복용하면 더 좋다.

氣急不能食, 皮膚欲裂, 四肢常痛不可屈伸.

麻子一升(熬細研)以水濾汁. 煮鯉魚肉四兩、蔥白一握, 作⃞20 臛, 下五味、椒、薑調和.

空心漸食之. 常服尤佳.

12-6) 대두(大豆, 콩) 방법

大豆方

수친양로서 141 수기로 인해 배가 부풀어오르는 증상, 손발이 모두 부종이 생긴 증상, 가슴이 답답하여 힘이 없는 증상을 치료한다.

又 治水氣脹滿, 手足俱腫, 心煩悶無力.

콩 2승, 백출 2냥, 잉어 1근을 물로 끓여 콩을 푹 익힌다.

大豆二升、白朮二兩、鯉魚一斤, 以水和煮, 令豆爛熟.

빈속에 잉어와 콩을 항상 먹고 그 즙을 마시면 더욱 좋다.

空心常食魚、豆, 飮其汁尤佳.

12-7) 마자죽(麻子粥, 삼씨죽) 방법

麻子粥方

수친양로서 142 수기로 인해 몸통이 붓고, 온몸이 쑤시고 아파서 먹지 못하는 증상을 치료한다.

又 治水氣腫滿, 身體疼痛, 不能食.

食皮膚欲裂四肢常疼不可屈伸鯉魚臛方'(《文淵閣四庫全書》738, 314쪽).

141 《壽親養老新書》卷1〈食治老人諸疾方〉第14 "食治老人水氣諸方" '食治老人水氣脹滿手足俱腫心煩悶無力大豆方'(《文淵閣四庫全書》738, 315쪽).

142 《壽親養老新書》卷1〈食治老人諸疾方〉第14 "食治老人水氣諸方" '食治老人水氣腫滿身體疼痛不能食麻子粥方'(《文淵閣四庫全書》738, 314쪽).

⃞20 作 : 저본에는 "麻". 《壽親養老新書·食治老人諸疾方·食治老人水氣諸方》에 근거하여 수정.

동마자(冬麻子)[143] 1승(갈아 즙을 낸 것)에 쌀 0.4승, 잉어살(썬 것) 7냥을 넣고 끓여 죽을 쑨다. 여기에 오미·파·산초를 넣어 간을 맞춘다.

빈속에 먹으며 1일에 2번 복용한다. 자주 만들어 먹으면 모두 낫는다.

冬麻子一升(研取汁), 下米四合、鯉魚肉(切者)七兩, 煮作粥, 以五味、蔥、椒. 空心食, 日二[21]服. 頻作皆愈.

12-8) 적두(赤豆, 팥요리) 방법

수친양로서 [144] 수기로 인해 배가 부풀어오르고 답답한 증상, 손발에 부종이 생기는 증상, 숨이 차고 가슴이 답답한 증상을 치료한다.

붉은팥 3승(깨끗하게 인 것), 장류근(樟柳根)[145](좋은 부분을 썬 것) 1승을 서로 섞고 끓여 푹 익힌다.

빈속에 항상 팥을 먹는다. 갈증 날 때 바로 즙을 마시는데, 이때 다른 것을 섞어 복용해서는 안 된다. 2~3번 복용하면 바로 효과가 있다.

又 治水氣脹悶, 手足浮腫, 氣急煩滿.

赤小豆三升(淘洗)、樟柳根(好者切)一升, 相和, 煮爛.

空心, 常食豆. 渴卽飮汁, 勿別雜食服. 二三服立效.

12-9) 욱리인죽(郁李仁粥, 산앵두속씨죽) 방법

수친양로서 [146] 수기로 인해 얼굴이 붓는 증상, 배가 부풀어 오르고, 숨이 차서 불안한 증상, 마음대로 움직이지 못하는 증상, 팔다리가 뻣뻣해지는 증

郁李仁粥方

又 治水氣面腫, 腹脹, 喘乏不安, 轉動不得, 手足不仁, 身體重困或疼痛.

---

143 동마자(冬麻子) : 야생 삼씨. 돌삼씨라고도 한다.
144 《壽親養老新書》卷1〈食治老人諸疾方〉第14 "食治老人水氣諸方" '食治老人水氣脹悶手足浮腫氣急煩滿赤豆方'(《文淵閣四庫全書》738, 314쪽).
145 장류근(樟柳根) : 상륙(商陸). 자리공과 식물로, 맛은 쓰고 성질은 차며 독이 있다. 거담·항균 효능이 있다.
146 《壽親養老新書》卷1〈食治老人諸疾〉第14 "食治老人水氣諸方" '食治老人水氣面腫腹脹喘乏不安轉動不得手足不仁身體重困或疼痛郁李仁粥方'(《文淵閣四庫全書》738, 314~315쪽).
21 二:《壽親養老新書·食治老人諸疾方·食治老人水氣諸方》에는 "一".

상, 몸이 무겁고 노곤하거나 쑤시고 아픈 증상을 치
료한다.

산앵두속씨 2냥을 갈고 물로 여과하여 즙을 낸
다음 율무 0.5승(깨끗하게 인 것)을 앞의 즙에 넣고
죽을 쑨다.

빈속에 먹는다. 1일에 2번 복용하기를 항상 하면
바로 효과가 있다.

郁李仁二兩研, 以水濾取
汁, 薏苡仁五合(淘洗)入汁
內, 作粥.

空心食之. 日二服常立效.

12-10) 상백피음(桑白皮飮, 뽕나무뿌리껍질음료) 방법

桑白皮飮方

수친양로서 147 수기로 인해 얼굴과 눈, 손발에 부종
이 생기는 증상, 배가 부풀어 오르는 증상, 풍 기운
으로 당기는 증상을 치료한다.

又 治水氣, 面目手足浮
腫, 腹脹, 風急.

뽕나무뿌리껍질 4냥(자른 것), 청량미 0.4승(간
것)을 준비한다. 뽕나무뿌리껍질즙으로 청량미를
끓여 음료를 만든다.

桑白皮四兩(切)、青梁米四
合(研). 以桑汁22煮作飮.

빈속에 조금씩 먹는다. 항상 복용하면 더욱 좋다.

空心漸食. 常服尤佳益.

13) 노인의 천수(喘嗽)148를 음식 치료하는 여러 방법

食治老人喘嗽諸方

13-1) 저이주(猪頤酒, 돼지턱술) 방법

猪頤酒方

수친양로서 149 기가 위로 치받고 숨이 가빠서 앉거
나 누워서 편안하게 있을 수 없는 증상을 치료한다.

壽親養老書 治上氣喘息,
不得坐臥不安.

147《壽親養老新書》卷1〈食治老人諸疾方〉第14 "食治老人水氣諸方" '食治老人水氣面目手足浮腫腹脹風急桑
　　白皮飮'(《文淵閣四庫全書》738, 315쪽).
148 천수(喘嗽): 호흡이 빠르고 촉박하며 기침이 나는 병증.
149《壽親養老新書》卷1〈食治老人諸疾方〉第14 "食治喘嗽諸方" '食治老人上氣急喘息不得坐臥不安猪頤酒
　　方'(《文淵閣四庫全書》738, 315쪽).
22 以桑汁: 저본에는 없음.《壽親養老新書·食治老人諸疾方·食治喘嗽諸方》에 근거하여 보충.

돼지턱 3개(잘게 썬 것), 청주(靑州)[150]의 대추 30 개를 술 3승에 담근다. 가을과 겨울의 경우에는 3~5일, 봄과 여름의 경우에는 1~2일 동안 입구를 밀봉하였다가 꺼내어 천으로 비틀어 짜서 찌꺼기를 제거한다.

빈속에 주량에 따라 따뜻하게 조금씩 복용하면 매우 효험이 있다. 짜거나 뜨거운 음식을 절대 금한다.

猪頤三具(細切)、靑州棗三十枚, 以酒三升浸之. 若秋冬三五日, 春夏一二日, 密封頭, 以布絞, 去滓.

空心, 溫任性漸服之, 極驗. 切忌鹹熱.

13-2) 저지(猪脂, 돼지기름) 방법

猪脂方

수친양로서[151] 기가 위로 치받아 기침하는 증상, 몸에 열이 많이 나는 증상, 입마름증과 갈증을 치료한다.

돼지기름 1근(썰어 다진 것)을 끓는 물에 넣고 끓인다.

빈속에, 오미를 넣고 조금씩 먹으면 그 효과가 비할 데 없다. 피로를 보하고 온갖 질병을 치료한다.

又 治上喘咳嗽, 身體壯熱, 口乾、渴燥.

猪肪脂一斤(切作臠)於沸湯中投煮之.
空心, 以五味漸食之, 其效不可比. 補勞, 治百病.

13-3) 당전(餳煎, 엿졸임) 방법

餳煎方

수친양로서[152] 기가 위로 치받아 기침하는 증상, 번열과 건조증으로 찬밥을 못 먹는 증상을 치료한다.

엿 4냥, 건지황(생것으로 즙을 낸 것) 1근, 흰꿀 0.3승을 함께 섞고 약한 불로 달여 걸쭉하게 되면

又 治上氣咳嗽, 煩熱乾燥, 不能食寒食.

餳四兩、乾地黃(生者汁)一斤、白蜜三合, 相和, 微火

---

150 청주(靑州) : 중국 산동성(山東省) 일대에 있었던 옛 행정 구역. 현재의 산동성 치박시(淄博市) 임치구(臨淄區) 일대.

151 《壽親養老新書》 卷1 〈食治老人諸疾方〉 第14 "食治喘嗽諸方" '食治老人上喘咳嗽身體壯熱口乾渴燥猪脂方'(《文淵閣四庫全書》 738, 315~316쪽).

152 《壽親養老新書》 卷1 〈食治老人諸疾方〉 第14 "食治喘嗽諸方" '食治老人上氣咳嗽煩熱乾燥不能食餳煎方'(《文淵閣四庫全書》 738, 315쪽).

바로 빈속에 매일 0.5술을 입에 머금고 조금씩 즙을 삼킨다.

식후에 또 복용한다. 열을 제거하는 데 매우 효과가 있다.

煎之, 令稠, 卽空心, 每日含半匙, 細咽汁.

食後亦服. 除熱最效.

13-4) 소전(蘇煎, 차조기졸임) 방법

蘇煎方

수친양로서 [153] 숨이 위로 치받아 기침하는 증상, 숨이 차서 얼굴과 눈에 부종이 생기는 증상, 앉거나 눕지 못하는 증상을 치료한다.

차조기씨(토소) 4냥, 사슴골수 0.3승, 생지황즙 1승을 서로 섞어 약한 불로 졸이다가 엿처럼 되면 곧 그친다.

빈속이나 식후에 항상 0.5술을 머금고 조금씩 즙을 삼킨다. 2~3일 만에 곧 차도가 있다.

又 治上喘咳嗽, 氣急, 面目浮腫, 坐臥不得.

土蘇四兩、鹿髓三合、生地黃汁一升, 相和, 微火煎之, 如餳卽止.

空心及食後, 常食半匙, 細咽汁. 三兩日卽差.

13-5) 조전(棗煎, 대추졸임) 방법

棗煎方

수친양로서 [154] 노인이 숨이 차서, 가슴과 옆구리가 그득하고 위로 치밀며, 음식이 내려가지 않는 증상을 치료한다.

차조기씨(토소) 3냥, 엿 0.2승을 서로 섞은 다음 약한 불로 데워 녹인다. 여기에 청주의 대추(큰 것) 30개(껍질과 씨를 제거한 것)를 넣고 저어 잘 섞는다. 이를 약한 불로 달여 차조기와 엿이 걸쭉하게

又 治老人氣急, 胸脇逆滿, 飮食不下.

土蘇三兩、餳二合, 相和, 微火溫令消, 靑州棗(大者)三十枚(去核皮)投之, 攪令相和, 以微火煎, 令蘇、餳

---

153 《壽親養老新書》卷1〈食治老人諸疾方〉第14 "食治老人喘嗽諸方"‘食治老人上喘咳嗽氣急面目浮腫坐臥不得蘇煎方'《文淵閣四庫全書》738, 316쪽).

154 《壽親養老新書》卷1〈食治老人諸疾方〉第14 "食治老人喘嗽諸方"‘食治老人氣急胸脅逆滿食飮不下棗煎方'《文淵閣四庫全書》738, 316쪽).

되도록 하다가 다 굳으면 곧 그친다.

식사 때마다 대추 1~2개를 먹되 조금씩 즙을 삼키면 좋다. 짜거나 뜨거운 음식과 구운 고기를 금한다.

泣, 盡即止.

每食上, 即噉一二枚, 漸漸咽汁爲佳. 忌鹹熱及炙肉.

13-6) 강당전(薑糖煎, 생강즙설탕졸임) 방법

薑糖煎方

수친양로서 [155] 기가 위로 치받아 기침하는 증상, 숨이 가쁘고 번열이 나서 음식이 내려가지 않고 먹기만 하면 곧바로 토하는 증상, 배가 부풀어 오르는 증상을 치료한다.

생강즙 0.5승, 설탕 4냥을 서로 섞어 약한 불로 데우다가 10~20번 끓으면 곧 그친다.

매번 0.5술을 입에 머금고 조금씩 즙을 넘긴다.

又 治上氣咳嗽, 喘急煩熱, 不下食, 食即吐逆, 腹脹滿.

生薑汁五合、砂糖四兩, 相和, 微火溫之, 一二十沸即止.

每度含半匙, 漸漸下汁.

13-7) 도인전(桃仁煎, 복숭아속씨졸임) 방법

桃仁煎方

수친양로서 [156] 기가 위로 치받아 열이 나면서 기침하면 가슴이 당기는 증상, 배가 아프고 부풀어 오르며 답답한 증상을 치료한다.

복숭아속씨 2냥(껍질과 끝부분을 제거하고 볶아서 가루 낸 것), 붉은 엿[赤餳] 0.4승을 서로 섞고 약하게 달이다가 3~5번 끓으면 곧 그친다.

빈속에 매번 입에 약간 머금고 조금씩 즙을 넘기면 더욱 이롭다.

又 治上氣熱, 咳嗽引心, 腹痛滿悶.

桃仁二兩(去皮尖, 熬末)、赤餳四合, 相和, 微煎三五沸即止.

空心, 每度含少許, 漸漸咽汁尤益.

---

155 《壽親養老新書》卷1〈食治老人諸疾方〉第14 "食治喘嗽諸方" '食治老人上氣咳嗽喘急煩熱不下食食即吐逆腹脹滿薑糖煎方'(《文淵閣四庫全書》738, 316쪽).

156 《壽親養老新書》卷1〈食治老人諸疾方〉第14 "食治喘嗽諸方" '食治老人上氣熱咳嗽引心腹痛滿悶桃仁煎方'(《文淵閣四庫全書》738, 316쪽).

13-8) 도인죽(桃仁粥, 복숭아속씨죽) 방법

桃仁粥方

수친양로서 157 기가 위로 치받아 기침함으로 인해 가슴 속이 답답하고 부풀어오르는 증상, 심한 천식을 치료한다.

복숭아속씨 3냥(껍질과 끝부분을 제거하고 간 것), 청량미 0.2승(깨끗하게 인 것)을 끓여 죽을 쑨다.

빈속에 먹는다. 1일에 1번 복용하면 더욱 이롭다.

又 治上氣咳嗽, 胸中妨滿, 急喘.

桃仁三兩(去皮尖, 研)、青粱米二合(淨淘), 煮作粥.

空心食之. 日一服尤益.

13-9) 감자죽(甘蔗粥, 사탕수수죽) 방법

甘蔗粥方

수친양로서 158 기침하고 기혈의 부족으로 열이 나면서 입과 혀가 건조하며, 침과 콧물이 진하고 끈적이는 증상을 치료한다.

청량미 0.4승(깨끗하게 인 것)을 사탕수수즙 1.5승으로 끓이고 죽을 쑨다.

빈속에 조금씩 먹는다. 1일에 1~2번 복용하면 심폐를 매우 잘 부드럽게 한다.

又 治咳嗽虛熱, 口舌乾燥, 涕唾濃粘.

青粱米四合(淨淘), 以甘蔗汁一升半煮粥.

空心漸食之. 日一二服, 極潤心肺.

13-10) 오리(熰梨, 배 익히기) 방법

熰梨[23]方

수친양로서 159 기침하면서 앞가슴과 양쪽 옆구리가 당기며 아프고, 곧바로 콧물이나 눈물이 많이 나는 증상을 치료한다.

又 治咳嗽胸脇引痛, 即多唾涕.

157《壽親養老新書》卷1〈食治老人諸疾方〉第14 "食治喘嗽諸方" '食治老人上氣咳嗽胸中妨滿急喘桃仁粥方'(《文淵閣四庫全書》738, 315쪽).

158《壽親養老新書》卷1〈食治老人諸疾方〉第14 "食治喘嗽諸方" '食治老人咳嗽虛弱口舌乾燥涕唾濃粘甘蔗粥方'(《文淵閣四庫全書》738, 316쪽).

159《壽親養老新書》卷1〈食治老人諸疾方〉第14 "食治喘嗽諸方" '食治老人咳嗽胸脇引痛即多見唾涕熰梨方'(《文淵閣四庫全書》738, 316쪽).

[23] 梨 : 저본에는 "藜".《壽親養老新書·食治老人諸疾方·食治喘嗽諸方》에 근거하여 수정.

누렇고 큰 배 1개(찔러서 구멍 50개 낸 것)에 구멍마다 촉초(산초) 1개를 넣고 밀가루반죽 2냥으로 싸서 겻불 속에 넣는다. 따뜻해지면 불로 익혔다가 반죽을 제거하고 식힌다.

빈속에, 잘라서 2~3번 복용하면 더욱 좋다. 열이 있을 때 먹어서는 안 되는데, 그러면 더욱 열이 심해지기 때문이다. 그런 경우에는 양두간갱(羊肚肝羹, 양의 위와 간으로 끓인 국)으로 치료해야 한다.

안 민간 치료법160 : 누렇고 큰 배 1개를 칼로 그 바닥에 구멍을 파서 속에 흰꿀 2~3술을 넣고 다시 잘라낸 꼭지로 덮어 고정시킨다. 배 표면을 찔러 작은 구멍을 수십 개 만든 다음 구멍마다 후추 1개를 넣는다. 이것을 물에 적신 종이로 몇 겹 덮고 겻불로 익혀 먹는다.

기침을 치료하는 데 신통한 효과가 있다.

13-11) 지황음(地黃飮, 지황음료) 방법

수친양로서 161 기침하고 번열이 나는 증상이나 피를 토하고 숨이 차서 음식을 먹지 못하는 증상을 치료한다.

생지황 0.5근(물처럼 갈아서 즙을 낸 것)을 달여서 고(膏)를 만든다.

黃梨一大顆(刺作五十孔), 每孔, 納蜀椒一顆, 軟麪二兩裹之, 放於糠灰中. 候溫, 火煨熟, 去麪, 冷. 空心, 切食用三二服尤佳. 不當及熱[24]食之, 益甚. 須羊肚肝羹, 治之.

案 俗法 : 黃梨一大顆, 用刀穴其底空, 甌內白蜜三二匙, 復用所割蔕肉蓋定. 周身刺作細孔數十, 每孔納胡椒一枚, 以紙漬水裹屢重, 糠火煨熟, 食之. 治咳嗽, 神效.

地黃飮方

又 治咳嗽煩熱, 或吐血氣急, 不能食.

生地黃半斤(研如水, 取汁) 煎作膏.

---

160 민간 치료법 : 배를 파서 꿀을 넣고 불에 익혀 먹는 법은 지금까지도 널리 활용된다.
161 《壽親養老新書》卷1〈食治老人諸疾方〉第14 "食治喘嗽諸方" '食治老人咳嗽煩熱或唾血氣急不能食地黃飮方'(《文淵閣四庫全書》738, 316쪽).
[24] 熱 : 저본에는 "熟".《壽親養老新書·食治老人諸疾方·食治喘嗽諸方》에 근거하여 수정.

빈속에 조금씩 먹는다. 1일에 1번 복용하면 매우 효과가 있다.

空心漸食之. 日一服極效.

13-12) 소행죽(蘇杏粥, 차조기씨살구속씨죽)

蘇杏粥

제중신편 [162] 주로 속을 고르게 하고 기를 내리며, 대변과 소변을 잘 나오게 하고, 심폐를 부드럽게 하며, 담기(痰氣)를 사그라들게 하고, 오장을 이롭게 한다. 기가 위로 치받아 기침하는 증상, 기침하고 숨이 가쁜 증상, 곽란으로 구역질하는 증상을 치료하고, 폐기(肺氣)를 평안히 하고, 풍기를 운행하며, 장위를 원활하게 하고, 혈맥을 소통하며, 피부를 부드럽게 한다.

濟衆新編 主調中下氣, 利大小便, 潤心肺, 消痰氣, 益五臟. 治上氣咳逆, 咳嗽喘急, 霍亂反胃, 寧肺氣, 行風氣, 滑腸胃, 通血脈, 潤肌膚.

차조기씨를 물에 담가 위로 떠오르는 물질을 제거하고 깨끗하게 씻어서 볶는다. 참깨는 열이 나면 생것을 쓰고, 한증이 있으면 볶은 것을 쓴다. 살구속씨는 포제하여 껍질과 끝부분을 제거하고 물에 담가 독을 제거한다.

蘇子水浸, 去浮者, 淨洗炒. 胡麻子, 有熱則生用. 有寒則炒用. 杏仁, 炮去皮尖, 水浸去毒.

이상의 약미들을 같은 양으로 하여 물로 곱게 갈고 체로 걸러 즙을 낸 다음 끓인다. 여기에 쌀뜨물을 넣고 죽이 되면 꿀을 타서 쓴다.

右等分, 以水細磨, 下篩, 取汁煮, 入米泔心, 成粥, 和蜜用.

13-13) 행도죽(杏桃粥, 살구속씨호두죽)

杏桃粥

제중신편 [163] 경맥을 소통하고, 혈맥을 부드럽게 하여 튼튼하게 하고, 기침을 멎게 하며, 귀와 눈을 총명하게 한다.

又 通經脈, 潤血脈, 令肥健, 止咳嗽, 聰耳目.

---

162 《濟衆新編》卷7 〈養老〉 "老人保養" '蘇杏粥', 145쪽.
163 《濟衆新編》卷7 〈養老〉 "老人保養" '杏桃粥', 145쪽.

살구속씨(포제하여 껍질과 끝부분을 제거하고 물에 담가 독을 제거한 것), 호두살(껍질을 제거한 것).

이상의 약미를 양에 관계없이 같은 양으로 하여 찧고 갈아 가루 낸 뒤, 물에 넣고 체로 거른 다음 즙을 내어 끓인다. 이때 멥쌀가루를 조금 넣고 죽을 쑨다.

꿀을 타서 임의대로 먹는다. 여름이 된 뒤로는 사용을 금한다.

杏仁(炮去皮尖, 水沈去毒)、胡桃肉(去皮).

右不拘多少, 等分擣磨, 作屑, 和水下篩, 取汁煮, 入粳米粉少許, 作粥.

調淸蜜, 任食之. 入夏後, 禁用.

13-14) 영수당(寧嗽糖, 해수를 가라앉히는 엿)

제중신편 [164] 허약하고 부족한 기운을 보하고, 기력을 도우며, 오장을 부드럽게 하고, 담을 사그라들게 하며, 기침을 멎게 한다. 폐기(肺氣)로 인한 천식, 폐위(肺痿, 폐가 비정상적으로 줄어든 증상)로 인한 기침을 치료하며, 심신(心神)을 진정시킨다.

백합 2냥, 천문동 1냥, 계피·후추·귤껍질 각 0.3냥, 도라지 0.2냥.

이상의 약미들을 가루 낸 뒤, 찹쌀 10승으로 묽은 엿을 만들어 이전의 약미와 함께 섞고 다시 고아서 연한 엿을 만든다.

수시로 먹을 만큼만 복용한다.

寧嗽糖

又 補虛乏, 益氣力, 潤五臟, 消痰止嗽. 治肺氣喘嗽, 肺痿咳嗽, 鎭心神.

百合二兩、天門冬一兩、桂皮·胡椒·橘皮各三錢、桔梗二錢.

右爲末, 糯米一斗造稀糖, 同和, 再熬, 成軟糖.

無時, 隨量服.

13-15) 이붕고(梨硼膏)

제중신편 [165] 유행성 기침 증상, 목이 쉬어 말을 하

梨硼膏

又 治天行咳嗽, 失音, 咽

164《濟衆新編》卷7〈養老〉"老人保養" '寧嗽糖', 146쪽.
165《濟衆新編》卷7〈養老〉"老人保養" '梨硼膏', 146쪽.

82　보양지·권제 6

지 못하는 증상, 인후통을 치료한다.

　생배 1개(꼭지 주위에 작은 구멍을 내고 씨와 주변 과육을 제거한 것)에 붕사 0.05냥과 꿀을 가득 넣은 뒤 구멍을 꼭지로 막는다. 먼저 습기 먹은 종이로 배를 싸고 다음에 황토진흙으로 싸서 굽는다.

　진하게 익으면 먹는다.

13-16) 오과다(五果茶, 5가지과실차)

제중신편 [166] 민간 처방 : 노인의 기가 허해짐으로써 외감으로 인해 기침하는 증상을 치료한다.

　호두 10개, 은행 15개, 대추 7개, 생밤(겉껍질을 그대로 둔 것 7개를 썬 것), 생강 1덩이(잘게 썬 것)를 달여 복용한다.

　간혹 은행을 더하기도 하고, 더러는 호두 7개를 더하고 꿀이나 설탕을 개어 복용하기도 한다. 외기(外氣)의 침입이 없고 단지 기침만 하면 생밤을 제거하고 누런 밤을 넣는다.

14) 노인의 각기(脚氣)[167]를 음식 치료하는 여러 방법
14-1) 수우두(水牛頭, 물소머리) 방법

수친양로서 [168] 각기(脚氣)로 열이 나고 간혹 기운이 심장 부위로 거슬러올라가 간간이 어지럽고 구역이 나는 증상을 치료한다.

痛.

生梨一箇(蒂邊作小孔, 去瓤), 入硼砂五分、清蜜滿入, 封其孔. 先以濕紙裹之, 次以黃土泥裹煨.

待濃熟, 食之.

五果茶

又 俗方 : 治老人氣虛, 外感咳嗽.

胡桃十箇、銀杏十五箇、棗七箇、生栗(留外皮七箇切)、生薑一塊(細切), 煎服.

或加銀杏, 或加胡桃七枚, 和蜜或砂糖調服. 無外氣, 只咳嗽, 去生栗, 入黃栗.

食治老人脚氣諸方
水牛頭方

壽親養老書 治脚氣煩燥, 或逆心間憒, 嘔逆.

---

166 《濟衆新編》卷7〈養老〉"老人保養"'五果茶', 146쪽.
167 각기(脚氣) : 다리가 나무처럼 뻣뻣해지거나 붓는 병증.
168 《壽親養老新書》卷1〈食治老人諸疾方〉第14 "食治脚氣諸方"'食治老人脚氣煩燥或逆心間憒嘔逆水牛頭方'(《文淵閣四庫全書》738, 317쪽).

물소머리 1개(포제하여 털을 제거하고 씻은 것)를 끓여 푹 익힌 뒤 썰어서 생강·식초·오미로 간을 맞춘다.

빈속에 조금씩 먹으면 모두 효과가 있다.

水牛頭一枚(炮去毛, 洗之) 煮令爛熟, 切以薑、醋、五味.

空心漸漸食皆效.

14-2) 저두생(猪肚生, 돼지밥통 생것) 방법

猪肚生方

수친양로서 [169] 각기로 번열이 나고 붓기가 무릎으로 들어가서 부풀어오르고 속이 답답한 증상을 치료한다.

又 治脚氣煩熱, 流腫入膝, 滿悶.

돼지밥통 1개(살찐 돼지밥통을 잘게 썰어 생으로 둔 것)를 물로 씻고 천으로 짜서 말린다. 좋은 달래·식초·산초·간장·오미로 간을 맞춘다.

猪肚一具(肥者細切, 作生), 以水洗, 布絞令乾.

好蒜、醋、椒、醬、五味.

빈속에 항상 먹으면 또한 혈로(血勞)[170]를 치료하고, 보익에 효과가 있다.

空心常食之, 亦治血勞, 補益效.

14-3) 저신생(猪腎生, 돼지신장 생것) 방법

猪腎生方

수친양로서 [171] 각기로 기가 치밀어 매우 답답하고, 구토하며 가슴을 치받고, 음식을 내리지 못하는 증상을 치료한다.

又 治脚氣逆悶, 嘔吐衝心, 不能下食.

돼지신장 1개(막을 제거하고 잘게 썰어 생으로 둔 것)를 달래·식초·오미로 간을 맞춘다.

猪腎一[25]隻(去膜細切, 作生)以蒜、醋、五味.

169 《壽親養老新書》卷1〈食治老人諸疾方〉第14"食治脚氣諸方"'食治老人脚氣煩熱流腫入膝滿悶猪肚生方'(《文淵閣四庫全書》738, 317쪽).

170 혈로(血勞) : 허로(虛勞)의 하나로, 혈열(血熱)이 있을 때 생긴다. 갈증이 심해지고 뺨이 붉어지며 식은땀이 나고 머리와 온몸이 아프며 입맛이 없는 증상이 나타난다.

171 《壽親養老新書》卷1〈食治老人諸疾方〉第14"食治脚氣諸方"'食治老人脚氣逆悶嘔吐衝心不能下食猪腎生方'(《文淵閣四庫全書》738, 317쪽).

[25] 一 :《壽親養老新書·食治老人諸疾方·食治脚氣諸方》에는 "二".

빈속에 먹는다. 1일에 1번 복용하면 매우 좋다.

空心食之. 日一服極佳.

14-4) 저신죽(豬腎粥, 돼지신장죽) 방법

豬腎粥方

수친양로서 172 각기로 열이 나고 저리며, 힘이 없어 몸이 말을 듣지 않고, 걸어다니지 못하는 증상을 치료한다.

돼지신장 2개(막을 제거하고 잘게 썬 것), 멥쌀 0.4승(인 것), 총백 0.5줌을 섞고 끓여 죽을 쑨 다음 오미·산초·생강을 넣어 간을 맞춘다.

빈속에 먹는다. 1일에 1번 복용하면 매우 효험이 있다.

又 治脚氣煩痺, 緩弱不遂, 行履不能.

豬腎二隻(去膜細切)、粳米四合(淘)、蔥白半握, 和煮作粥, 下五味, 椒、薑. 空心食之. 日一服最驗.

14-5) 웅육엄(熊肉腌, 곰고기절임) 방법

熊肉腌方

수친양로서 173 각기의 독이 가슴을 치받아 몸과 얼굴이 붓고 숨이 찬 증상을 치료한다.

곰고기 2근(살찐 고기를 잘라 덩어리로 만든 것)을 오미로 간을 맞춰 절인 고기를 만든다.

빈속에 매일 구워 먹는다. 또 국이나 죽으로 만들 수도 있어서 식성에 따라 먹으면 매우 효과가 있다.

又 治脚氣毒衝心, 身面浮腫, 氣急.

熊肉二斤(肥者切作塊), 以五味作腌腊. 空心日炙食之. 亦可作羹粥, 任性食之極效.

14-6) 오계갱(烏鷄羹, 오골계국) 방법

烏鷄羹方

수친양로서 174 각기가 가슴을 치받아 속이 답답하

又 治脚氣攻心, 煩悶, 胸

---

172 《壽親養老新書》卷1〈食治老人諸疾方〉第14 "食治老人脚氣諸方" '食治老人脚氣煩痺緩弱不隨行履不能豬腎粥方'(《文淵閣四庫全書》738, 318쪽).

173 《壽親養老新書》卷1〈食治老人諸疾方〉第14 "食治老人脚氣諸方" '食治老人脚氣毒衝心身面浮腫氣急熊肉腌方'(《文淵閣四庫全書》738, 317쪽).

174 《壽親養老新書》卷1〈食治老人諸疾方〉第14 "食治老人脚氣諸方" '食治老人脚氣攻心煩悶胸腹脹滿烏雞羹方'(《文淵閣四庫全書》738, 317~318쪽).

고 가슴과 배가 부풀어 오르는 증상을 치료한다.

오골계 1마리(일반적인 방법대로 손질한 것), 총백 1줌(잘게 썬 것), 멥쌀 0.2승(간 것)을 함께 끓여 익힌다.

빈속에, 잘라서 오미로 간을 맞추고 국을 만들어 항상 먹으면 좋다.

14-7) 이어학(鯉魚膾, 잉어고깃국) 방법

수친양로서 175 각기로 위를 치받아 가슴이 답답하고 번조하며 정신이 착란한 증상을 치료한다.

잉어 1근(살만 취한 것), 순채 4냥, 멥쌀 0.3승(간 것), 총백 1줌을 섞어 고깃국을 끓인다. 여기에 오미·산초·생강을 넣고 간을 맞춘다.

빈속에 먹는다. 항상 복용하면 또한 수기(水氣)를 치료한다.

14-8) 자소죽(紫蘇粥, 차조기죽) 방법

수친양로서 176 각기의 독으로 속이 답답하고, 몸이 뜻대로 움직이지 않으며, 걸을 수가 없는 증상을 치료한다.

멥쌀 0.4승(깨끗이 씻어 인 것)을 끓여 죽을 쑨다. 익으려 하면 차조기씨 0.5승(볶고 곱게 갈아 물

腹脹滿.

烏鷄一隻(治如常法)、蔥白一握(細切)、粳米二合(硏)、煮令熟.

空心, 切以五味作羹, 常食之爲佳.

鯉魚膾方

又 治脚氣逆, 心悶煩燥, 心神狂誤.

鯉魚一斤(取肉)、蓴菜四兩、粳米三合(硏)、蔥白一握, 相和煮膾, 下五味、椒、薑調和.

空心食之. 常服亦治水氣.

紫蘇粥方

又 治脚毒悶, 身體不任, 行履不能.

粳米四合(淨洗淘)煮作粥, 臨熟, 紫蘇子五合(熬硏細,

175《壽親養老新書》卷1〈食治老人諸疾方〉第14 "食治脚氣諸方" '食治老人脚氣逆心悶煩燥心神狂誤鯉魚膾方'(《文淵閣四庫全書》738, 317쪽).

176《壽親養老新書》卷1〈食治老人諸疾方〉第14 "食治脚氣諸方" '食治老人脚氣毒悶身體不任行履不能紫蘇粥方'(《文淵閣四庫全書》738, 317쪽).

에 넣고 즙을 낸 것)을 죽에 넣고 갠다.

빈속에 먹는다. 1일에 1번 복용하면 또한 속을 따뜻하게 한다.

以水投取汁), 入粥內調之. 空心食之. 日一服亦溫中.

14-9) 마자죽(麻子粥, 삼씨죽)

麻子粥

수친양로서 [177] 각기로 인해 속이 답답하고, 토하거나 구역질하며, 음식을 내리지 못하는 증상을 치료한다.

삼씨 1승(볶고 간 다음 물에 여과하여 즙을 취한 것), 멥쌀 0.4승(깨끗이 인 것)으로 죽을 쑨다.

빈속에 먹는다. 1일에 1번 복용하면 더욱 좋다. 또한 안으로 냉기를 치료한다.

又 治脚氣煩悶, 或吐逆, 不下食.

麻子一升(熬研, 水濾取汁)、粳米四合(淨淘)作粥. 空心食之. 日一服尤益, 亦中治冷氣.

14-10) 욱리인음(郁李仁飲, 산앵두속씨음료) 방법

郁李仁飲方

수친양로서 [178] 각기가 위로 치받고, 몸과 다리가 붓고, 대변과 소변이 막혀서 잘 나오지 않고, 숨이 가쁘고, 음식이 내려가지 않는 증상을 치료한다.

산앵두속씨 2냥(곱게 갈아 물로 여과하여 즙을 낸 것), 율무 0.4승(일어서 간 것)을 함께 섞고 끓여 음료를 만든다.

빈속에 먹는다. 1일에 2번 복용하면 매우 효험이 있다.

又 治脚氣衝逆, 身腫脚腫, 大小便秘澁不通, 氣息喘急, 食飲不下.

郁李仁二兩(細研, 以水濾取汁)、薏苡仁四合(淘研破), 相和煮飲. 空心食之. 日二服極驗.

---

[177] 《壽親養老新書》卷1〈食治老人諸疾方〉第14 "食治脚氣諸方" '食治老人脚氣煩悶或吐逆不下食痺弱麻子粥方'(《文淵閣四庫全書》738, 317쪽).

[178] 《壽親養老新書》卷1〈食治老人諸疾方〉第14 "食治脚氣諸方" '食治老人脚氣衝逆身腫脚腫大小便秘澁不通氣息喘急食飲不下郁李仁飲方'(《文淵閣四庫全書》738, 317쪽).

14-11) 생율(生栗, 생밤) 방법

生栗方

수친양로서 179 각기로 신기(腎氣)가 허손해지고, 다리와 무릎에 힘이 없으며, 피곤한 증상을 치료한다.

又 治脚氣, 腎虛氣損, 脚膝無力, 困乏.

생밤 1근을 쪄서 익힌 다음 바람이 통하는 곳에 매달아 말린다.

生栗一斤以蒸熟, 透風處懸, 令26乾.

매일 빈속에 이 밤을 10개씩 항상 먹으면 각기를 매우 잘 치료하여 효과를 헤아릴 수 없다.

每日空心, 常食十顆, 極治脚氣, 不測有功.

14-12) 시심주(豉心酒, 장독의 속 깊은 곳에서 뜬 된장으로 담근 술) 방법

豉心酒方

수친양로서 180 각기로 인한 마비나 근육이 허약해지는 증상, 오완육급(五緩六急)181, 번조로 마음이 불안한 증상을 치료한다.

又 治脚氣痺弱, 五緩六急, 煩燥不安.

시심 3승(9번 찌고 9번 볕에 말린 것)을 술 5승에 2~3일 담근다.

豉心三升(九蒸九曝)以酒五升浸二三日.

빈속에 임의대로 3잔을 따뜻하게 복용하면 매우 효과가 있다.

空心任意, 溫服三盞極效.

14-13) 의이음(薏苡飮, 율무음료)

薏苡飮

제중신편 182 풍습으로 인한 마비 증상, 근육과 혈맥

濟衆新編 治風濕痺, 筋

---

179 《壽親養老新書》卷1〈食治老人諸疾方〉第14 "食治脚氣諸方" '食治老人脚氣腎虛氣損脚膝無力困乏生栗方'(《文淵閣四庫全書》738, 318쪽).

180 《壽親養老新書》卷1〈食治老人諸疾方〉第14 "食治脚氣諸方" '食治老人脚氣痺弱五緩六急煩燥不安豉心酒方'(《文淵閣四庫全書》738, 318쪽).

181 오완육급(五緩六急) : 5가지 이완증과 6가지 경직증.

182 《濟衆新編》卷7〈養老〉"老人保養" '薏苡飮', 146쪽.

26 令 : 저본에는 "冷"《壽親養老新書·食治老人諸疾方·食治脚氣諸方》에 근거하여 수정.

이 떨리고 오그라드는 증상, 건각기(乾脚氣)[183]와 습각기(濕脚氣)[184]를 치료하고, 몸을 가볍게 하고 장기(瘴氣)[185]를 이긴다. 또 폐위(肺痿)와 폐기(肺氣)로 피고름을 토하고 기침하는 증상을 치료한다.

율무가루 0.2승, 참깨(볶은 것)·차조기씨(볶은 것) 각 0.1승.

이상의 약미 중 차조기씨와 참깨를 물로 곱게 갈고 여과하여 즙을 낸다. 이를 끓여서 율무가루를 넣고 죽을 쑨 다음 꿀을 탄다. 간혹 율무만 가루 낸 뒤, 죽을 쑤어도 좋다.

오랫동안 복용하면 사람이 밥을 잘 먹게 한다.

脈攣急, 乾、濕脚氣, 輕身勝瘴. 又治肺痿肺氣, 吐膿血, 咳嗽.

薏苡粉二合、胡麻子(炒)·蘇子(炒)各一合.

右蘇子、胡麻子, 用水細磨, 濾取汁, 煮入薏苡粉, 成粥和蜜用. 或單薏苡作末, 煮粥亦好.

久服, 令人能食.

14-14) 목과죽(木果粥, 모과죽)

木果粥

제중신편 [186] 근육과 뼈를 튼튼하게 하고, 다리와 무릎에 힘이 없는 증상과 곽란으로 근육이 뒤틀리는 증상을 치료한다.

모과(木果)(곱게 가루 낸 것) 1냥을 물에 끓이고 좁쌀이나 멥쌀의 뜨물을 넣어 죽을 쑨다.

생강즙이나 꿀을 타서 복용한다.

又 强筋骨, 治足膝無力, 霍亂轉筋.

木果(細末)一兩和水煮, 入粟米泔或粳米泔, 作粥. 調薑汁、淸蜜服之.

---

183 건각기(乾脚氣) : 각기병(脚氣病)의 하나. 다리에 힘이 없고 피부가 마르고 여위며 저린 병증. 음정(陰精)이 부족하여 내열(內熱)이 생기거나 풍독과 습열사(濕熱邪)로 영혈(營血)이 상해서 근맥(筋脈)을 잘 자양하지 못하므로 생긴다.

184 습각기(濕脚氣) : 각기병의 하나. 다리에 힘이 없고 무거우며 마비감이 있고 걷지 못하는 병증. 수습(水濕)이 다리에 침입하여 경맥을 잘 통하지 못하게 하여 생긴다.

185 장기(瘴氣) : 축축하고 더운 땅에서 생기는 독한 기운. 산람장기(山嵐瘴氣)의 준말이다.

186 《濟衆新編》卷7〈養老〉"老人保養"'木果粥', 146쪽.

15) 노인의 여러 임병(淋病)[187]을 음식 치료하는 방법

15-1) 마자죽(麻子粥, 삼씨죽) 방법

수친양로서 [188] 5림(五淋, 5가지 임병)으로 인해 소변이 잘 나오지 않고 아픈 증상, 자주 소변을 보지만 시원하지 않은 증상, 번열 등의 증상을 치료한다.

삼씨 0.5승(볶고 간 다음 물로 여과하여 즙을 낸 것)에 청량미 0.4승을 넣고 끓여 죽을 쑨다.

빈속에 조금씩 먹는다. 1일에 2번 복용하는데, 항상 복용하면 매우 좋다.

15-2) 소죽(蘇粥, 차조기죽) 방법

수친양로서 [189] 5림으로 건조하고 아픈 증상, 소변이 많지 않은 증상, 소변이 막혀 잘 나오지 않고 통하지 않는 증상을 치료한다.

차조기씨(토소) 2냥, 청량미 0.4승(깨끗하게 인 것), 좁쌀죽웃물 2승을 끓여 죽을 쑨다. 익으려 하면 차조기를 넣고 젓는다.

빈속에 먹는다. 1일에 1번 복용하면 더욱 좋다.

15-3) 유피삭병(楡皮索餠, 느릅나무수제비) 방법

수친양로서 [190] 임병으로 소변이 잘 통하지 않거나,

食治老人諸淋方

麻子粥方

壽親養老書 治五淋, 小便澁痛, 常頻不利, 煩熱.

麻子五合(熬研, 水濾取汁) 入靑粱米四合, 煮作粥. 空心漸食之. 日二服, 常服極佳.

蘇粥方

又 治五淋燥痛, 小便不多, 秘澁不通.

土蘇二兩、靑粱米四合(淨淘)、漿水二升, 煮作粥, 臨熟, 下蘇, 攪之. 空心食之. 日一服尤佳.

楡皮索餠方

又 治淋病, 小便不通利,

---

187 임병(淋病) : 소변을 눌 때 잘 나오지 않으면서 요도와 아랫배가 아픈 병증. 임(淋)·임질(淋疾)·임증(淋證)이라고도 한다.

188 《壽親養老新書》 卷1 〈食治老人諸疾方〉 第14 "食治諸淋方" '食治老人五淋小便澁痛常頻不利煩熱麻子粥方'(《文淵閣四庫全書》 738, 318쪽).

189 《壽親養老新書》 卷1 〈食治老人諸疾方〉 第14 "食治諸淋方" '食治老人五淋燥痛小便不多秘澁不通蘇粥方'(《文淵閣四庫全書》 738, 319쪽).

190 《壽親養老新書》 卷1 〈食治老人諸疾方〉 第14 "食治諸淋方" '食治老人淋病小便不通利秘澁少痛楡皮索餠方'(《文淵閣四庫全書》 738, 318쪽).

막혀 잘 나오지 않고 조금씩 통증이 있는 증상을 치료한다.

느릅나무껍질 2냥(썰어서 물 3승을 넣고 달여 1.5승의 즙을 취한 것)을 흰밀가루 6냥과 반죽하여 수제비를 만들고 다시 느릅나무즙에 넣어 끓인다. 오미·파·산초를 넣어 간을 맞춘다.

빈속에 먹는다. 항상 3~5번 복용하면 수도(水道, 요도)를 통하게 하는 데 매우 좋다.

15-4) 우밀전(藕蜜煎, 연근꿀졸임) 방법

수친양로서 191 임병으로 소변이 오랫동안 막혀 잘 나오지 않고 매우 아프고 답답한 증상을 치료한다.

연근즙 0.5승, 흰꿀 0.5승, 생지황즙 1승을 섞은 다음 약한 불로 졸여 엿처럼 만든다.

빈속에 0.5술 머금고 천천히 넘겨 마신다. 식사 후에도 복용한다. 뜨거운 음식이나 구운 고기를 금한다.

15-5) 규채갱(葵菜羹, 아욱국) 방법

수친양로서 192 임병으로 소변이 막혀 잘 나오지 않는 증상, 번열이 나서 건조하고 아픈 증상, 팔다리가 추워 떨리는 증상을 치료한다.

秘澀少痛.

榆皮二兩(切, 用水三升煮取一升半汁)搜白麵六兩, 作索餅, 復拌榆汁煮, 下五味、蔥、椒.

空心食之. 常三五服, 極利水道.

藕[27]蜜煎方

又 治淋病, 小便長澁不利, 痛悶之極.

藕汁五合、白蜜五合、生地黃汁一升, 相和, 微火煎之, 令如餳.

空心含半匙, 漸漸下飮, 食了亦服. 忌熱食、炙肉.

葵菜羹方

又 治淋, 小便秘澀, 煩熱燥痛, 四肢寒慄.

---

191 《壽親養老新書》卷1〈食治老人諸疾方〉第14 "食治諸淋方" '食治老人淋病小便長澁不利痛悶之極蘇蜜煎方'(《文淵閣四庫全書》738, 318~319쪽);《鄕藥集成方》卷19〈大小便統論〉"小便難".

192 《壽親養老新書》卷1〈食治老人諸疾方〉第14 "食治諸淋方" '食治老人淋小便秘澀煩熱燥痛四肢寒慄葵菜羹方'(《文淵閣四庫全書》738, 318쪽).

[27] 藕 : 저본에는 "蘇".《鄕藥集成方·大小便統論·小便難》에 근거하여 수정.

아욱 4냥(썬 것), 청량미 0.3승(간 것), 총백 1줌을 끓여 국을 만들고 오미·산초·간장을 넣어 간을 맞춘다.

빈속에 먹는다. 소변이 잘 나오지 않는 증상을 매우 잘 치료한다.

葵菜四兩(切)、青粱米三合(研)、蔥白一握, 煮作羹, 下五味、椒、醬.

空心食之. 極治小便不通.

15-6) 청두(青豆, 녹두) 방법

靑豆方

수친양로서 193 임병으로 번열이 나고, 소변을 볼 적에 음경 속이 아프고 소변이 잘 나오지 않아 조금도 시원하지 않은 증상을 치료한다.

又 治淋, 煩熱, 小便莖中痛澁, 少不快利.

녹두 2승, 귤껍질 2냥을 끓여 익힌 뒤 삼씨즙 1승을 넣는다.

靑豆二升、橘皮二兩, 煮熟, 下麻子汁一升.

빈속에 조금씩 먹는다. 그 즙을 함께 복용해도 모두 효험이 있다.

空心漸食. 幷服其汁皆驗.

15-7) 소맥탕(小麥湯) 방법

小麥湯方

수친양로서 194 5림으로 오랫동안 낫지 않아 온몸에 열이 나고, 소변이 잘 나오지 않아 부풀어 오르고 답답한 증상을 치료한다.

又 治五淋久不止, 身體壯熱, 小便滿悶.

밀 1승, 통초 2냥을 물로 달여 3승을 취하고 찌꺼기를 제거한다.

小麥一升、通草二兩, 以水煮取三升, 去滓.

조금씩 먹으면 잠시 뒤에 차도가 있다.

漸漸食之, 須臾當差.

---

193 《壽親養老新書》卷1〈食治老人諸疾方〉第14 "食治諸淋方" '食治老人淋煩熱小便莖中痛澁少不快利青豆方'(《文淵閣四庫全書》738, 318쪽).

194 《壽親養老新書》卷1〈食治老人諸疾方〉第14 "食治諸淋方" '食治老人五淋久不止身體壯熱小便滿悶小麥湯方'(《文淵閣四庫全書》738, 318쪽).

15-8) 포도즙(蒲桃汁) 방법

수친양로서 195 5림으로 소변이 막혀 잘 나오지 않는 증상, 소변을 참으면 아픈 증상, 가슴이 답답하고 시원하지 않은 증상을 치료한다.

포도즙 1승, 흰꿀 0.3승, 연근즙 1승을 섞고 약한 불로 데워 3번 끓으면 곧 그친다.

빈속에 0.5승을 복용하고 식후에 0.5승을 복용한다. 항상 복용하면 남다른 효과가 있다.

蒲桃汁28方

又 治五淋, 秘澁, 小便禁痛, 膈悶不利.

蒲桃汁一升, 白蜜三合, 藕汁一升, 相和, 微火溫, 三沸卽止.

空心服五合, 食後服五合. 常服殊效.

15-9) 차전자음(車前子飲, 질경이씨음료) 방법

수친양로서 196 임병으로 소변에 하혈이 있고, 온몸에 열이 펄펄 나는 증상을 치료한다.

질경이씨 0.5승(솜으로 감싸서 물로 달여 즙을 낸 것), 청량미 0.4승(깨끗하게 일어 간 것)을 달여 음료로 만든다.

빈속에 먹는다. 항상 복용하면 또한 눈을 밝게 하고 열독을 제거한다.

車前子飲方

又 治淋病, 小便下血, 身體熱盛.

車前子五合(綿裹, 水煮取汁)、青粱米四合(淘硏), 煮作飲.

空心食之. 常服, 亦明目, 去熱毒.

15-10) 장수음(漿水飲, 좁쌀죽웃물음료) 방법

수친양로서 197 5림병으로 온몸이 답답하고 건조하

漿水飲方

又 治五淋病, 身體煩燥

---

195 《壽親養老新書》卷1〈食治老人諸疾方〉第14 "食治諸淋方" '食治老人五淋秘澁小便禁痛膈悶不利蒲桃漿方'(《文淵閣四庫全書》738, 319쪽).

196 《壽親養老新書》卷1〈食治老人諸疾方〉第14 "食治諸淋方" '食治老人淋病小便下血身體熱盛車前子飲'(《文淵閣四庫全書》738, 319쪽).

197 《壽親養老新書》卷1〈食治老人諸疾方〉第14 "食治諸淋方" '食治老人五淋病身體煩熱小便痛不利漿水飲'(《文淵閣四庫全書》738, 318쪽).

28 汁:《壽親養老新書·食治老人諸疾方·食治諸淋方》에는 "漿".

며 열이 나는 증상, 소변을 볼 때 아프고 시원하지 않은 증상을 치료한다.

熱, 小便痛不利.

좁쌀죽웃물 3승(맛이 시고 품질이 좋은 것)으로 청량미 0.3승을 끓여 음료를 만든다.

漿水三升(酸美者), 煮青粱米三合作飲.

빈속에 조금씩 먹는다. 1일에 2~3번 복용하면 또한 소변이 잘 나오도록 하는 데 효과가 있다.

空心漸食之. 日二三服, 亦宜利效.

15-11) 각병연수탕(却病延壽湯, 병을 물리치고 수명을 늘리는 탕)

却病延壽湯

[의학입문] [198] 노인의 소변이 찔끔거리고 적은 증상을 치료한다.

[醫學入門] 治老人小水短少.

인삼·백출 각 0.1냥, 우슬·백작약 각 0.07냥, 진피·백복령·산사살·당귀·감초 각 0.05냥.

人蔘·白朮各一錢, 牛膝·白芍藥各七分, 陳皮·白茯苓·山査肉·當歸·甘草各五分.

이상의 약미들을 썰어서 생강 3쪽을 넣고 끓여 시간에 관계없이 복용한다.

右剉, 薑三片, 煎服, 不拘時.

봄에는 천궁, 여름에는 황금·맥문동을 더하며, 가을과 겨울에는 당귀·생강을 2배로 넣는다. 소변이 원래대로 돌아와야 약을 그만 먹는다. 이것은 노인이 양생하는 빠른 방법이다.

春加川芎, 夏加黃芩·麥門冬, 秋冬倍當歸·生薑. 小水如舊乃止藥. 此老人養生之捷法也.

16) 노인의 변비 음식 치료 방법

食治老人大便秘澁方

16-1) 소임죽(蘇荏粥, 차조기깨죽)

蘇荏粥

[제중신편] [199] 노인의 대변이 건조하거나 기침을 하고

[濟衆新編] 治老人大便乾

---

198 《東醫寶鑑》〈內景篇〉卷1 "附養老" '老人保養'(《原本 東醫寶鑑》, 81쪽).
199 《濟衆新編》卷7〈養老〉"老人保養" '蘇荏粥', 145쪽.

기가 허한 증상, 풍비(風秘)[200]와 혈비(血秘)[201], 대변이 매우 심하게 막혀 잘 나오지 않는 증상을 치료한다.

차조기씨(물에 담갔다가 뜬 것을 제거하고 깨끗하게 씻어 볶아 말린 것), 참깨를 같은 양으로 하여 함께 짓무르도록 찧고 물로 여과하여 즙을 낸다. 멥쌀가루 조금을 함께 달여 죽을 쑨다.

생강즙과 꿀을 타서 먹는다. 기침을 하고 숨이 가쁘면 행인(살구속씨)을 더한다.

燥, 或咳嗽氣虛, 風秘、血秘, 便甚艱澁.

蘇子(水沈去浮者, 淨洗乾炒)、胡麻子, 等分同擣爛, 和水濾汁. 粳米末少許同煮作粥.

調薑汁、淸蜜食之. 咳嗽喘息, 加杏仁.

16-2) 연총음(蓮蔥飮, 연근파음료)

제중신편[202] 노인과 허약한 사람의 대변이 막혀 잘 나오지 않는 증상을 치료한다.

큰 총백(수염뿌리가 달린 것) 3줄기, 연근 0.5냥을 새로 길어온 물 1잔으로 달인다. 총백이 푹 익으면 총백과 연근을 제거하고 아교주(阿膠珠, 아교를 잘게 썰어 불에 볶아 구슬모양으로 만든 것) 0.2냥을 넣어 젓고 녹인다.

빈속에 복용한다. 꿀 타서 먹는 것을 금한다.

蓮蔥飮

又 治老人、虛人大便秘澁.

大蔥白(連根)三莖、蓮根五錢, 新水一盞煎之. 蔥爛熟, 去蔥、蓮, 入阿膠珠二錢, 攪令溶化.

空心服. 忌和蜜.

16-3) 귤행환(橘杏丸, 귤껍질살구속씨환약)

제중신편[203] 노인과 허약한 사람의 기비(氣秘)[204]와 풍비를 치료한다. 귤행환을 복용하면 대변이 절로

橘杏丸

又 治老人、虛人, 氣秘、風秘. 服之則大便自不澁

---

200 풍비(風秘) : 풍사(風邪)로 인해 생긴 변비.
201 혈비(血秘) : 혈열(血熱)이나 혈허(血虛) 등의 기와 혈액 순환 장애로 생긴 변비.
202《濟衆新編》卷7〈養老〉 "老人保養" '蓮蔥飮', 145쪽.
203《濟衆新編》卷7〈養老〉 "老人保養" '橘杏丸', 145쪽.
204 기비(氣秘) : 기체(氣滯)나 기결(氣結) 등 기의 순환장애로 생긴 변비를 말한다.

막히지 않고 겸하여 기침을 치료한다.

굴껍질(흰 부위를 제거한 것), 행인(껍질과 끝부분을 제거한 것), 무씨 각 같은 양.

이상의 약미들을 가루 낸 뒤, 꿀로 벽오동씨크기의 환을 만든다.

미음으로 70환을 넘긴다. 이것은 낮에 대변을 보기 힘든 증상을 치료한다. 만약 밤에 대변을 보기 어렵다면 행인을 제거하고 도인(복숭아속씨)을 쓴다.

滯, 兼治咳嗽.

橘皮(去白)、杏仁(去皮尖)、萊菔子各等分.

右爲末, 蜜丸如梧子.

米飮下七十丸. 此治晝便難. 若夜便難, 去杏仁, 用桃仁.

17) 노인의 열색(噎塞)[205]을 음식 치료하는 여러 방법

17-1) 양육삭병(羊肉索餅, 양고기수제비) 방법

수친양로서 [206] 가슴이 막혀서 음식이 내려가지 않아 점점 누렇게 야위며 걸음에 힘이 없고 연약해지는 증상을 치료한다.

양고기(흰양) 4냥(썰어 고깃국으로 만든 것), 흰밀가루 6냥을 생강즙으로 반죽하여 수제비를 만든다. 여기에 굴껍질가루 0.01냥과 오미·파·산초 등의 재료를 넣어 간을 맞추고 끓여 익힌다.

빈속에 먹는다. 1일에 1번 복용하면 극히 살을 찌우고 튼튼하게 하며 장부를 따뜻하게 한다.

食治老人噎塞諸方

羊肉索餅方

壽親養老書 治胸膈妨塞, 食飮不下, 漸黃瘦, 行履無氣, 軟弱.

羊肉(白者)四兩(切作臞頭)、白麵六兩, 以薑汁搜作索餅, 下橘皮末一分及五味、蔥、椒等物, 煮[29]熟.

空心食之. 日一服極肥健, 溫臟腑.

17-2) 황자계박탁(黃雌鷄餺飥, 누런암탉수제비) 방법

수친양로서 [207] 열병(噎病, 열색)으로 음식이 내려가지

黃雌鷄餺飥方

又 治噎病, 食不通, 胸脇

---

205 열색(噎塞) : 음식이 목구멍으로 잘 넘어가지 못하거나 넘어가도 위에까지 내려가지 못하고 이내 토하는 병증. 열격(噎膈)이라고도 한다.

206 《壽親養老新書》卷1〈食治老人諸疾方〉第14 "食治噎塞諸方" '食治老人胸膈妨塞食飮不下漸黃瘦行履無氣軟弱羊肉索餅方'(《文淵閣四庫全書》738, 319쪽).

207 《壽親養老新書》卷1〈食治老人諸疾方〉第14 "食治噎塞諸方" '食治老人噎病食不通胸膈滿悶黃雌鷄餺飥

않고 가슴과 옆구리가 부풀어오르고 답답한 증상
을 치료한다.

滿悶.

누런암탉 4냥(썰어 고깃국을 만든 것), 흰밀가루
6냥에 복령가루 1냥을 개어 수제비를 만든다. 여기
에 두시즙을 넣고 끓인다.

黃雌鷄四兩(切作臛頭)、白
麪六兩, 和茯苓末一[30]兩,
作餺飥, 豉汁中煮.

빈속에 먹는다. 항상 3~5번 복용하면 냉기로 인
한 열병을 매우 잘 제거한다.

空心食之. 常作三五服, 極
除冷氣噎.

17-3) 혼돈(餛飩, 만두) 방법

餛飩方

수친양로서 [208] 열색으로 음식이 내려가지 않아 누
렇게 야위고 허약해지는 증상을 치료한다.

又 治噎塞, 水食不通, 黃
瘦羸弱.

암탉고기 5냥(잘게 썬 것), 흰밀가루 6냥, 총백
0.5줌을 일반적인 방법대로 장만하고 오미·산초·생
강을 닭즙에 넣고 끓여 익힌다.

雌鷄肉五兩(細切)、白麪六
兩、蔥白半握, 如常法, 下五
味, 椒、薑, 向鷄汁中煮熟.

빈속에 먹는다. 1일에 1번 복용하면 매우 보익한다.

空心食之. 日一服極補益.

17-4) 밀장(蜜漿, 꿀물) 방법

蜜漿方

수친양로서 [209] 열병으로 음식이 내려가지 않고, 기
가 막혀 통하지 않는 증상을 치료한다.

又 治噎病, 食飮不下, 氣
塞不通.

흰꿀 1냥, 숭늉 1승을 섞는다.

白蜜一兩、熟湯一升, 調之.

2번에 나누어 복용하면 모두 낫는다.

分二服皆愈.

方'(《文淵閣四庫全書》738, 319쪽).

208 《壽親養老新書》 卷1 〈食治老人諸疾方〉 第14 "食治老人噎塞諸方" '食治老人噎塞水食不通黃瘦羸弱餛飩
方'(《文淵閣四庫全書》738, 320쪽).

209 《壽親養老新書》 卷1 〈食治老人諸疾方〉 第14 "食治老人噎塞諸方" '食治老人噎病食飮不下氣塞不通蜜漿方'(《文
淵閣四庫全書》738, 319쪽).

29 煮 : 규장각본에는 "炙", 《壽親養老新書·食治老人諸疾方·食治噎塞諸方》에는 "炒".

30 一 : 《壽親養老新書·食治老人諸疾方·食治噎塞諸方》에는 "二".

17-5) 소밀전(蘇蜜煎, 차조기꿀졸임) 방법

蘇蜜煎方

수친양로서 210 열병으로 기가 막히고 음식이 내려가지 않으며, 토하고 구역질하는 증상을 치료한다.

차조기씨(토소) 2냥, 흰꿀 0.5승, 생강즙 0.5승을 섞어 약한 불로 졸여 펄펄 끓인다.

빈속에 0.5술씩 복용하는데, 천천히 즙을 넘기면 효과가 더욱 빼어나다.

又 治噎病, 氣塞, 食不通, 吐逆.

土蘇二兩、白蜜五合、生薑汁五合, 和, 微火煎之, 令沸.

空心服半匙, 細細下汁尤妙[31].

17-6) 소전병자(蘇煎餅子, 차조기지짐) 방법

蘇煎餅子方

수친양로서 211 열색으로 냉기 때문에 속이 꽉 막히고, 허약하며, 음식이 내려가지 않는 증상을 치료한다.

차조기씨(토소) 2냥, 흰밀가루 6냥을 생강즙 0.5승에 개어 일반적인 방법대로 만든다.

빈속에 항상 복용하면 장부를 윤택하게 하고 속을 조화롭게 한다.

又 治噎, 冷氣壅塞, 虛弱, 食不下.

土蘇二兩、白麵六兩以生薑汁五合調之, 如常法作之.

空心常服, 潤臟腑, 和中.

17-7) 강귤탕(薑橘湯, 생강귤껍질탕) 방법

薑橘湯方

수친양로서 212 열병으로 가슴이 부풀어오르고 꽉 막혀 답답하고 음식이 내려가지 않는 증상을 치료한다.

생강 2냥(썬 것), 진귤껍질 1냥을 물 2승으로 달

又 治噎病, 胸滿塞悶, 飲食不下.

生薑二兩(切)、陳橘皮一兩,

---

210 《壽親養老新書》卷1 〈食治老人諸疾方〉 第14 "食治噎塞諸方" '食治老人噎病氣塞食不通吐逆蘇煎方'(《文淵閣四庫全書》738, 319~320쪽).

211 《壽親養老新書》卷1 〈食治老人諸疾方〉 第14 "食治噎塞諸方" '食治老人噎冷氣壅塞虛弱食不下蘇煎餅子'(《文淵閣四庫全書》738, 320쪽).

212 《壽親養老新書》卷1 〈食治老人諸疾方〉 第14 "食治噎塞諸方" '食治老人噎病胸滿塞悶飲食不下薑橘湯方'(《文淵閣四庫全書》738, 320쪽).

[31] 妙 : 《壽親養老新書·食治老人諸疾方·食治噎塞諸方》에는 "效".

여 1승을 취하고 찌꺼기를 제거한다.

빈속에 조금씩 복용하면 항상 보익이 된다.

以水二升煎取一升, 去滓.
空心漸服之常益.

17-8) 백미음(白米飲, 미음) 방법

白米飲方

수친양로서 [213] 음식을 입에 넣어 삼키면 곧바로 막히고 꺼끌꺼끌하여 넘기지 못하고 기도가 막히는 증상을 치료한다.

백미 0.4승(간 것)을 끓여 익히고, 여기에 절구 끝에 묻은 쌀겨가루[糠末] 1냥을 탄다.

빈속에 먹으면 더욱 보익이 된다.

又 治咽食入口, 卽塞澁不下, 氣壅.

白米四合(研)煮飮熟, 調舂頭糠末一兩.
空心服食尤益.

17-9) 계심죽(桂心粥) 방법

桂心粥方

수친양로서 [214] 열병으로 가슴이 아프고 답답하며, 기운이 뭉쳐서 음식이 내려가지 않는 증상을 치료한다.

멥쌀 0.4승(일어 간 것)을 끓여 죽을 쑤다가 반쯤 익으면 계심가루[桂心末] 1냥을 넣어 섞는다.

빈속에 1일에 1번 복용하면 또한 냉기를 물리치는데, 남다른 효과가 있다.

又 治噎病, 心痛悶膈, 氣結, 飮食不下.

粳米四合(淘研)煮作粥, 半熟, 下桂心末一兩, 調和.
空心, 日一服, 亦破冷氣, 殊效.

17-10) 초면죽(椒麵粥, 후추밀가루죽) 방법

椒麵粥方

수친양로서 [215] 열색으로 장부가 허약하고, 앞가슴

又 治噎, 臟腑虛弱, 胸脇

213《壽親養老新書》卷1〈食治老人諸疾方〉第14 "食治噎塞諸方" '食治老人咽食入口即塞澁不下氣壅白米飲方'(《文淵閣四庫全書》738, 320쪽).

214《壽親養老新書》卷1〈食治老人諸疾方〉第14 "食治噎塞諸方" '食治老人噎病心痛悶膈氣結飲食不下桂心粥方'(《文淵閣四庫全書》738, 319쪽).

215《壽親養老新書》卷1〈食治老人諸疾方〉第14 "食治噎塞諸方" '食治老人噎臟腑虛弱胸脇逆滿飲食不下椒麵粥方'(《文淵閣四庫全書》738, 320쪽).

과 양쪽 옆구리가 불어나면서 위로 치밀고, 음식이 내려가지 않는 증상을 치료한다.

촉초(산초) 1냥(절구에 찧은 것)을 식초에 하룻밤 담갔다가 다음날 아침에 꺼낸다. 이를 흰밀가루 5냥과 고루 반죽한 다음 끓여 익힌다.

빈속에 먹는다. 1일에 2번 복용하면 항상 효험이 있다.

逆滿, 飮食不下.

蜀椒一兩(杵令碎), 苦酒浸一宿, 明朝取出, 拌白麵五兩, 令均煮熟.

空心食之. 日二服常驗.

17-11) 삼선죽(三仙粥)

제중신편 [216] 노인이 갑자기 머리가 아프거나 배가 아프며, 속이 메스꺼워 음식을 먹지 못하면 이는 바로 풍비(風秘)이다. 장부가 막혀 기가 가슴에 모이면 배가 부풀어오르고 속이 메스꺼워 먹지를 못하는데, 기가 위로 정수리까지 이르면 머리가 아프고, 정신이 맑지 못하다.

잣(껍질을 제거한 것)·도인(포제하고 껍질과 끝부분을 제거한 것) 각 0.1승, 욱리인(물에 불렸다가 껍질을 제거한 것) 0.1냥.

이상의 약미들을 함께 흐물흐물하게 찧은 다음 물로 여과하여 즙을 취한다. 여기에 찧은 멥쌀가루를 조금 넣고 죽을 쑨다.

빈속에 복용한다.

三仙粥

濟衆新編 治老人忽然頭痛, 腹痛, 惡心不食, 正是風秘. 臟腑壅滯, 氣聚胸中, 腹脹惡心, 不欲食, 上至於巓則頭痛, 神不淸.

海松子(去皮)·桃仁(泡去皮尖)各一合, 郁李仁(泡去皮)一錢.

右同擣爛, 和水濾取汁, 入碎粳米少許, 煮粥.

空心服之.

---

216 《濟衆新編》卷7 〈養老〉 "老人保養" '三仙粥', 145쪽.

18) 노인의 냉기(冷氣)를 음식 치료하는 여러 방법　食治老人冷氣諸方

18-1) 도인죽(桃仁粥) 방법　桃仁粥方

수친양로서 217 냉기로 심장의 통증이 수시로 왕왕 발동하여 먹지 못하는 증상을 치료한다.

도인(복숭아속씨) 2냥(껍질과 끝부분을 제거하여 갈고 물에 일어 즙을 낸 것), 청량미 0.4승(일어 간 것). 이중 청량미를 도인즙으로 끓여 죽을 쏜다.

빈속에 먹는다. 항상 복용하면 냉기를 제거하여 속을 따뜻하게 한다.

壽親養老書 治冷氣, 心痛無時往往發動, 不能食.

桃仁二兩(去皮尖, 研水淘取汁)、靑梁米四合(淘硏), 以桃仁汁煮粥.

空心食之. 常服, 除冷溫中.

18-2) 자소죽(紫蘇粥) 방법　紫蘇粥方

수친양로서 218 냉기로 인해 심장이 아파 등과 척추를 잡아당기며 먹지 못하는 증상을 치료한다.

청량미 0.4승(일어서 씻은 것)을 끓여 죽을 쑤다가, 익으려 하면 차조기씻가루 0.3승을 넣어 갠다.

빈속에 복용하면 좋다.

又 治冷氣心痛, 牽引背脊, 不能下食.

靑梁米四合(淘洗)煮作粥, 臨熟, 下紫蘇子末三合調之. 空心服爲佳.

18-3) 고량강죽(高良薑粥) 방법　高良薑粥方

수친양로서 219 냉기로 인해 심장이 아프고 울체되며, 양쪽 옆구리가 부풀어 오르는 증상을 치료한다.

고량강(高良薑) 1냥(썰어 물 2승으로 달였다가 1.5

又 治冷氣心痛鬱結, 兩脇脹滿.

高良薑一[32]兩(切, 以水二

217《壽親養老新書》卷1〈食治老人諸疾方〉第14 "食治冷氣諸方"'食治老人冷氣心痛無時往往發動不能食桃仁粥方'(《文淵閣四庫全書》738, 320쪽).

218《壽親養老新書》卷1〈食治老人諸疾方〉第14 "食治冷氣諸方"'食治老人冷氣心痛牽引背脊不能下食紫蘇粥方'(《文淵閣四庫全書》738, 320~321쪽).

219《壽親養老新書》卷1〈食治老人諸疾方〉第14 "食治冷氣諸方"'食治老人冷氣心痛鬱結兩脇脹滿高良薑粥方'(《文淵閣四庫全書》738, 321쪽).

[32] 一 :《壽親養老新書·食治老人諸疾方·食治冷氣諸方》에는 "二".

승의 즙을 낸 것)에 청량미 0.4승(간 것)을 넣고 끓여 죽을 쑨다.

빈속에 먹는다. 1일에 1번 복용하면 매우 보익하는 효과가 있다.

升煎, 取一升半汁), 入靑粱米四合(研者), 煮粥.

空心食之. 日一服極益效.

18-4) 필발죽(蓽茇粥) 방법

蓽茇粥方

수친양로서 [220] 냉기로 인한 심장의 통증을 치료한다. 이 증상이 발동할 때 차가운 바람을 맞으면 곧바로 통증이 있다.

청량미 0.4승(인 것)을 끓여 죽을 쑤다가 익으려 하면 필발가루 0.2승, 후춧가루 0.01냥을 넣어 갠다.

빈속에 복용한다. 항상 복용하면 더욱 효과가 있다.

又 治冷氣心痛, 發動時遇冷風卽痛.

靑粱米四合(淘)煮粥, 臨熟, 下蓽茇末二合、胡椒末一分, 調之.

空心服. 常服尤效.

18-5) 계심주(桂心酒, 계심술) 방법

桂心酒方

수친양로서 [221] 냉기로 심장이 아파 가슴이 조이고 답답한 증상을 치료한다.

청주 0.06승을 데워 뜨겁게 한 뒤, 계심가루 1냥을 넣어 갠다.

자주 복용한다. 1일에 2번 복용하면 효과가 있다.

又 治冷氣心痛繚結, 氣悶.

淸酒六合溫令熱, 下桂心末一兩調之.

頻服. 日二服效.

---

220 《壽親養老新書》卷1〈食治老人諸疾方〉第14 "食治老人冷氣諸方" '食治老人冷氣心痛發動時遇冷風即痛蓽茇粥方'(《文淵閣四庫全書》738, 321쪽).

221 《壽親養老新書》卷1〈食治老人諸疾方〉第14 "食治老人冷氣諸方" '食治老人冷氣心痛繚結氣悶桂心酒方'(《文淵閣四庫全書》738, 320쪽).

18-6) 건강주(乾薑酒, 말린생강술) 방법

乾薑酒方

수친양로서 [222] 냉기로 인해 냉기가 심장을 치받아 아프고 뭉치며 거동을 못 하는 증상을 치료한다.

청주 0.06승을 데워 뜨겁게 한 뒤, 말린 생강가루 0.5냥을 넣어 갠다.

자주 복용하면 바로 효과가 있다.

又 治冷氣, 逆心痛結, 舉動不得.

清酒六合溫令熱, 下乾薑末五錢, 調和.

頻服之立效[33].

18-7) 초면박탁(椒麵餺飥, 산초수제비) 방법

椒麵餺飥方

수친양로서 [223] 냉기로 심장이 아프고 구역질이 나서 음식을 내리지 못하는 증상과 가슴 속이 답답하고 괴로운 증상을 치료한다.

촉초(蜀椒) 1냥(눈을 떼고 입이 붙어 있는 것을 가려낸 다음 불에 말려 가루 낸 뒤 체로 친 것), 총백 3줄기(잘게 썬 것)에 흰밀가루 5냥을 반죽하여 수제비를 만든다. 이를 물에 끓이고 오미를 넣어 간을 맞춰 먹는다.

항상 3~5번 복용하면 매우 효과가 있다.

又 治冷氣心痛, 嘔不下食, 煩悶.

蜀椒一兩(去目及閉口者, 焙乾爲末, 篩)、蔥白三莖(細切), 搜白麵五兩, 作餺飥, 水煮, 下五味調和, 食之.

常三五服極效.

18-8) 수유음(茱萸飮, 오수유음료) 방법

茱萸飮方

수친양로서 [224] 냉기로 심장의 통증이 멎지 않고, 배와 양쪽 옆구리가 부풀어올라 앉거나 눕지 못하

又 治冷氣, 心痛不止, 腹脇脹滿, 坐臥不得.

---

222 《壽親養老新書》卷1〈食治老人諸疾方〉第14 "食治老人冷氣諸方" '食治老人冷氣逆心痛結舉動不得乾薑酒方'(《文淵閣四庫全書》738, 321쪽).

223 《壽親養老新書》卷1〈食治老人諸疾方〉第14 "食治老人冷氣諸方" '食治老人冷氣心痛嘔不多下食煩悶椒麵餺飥方'(《文淵閣四庫全書》738, 321쪽).

224 《壽親養老新書》卷1〈食治老人諸疾方〉第14 "食治老人冷氣諸方" '食治老人冷氣心痛不止腹脇脹滿坐臥不得茱萸飮方'(《文淵閣四庫全書》738, 320쪽).

[33] 效 : 《壽親養老新書·食治老人諸疾方·食治冷氣諸方》에는 "愈".

는 증상을 치료한다.

오수유가루 0.2승을 물 2승으로 달여 1승을 취한다. 여기에 청량미 0.2승(곱게 간 것)을 넣고 끓여 음료를 만든다.

빈속에 먹는다. 1일에 2번 복용하면 더욱 좋다.

18-9) 강귤탕방(생강귤껍질차) 방법

수친양로서 225 냉기로 인한 심장의 통증을 치료한다.

생강 1냥(썬 것), 진귤껍질 1냥(구워 가루 낸 것)을 물 1승으로 달여 0.7승을 취하고 찌꺼기를 제거한다.

빈속에 먹는다. 1일에 2~3번 복용하면 더욱 좋다.

18-10) 염탕(鹽湯, 소금 끓인 물) 방법

수친양로서 226 냉기로 갑자기 심장이 아프고 답답하며, 기운이 막혀서 시원하지 않으며, 손발이 찬 증상을 치료한다.

소금가루 0.1승을 끓는 물 1승에 넣고 자주 젓는다.

다 복용하게 하면 잠시 뒤에 토하게 되는데, 토하면 곧 차도가 있다.

茱萸末二合[34]以水二升煎取一升, 青粱米二合(研細)投之, 煮作飮.
空心食之. 日[35]二服尤佳.

薑橘湯方

又 治冷氣心痛.
生薑一兩(切)、陳橘皮一兩(炙爲末), 以水一升煎取七合, 去滓.
空心食之. 日三二服, 尤佳[36].

鹽湯方

又 治冷氣, 卒心痛悶, 澁氣不來, 手足冷.

鹽末一合入沸湯一升中, 調頻.
令服盡, 須臾當吐, 吐卽差.

---

225 《壽親養老新書》卷1〈食治老人諸疾方〉第14 "食治冷氣諸方" '食治老人冷氣心痛薑橘皮湯方'(《文淵閣四庫全書》738, 321쪽).

226 《壽親養老新書》卷1〈食治老人諸疾方〉第14 "食治冷氣諸方" '食心老人冷氣卒心痛悶澁氣不來手足冷鹽湯方'(《文淵閣四庫全書》738, 321쪽).

[34] 合:《壽親養老新書·食治老人諸疾方·食治冷氣諸方》에는 "分".

[35] 日:《壽親養老新書·食治老人諸疾方·食治冷氣諸方》에는 "一".

[36] 佳:《壽親養老新書·食治老人諸疾方·食治冷氣諸方》에는 "益".

18-11) 계초정(桂椒錠, 계피후추정)

桂椒錠

[제중신편][227] 비장을 보하고 위장을 열어주어 체기를 소통시키고, 속을 따뜻하게 한다. 가래가 고이고 기침을 하며, 가슴과 배가 차고 아픈 증상을 치료하고, 또 술독을 풀어준다.

굴껍질 1.5냥, 천문동 1냥, 계피 0.5냥, 말린 생강·후추 각 0.2냥, 정향 0.1냥.

이상의 약미들을 곱게 가루 낸 뒤, 곶감 100개를 씨를 제거하고 섞어 함께 진흙처럼 찧은 다음 정(錠)을 만들어 쓴다.

[濟衆新編] 補脾開胃, 消滯溫中. 治痰喘嗽, 胸腹冷痛, 又解酒毒.

橘皮一兩五錢、天門冬一兩、桂皮五錢、乾薑·胡椒各二錢、丁香一錢.

右細末, 乾柹百箇去核, 同和, 擣爲泥, 作錠用之.

19) 노인의 여러 치질 음식 치료 방법

食治老人諸痔方

19-1) 야저육갱(野猪肉羹, 멧돼지고깃국) 방법

野猪肉羹方

[수친양로서][228] 오치(五痔)[229]가 오랫동안 낫지 않음으로 인해 부스럼이 생겨 쑤시는 증상을 치료한다.

멧돼지고기 1근(잘게 썬 것), 총백 2줌, 멥쌀 0.2승을 끓여 국을 만들고 오미에 산초·생강을 섞고 국에 넣어 간을 맞춘다.

빈속에 먹는다. 항상 만들어 먹으면 매우 효과가

[壽親養老書] 治五痔久不愈, 生瘡疼.

野猪肉一斤(細切)、蔥白二㉗握、粳米二合, 煮作羹, 五味調和椒、薑.

空心食之. 常作極效.

---

227 《濟衆新編》卷7〈養老〉"老人保養"'桂椒錠', 146쪽.

228 《壽親養老新書》卷1〈食治老人諸疾方〉第14"食治諸痔方"'食治老人五痔久不愈生瘡疼痛野猪肉羹方'(《文淵閣四庫全書》738, 322쪽).

229 오치(五痔): 5가지 치질. 모치(牡痔)·빈치(牝痔)·맥치(脈痔)·장치(腸痔)·기치(氣痔), 또는 모치·빈치·맥치·장치·혈치(血痔)를 말한다. 모치는 항문 둘레에 구슬 같이 생긴 군살이 돋아 있고 때때로 피고름이 나온다. 빈치는 항문 둘레에 헌데가 나서 부어오르고 하루에도 몇 개씩 곪아 터진다. 맥치는 항문 주위가 헐고 오돌토돌한 군살이 여러 개 나와서 아프고 가려우며 자주 피가 난다. 장치는 항문 안에 멍울이 생겨 아프고 때때로 피가 나오고 항문이 뒤집혀 나온다. 기치는 배와 옆구리가 부풀어 오르며 항문이 부어서 아프고 대변을 보기 힘들다. 혈치는 대변을 눌 때마다 피가 나오는 증상이다.

㉗ 二:《壽親養老新書·食治老人諸疾方·食治諸痔方》에는 "一".

있다.

19-2) 묘리갱(猫狸羹, 살쾡이국) 방법

猫狸羹方

수친양로서 [230] 치질로 하혈이 그치지 않고, 항문에 종기가 나는 증상을 치료한다.

살쾡이고기 1냥(잘게 썬 것)을 밀가루와 파·산초·오미로 반죽하여 조각낸 다음, 구워 익힌다.

빈속에 조금씩 먹는다. 또 국이나 죽을 만들 수도 있으므로 식성에 따라 먹으면 더욱 좋다.

又 治痔病, 下血不止, 肛門腫.

猫狸肉一兩(細切), 以麵及蔥、椒、五味拌作片, 炙熟. 空心漸食之. 亦可作羹粥, 任性尤佳.

19-3) 구욕산(鴝鵒散, 구관조가루) 방법

鴝鵒散方

수친양로서 [231] 치질로 하혈이 멎지 않으며, 날로 야위고 힘이 없는 증상을 치료한다.

구관조[鴝鵒][232] 5마리를 씻고 다듬어 깨끗하게 하여 볕에 말리고 찧어 가루 낸다.

빈속에 미음으로 2술을 복용한다. 1일에 2번 복용하면 가장 효험이 있다. 또 구워 먹어도 좋으니, 식성에 따른다.

又 治痔病, 下血不止, 日加羸瘦, 無力.

鴝鵒五隻治洗令淨, 曬令乾, 擣爲散. 空心, 以白粥飮服二方寸匕. 日二服最驗. 亦可炙食, 任性.

19-4) 원앙법자(鴛鴦法炙, 원앙새구이) 방법

鴛鴦法炙方

수친양로서 [233] 오치(五痔)로 피가 계속 나거나 날로

又 治五痔, 泄血不止, 積

---

[230] 《壽親養老新書》卷1〈食治老人諸疾方〉第14 "食治諸痔方" '食治老人痔病下血不止肛門腫猫狸羹方'(《文淵閣四庫全書》738, 321쪽).

[231] 《壽親養老新書》卷1〈食治老人諸疾方〉第14 "食治諸痔方" '食治老人痔病下血不止日加羸瘦無力鴝鵒散方'(《文淵閣四庫全書》738, 322쪽).

[232] 구관조[鴝鵒]:《東醫寶鑑》卷1〈湯液序例〉 "禽部"에서 구욕을 혜조(慧鳥, 지혜가 있는 새)라고 하여 사람의 말을 흉내 낸다고 했다(能效人言).

[233] 《壽親養老新書》卷1〈食治老人諸疾方〉第14 "食治諸痔方" '食治老人五痔泄血不止積日困劣無氣鴛鴦法炙方'(《文淵閣四庫全書》738, 322쪽).

피곤하고 기운이 없는 증상을 치료한다.

　원앙 1마리(일반적인 방법대로 손질한 것)를 오미·산초·간장으로 절인 다음, 불에 구워서 익힌다.

　빈속에 조금씩 먹는다. 또 오래된 누창(瘻瘡)을 치료하는 데 뛰어난 효험이 있다.

日困劣, 無氣.

鴛鴦一枚(治如常法), 以五味、椒、醬腌, 火炙之令熟.

空心漸食之. 亦治久瘻瘡, 絶驗.

19-5) 점어(鮎魚, 메기) 방법

수친양로서 234 오치로 피가 계속 나거나 항문에 종기가 나서 아프며, 점점 야위는 증상을 치료한다.

　메기살 1근, 총백 0.5줌을 물에 끓여 익힌다.

　빈속에 마늘·식초·오미로 간을 맞추고 조금씩 먹는다. 항상 만들어 먹으면 더욱 좋다.

鮎魚方

又 治五痔, 泄血不止, 肛門腫痛, 漸瘦.

鮎魚肉一斤、蔥白半握, 白煮令熟.

空心, 以蒜、醋、五味, 漸漸食之. 常作尤佳.

19-6) 이어회(鯉魚鱠, 잉어회) 방법

수친양로서 235 치질로 하혈이 오래도록 차도가 없고, 점점 누렇게 야위고 힘이 없는 증상을 치료한다.

　잉어살 10냥(일반적인 방법대로 썰어 회로 만든 것)을 마늘·식초·오미로 간을 맞춘다.

　빈속에 항상 먹는다. 1일에 1번 복용하면 차도가 있다. 젓갈과 단 음식을 금한다.

鯉魚鱠方

又 治痔, 下血久不差, 漸加黃瘦, 無力.

鯉魚肉十兩(切作膾如常法), 以蒜、醋、五味.

空心常食之. 日一服差. 忌鮓、䬸食.

234《壽親養老新書》卷1〈食治老人諸疾方〉第14 "食治諸痔方" '食治老人五痔血下不差肛門腫痛漸瘦鮎魚方'(《文淵閣四庫全書》738, 322쪽).

235《壽親養老新書》卷1〈食治老人諸疾方〉第14 "食治諸痔方" '食治老人痔下血久不差漸加黃瘦無力鯉魚鱠方'(《文淵閣四庫全書》738, 321쪽).

19-7) 만려어학(鰻鱺魚臛, 뱀장어고깃국) 방법

수친양로서 [236] 치질이 오래 낫지 않고, 항문에 종기가 나서 아픈 증상을 치료한다.

뱀장어살 1근(썰어 고깃국을 만든 것), 총백 0.5줌(잘게 썬 것)을 끓여 국을 만들고 오미·산초·생강을 넣어 간을 맞춘다.

빈속에 조금씩 먹는다. 벌레를 죽이는 데 더욱 좋다.

鰻鱺魚臛方

又 治痔病久不愈, 肛門腫痛.

鰻鱺魚肉一斤(切作臛)、蔥白半握(細切), 煮作羹, 下五味、椒、薑.

空心漸食之. 殺蟲, 尤佳.

19-8) 창이죽(蒼耳粥, 도꼬마리죽) 방법

수친양로서 [237] 치질로 늘 하혈하고 온몸에 열이 많이 나며, 많이 먹지 못하는 증상을 치료한다.

도꼬마리씨 0.5승(물 2승으로 달여 1.5승의 즙을 취한 것)을 멥쌀 0.4승에 넣고 끓여 죽을 쑨다.

빈속에 먹는다. 항상 복용한다. 또 졸임이나 탕으로도 복용할 수 있으니, 뭉친 기운을 풀고 눈을 밝히는 데 매우 효과가 있다.

蒼耳粥方

又 治痔, 常下血, 身體壯熱, 不多食.

蒼耳子五合(以水二升煎取一升半汁)入粳米四合, 煮作粥. 空心食之. 日常服, 亦可煎湯服之, 極效破氣明目.

19-9) 상이죽(桑耳粥, 뽕나무버섯죽) 방법

수친양로서 [238] 오치로 하혈하고, 항상 열이 나며, 야위는 증상을 치료한다.

桑耳粥方

又 治五痔下血, 常煩熱羸瘦[38].

---

236 《壽親養老新書》 卷1 〈食治老人諸疾方〉 第14 "食治諸痔方" '食治老人痔病久不愈肛門腫痛鰻鱺魚臛方'(《文淵閣四庫全書》738, 322쪽).

237 《壽親養老新書》 卷1 〈食治老人諸疾方〉 第14 "食治諸痔方" '食治老人痔常下血身體壯熱不多食蒼耳粥方'(《文淵閣四庫全書》738, 321~322쪽).

238 《壽親養老新書》 卷1 〈食治老人諸疾方〉 第14 "食治諸痔方" '食治老人五痔下血常煩熱羸瘦桑耳粥方'(《文淵閣四庫全書》738, 322쪽).

[38] 常煩熱羸瘦 : 저본에는 "□□□□□". 《壽親養老新書·食治老人諸疾方·食治諸痔方》에 근거하여 보충. 오사카본에는 해당 원문의 윗 여백에 "상고해 보라(俟考)"라는 서유구의 두주(頭注)가 적혀 있다.

상이(桑耳, 뽕나무버섯) 2냥(물 3승으로 달여 2승의 즙을 취한 것), 멥쌀 0.4승(깨끗하게 인 것)을 끓여 죽을 쑨다.

1일에 1~2번 복용하면 모두 효험이 있다.

19-10) 행인음(杏仁飮, 살구속씨음료)

수친양로서 239 오치로 하혈이 그치지 않아 팔다리가 쇠약하며 음식을 먹지 못하는 증상을 치료한다.

행인(살구속씨) 2냥(껍질과 끝부분을 제거하고 곱게 갈아 물에 담근 것), 멥쌀 0.4승을 섞고 끓여 음료를 만든다.

빈속에 먹는다. 1일에 1번 복용하면 효과가 있다.

20) 노인의 여러 풍증 음식 치료 방법

20-1) 백양두(白羊頭, 흰양의 머리) 방법

수친양로서 240 중풍으로 정신이 어지러워 걸으면 쓰러질 듯하고 구토하는 증상을 치료한다.

흰양의 머리 1개(일반적인 방법대로 손질한 것)를 생강·식초로 간을 맞춰 빈속에 조금씩 먹는다.

桑耳二兩(水三升煎取二升汁)、粳米四合(淘淨), 煮作粥.

日一二服皆效.

杏仁飮方

又 治五痔, 泄血不絶, 四肢衰弱, 不能下食.

杏仁二兩(去皮尖, 細研, 以水浸之)、粳米四合, 相和, 煮作飮.

空心食之. 日一服[39]效.

食治老人諸風方

白羊頭方

壽親養老書 治中風, 心神昏昧, 行卽欲倒, 嘔吐.

白羊頭一具(治如常法), 空心, 用薑、醋, 漸食之.

239《壽親養老新書》卷1〈食治老人諸疾方〉第14"食治諸痔方"'食治老人五痔泄血不絶四肢衰弱不能下食杏仁飮方'(《文淵閣四庫全書》738, 322쪽).

240《壽親養老新書》卷1〈食治老人諸疾方〉第14"食治諸風方"'食治老人中風心神惛昧行卽欲倒嘔吐白羊頭方'(《文淵閣四庫全書》738, 324쪽).

39 日一服 : 저본에는 "□□□".《壽親養老新書·食治老人諸疾方·食治諸痔方》에 근거하여 보충. 오사카본에는 해당 원문의 윗 여백에 "상고해 보라(俟考)"라는 서유구의 두주(頭注)가 적혀 있다.

20-2) 자웅육(炙熊肉, 곰고기구이) 방법

炙熊肉方

[수친양로서]241 중풍으로 근육이 축 늘어지고 감각이 마비되고, 팔다리가 떨리며 힘이 없는 증상을 치료한다.

[又] 治中風, 緩弱不仁, 四肢搖動, 無力.

곰고기 1근(썬 것), 총백 0.5줌(썬 것)을 산초·간장·오미로 절인 뒤, 구워서 익힌다.

熊肉一斤(切)、蔥白半握(切), 以椒、醬、五味腌之, 炙熟.

빈속에 차게 먹는다. 항상 복용하면 좋다. 또 국이나 죽으로 만들 수 있으니, 식성에 따라 먹으면 더욱 좋다.

空心冷食之. 恒服爲佳. 亦可作羹粥, 任性食之尤佳.

20-3) 오려두(烏驢頭, 검은나귀대가리) 방법

烏驢頭方

[수친양로서]242 중풍으로 머리가 빙빙 돌고 눈이 어질어질하며, 신체가 뻣뻣하며, 근육과 뼈가 쑤시며 아프고, 손발에 번열이 나며, 정신이 불안한 증상을 치료한다.

[又] 治中風, 頭旋目眩, 身體厥强, 筋骨疼痛, 手足煩熱, 心神不安.

검은 나귀의 대가리[烏驢頭] 1개(포제하여 털을 제거하고 깨끗이 손질한 것)를 끓여 푹 익혀서 잘게 썬다.

烏驢頭一枚(炮去毛, 淨治之)煮令爛熟, 細切.

빈속에 생강·식초·오미로 간을 맞추고 먹는다. 조금씩 계속 먹으면 좋다. 풍열을 매우 잘 제거하는데, 끓인 즙이 진한 술 같으면 예전의 질병도 함께 치료하니, 더욱 효험이 있다.

空心, 以薑、醋、五味食之. 漸進爲佳. 極除風熱, 其汁40如釀酒, 亦醫前患, 尤效.

---

241 《壽親養老新書》卷1〈食治老人諸疾方〉第14 "食治諸風方" '食治老人中風緩弱不仁四肢搖動無氣力炙熊肉方'(《文淵閣四庫全書》738, 323쪽).

242 《壽親養老新書》卷1〈食治老人諸疾方〉第14 "食治諸風方" '食治老人中風頭旋目眩身體厥强筋骨疼痛手足煩熱心神不安烏驢頭方'(《文淵閣四庫全書》738, 323쪽).

40 汁 : 저본에는 "汗".《壽親養老新書·食治老人諸疾方·食治諸風方》에 근거하여 수정.

20-4) 타지주(駝脂酒, 낙타기름술) 방법

수친양로서 [243] 풍으로 인한 심한 독, 피부에 감각이 없어지면서 마비되는 증상, 오완육급(五緩六急)을 치료한다.

낙타기름 5냥(잘 졸인 것이 최상이다)을 준비한다.

따뜻한 술 0.5승에 0.5술 이상을 넣고는 잘 저어 녹여서 빈속에 단번에 복용한다. 1일에 2번 복용하면 매우 효과가 있다.

20-5) 안지주(雁脂酒, 기러기기름술) 방법

수친양로서 [244] 풍으로 경련이 있어서 당기거나 오그라들며, 반신불수(半身不隨)가 되어 몸이 원활하거나 시원하지 않은 증상을 치료한다.

기러기기름 5냥(삭여서 가루 낸 것)을 준비한다.

매일 빈속에 따뜻한 술 1잔에 기름 0.05승 정도를 넣고 타서 자주 복용한다.

20-6) 오계학(烏鷄臛, 오골계고깃국) 방법

수친양로서 [245] 중풍으로 인한 번열로 말을 하지 못해서 답답하고, 팔다리에 열이 나는 증상을 치료

駝脂酒方

又 治風煩毒, 頑痺不仁, 五緩六急.

野駝脂五兩(煿[41]之爲上[42]).

空心, 溫酒五合, 下半匙己上脂, 調令消, 頓服之. 日二服極效.

雁脂酒方

又 治風攣拘急, 偏枯, 不通利.

雁脂五兩(消之令散).

每日空心, 溫酒一盞, 下脂半合許調, 頻服之.

烏鷄臛方

又 治中風煩熱, 言語澁悶, 手足熱.

---

243 《壽親養老新書》卷1〈食治老人諸疾方〉第14 "食治諸風方" '食治老人風熱煩毒頑痺不仁五緩六急駝脂酒方'(《文淵閣四庫全書》738, 324쪽).

244 《壽親養老新書》卷1〈食治老人諸疾方〉第14 "食治諸風方" '食治老人風攣拘急偏枯不通利雁脂酒方'(《文淵閣四庫全書》738, 324쪽).

245 《壽親養老新書》卷1〈食治老人諸疾方〉第14 "食治諸風方" '食治老人中風煩熱言語??悶手足熱烏雞臛方'(《文淵閣四庫全書》738, 323~324쪽).

[41] 煿:《壽親養老新書·食治老人諸疾方·食治諸風方》에는 "煉".

[42] 上 : 저본에는 "□".《壽親養老新書·食治老人諸疾方·食治諸風方》에 근거하여 보충. 오사카본에는 해당 원문의 윗 여백에 "상고해 보라(俟考)"라는 서유구의 두주(頭注)가 적혀 있다.

한다.

오골계고기 0.5근(잘게 썬 것), 총백 1줌을 끓여 고깃국을 만든 다음 삼씨즙 0.5승과 오미·생강·산초를 넣고 익힌다.

빈속에 조금씩 먹으면 몸을 보익한다.

烏鷄肉半斤(細切)、蔥白一握, 煮作臛, 次下麻子汁五合、五味、薑、椒令熟.

空心漸食之, 補益.

20-7) 갈분갱(葛粉羹, 칡가룻국) 방법

葛粉羹方

수친양로서 246 중풍으로 말이 어눌하고, 정신이 흐릿하며, 팔다리가 마비되고, 힘이 없어 몸이 말을 듣지 않는 증상을 치료한다.

칡가루 5냥을 일반적인 방법대로 반죽을 만든다. 형개 1줌, 두시 0.5승을 달여 즙을 내고, 그 즙으로 칡가루수제비를 삶는다. 여기에 파·산초·오미·고깃국을 넣어 간을 맞춘다.

빈속에 먹는다. 1일에 2번 복용하여 쉬면서 몸을 조리하면 효과가 있다. 돼지고기와 메밀은 금한다.

又 治中風, 言語蹇澀, 精神昏憒, 手足不仁, 緩弱不遂.

葛粉五兩, 搜作如常法. 荊芥一握、豉五合, 煎取汁, 以其汁煮葛粉餺飥, 下蔥、椒、五味、臛頭.

空心食之, 日43二服, 將息爲效. 忌猪肉、蕎麪.

20-8) 창이엽갱(蒼耳葉羹, 도꼬마리잎국) 방법

蒼耳葉羹方

수친양로서 247 팔다리가 중풍으로 마비되어 근육과 뼈가 뻣뻣한 증상을 치료한다.

도꼬마리잎(품질이 좋고 어린 것) 5냥을 썰고, 두시심 0.2승(따로 달인 것)을 함께 끓여 국을 만든다. 여기에 오미·산초·생강을 넣어 간을 맞춘다.

又 治四肢中風不仁, 筋骨頑强.

蒼耳葉(好嫩者)五兩切, 豉心二合(別煎)和煮作羹, 下五味、椒、薑.

246《壽親養老新書》卷1〈食治老人諸疾方〉第14 "食治諸風方" '食治老人中風言語蹇　精神昏憒手足不仁緩弱不遂方'(《文淵閣四庫全書》738, 322쪽).

247《壽親養老新書》卷1〈食治老人諸疾方〉第14 "食治諸風方" '食治老人中風四肢不仁筋骨頑强蒼耳葉羹方'(《文淵閣四庫全書》738, 323쪽).

43 日:《壽親養老新書·食治老人諸疾方·食治諸風方》에는 "一".

빈속에 먹는다. | 空心食之.

20-9) 창이차(蒼耳茶, 도꼬마리차) 방법 | 蒼耳茶方

수친양로서 248 풍사와 냉기로 인한 마비 때문에 근육과 혈맥이 매우 당기는 증상을 치료한다.

도꼬마리씨 2승(볶고 찧어 가루 낸 것)을 준비한다.

매일 달여서 차 대신 복용한다. 항상 복용하면 풍열을 매우 잘 치료하고 눈을 밝게 한다.

又 治風冷痺, 筋脈緩急.

蒼耳子二升(熬杵爲末).

每日煎, 服之代茶. 常服, 極治風熱, 明目.

20-10) 괴다(槐茶, 회화나무잎차) 방법 | 槐茶方

수친양로서 249 풍열로 인한 하혈을 치료하고, 눈을 밝게 하며, 기운을 돋구어 사기를 제거한다. 치통을 치료하고, 장부를 통하게 하고, 기의 운행을 순조롭게 한다.

회화나무잎(어린 것 5근을 쪄서 익힌 뒤 조각내어 햇볕에 말린 다음 차를 만들고, 찧고 체질하여 가루 낸 것)을 준비한다.

매일 차 마시는 법처럼 달여 복용하면 항상 도움이 된다. 풍을 없애는 데 더욱 좋다.

又 治風熱下血, 明目, 益氣除邪. 治齒疼, 利臟腑, 順氣.

槐葉(嫩者五斤蒸令熟, 爲片曬乾, 作茶, 擣羅爲末).

每日煎如茶法服之, 恒益. 除風, 尤佳.

20-11) 마자음(麻子飮, 삼씨 음료) 방법 | 麻子飮方

수친양로서 250 중풍으로 인해 땀이 나고, 팔다리가

又 治中風汗出, 四肢頑

248《壽親養老新書》卷1〈食治老人諸疾方〉第14 "食治諸風方" '食治老人風冷痺筋脉緩急蒼耳茶方'(《文淵閣四庫全書》738, 324쪽).

249《壽親養老新書》卷1〈食治老人諸疾方〉第14 "食治諸風方" '食治老人熱風下血明目益氣除邪治齒疼利臟腑順氣槐茶方'(《文淵閣四庫全書》738, 324쪽).

250《壽親養老新書》卷1〈食治老人諸疾方〉第14 "食治諸風方" '食治老人中風汗出四肢頑痺言語不利麻子飮方'(《文淵閣四庫全書》738, 323쪽).

심하게 마비되며, 말이 어눌한 증상을 치료한다.

　삼씨 0.5승을 볶아 곱게 갈고 물에 우려서 즙을 낸다. 멥쌀 0.4승(일어 간 것)을 삼씨즙에 넣고 끓여 음료를 만든다.

　빈속에 조금씩 먹는다. 자주 만들어 먹으면 보익에 매우 좋다.

痺, 言語不利.

麻子五合熬細研, 水淹取汁. 粳米四合(淘研)投汁內, 煮作飮.

空心漸食之. 頻作極補益.

20-12) 우방박탁(牛蒡餺飥, 우엉수제비) 방법

牛蒡餺飥方

수친양로서 251 중풍으로 입과 눈이 떨리며 속이 답답하고 불안한 증상을 치료한다.

　우엉뿌리(1승을 썰어 껍질을 제거한 다음 햇볕에 말리고 찧어 가루를 만든 것)에 백미 0.4승을 섞어 수제비를 만든다. 이를 두시즙에 넣고 끓이다가 파·산초·오미·고깃국을 넣어 간을 맞춘다.

　빈속에 먹는다. 항상 복용하면 매우 효과가 있다.

又 治中風, 口目瞤動, 煩悶不安.

牛蒡根(切一升, 去皮, 曬乾, 杵爲麪)和白米四合, 作餺飥, 向豉汁中煮, 加蔥、椒、五味、臛頭.

空心食之. 恒服極效.

20-13) 산전(蒜煎, 마늘졸임) 방법

蒜煎方

수친양로서 252 중풍의 사독(邪毒)으로 장부가 막히고 팔다리가 늘어져서 힘이 없는 증상을 치료한다.

　마늘 1승(껍질을 제거하고 잘게 썬 것), 큰 메주콩(볶은 것) 2승을 물 1승과 오미에 넣고 약한 불로 졸인다. 걸쭉해지면 곧 그친다.

　빈속에 매일 2~3술씩 복용한다. 또한 신기(腎氣)

又 治中風邪毒, 臟腑壅塞, 手足緩弱.

大蒜一升(去皮細切)、大黃豆(炒)二升, 以水一升和五味, 微火煎之, 似稠卽止.

空心, 每服噉三二匙, 亦補

251《壽親養老新書》卷1〈食治老人諸疾方〉第14 "食治諸風方" '食治老人中風口目瞤動煩悶不安牛蒡餺飥方'(《文淵閣四庫全書》738, 323쪽).
252《壽親養老新書》卷1〈食治老人諸疾方〉第14 "食治諸風方" '食治老人中風邪毒臟腑壅塞手足緩弱蒜煎'(《文淵閣四庫全書》738, 324쪽).

를 보한다.

腎氣.

20-14) 대두주(大豆酒, 콩술) 방법

大豆酒方

[수친양로서] 253 갑작스러운 중풍으로 입을 악물고, 몸이 뒤로 활처럼 젖혀 굳어지고, 말을 못 하는 증상을 치료한다.

[又] 治卒中風, 口噤, 身體反張, 不語.

콩 2승을 볶다가 볶는 소리가 그치면 청주 2승을 붓고 끓여 1~2번 끓어 넘치게 한 다음 찌꺼기를 제거한다.

大豆二升熬之, 令聲絶, 下清酒二升, 投之, 煮一二沸, 去滓.

단번에 복용한다. 엎드려 누워 땀이 나면 차도가 있다. 입을 악다문 경우는 입 사이를 벌려 떠먹여 준다.

頓服之. 覆臥汗出, 差. 口噤, 拗灌之.

20-15) 지황주(地黃酒) 방법

地黃酒方

[수친양로서] 254 오래된 풍비(風痺)・습비(濕痺)와 근육경련, 뼈가 아픈 증상을 치료한다. 피부와 털을 윤기 있게 하고, 기력을 보태고, 허한 데를 보하며, 독기를 멈추고, 기미를 없애며, 신장을 보한다.

[又] 治久風、濕痺, 筋攣骨痛, 潤皮毛, 益氣力, 補虛, 止毒, 除面䵟, 補腎.

생지황 1승(썬 것), 콩 2승(볶은 것), 생우엉뿌리 1승(썬 것)을 생견(生絹)으로 만든 주머니에 넣고, 술 10승에 5~6일 담근다.

生地黃一升(切)、大豆二升(熬之)、生牛蒡根一升(切), 絹袋盛之, 以酒一斗浸之五六日任性.

빈속에 2~3잔 따뜻하게 복용한다. 항상 만들어

空心, 溫服三二盞. 恒作之

---

253 《壽親養老新書》卷1〈食治老人諸疾方〉第14 “食治諸風方”‘食治老人卒中風口噤身體反張不語大豆酒方’(《文淵閣四庫全書》738, 323쪽).

254 《壽親養老新書》卷1〈食治老人諸疾方〉第14 “食治諸風方”‘食治老人久風濕痺筋攣骨痛潤皮毛益氣力補虛止毒除面䵟宜服補腎地黃酒’(《文淵閣四庫全書》738, 324쪽).

먹으면 더욱 좋다.

尤佳.

20-16) 거승주(巨勝酒, 검정깨술) 방법

巨勝酒方

수친양로서 255 풍기(風氣)가 들어 여위고 허약해지고, 팔다리에 힘이 없으며, 허리와 무릎이 쑤시고 아픈 증상을 치료한다.

검정깨 1승(볶은 것), 율무 2승, 건지황 0.5근(썬 것)을 생견(生絹)으로 만든 주머니에 담고 무회주 10승에 담근다. 이때 기를 새게 하지 말고 만 5~6일을 둔다.

주량에 따라 빈속에 2~3잔을 따뜻하게 복용하면 더욱 이롭다.

又 治風虛痺弱, 四肢無力, 腰膝疼痛.

巨勝一升[44] (熬)、薏苡仁二升、乾地黃半斤(切), 絹袋貯之, 以無灰酒一斗漬之, 勿令洩氣, 滿五六日.

任性, 空心溫服三二盞尤益.

20-17) 감초두(甘草豆, 감초오두음료) 방법

甘草豆方

수친양로서 256 중풍의 열독으로 가슴이 답답하고 기가 막혀서 쓰러지는 증상을 치료한다.

감초 1냥, 오두(부자) 0.2승, 생강 0.5냥(썬 것)을 물 2승으로 달여 1승을 취하고 찌꺼기를 제거한다.

차게 한 뒤 조금씩 먹는다. 열독을 매우 잘 치료한다.

又 治中風熱毒, 心悶氣壅, 惛倒.

甘草一兩、烏豆二合、生薑半兩(切), 以水二升煎取一升, 去滓.

冷, 漸漸食之. 極治熱毒.

---

255 《壽親養老新書》卷1〈食治老人諸疾方〉第14 "食治諸風方" '食治老人風虛痺弱四肢無力腰膝疼痛巨勝酒方'(《文淵閣四庫全書》738, 324쪽).

256 《壽親養老新書》卷1〈食治老人諸疾方〉第14 "食治諸風方" '食治老人中風熱毒心悶氣壅惛倒甘草豆方'(《文淵閣四庫全書》738, 323쪽).

[44] 升 : 저본에는 "斤". 오사카본·규장각본·《壽親養老新書·食治老人諸疾方·食治諸風方》에 근거하여 수정.

20-18) 형개죽(荊芥粥) 방법

수친양로서 [257] 중풍으로 입과 얼굴이 돌아가고, 대변과 소변이 막혀 잘 나오지 않고, 번열이 나는 증상을 치료한다.

형개 1줌(썬 것)을 물로 끓여 즙을 내고, 청량미 0.4승(인 것), 박하잎 0.5줌(썬 것), 두시 0.5승(면에 싼 것)을 함께 즙 안에 넣고 끓여 죽을 쑨다. 소금과 식초를 조금 넣는다.

빈속에 먹는데, 항상 복용하면 좋다.

20-19) 율자죽(栗子粥, 밤죽)

제중신편 [258] 기운을 보태고 장과 위를 두텁게 한다. 일체의 풍으로 머리가 빙글빙글 돌고, 손이 떨리며, 근육이 푸들거리고, 속이 메스꺼워서 먹기가 싫고, 기허로 인해 속이 부글부글하며, 풍비로 몸의 감각이 마비되며, 반신불수가 되는 증상을 치료한다.

말린 밤을 곱게 가루 낸 뒤, 양에 관계없이 물에 넣어 끓이고, 여기에 싸라기나 뜨물을 넣고 죽을 쑨다.

꿀을 타서 복용한다.

21) 노인의 목구멍 종기 음식 치료 방법

21-1) 설리고(雪梨膏, 흰배고)

제중신편 [259] 목구멍이 헐고 아프며, 입에 헌데가 생

荊芥粥方

又 治中風, 口面喎偏, 大小便澁, 煩熱.

荊芥一把(切)以水煮取汁, 靑粱米四合(淘), 薄荷葉半握(切)、豉五合(綿裹), 投汁內, 煮作粥, 入鹽、醋少許. 空心食之. 常服佳.

栗子粥

濟衆新編 益氣, 厚腸胃. 治一切風, 頭風旋, 手戰, 筋惕肉瞤, 惡心厭食, 氣虛嘈雜, 風痺麻木不仁, 偏枯.

乾栗細末, 不拘多少, 和水煮, 入碎米心或米泔心, 作粥. 和蜜服.

食治老人咽喉瘡方

雪梨膏

濟衆新編 治咽喉瘡痛,

---

257 《壽親養老新書》卷1〈食治老人諸疾方〉第14 "食治諸風方" '食治老人中風口面喎偏大小便秘澁煩熱荊芥粥方'(《文淵閣四庫全書》738, 323쪽).

258 《濟衆新編》卷7〈養老〉"老人保養" '栗子粥', 146쪽.

259 《濟衆新編》卷7〈養老〉"老人保養" '雪梨膏', 146쪽.

기고, 가슴에 열이 나는 증상을 치료한다. 기침과 가쁜 숨을 멎게 하고, 담을 사그라들게 하며, 위장을 열어준다.

생배 3개(껍질을 제거하고 편으로 썰어 씨를 제거한 것), 호두 21개(부순 것), 붕사 0.15냥, 생강 0.5냥.

이상의 약미들을 물 2승에 넣고 1승이 되도록 달인 다음, 꿀 0.2승을 섞고 몇 번 펄펄 끓인다.
자주 조금씩 마신다.

보양지 권제6 끝

口瘡, 膈熱. 止嗽定喘, 消痰開胃.

生梨三箇(去皮, 切片, 去核)、胡桃二十一枚(碎)、硼砂一錢五分、生薑五錢.
右水二升煎半, 和蜜二合, 煮數沸,
頻頻小小飮下.

葆養志卷第六

7

보양지 권제 7
葆養志 卷第七

임원십육지 58
林園十六志五十八

I. 임신·출산과 육아(구사육영)

일반적으로 부인이 한 달에 1번 생리를 하면 반드시 그중 하루는 인온(絪縕)의 징후가 있다. 2시간 동안의 사이에 몸의 기운이 찌는 듯 뜨거워지고, 정신이 혼미해지고 답답하면서 성교를 하고 싶어 참을 수 없는 상태가 있다. 이때가 임신에 알맞은 시기이다. 이때 성교를 하면서 정액을 배설하지 않고 취하면 단(丹)이 되고, 순리에 따라서 사정하면 임신을 하게 될 것이다.

- I -

임신·출산과 육아(구사육영)

求嗣育嬰

1. 임신·출산(구사, 자손 얻기)

求嗣

1) 총론

總論

남자는 비록 16살에 정액이 통하더라도 반드시 30살에 장가를 들어야 하고, 여자는 비록 14살에 천계(天癸)[1]가 이르더라도 반드시 20살에 시집을 가야 한다. 이는 모두 음양의 기운이 완전하고 가득찬 뒤에야 성교하고자 함이니, 그렇게 성교하면 임신되고, 임신되면 발육이 좋고, 발육이 좋으면 아기가 건강하게 오래 산다.

男雖十六而精通, 必三十而娶 ; 女雖十四而天癸至, 必二十而嫁. 皆欲陰陽氣完實, 而後交合, 則交而孕, 孕而育, 育而爲子堅壯强壽.

지금은 비녀도 꽂지 않은 여자가 천계가 이르자마자 남자를 이미 가까이한다. 따라서 음기가 일찍 새서 완전하기도 전에 상하고 가득차기도 전에 동요한다. 이 때문에 성교해도 임신이 되지 않고, 임신이 되어도 발육이 좋지 않고, 발육이 좋다 해도 아기가 약해 오래 살지 못한다. 《저씨유서(褚氏遺書)[2]》[3]

今未笄之女, 天癸始至, 已近男色, 陰氣早洩, 未完而傷, 未實而動. 是以交而不孕, 孕而不育, 育而子脆不壽.《褚氏遺書》

노양(나이 많은 남자)이 소음(젊은 여자)을 만나거나 노

老陽遇少陰, 老陰遇少陽,

---

1 천계(天癸) : 생식 능력을 일으키는 하늘의 기운. 남자의 정액과 여자의 생리이다. 여기서는 여성의 생리를 가리킨다.

2 저씨유서(褚氏遺書) : 중국 남북조 시대 남제(南齊)의 의학자인 저징(褚澄, ?~?)이 저술한 의서. 저징의 자(字)는 언도(彦道)이다. 건원(建元, 479~480) 연간에 오군태수(吳郡太守)가 되었고 후에는 좌중상서(左中尙書)를 역임했다. 의술에 정통하여 백성들에게 의술을 베풀었으며 청렴하고 결백한 관리로 신망이 높았다. 여러 본초서와 약방을 저술했다고 알려져 있으나, 현재는 《저씨유서》만 남아 있다.

3 《褚氏遺書》〈問子〉(《文淵閣四庫全書》734, 547쪽).

음(나이 많은 여자)이 소양(젊은 남자)을 만나는 것도 아이를 가지는 방도이다. 《저씨유서》[4]

후세에 조혼(早婚)이 풍속이 되어 남녀의 나이 겨우 14~15살에 곧 결혼하는데, 부부의 도리를 아이들이 어떻게 알겠는가? 이런 부부는 밤낮으로 정욕(情慾)을 불살라 고갈시킬 뿐, 삼가거나 아끼려는 바가 없다.

여자는 음도(陰道, 질)가 손상되어 생리가 껄끄럽거나 막히는 병이 생기며, 자궁은 수태(受胎)할 가망이 없는 지경에 이른다. 또한 남자는 양기 속의 약음(弱陰, 미약한 음기)이 먼저 끊어지고 고양(孤陽, 음기 없는 양기)이 뒤에 치성하여, 기침하고 피를 토하며, 잠잘 때 식은땀이 나는 도한(盜汗)에 걸리거나 정액이 저절로 새어 나오는 유정(遺精)에 걸리게 된다.

타고난 성품이 원래 강한 사람은 비록 곧바로 죽지 않더라도 음양이 다 고갈되어 몸은 야위고 정액은 소진하여 온갖 병이 함께 생길 것이다. 이와 같다면 어찌 사정하여 임신을 하도록 할 수 있겠는가?

그러므로 일반적으로 임신과 출산으로 자손을 얻으려면 먼저 생명 살려주는 일을 좋아하는 마음으로 음덕을 많이 쌓아야 한다. 그다음으로 마음을 맑게 하고 욕정을 줄여 자기의 정(精)과 신(神)을 길러야 한다. 그런 뒤에야 비로소 타고난 본성[性情]이 온순[和順]하고, 용모가 아름답고, 생리가 규칙적인 부

亦有子之道也. 同上

後世, 早婚成風, 男女年纔十四五便解, 夫婦之道, 兒童何知? 日夜縱情竭慾, 無所愼惜.

女子則陰道虧損, 以致經候澁滯病生, 子宮受胎無望; 男子則弱陰先絶, 孤陽後熾, 咳嗽嘔血, 盜汗遺精.

其稟賦素强者, 縱不卽死, 陰陽俱竭, 形羸精消, 百病幷生. 若此而安能施精成胎乎?

故凡欲求嗣者, 先以好生爲心, 多積陰功. 其次清心寡慾, 以養自己精神. 然後始與性情和順貌吉經調之婦人同處, 豈有不得胎孕之理!《增補山林經濟》

---

4 《褚氏遺書》, 위와 같은 곳.

인과 함께 살 수 있으니, 그러면 어찌 잉태 못할 리
가 있겠는가! 《증보산림경제》[5]

자손을 얻는 방법[求嗣之道]은 부인은 생리가 규
칙적이어야 하고 남자는 신(神)이 풍족해야 한다. 또
욕정을 줄이고 마음을 맑게 하는 것이 가장 좋은
방법이다. 욕정을 줄이면 함부로 성교하지 않고, 정
기를 저장하였다가 때맞춰 움직이므로 아이를 가질
수 있다. 그러므로 욕정이 줄면 신(神)이 완전해져 아
이를 많이 가질 수 있을 뿐만 아니라 오래 살 수도
있다. 《의학입문》[6]

求嗣之道, 婦人要經調, 男
子要神足. 又寡慾淸心爲
上策. 寡慾則不妄交合, 積
氣儲精, 待時而動, 故能有
子. 是以慾寡則神完, 不惟
多子, 抑亦多壽. 《醫學入
門》

남자의 양정(陽精, 정액)이 미약하고 묽으면 비록
고요한 상태의 혈해(血海)[7]를 만나도 흘러서 자궁에

男子陽精微薄, 則雖遇血
海虛靜, 流而不能直射子

포도도(葡萄圖)(국립중앙박물관). 포도는 다산을 상징한다.

---

5 《增補山林經濟》卷13〈求嗣〉"求嗣總論"(《農書》4, 433~444쪽).
6 《東醫寶鑑》〈雜病篇〉卷10 "婦人" '求嗣'(《原本 東醫寶鑑》, 603쪽) ;《醫學入門》卷4〈內傷類〉"虛類" '求
    嗣', 801~802쪽.
7 혈해(血海) : 자궁에서 시작하여 척추를 따라 올라가는 충맥(衝脈), 곧 월경이나 임신과 관련된 기운이 모
    이는 곳.

바로 사정하지 못해 임신이 되지 않는 경우가 많다. 그 이유는 대개 평소에 욕정에 절제가 없어 정액이 너무 많이 새어나갔기 때문이다. 정(精)의 근원을 보하고 또 착한 성품을 기르는 존양(存養) 공부를 조용히 하여, 화기(火氣)가 동하지 않게 하고 양정(陽精)이 충실해진 뒤에 때맞춰 합방을 해야 단번에 임신이 될 것이다. 《의학입문》[8]

宮, 多不成胎. 蓋因平時嗜慾不節, 施泄太多. 宜補精元, 兼用靜工存養, 無令火動, 候陽精充實, 依時而合, 一擧而成矣. 同上

2) 아이 잘 낳는 여자의 관상 보는 법

相婦宜子法

여자에게 다음의 4가지 덕이 있으면 반드시 귀한 자녀를 낳게 된다.

女有四德, 必生貴子 :

① 평소에 다른 사람과 싸우지 않는다.

平素不與人爭競,

② 어려운 상황에서도 원망하는 말을 하지 않는다.

苦難中無怨言,

③ 음식을 절제한다.

節飮食,

④ 어떤 일을 듣고도 놀라지 않으며 즐거운 마음으로 남을 존경하기를 잘한다. 《증보산림경제》[9]

聞事不驚, 喜能尊敬. 《增補山林經濟》

여자에게 다음의 칠현(七賢, 7가지 현덕)이 있으면 반드시 복을 누리며 오래 살게 된다.

女有七賢, 必享福壽 :

① 걸음걸이가 단정하다.

行步周正,

② 얼굴이 둥글둥글하고 체구가 중후하다.

面圓體厚,

③ 오관(五官)[10]이 모두 반듯하다.

五官俱正,

④ 삼정(三停)[11]이 모두 잘 균형 잡혀 있다.

三停俱配,

---

8 《東醫寶鑑》, 위와 같은 곳 ;《醫學入門》卷4〈內傷類〉"虛類" '求嗣', 801쪽.
9 《增補山林經濟》卷13〈求嗣〉"相女法"(《農書》4, 435쪽).
10 오관(五官) : 5개의 감각기관. 즉, 시각·청각·후각·미각·촉각의 기능.
11 삼정(三停) : 안면을 3부분으로 나눈 명칭. 곧, 상정(上停)·중정(中停)·하정(下停)이다. 머리카락이 난 곳에서

⑤ 용모가 엄숙하고 단정하다.　　　　　　　容貌嚴整,

⑥ 말을 함부로 많이 하지 않는다.　　　　　不泛言語,

⑦ 앉거나 잠잘 때 모두 반듯하다.　　　　　坐眠俱正.

여자에게는 다음의 사복수상(四福壽相, 복을 누리며　女有四福壽相 :
오래 살 4가지 관상)이 있다.

① 신(神)이 풍족하다.　　　　　　　　　　神足,

② 혈(血)이 풍족하다.　　　　　　　　　　血足,

③ 피부가 부드럽다.　　　　　　　　　　　皮寬,

④ 살이 튼실하다. 《증보산림경제》[12]　　　肉實. 同上

　여자에게는 지위가 높고 귀한 자녀를 낳을 수 있　女有有子榮貴之相. 睛長不
는 관상이 있다. 눈동자가 길면서도 눈동자에 빛이　露光, 皮香肉潤, 色瑩如澤
드러나지 않는다. 피부에서 향이 나고 살이 윤기 있　鵝蛋面, 肩圓背厚, 鼻隆鳳
다. 얼굴빛은 맑아서 마치 거위알에 윤이 나는 듯하　目, 眉句額平, 聲和氣足,
다. 어깨는 둥글고 등은 두텁다. 코는 솟아 있고 봉　手如春筍, 掌如噀血, 乳
새 눈이다. 갈고리 눈썹에 이마는 평평하다. 목소리　頭黑硬, 臍深腹厚, 臀寬
는 부드럽고 기운이 풍족하다. 손은 마치 봄에 나온　腹大. 同上
죽순 같다. 손바닥은 마치 뿜어져나온 피처럼 붉다.
유두는 검고 단단하다. 배꼽은 깊고 배는 두텁다.
엉덩이는 넓적하고 배는 크다. 《증보산림경제》[13]

　부인의 얼굴이 비록 못생겼더라도 귀한 자녀를 낳　婦人面雖陋, 亦多有生貴子
을 수 있는 관상이 많다. 눈은 별처럼 빛나고 입술은　之相. 眼若星, 脣若硃, 臍

　부터 양눈썹 사이의 인당혈까지를 상정, 인당혈부터 코 끝까지를 중정, 코 끝부터 혀까지를 하정이라 한다.

12 《增補山林經濟》, 위와 같은 곳.

13 《增補山林經濟》卷13 〈求嗣〉 "相女法"(《農書》 4, 435~436쪽).

주사처럼 붉다. 배꼽은 깊고 배는 두텁다. 허리는 반듯하며 몸은 단단하다. 행동거지를 보면 공경하면서도 두려워하는 기색이 있다. 《증보산림경제》[14]

여자가 비록 몸은 야위었어도 만약 입술이 붉으면 자녀를 잘 낳는다. 《증보산림경제》[15]

여자의 양쪽 눈썹 사이가 평평하고 반듯하며 낯빛이 윤기 있고, 혹 혼인할 즈음에 얼굴이 자줏빛을 띠고 눈썹이 맑고 입술이 자줏빛이 돌며 산근(山根, 콧마루와 두 눈썹 사이)이 끊기지 않으면[16] 그 여자는 남편을 왕성하게 하고 자식을 이롭게 한다. 《증보산림경제》[17]

일반적으로 여인은 단지 4가지 요건만 취해서 쓴다. 이마는 부모운이고, 코는 남편운이고, 입은 자녀운이며, 눈은 귀천운이니, 이 모든 요건이 잘 갖춰져야 복이 된다. 또 등은 복덕(福德, 타고난 복과 후한 마음)에 해당하므로 두터워야 하고, 배꼽과 배는 자녀가 잉태될 곳이므로 역시 두터워야 한다. 《증보산림경제》[18]

深腹厚[1], 腰正體堅, 見之有敬懼之色. 同上

女雖瘦, 若脣紅則有子成行. 同上

女人印堂平正, 色潤, 或臨婚, 發紫氣, 眉淸脣紫, 山根不斷, 旺夫益子. 同上

凡女人, 止取四件爲用. 額爲父母, 鼻爲夫星, 口乃子星, 眼乃貴賤, 俱要收成乃福. 且背爲福德, 要厚;臍腹子之所載, 幷要厚也. 同上

---

14 《增補山林經濟》 卷13 〈求嗣〉 "相女法"(《農書》 4, 436쪽).
15 《增補山林經濟》, 위와 같은 곳.
16 산근(山根, 콧마루와 두 눈썹 사이)이……않으면 : 콧마루와 두 눈썹 사이 부분에 가로무늬가 없다는 의미이다.
17 《增補山林經濟》, 위와 같은 곳.
18 《增補山林經濟》, 위와 같은 곳.
[1] 臍深腹厚 : 저본에는 "臍腹俱厚". 《增補山林經濟·求嗣·相女法》에 근거하여 수정.

일반적으로 남자는 정(精)을 위주로 삼으니, 두 눈이 맑고 빼어난 것이 이것이다. 여자는 혈(血)을 위주로 삼으니, 피부 속은 혈이 풍족하고 피부 밖은 빛나야 한다. 만약 혈은 좋은데 피부색이 윤기가 없으면 좋지 않다. 두발은 혈의 나머지 기운이므로 청흑색이 귀하고 긴 것이 낫다. 또 숱이 많아야 한다. 일반적으로 여자가 혈이 풍족하고 기가 조화로우면 건강한 아기를 낳는다.《증보산림경제》[19]

凡男子以精爲主, 雙目清秀是也. 女子以血爲主, 皮內血足, 皮外光明. 如血好而色不潤, 不妙. 髮乃血餘, 靑黑爲貴, 長爲賢. 又要髮厚. 凡女子, 血足氣和, 生好子. 同上

3) 아이 낳지 못하는 여자의 관상 보는 법

비녀를 올리지 않은 여자는 음기가 완전하지 않고, 욕정이 성한 여자는 딸을 많이 낳는다. 품성과 행실이 조화로운 여자는 생리를 규칙적으로 하여 쉽게 잉태하지만, 품성과 행실이 지나치게 질투하는 여자는 생리가 고르지 않다. 얼굴이 추한 여자는 체구가 육중하고, 얼굴이 아름다운 여자는 복이 박하다. 지나치게 뚱뚱하면 자궁에 지방이 가득 끼고, 지나치게 여위면 자궁에 혈(血)이 없으므로, 이 모두 아이를 갖기에 좋지 않으니, 이런 내용을 몰라서는 안 된다.《의학입문》[20]

여자가 혈이 울체되어 화사한 기운이 없으면 요절하고, 혈이 광택이 있지만 얼굴빛이 떠 있으면 욕정이 많고, 얼굴빛이 어둡고 입술이 벗겨지고 건조하

相婦無子法

未筓之婦, 陰氣未完 ; 慾盛之婦, 所生多女. 性行和者, 調經易挾 ; 性行妬者, 月水不均. 相貌惡者, 形[2]重 ; 顏容美者, 福薄. 太肥脂滿子宮, 太瘦子宮無血, 俱不宜子, 不可不知.《醫學入門》

女子血滯不華, 夭 ; 血光色浮, 多慾 ; 色暗唇皮乾白, 夭.《增補山林經濟》

---

19 《增補山林經濟》卷13〈求嗣〉"相女法"(《農書》4, 436~437쪽).
20 《東醫寶鑑》〈雜病篇〉卷10〈婦人〉'相女法'(《原本 東醫寶鑑》, 603쪽) ; 《醫學入門》卷4〈內傷類〉"虛類"'求嗣', 801쪽.
[2] 形 : 《東醫寶鑑·雜病篇·婦人》·《醫學入門·內傷類·虛類》에는 "刑".

고 창백하면 요절한다.《증보산림경제》[21]

여자가 아이 낳지 못하는 상에는 다음과 같은 종류가 있다. 황색 머리카락이나 적색 머리카락인 경우, 황색 눈동자나 적색 눈동자인 경우, 눈이 깊게 파였거나 눈썹이 없는 경우, 코가 함몰되고 광대뼈가 내려앉은 경우, 이마는 높은데 안면이 함몰된 경우, 이마나 인당(印堂, 눈썹 사이)에 주름이 있는 경우.[22]

女相, 黃髮、赤髮, 黃睛、赤睛, 目深陷, 無眉, 鼻陷梁低, 額高面陷, 額紋印紋,

연수(年壽)[23] 부위가 마디져 튀어나와 있는 경우, 머리카락이 거칠고 단단한 데다가 1척도 안 되는 경우, 얼굴이 길고 입이 크거나 얼굴이 크고 입이 작은 경우, 광대뼈만 있고 볼살은 없는 경우, 콧속에 털이 있는 경우, 귀가 뒤집힌 듯하거나 귓바퀴가 없는 경우, 목 중앙에 있는 결후(結喉)가 튀어나온 경우, 입술이 얇고 흰색인 경우, 입모양이 뾰족하게 튀어나와 불을 불 때와 같은 모양인 경우, 이빨이 크고 흰색이며 옥과 같은 경우, 목소리가 깨지고 우레와 같이 큰 경우.

年壽起節, 髮粗硬, 又不滿尺, 面長口大或面大口小, 有顴無腮, 鼻內生毛, 耳反無輪, 結喉, 脣薄而色白, 嘴如吹火, 齒大[3]白如玉, 聲破聲大如雷,

어깨가 너무 처진 경우, 몸이 너무 허약한 경우, 허리가 너무 가는 경우, 몸이 너무 가벼운 경우, 등이 함몰된 경우, 배와 엉덩이에 살이 없는 경우, 양눈의 흑백이 불분명한 경우, 피부가 너무 얇아 당기는 경우, 숨이 짧고 거친 경우, 입술이 푸르고 혀가

肩太垂, 身太弱, 腰太細, 體太輕, 背陷, 無腹無臀, 兩眼黑白不分明, 皮薄皮急, 氣短氣粗, 脣靑舌白, 臍小淺凸, 乳頭白下, 胸高,

---

21 《增補山林經濟》卷13〈求嗣〉"相女法"(《農書》4, 437쪽).
22 황색……경우 : 내용이 다음 단락과 이어지나 너무 길게 연결되어서 편의상 단락을 나누었다. 이 기사의 이하도 동일하다.
23 연수(年壽) : 콧잔등의 중간부터 아랫부분.
[3] 大 : 저본에는 "火".《增補山林經濟·求嗣·相女法》에 근거하여 수정.

흰 경우, 배꼽이 작고 얕거나 튀어나온 경우, 유두
가 희고 아래로 처진 경우, 가슴이 높은 경우.

넓적다리와 팔뚝에 살이 없는 경우, 살이 얼음처
럼 차가운 경우, 살이 솜처럼 연한 경우, 살갗이 기름
처럼 미끌거리는 경우, 살이 단단하지 않아 들뜬 듯
하고 혈이 울체된 경우, 살이 비대하여 진흙처럼 쌓인
듯한 경우, 뼈가 굵고 손이 큰 경우, 외형이 남자 같
은 경우, 성격이 불같이 성급한 경우이다. 이중에서
비록 몇 가지 조건만 범하더라도 형극(刑剋, 운명의 상
극)의 상이라 아이를 낳지 못한다. 《증보산림경제》[24]

股肱無包, 肉冷如氷, 肉
軟如綿, 皮滑如油, 肉浮血
滯, 肉重如泥, 骨粗手大,
形類男人, 性急如火. 雖犯
數件, 亦主刑剋無子. 同上

4) 자손 얻기 위한 맥 살피는 법

求嗣察脈法

자손을 얻는 맥은 오로지 척맥(尺脈)[25]에 달려 있
다. 우척맥(右尺脈)[26]만 왕성하면 화기가 동하여 색
(色)을 좋아하게 되고, 좌척맥(左尺脈)[27]만 왕성하면
음이 허하여 복되지 않다.

求嗣之脈, 專責於尺. 右尺
偏旺, 火動好色 ; 左尺偏
旺, 陰虛非福.

오직 침맥(沈脈)[28]과 활맥(滑脈)[29]이 고르게 나타나
면 쉽게 아이를 낳을 수 있다. 미맥(微脈)[30]과 삽맥(澁
脈)[31]이 나타나면 정액이 멀겋고 여기에 지맥(遲脈)[32]

惟沈、滑均, 易爲生息. 微、
澁精淸, 兼遲冷極.

---

24 《增補山林經濟》, 위와 같은 곳.
25 척맥(尺脈) : 손목 안쪽의 관부(關部)에서 잡히는 맥. 세 손가락을 손목에 올려 진맥할 때 약지에 잡히는
    맥동이다. 식지에 잡히는 맥동은 촌맥(寸脈), 중지에 잡히는 맥동은 관맥(關脈)이라 한다.
26 우척맥(右尺脈) : 오른팔의 손목에서 맥을 살피는 부위의 하나.
27 좌척맥(左尺脈) : 왼팔의 손목에서 맥을 살피는 부위의 하나.
28 침맥(沈脈) : 맥관을 꾹 눌러야 느낄 수 있는 맥.
29 활맥(滑脈) : 맥의 왕래가 막힘이 없으며 매끄럽게 손가락에 와 닿는 맥.
30 미맥(微脈) : 맥상(脈象)의 일종으로, 가늘고 약하게 뛰기 때문에 잘 느껴지지 않는 맥. 음양과 기혈이 모
    두 허할 때 나타난다.
31 삽맥(澁脈) : 맥상의 일종으로, 맥의 왕래가 매끄럽지 않아 마치 가벼운 칼로 대나무를 긁는 듯한 맥.
32 지맥(遲脈) : 맥상의 일종으로, 정상적인 맥박보다 느리게 뛰는 맥.

이 겸해지면 정액이 매우 차갑다.

만약 미맥과 유맥(濡脈)[33]이 나타나면 성관계를 맺더라도 성적인 활력이 없다. 여자가 임신을 잘 못하는 경우도 역시 척맥이 색(澁, 맥상이 깔깔하게 느껴지는 맥)하다.《만병회춘》[34]

若見微、濡, 入房無力. 女不好生, 亦尺脈澁.《萬病回春》

5) 아이 낳지 못하는 증상의 원인

論無子症源

남자가 과로로 몸이 지나치게 상하여 신장 경락이 따뜻하지 않으며, 정액이 물처럼 멀겋고, 정액이 얼음처럼 차가우며, 정액이 배설될 때 모이기는 하되 사정하지 못하는 경우에는 모두 아이를 낳지 못한다.《삼원연수참찬서》[35]

丈夫勞傷過度, 腎經不煖, 精淸如水, 精冷如氷, 精泄, 聚而不射, 皆令無子.《三元延壽書》

여자가 과로로 기혈을 상했거나, 생리가 불규칙적이거나, 적백대하(赤白帶下)[36]가 있어 음양의 기가 조화롭지 못한 데 이르렀거나, 또는 몸조리에 마땅함을 잃고 음식에 절제가 없거나, 바람을 맞고 냉기를 얻어 풍기와 냉기가 그 경혈을 타고 자궁에 맺힌 경우에는 모두 아이를 낳지 못한다.《삼원연수참찬서》[37]

女人勞傷氣血, 或月候愆期, 或赤白帶下, 致陰陽之氣不和, 又將理失宜, 食飲不節, 乘風取冷, 風冷之氣, 乘其經血, 結於子臟, 皆令無子. 同上

사람이 살아가는 도는 자손을 얻는 데에서 시작

生人之道始於求子, 求子之

---

33 유맥(濡脈) : 맥상의 일종으로, 맥에 힘이 없어서 가볍게 눌러 짚으면 느껴지지만 세게 눌러 짚으면 잘 느껴지지 않는 맥.

34 《萬病回春》卷6〈求嗣〉"脈", 341쪽 ;《東醫寶鑑》〈雜病篇〉卷10 "婦人" '脈法'(《原本 東醫寶鑑》, 603쪽).

35 《三元延壽參贊書》卷1〈嗣續有方〉(《中華道藏》23-71, 738쪽).

36 적백대하(赤白帶下) : 여자의 생식기로부터 붉은색과 흰색이 섞인 점액이 계속 흘러나오는 증상. 적백대(赤白帶)·적백력(赤白瀝)·적백루하(赤白漏下)라고도 한다.

37 《三元延壽參贊書》, 위와 같은 곳.

하고, 자손을 얻는 법은 규칙적인 생리보다 우선할 것이 없다. 매번 아이를 낳지 못하는 부인들을 보면 그 생리가 반드시 이르거나 늦고, 양이 많거나 적고, 생리전통이 있고 후통도 있으며, 생리혈의 색이 자줏빛이거나 검고, 묽거나 덩어리지면서 규칙적이지 않았다. 생리가 규칙적이지 않으면 기혈이 어그러지고 다퉈서, 잉태할 수 없다. 《단계심법》[38]

法莫先調經. 每見婦人之無子者, 其經必或前或後, 或多或少, 或將行作痛或行後亦痛, 或紫或黑, 或淡或凝而不調. 不調則氣血乖爭, 不能成孕.《丹溪心法》

6) 병태(駢胎, 쌍둥이)[39]의 원시(原始, 근원을 탐구함)

임신했을 때 정(精)과 혈(血)의 선후에 따라 아들과 딸이 나뉜다는 것은 저징(褚澄)[40]의 주장인데, 나는 이 주장이 조금 의아스럽다. 이고(李杲)[41]는 "생리가 끊어진 뒤 1~2일이 지나 양(陽)인 정(精)이 음(陰)인 혈(血)을 이기면 아들이 되고, 4~5일이 지나 혈이 정을 이기면 딸이 된다."[42]라 했는데, 이 또한 분명하지 않다.

《주역(周易)》에서는 "건도(乾道, 하늘의 도)는 남성을 이루고 곤도(坤道, 땅의 도)는 여성을 이룬다."[43]라 했

駢胎原始

成胎, 以精血之後先分男女者, 褚澄之論也, 愚竊惑焉. 東垣曰 "經斷一二日, 精勝血者成男, 四五日, 血勝精者成女", 此亦未瑩.

《易》曰 : "乾道成男, 坤道成女." 夫乾坤, 陰陽之性

---

38 《東醫寶鑑》〈雜病篇〉 卷10 "婦人" '求嗣'《原本 東醫寶鑑》, 603쪽) ; 출전 확인 안 됨.

39 병태(駢胎, 쌍둥이) : 두 태아가 자궁 안에서 같이 자라는 쌍둥이로, 일란성 쌍둥이와 이란성 쌍둥이가 있다. 쌍구(雙軀)·쌍태(雙胎)라고도 한다.

40 저징(褚澄) : ?~483. 중국 남북조 시대 남제(南齊)의 관리. 자는 언도(彦道). 송문제(宋文帝)의 딸과 결혼하여 부마도위(駙馬都尉)가 되었다. 관직을 청렴하게 수행하면서 치적을 올렸고, 의술(醫術)에도 능했다. 제무제(齊武帝) 영명(永明) 초에 시중(侍中)과 영우군장군(令右軍將軍)을 지내다가 죽었다.

41 이고(李杲) : 1180~1251. 중국 금(金)나라의 의학자. 자는 명지(明之), 호는 동원노인(東垣老人). 저명한 의사인 장원소(張元素)를 스승으로 모셨고, 학술에 있어서 그의 영향을 많이 받았다. 온보(溫補)의 방법을 써서 비위를 잘 조리하였기 때문에 뒷세상에 그를 대표로 하는 학술 갈래를 보토파(補土派)라고 불렸으며, 이고 본인은 금원사대가(金元四大家)의 한 사람으로 꼽힌다. 저서로 《비위론(脾胃論)》·《내외상변혹론(內外傷辨惑論)》·《난실비장(蘭室秘藏)》·《의학발명(醫學發明)》·《약상론(藥象論)》 등이 있다.

42 생리가……된다 : 출전 확인 안 됨.

43 건도(乾道, 하늘의 도)는……이룬다 :《周易註疏》 卷11〈繫辭上疏〉《文淵閣四庫全書》7, 522쪽).

다. 무릇 건곤(乾坤)은 음양의 성정(性情)이요, 좌우는 음양의 도로요, 남녀는 음양의 형상이다. 아버지의 정(精, 정액)과 어머니의 혈(血, 난자를 가리키는 것으로 추정)이 감응하여 만나니, 정을 배설하는 것은 양이 베푸는 공능(功能)이고, 혈이 정을 잘 받아들이는 것은 음이 변화시키는 공능이다. 정이 그 아이를 이루니, 이는 만물의 바탕이 건원(乾元, 하늘)에서 시작되는 것이다. 또 혈이 그 포(胞, 태아를 싸고 있는 막과 태반)를 이루니, 이는 만물의 바탕이 곤원(坤元, 땅)에서 생겨나는 것이다.

여자인 음과 남자인 양이 서로 성교하여 마침내 임신이 되며, 태아가 거처하는 곳을 '자궁'이라 이름한다. 자궁은 아래로 하나의 통로로 연결되어 있고 위로 두 갈림길이 있다. 갈림길 중 하나는 왼쪽으로 통하고, 다른 하나는 오른쪽으로 통한다.

정이 혈을 이기거나 정과 혈이 강일(剛日)⁴⁴의 양시(陽時)⁴⁵에 감응하면 양이 주가 되어 양의 속성인 왼쪽 자궁에서 기를 받아 아들이 만들어진다. 반면 정이 혈을 이기지 못하거나 정과 혈이 유일(柔日)⁴⁶의 음시(陰時)⁴⁷에 감응하면 음이 주가 되어 음의 속성인

情④也；左右, 陰陽之道路也；男女, 陰陽之儀象也. 父精母血因感而會, 精之泄, 陽之施也；血能攝之, 陰之化也. 精成其子, 此萬物之資始於乾元也；血成其胞, 此萬物資生於坤元也.

陰陽交媾, 胎孕乃凝, 胎之所居, 名曰"子宮". 一系在下, 上有兩岐, 一達於左, 一達於右.

精勝其血及剛日陽時感者, 則陽爲之主, 受氣於左子宮而男形成. 精不勝血及柔日陰時感者, 則陰爲之主, 受氣於右子宮而女形成矣.

---

44 강일(剛日) : 십간(十干, 육십갑자의 윗 단위를 이루는 요소)이 양에 해당하는 날. 일진(日辰)의 천간(天干)이 갑(甲)·병(丙)·무(戊)·경(庚)·임(壬)이 되는 날로, 양의 속성이 있다.

45 양시(陽時) : 양에 해당하는 시간. 자시(子時, 오후 11시~오전 1시)·인시(寅時, 오전 3시~5시)·진시(辰時, 오전 7시~9시)·오시(午時, 오전 11시~오후 1시)·신시(申時, 오후 3시~5시)·술시(戌時, 오후 7시~9시)를 가리킨다.

46 유일(柔日) : 십간(十干)이 음에 해당하는 날. 일진의 천간이 을(乙)·정(丁)·기(己)·신(辛)·계(癸)가 되는 날로, 음의 속성이 있다.

47 음시(陰時) : 음에 해당하는 시간. 축시(丑時, 오전 1시~3시)·묘시(卯時, 오전 5시~7시)·사시(巳時, 오전 9시~11시)·미시(未時, 오후 1시~3시)·유시(酉時, 오후 5시~7시)·해시(亥時, 오후 9시~11시)를 가리킨다.

④ 情 : 저본에는 "精". 규장각본·《東醫寶鑑·雜病篇·婦人》에 근거하여 수정.

오른쪽 자궁에서 기를 받아 딸이 만들어진다.

어떤 사람이 "남자와 여자로 나뉘는 것은 내가 알겠습니다. 그러면 쌍둥이[雙胎]가 있는 이유는 무엇입니까?"라 물었다.

이에 다음과 같이 말했다. "정기가 넉넉하여 갈라지면서 나뉘고 혈이 이에 따라 나뉘어 정을 받아들였기 때문이다. 예컨대 무릇 아들과 딸이 동시에 잉태되는 경우는 강일의 양시와 유일의 음시에 함께 감응하면 음양이 뒤섞여 왼쪽으로도 속하지 않고 오른쪽으로도 속하지 않아 두 갈림길의 사이에서 정기를 받았기 때문이다. 또 삼태(三胎, 세쌍둥이), 사태(四胎, 네 쌍둥이), 오태(五胎, 다섯 쌍둥이), 육태(六胎, 여섯 쌍둥이)가 있는 이유도 이와 같을 뿐이다."

어떤 사람이 "남자이면서도 아버지가 될 수 없거나, 여자이면서도 어머니가 될 수 없거나, 남녀겸형(男女兼形)⁴⁸이 생기는 이유는 또 어떻게 나누어지기 때문입니까?"라 물었다.

이에 다음과 같이 말했다. "남자이면서도 아버지가 될 수 없는 이유는 양기가 손상되었기 때문이고, 여자이면서도 어머니가 될 수 없는 이유는 음기가 막혔기 때문이다. 겸형(兼形)이 되는 이유는 박기(駁氣, 음기와 양기가 섞인 기운)가 음을 타고 있어 상태가 전일하지 않기 때문이다. 여자이면서 남자의 형상을 겸한 유형에는 2가지가 있다. 그중 하나는 남자 상대를 만나면 자신은 아내가 되고 여자 상대를 만나

或曰：“分男分女, 吾知之矣. 其有雙胎者何也?”

曰：“精氣有餘, 岐而分之, 血因分而攝之故也. 若夫男女同孕者, 剛日陽時、柔日陰時感, 則陰陽混雜, 不屬左, 不屬右, 受氣于兩岐之間者也. 亦有三胎、四胎、五胎、六胎者, 猶是而已.”

或曰：“其有男不可爲父, 女不可爲母, 與男女之兼形者, 又若何而分之耶?”

曰：“男不可爲父, 得陽氣之虧者也；女不可爲母, 得陰氣之塞者也. 兼形者, 由陰爲駁氣所乘, 而爲狀不一. 以女兼男形者有二. 一則遇男爲妻, 遇女爲夫, 一則可妻而不可夫. 又有下爲女體, 上具男之全形, 此又

---

48 남녀겸형(男女兼形) : 한 몸에 남자와 여자의 형체를 겸한 기형아.

면 남편이 되는 경우이다. 또 하나는 아내가 될 수는 있지만 남편이 될 수는 없는 경우이다. 또 신체의 아래는 여자 몸이고 위는 남자의 온전한 형체를 갖춘 경우도 있는데, 이것은 박기가 심한 상태이다."

어떤 사람이 "박기가 타는 상태는 오직 음에서만 보이는데 이루어진 형상은 또한 이처럼 서로 다릅니까?"라 물었다.

나는 다음과 같이 말했다. "음체는 허하므로 박기가 범하여 타기 쉽다. 박기가 타면 음양이 서로 뒤섞여 양기와 음기 어느 것도 주로 삼을 바가 없기 때문에 왼쪽에도 속할 수 없고 오른쪽에도 속할 수 없다. 그리하여 두 갈림길 사이에서 기를 받는 것이다. 그때 받는 박기의 경중에 따라 형체가 이루어지므로 겸형의 경우는 같지 않을 수밖에 없다."《단계심법》[49]

좌우의 척맥이 모두 침실맥(沈實脈, 깊이 가라앉고 실한 맥)이면 쌍둥이 아들을 낳는다. 그렇지 않으면 딸인데도 아들이 되어 태어난다. 반면 좌우의 척맥이 모두 부대맥(浮大脈, 위로 뜨고 큰 맥)이면 쌍둥이 딸을 낳는다. 그렇지 않으면 아들인데도 딸이 되어 태어난다. 이것이 바로 남녀겸형(男女兼形)의 이론이다. 《의학강목(醫學綱目)》[50]

駁之甚者也."

或曰:"駁氣所乘, 獨見於陰, 而所成之形, 又若是之不同耶?"

予曰:"陰體虛, 駁氣易干乘也. 駁氣所乘, 陰陽相混, 無所爲主, 不可屬左, 不可屬右, 受氣于兩岐之間, 隨所得駁氣之輕重而成形, 故所兼之形有不可得而同也."《丹溪心法》

左右尺脈俱沈實, 生二男, 不爾, 女作男生;左右尺脈俱浮大, 生二女, 不爾, 男作女生也. 此乃男女兼形之說也.《醫學綱目》

---

49 《東醫寶鑑》〈雜病篇〉卷10 "婦人" '雙胎品胎'(《原本 東醫寶鑑》, 606~607쪽) ; 출전 확인 안 됨.
50 《東醫寶鑑》〈雜病篇〉卷10 "婦人" '雙胎品胎'(《原本 東醫寶鑑》, 607쪽) ; 출전 확인 안 됨.

7) 자손 얻는 약방

7-1) 고본건양단(固本健陽丹, 근본을 굳게 하여 양을 튼튼하게 하는 단약)

만병회춘 [51] 일반적으로 사람이 아이를 낳지 못하는 이유는 남자의 정과 혈이 멀겋고 차갑거나, 과로한 성생활로 몸이 심하게 상함으로 인해 신장의 수기(水氣)가 왕성치 못해 정이 자궁에 바로 사정하지 못해서 그러한 경우가 많다. 어찌 전적으로 여자가 혈(血)이 부족하고 허한(虛寒)해서 그렇다고 책임을 돌릴 수 있겠는가?

숙지황·산수유 각 3냥, 파극 2냥, 토사자·속단(술에 담근 것)·원지(법제한 것)·사상자(볶은 것) 각 1.5냥, 백복신·마(술에 찐 것)·우슬(술에 씻은 것)·두충(술에 씻은 것을 썰어 연유를 발라 볶고 실을 제거한 것)·당귀신(술에 씻은 것)·육종용(술에 담근 것)·오미자·익지인(소금물에 축였다가 볶은 것)·녹용(연유를 발라 구운 것) 각 1냥에 구기자 3냥, 인삼 2냥을 더한다.

이상의 약미들을 가루 낸 뒤, 꿀로 벽오동씨크기의 환을 만든다.

끓인 소금물이나 따뜻한 술로 빈속에 50~70환

求嗣藥方

固本健陽丹

萬病回春 凡人無子, 多是精血淸冷, 或房勞過傷, 以致腎水欠旺, 不能直射子宮故爾. 豈可專責於母血之不足、虛寒耶?

熟地黄·山茱萸各三兩、巴戟二兩、兔絲子·續斷(酒浸)·遠志 [5] (製)·蛇牀子(炒)各一兩半、白茯神·山藥(酒蒸)·牛膝(酒洗)·杜冲(酒洗, 切酥炒去絲)·當歸身(酒洗)·肉蓯蓉(酒浸)·五味子·益智仁(鹽水炒)·鹿茸(酥炙)各一兩, 加枸杞子三兩、人蔘二兩.

右爲末, 蜜丸梧子大.

空心, 鹽湯或溫酒下五七十

---

51 《東醫寶鑑》〈雜病篇〉卷10 "婦人" '脈法'(《原本 東醫寶鑑》, 603쪽) ; 《萬病回春》卷6〈求嗣〉"胎成禁忌秘訣" '固本健陽丹, 347~348쪽.

[5] 志 : 저본에는 "地". 오사카본·규장각본·《東醫寶鑑·雜病篇·婦人》·《萬病回春·求嗣·胎成禁忌秘訣》에 근거하여 수정.

을 넘기고, 잠잘 때 한 번 더 복용한다.

丸, 臨臥再服.

7-2) 속사단(續嗣丹, 후사를 이어주는 단약)

[의학입문] [52] 남자의 양기가 빠져나가 팔다리가 마르고 약해지며 정이 차갑고 묽으면 복용해야 한다.

산수유·천문동·맥문동 각 2.5냥, 파고지(볶은 것) 4냥, 토사자·구기자·복분자·사상자·파극·숙지황·부추씨(볶은 것) 각 1.5냥, 용골·황기·굴·마·당귀·쇄양(瑣陽)[53] 각 1냥, 인삼·두충 각 0.75냥, 진피·백출 각 0.5냥, 누런 개의 생식기(연유를 발라 구운 것) 2개를 가루 낸다.

자하거(紫河車, 태반) 1개를 찌고 법제하여 천문동·맥문동·지황과 함께 흐물흐물하도록 찧는다. 다른 약도 함께 곱게 간 뒤, 졸인 꿀과 고루 섞고 1,000번 절구질하여 벽오동씨크기의 환을 만든다.

100환씩 빈속이나 잠잘 때 따뜻한 술이나 소금 끓인 물로 임의대로 삼킨다.

7-3) 온신환(溫腎丸, 신장을 따뜻하게 해주는 환약)

[의학입문] [54] 복용하면 아이를 갖는다.

續嗣丹

[醫學入門] 男子陽脫, 痿弱, 精冷而薄, 宜服.

山茱萸·天門冬·麥門冬各二兩半、破故紙(炒)四兩、兎絲子·枸杞子·覆盆子·蛇牀子·巴戟·熟地黃·韭子(炒)各一兩半、龍骨·黃芪·牡蠣·山藥·當歸·瑣陽各一兩、人蔘·杜沖各七錢半、陳皮·白朮各五錢、黃狗外腎(酥炙)二對, 爲末.

用紫河車一具蒸製, 同門冬·地黃爛擣. 他藥幷細末, 煉蜜和均, 擣千杵, 作丸梧子大.

每取百丸, 空心及臨臥, 以溫酒或鹽湯, 任意呑下.

溫腎丸

[又] 服之有子.

---

52 《東醫寶鑑》, 위와 같은 곳 ; 《醫學入門》卷6〈雜病用藥賦〉"虛" '續嗣丹', 1104쪽.

53 쇄양(瑣陽) : 중국의 감숙성(甘肅省)과 내몽골에서 많이 나는 기생 식물. 줄기를 강장과 변비 치료에 약재로 쓴다. 쇄양(鎖陽)·불로약(不老藥)·지모구(地毛球)라고도 한다.

54 《東醫寶鑑》, 위와 같은 곳 ; 《醫學入門》卷6〈雜病用藥賦〉"虛" '溫腎丸', 1105쪽.

산수유·숙지황 각 3냥, 파극 2냥, 토사자·당귀·녹용·익지·두충·생건지황·복신·마·원지·속단·사상자 각 1냥.

山茱萸·熟地黃各三兩、巴戟二兩、兔絲子·當歸·鹿茸·益智·杜沖·生乾地黃·茯神·山藥·遠志·續斷·蛇牀子各一兩.

이상의 약미를 가루 낸 뒤, 꿀로 벽오동씨크기의 환을 만든다.

右爲末, 蜜丸梧子大.

빈속에 따뜻한 술로 50~70환씩 넘긴다. 정이 견고하지 않으면 녹용을 2배로 하고 용골과 굴을 더한다.

空心, 溫酒下五七十丸. 精不固, 倍鹿茸, 加龍骨, 牡蠣.

7-4) 오자연종환(五子衍宗丸, 5가지 '자' 약재로 만들어 종사를 이어가도록 해주는 환약)

五子衍宗丸

[광사방(廣嗣方)] [55] [56] 남자의 원인으로 자손이 없는 경우를 치료한다.

[廣嗣方] 治男子無嗣.

구기자 9냥, 토사자(술에 담가 법제한 것) 7냥, 복분자 5냥, 질경이씨 3냥, 오미자 1냥.

枸杞子九兩、兔絲子(酒浸製)七兩、覆盆子五兩、車前子三兩、五味子一兩.

이상의 약미를 찧어 가루 낸 뒤, 꿀로 벽오동씨크기의 환을 만든다.

右擣爲末, 蜜丸梧子大.

빈속에 따뜻한 술로 90환씩 삼키고 잠잘 때 소금 끓인 물로 50환을 삼킨다.

空心, 溫酒呑下九十丸, 臨臥, 鹽湯呑下五十丸.

봄에는 병일(丙日)·정일(丁日)·사일(巳日)·오일(午日), 여름에는 무일(戊日)·기일(己日)·진일(辰日)·술일(戌日)·축일(丑日)·미일(未日), 가을에는 임일(壬日)·계일(癸日)·

春丙丁巳午, 夏戊己辰戌丑未, 秋壬癸亥子, 冬甲乙寅卯, 須上旬晴日合. 忌見僧

---

55 광사방(廣嗣方) : 미상. 중국 명나라 때 만전(萬全)이 편찬한 《광사기요(廣嗣紀要)》로 추정된다. 《광사기요》는 임신 및 영아 질병의 치료에 관한 내용과 유과(幼科) 의안(醫案)을 수록하고 있다.
56 《東醫寶鑑》, 위와 같은 곳.

해일(亥日)·자일(子日), 겨울에는 갑일(甲日)·을일(乙日)·인일(寅日)·묘일(卯日)을 잡아 상순(上旬)의 맑은 날에 합방해야 한다. 중과 여승, 과부, 효자(孝子)[57], 가축, 깨끗하지 않은 물건 보기를 금한다.

尼·寡女·孝子·六畜·不淨之物.

의학입문 [58] 습관적으로 정액이 저절로 새어 나오면 위 처방에서 질경이씨를 제거하고 연씨로 대신한다.

醫學入門 慣遺精者, 去車前子, 代以蓮子.

7-5) 양기석원(陽起石元)

세의득효방 [59] 남자의 정이 차갑고 본래부터 정기의 농도가 묽으며 많이 사정하지 못하여 이 때문에 아이를 낳지 못하는 경우를 치료한다.

양기석(陽起石)[60](불에 굽고 간 것)·토사자(술에 담갔다가 법제한 것)·녹용(술에 찌고 불기운에 말린 것)·천웅(포제한 것)·부추씨(볶은 것)·육종용(술에 담근 것) 각 1냥, 복분자(술에 담근 것)·석곡·상기생·침향·원잠아(原蠶蛾, 수컷 누에나방)(술에 담갔다가 구운 것)·오미자 각 0.5냥.

이상의 약미들을 가루 낸 뒤, 술에 삶은 찹쌀풀로 반죽하여 벽오동씨크기의 환을 만든다.

빈속에 소금 끓인 물로 70~90환을 삼킨다.

陽起石元

危氏得效方 治丈夫精冷, 眞精氣不濃, 不兆施, 是以無子.

陽起石(火煅研)·兔絲子(酒浸製)·鹿茸(酒蒸焙)·天雄(炮)·韭子(炒)·肉蓯蓉(酒浸)各一兩, 覆盆子(酒浸)·石斛·桑寄生·沈香·原蠶蛾(酒炙)·五味子各五錢.

右爲末, 酒煮糯米糊和丸梧子大.

空心, 鹽湯下七九十丸.

---

57 효자(孝子): 상중(喪中)에 있는 사람.
58 《東醫寶鑑》, 위와 같은 곳; 《醫學入門》卷6〈雜病用藥賦〉"虛"'五子衍宗丸', 1104쪽.
59 《東醫寶鑑》, 위와 같은 곳; 《世醫得效方》卷15〈求嗣〉"陽起石丸", 659쪽.
60 양기석(陽起石): 칼슘·마그네슘·철의 규산염. 우리나라 각지에서 나며, 맛이 짜고 성질은 따뜻하다. 양기석(羊起石)이라고도 한다.

남녀의 맥이 미약하고 껄끄러우면 아이를
낳지 못하게 되는데, 이는 정기가 멀겋고 냉하기 때
문이니, 이때는 양기석원(陽起石元)이 좋다.

脈經 男女脈微弱而澁, 爲
無子, 精氣淸冷也, 宜陽起
石元.

7-6) 보천육사단(補天育嗣丹, 선천의 기운을 보하여 후사를 길러주는 단약)

補天育嗣丹

수세보원(壽世保元) 62 복용하면 아이가 생긴다.

保元 服則有子.

숙지황(술에 담근 것) 8냥, 산수유(술에 찐 것)·
마·구기자·당귀(술에 씻은 것) 각 4냥, 백복령(유즙
에 담갔다가 햇볕에 말리는 과정을 3번 거친 것)·모
란뿌리껍질 각 3냥, 택사·천문동·녹용(연유에 발라
구운 것)·호경골(연유에 발라 구운 것)·귀판(연유에
발라 구운 것)·보골지(소금물에 축였다가 약간 볶은
것) 각 2냥.

熟地黃(酒浸)八兩、山茱萸
(酒蒸)·山藥·枸杞子·當歸
(酒洗)各四兩、白茯苓(乳
汁浸、曬乾三次)·牧丹皮
各三兩、澤瀉·天門冬·鹿茸
(酥炙)·虎脛骨(酥炙)·龜
板(酥炙)·補骨脂(鹽水微
炒)各二兩.

이상의 약미들을 모두 철제그릇을 피하여 곱게
가루 낸다. 이에 앞서 자하거(태반) 1개를 쌀뜨물에 깨
끗하게 씻고 다시 장류수(長流水, 강물)에 15분 동안 담
가 생기가 있는 그대로 사기솥에 넣고 1일을 찐다. 그
러면 풀처럼 흐물흐물해진다. 먼저 자하거를 쪄서 생
긴 자연즙을 약가루에 기울여 붓고 대략 고루 섞는
다. 자하거를 돌절구에 진흙처럼 찧고 거기에 약가루
반죽을 함께 넣고 또 찧는다. 이것으로 벽오동씨크
기의 환을 만든 다음 마르면 졸인 꿀을 조금 더한다.

右竝忌鐵器, 細末. 先用紫
河車一具, 米泔水洗淨, 再
以長流水, 浸一刻以取生
氣, 放砂鍋內, 蒸一日, 極
爛如糊, 先傾自然汁於藥
末, 略和均, 將河車石臼杵
如泥, 却將藥末同杵, 丸如
梧子, 如乾, 少加煉蜜.

61 《脈經》卷8〈平血痺虛勞脈證〉第六, 150쪽.
62 《壽世保元》卷7〈求嗣〉"補天育嗣丹"(《龔廷賢醫學全書》, 719쪽).

0.3냥씩 빈속에 따뜻한 술로 넘긴다. 삼백(三白)[63]을 금한다. 이는 선천적인 진기(眞氣)를 온전히 보하는데, 사람(즉 태반)으로 사람을 보하니, 그 현묘(玄妙)한 효능을 말로 표현할 수 없다.

7-7) 속사장원단(續嗣壯元丹, 후사를 이어주고 원기를 튼튼하게 하는 단약)

수세보원 [64] 아기씨를 내리는 데 제일 좋은 처방이다.

마·산수유(술에 찐 것)·측백나무씨 각 4냥, 녹용(연유에 발라 구운 것)·침향·육종용·천문동·맥문동·인삼·숙지황(술에 찐 것)·파극·구기자·백복령·오미자·당귀(술에 씻은 것)·두충(실을 제거하고 술에 적셨다가 볶은 것)·우슬(술에 씻은 것)·토사자(술에 찐 것)·회향(쪽풀물에 적셨다가 볶은 것)·별갑(鼈甲, 자라등껍질)(연유에 발라 구운 것)·파고지(볶은 것)·하수오(쌀뜨물에 담근 것)·석창포 각 1냥, 주사 0.5냥.

이상의 약미들을 곱게 가루 낸 뒤, 술로 쑨 밀가루풀로 반죽하여 벽오동씨크기의 환을 만든다.

40환씩 빈속에 따뜻한 소금물로 삼킨다. 소주, 후추, 말린 생강, 지지거나 볶은 음식물을 금한다.

每三錢, 空心溫酒下. 忌三白. 此全補天元眞氣, 以人補人, 玄妙不可言.

續嗣壯元丹

又 種子第一方.

山藥·山茱萸(酒蒸)·栢子仁各四兩、鹿茸(酥炙)·沈香·肉蓯蓉·天門冬·麥門冬·人蔘·熟地黃(酒蒸)·巴戟·枸杞子·白茯苓·五味子·當歸(酒洗)·杜沖(去絲酒炒)·牛膝(酒洗)·兔絲子(酒蒸)·茴香(藍水炒)·鼈甲(酥炙)·破故紙(炒)·何首烏(米泔浸)·石菖蒲各一兩、朱砂五錢.

右細末, 酒麪糊丸如梧子.

每四十丸, 空心溫鹽湯下. 忌燒酒、胡椒、乾薑、煎炒物.

---

63 삼백(三白) : 보통 약초의 이름 또는 겨울에 내리는 눈[雪]을 가리킨다. 여기서는 3가지 흰색 음식을 말하는 것으로 추정되나 그 음식이 무엇인지는 모르겠다.

64 《壽世保元》卷7〈求嗣〉“續嗣壯元丹”(《龔廷賢醫學全書》, 719쪽).

허손(虛損)[65], 양사불거(陽事不擧)[66], 조금 허약하며 차가운 증상, 심신불교(心腎不交)[67], 아이를 낳지 못하는 증상, 유정(遺精, 정액이 저절로 새 나오는 증상), 백탁(白濁)[68]을 치료한다. 잠잘 때 또 복용한다.

治虛損, 陽事不擧, 少弱而痼冷, 心腎不交, 無子, 遺精, 白濁. 臨臥, 又服.

7-8) 토사환(兔絲丸)

兔絲丸

종행서 [69] 남자의 양기를 왕성하게 하면 자궁에 바로 사정할 수 있으니, 이것이 아기씨를 심는 데 최고의 방법이다. 또 남자가 정이 차가워 아이를 낳지 못하는 증상을 치료한다.

種杏書 男子陽旺, 則能直射子宮, 種子之仙方也. 又治男子精冷無子.

토사자를 술에 담갔다가 끓여서 법제한 뒤 곱게 가루 낸다. 이를 참새알 흰자위로 반죽해서 벽오동씨크기의 환을 만든다.

兔絲子酒浸, 煮製, 細末. 雀卵淸爲丸梧子大.

70환씩 빈속에 따뜻한 술로 넘기면 쓸 때마다 자주 효험이 있다.

每七十丸, 空心溫酒送下, 用之屢驗.

나이가 50살에 이르거나 양위(陽痿)[70]한 사람은 토사잣가루 1근당 천웅 4냥(면으로 싸서 잿불에 구워 익힌 다음, 껍질과 꼭지를 제거하고 4조각을 내어 동변이 완전히 스며들도록 동변에 담근 뒤 약한 불기운에 말렸다가 가루 낸 것)을 더 넣고 함께 환을 만

年至五十及陽痿者, 每兔絲子末一觔, 加天雄四兩(麵裏煨熟, 去皮臍, 切作四片, 童便浸透⑥, 慢火焙乾, 爲末), 同丸服之尤效.

---

65 허손(虛損) : 기(氣)·혈(血)이나 음(陰)·양(陽)이 허손해진 병증으로, 주로 마른기침을 한다.
66 양사불거(陽事不擧) : 성욕은 있으나 음경이 제대로 발기되지 않는 증상. 음위(陰痿)·양위(陽痿)라고도 한다.
67 심신불교(心腎不交) : 심양(心陽)과 신음(腎陰)의 생리적 관계가 교류되지 않는 증상. 주로 가슴이 답답하고 두근거리며 불면증, 유정(遺精) 등을 보인다.
68 백탁(白濁) : 소변이 혼탁되어 뿌연 증상. 가슴과 명치 밑이 그득하고 답답하며 입이 마르고 갈증이 있다.
69 《種杏仙方》 卷3 〈種子〉(《龔廷賢醫學全書》, 40쪽).
70 양위(陽痿) : 발기 부전증. 양기가 쇠약하여 음경이 발기되지 않거나 발기되어도 단단하지 않다. 양사불거(陽事不擧)·음위(陰痿)라고도 한다.
⑥ 透 : 저본에는 "逶". 오사카본·《種杏仙方·種子》에 근거하여 수정.

들어 복용하면 더욱 효과가 있다.

7-9) 참새고기(작육)

雀肉

본초습유 [71] 겨울에 3개월 동안 먹으면 아이를 가진다.

本草拾遺 冬三月食之, 令人有子.

도경본초 [72] 요즘 사람들은 참새고기를 사상자(蛇牀子) 곧 고(膏)에 섞고 약을 함께 섞어 환으로 만들어 복용하는데, 하체를 보하는 데 효과가 있다. 이름을 '역마환(驛馬丸)'이라 한다. 당(唐)나라 현종(玄宗)[73]이 복용했더니, 효험이 있었다.

圖經本草 今人取雀肉, 和蛇牀子熬膏, 和藥丸服, 補下有效, 謂之"驛馬丸". 唐 明皇服之, 有驗.

7-10) 옥약계영환(玉鑰啓榮丸, 옥열쇠로 부인의 영혈(榮血)의 문을 열어주는 환약)

玉鑰啓榮丸

광사방(廣嗣方) [74] 부인이 아이를 낳지 못하는 증상을 치료한다.

廣嗣方 治婦人無子.

향부자(찧어서 껍질과 털을 제거하고 식초물에 3일 동안 담근 뒤, 볶고 말려 곱게 가루낸 것) 15냥, 당귀 2냥, 백작약·천궁·적석지·고본·인삼·목단피·백복령·백미(白薇)[75]·계심·백지·백출·현호색·몰약 각 1냥.

香附子(擣去皮毛, 醋水浸三日, 炒乾, 細末)十五兩、當歸二兩、白芍藥·川芎·赤石脂·藁本·人蔘·牧丹皮·白茯苓·白薇·桂心·白芷·白朮·玄胡索·沒藥各一兩.

---

71 《本草綱目》卷48〈禽部〉"雀", 2627쪽.
72 출전 확인 안 됨.
73 현종(玄宗) : 685~762(재위 712~741). 중국 당나라의 6대 황제. 명황(明皇)이라고도 한다.
74 《東醫寶鑑》〈雜病篇〉卷10 "婦人" '脈法'(《原本 東醫寶鑑》, 603~604쪽) ; 출전 확인 안 됨.
75 백미(白薇) : 박주가리과의 뿌리 및 뿌리줄기로, 맛이 쓰고 짜며 독이 없다.

이상의 약미들 중에서 적석지·몰약을 제외한 나머지 약미들을 썰어 함께 술에 3일 동안 담갔다가 불기운에 말려 가루 내면 15냥은 충분히 된다. 이 약미들을 다시 한 번 아주 곱게 걸러내고, 따로 갈아둔 적석짓가루·몰약가루를 넣은 다음 졸인 꿀로 반죽하여 탄환크기의 환을 만든다.

1환씩 빈속에 닭이 울기 전 먼저 따뜻한 차나 박하 달인 물로 양치한 뒤, 잘게 씹어 따뜻한 술이나 끓인 물로 넘기고는 마른 음식물로 눌러 넘긴다. 복용한 지 1개월이면 곧 효과가 있다.

右除石脂、沒藥外, 餘藥剉, 酒浸三日, 焙乾爲末, 足十五兩. 重羅極細, 入別研赤石脂、沒藥末, 煉蜜和丸彈子大.

每取一丸, 空心鷄未鳴時, 先以溫茶或薄荷湯漱口後, 細嚼, 溫酒或白湯送下, 以乾物壓下, 服之一月卽效.

의학입문 [76] 일명 '여금단(女金丹)'으로, 위의 처방에서 계심을 빼고 숙지황을 넣는다.

부인이 아이를 낳지 못하는 증상을 치료한다. 담화(痰火)[77]와 같은 질병이 없고 생리도 규칙적이며 얼굴도 줄지 않는데, 다만 오랫동안 임신을 못하는 이유는 바로 자궁에 음기만 있고 양기가 없기 때문에 임신하지 못하는 것이다. 이때는 여금단을 복용해야 한다. 미약한 양기를 고동치게 하면 1개월 만에 곧 효과가 있다.

또는 적백대하(赤白帶下), 붕루(崩漏)[78] 및 혈풍(血

醫學入門 一名"女金丹", 無桂心, 有熟地黃.
治婦人無子. 或無痰火等疾, 經候亦調, 容顏不減, 但久無孕, 乃子宮有陰無陽, 不能生發, 宜服此. 鼓動微陽, 一月卽效.

或赤白帶下, 崩漏及血風、

---

76 《東醫寶鑑》, 위와 같은 곳 ;《醫學入門》卷7〈婦人小兒外科用藥賦〉"女金丹", 1116쪽.
77 담화(痰火) : 담(痰, 가래)으로 인해 숨이 차고 가슴이 답답해지는 증상. 천식(喘息)의 일종이다.
78 붕루(崩漏) : 여성의 성기에서 정상적이지 않게 나오는 피. 주로 자궁 출혈을 가리킨다. 혈붕혈루(血崩血漏)·붕중루하(崩中漏下)라고도 한다.

風)[79]과 혈기(血氣)[80], 허로의 여러 증상까지 치료하지 못하는 병이 없으니, 참으로 여자의 금단(金丹)[81]이다.

血氣, 虛勞諸證, 無所不治, 眞女中金丹也.

7-11) 호박조경환(琥珀調經丸, 호박이 특별히 들어가 생리를 규칙적으로 만들어 주는 환약)

琥珀調經丸

의학입문 [82] 부인의 자궁이 냉하여 아이를 낳지 못하는 증상을 치료하여, 생리 주기를 규칙적으로 바로잡을 수 있다.

又 治婦人胞冷無子, 能令經正.

향부미(香附米, 쌀알처럼 잘게 부순 향부자) 1근을 2개의 포로 나누어 만들고 이를 동변과 쌀식초에 각각 9일 동안 담근 뒤, 깨끗한 묵은 쑥[熟艾][83] 4냥과 고루 섞는다. 여기에 다시 식초 5사발을 더하여 사기솥에 넣고 식초가 마를 때까지 함께 삶는다.

香附米一觔, 分作二包, 用童便、米醋, 各浸九日, 和淨熟艾四兩拌均. 再加醋五碗, 入砂鍋內, 同煮, 乾爲度.

여기에 천궁·당귀·백작약·숙지황·생지황·몰약 각 2냥, 호박 1냥을 넣는다.

入川芎·當歸·白芍藥·熟芐·生芐·沒藥各二兩、琥珀一兩.

이상의 약미를 가루 낸 뒤, 식초로 쑨 풀로 벽오동씨크기의 환을 만든다.

右爲末, 醋糊和丸梧子大.

100환씩 빈속에 묵은 쑥과 식초를 끓인 물로 삼킨다.

每百丸, 空心以艾醋湯呑下.

---

79 혈풍(血風) : 풍(風)과 혈(血)이 상박(相搏)되어서 부인의 기혈운행이 순조롭지 않은 증상.
80 혈기(血氣) : 기혈이 허하여 아픈 혈기통(血氣痛)을 가리킨다.
81 금단(金丹) : 고대에 도사(道士)가 금(金)이나 단사(丹砂)를 정련하여 만든 영약(靈藥). 이것을 먹으면 불로장생하여 신선이 된다고 하였다.
82 《東醫寶鑑》〈雜病篇〉卷10 "婦人" '脈法'《原本 東醫寶鑑》, 604쪽) ; 《醫學入門》卷7 〈婦人小兒外科用藥賦〉 "琥珀調經丸", 1114쪽.
83 묵은 쑥[熟艾] : 오래 묵은 쑥을 부드럽게 법제한 약재.

7-12) 가미양영환(加味養榮丸, 영혈을 길러주는 양영환에 다시 약재를 가미한 환약)

加味養榮丸

의학입문 [84] 생리가 평소보다 앞당겨지는 증상[來前], 밖으로는 조열(潮熱)[85]이 나고 안으로는 번열(煩熱)[86]이 나는 증상, 기침, 식사량이 줄어드는 증상, 현기증, 목혼(目昏)[87], 적백대하, 혈풍, 혈기, 오랫동안 아이를 낳지 못하는 증상, 일체의 담화(痰火) 등의 증상을 치료한다. 복용하면 임신하고, 또 태전(胎前)[88]·태동(胎動)[89]·태루(胎漏)[90]를 치료한다. 항상 복용하면 소산(小産, 임신 3개월 이후 저절로 생기는 유산)할 근심이 없게 된다.

숙지황·당귀·백출 각 2냥, 백작약·천궁·황금·향부자 각 1.5냥, 진피·패모·백복령·맥문동 각 1냥, 아교 0.7냥, 감초 0.5냥, 검정콩(볶아서 껍질을 제거한 것) 49알.

이상의 약미들을 가루 낸 뒤, 꿀로 벽오동씨크기의 환을 만든다.

빈속에 따뜻한 술이나 끓인 소금물로 70~90환

又 治經脈來前, 外潮內煩, 咳嗽, 食少, 頭眩, 目昏, 帶下, 血風, 血氣, 久無嗣息, 一切痰火等證. 服之有孕, 又治胎前、胎動、胎漏. 常服, 可無小産之患.

熟地黃·當歸·白朮各二兩、白芍藥·川芎·黃芩·香附子各一兩半、陳皮·貝母·白茯苓·麥門冬各一兩、阿膠七錢、甘草五錢、黑豆(炒去皮)四十九粒.

右爲末, 蜜丸梧子大.

空心, 溫酒或鹽湯下七九十

---

84 《東醫寶鑑》, 위와 같은 곳 ; 《醫學入門》卷7〈婦人小兒外科用藥賦〉"加味養榮丸", 1115~1116쪽.

85 조열(潮熱) : 조수(潮水)처럼 일정한 간격을 두고 정기적으로 일어나는 몸의 열.

86 번열(煩熱) : 가슴이 답답하고 열이 나는 증상.

87 목혼(目昏) : 눈이 어두워져 잘 보이지 않는 증상. 목매(目眛)·안혼(眼昏)·안암(眼暗)이라고도 한다.

88 태전(胎前) : 태아를 임신해서 출산 전까지의 임신 기간. 여기서는 그동안 발생할 수 있는 여러 가지 질병을 의미하는 듯하다.

89 태동(胎動) : 태동불안(胎動不安)의 준말. 임신 중에 태아가 빈번히 움직여 하복통, 요통, 적은 양의 자궁출혈이 동반되는 증상.

90 태루(胎漏) : 임신 중에 하복통 없이 자궁에서 피가 나는 부인병의 한 가지로, 임신중절(妊娠中絶)의 초기 증상이다. 누태(漏胎)·포루(胞漏)·누포(漏胞)라고도 한다.

씩 삼킨다. 모든 종류의 피 먹기를 금한다.

丸. 忌食諸血.

7-13) 가미익모환(加味益母丸, 영혈을 길러주는 익모환에 다시 약재를 가미한 환약)

加味益母丸

의학입문[91] 복용한 지 100일이면 임신한다.

又 服之百日有孕.

익모초 0.5근에 당귀·적작약·목향 각 2냥을 더한다.

益母草半觔, 加當歸、赤芍藥、木香各二兩.

이상의 약미들을 가루 낸 뒤, 꿀로 벽오동씨크기의 환을 만든다.

右爲末, 蜜丸梧子大.

끓인 물로 100환씩 넘긴다.

白湯下百丸.

7-14) 종사환(螽斯丸)[92]

螽斯丸

의학입문[93] 생리가 규칙적이지만 보약을 먹어야 하는 사람은 종사환을 7일 동안 복용하고 곧바로 성교하는데, 임신한 뒤에는 먹어서는 안 된다.

又 經調[7]受補者, 服七日卽交合, 孕後勿服.

향부자·백미·반하·백복령·두충·후박·당귀·진교 각 3냥, 방풍·육계·말린 생강·우슬·사삼 각 1.5냥, 세신·인삼 각 0.23냥.

香附子·白薇·半夏·白茯苓·杜沖·厚朴·當歸·秦艽各三兩、防風·肉桂·乾薑·牛膝·沙蔘各一兩半[8], 細辛·人蔘各二錢三分[9].

이상의 약미들을 가루 낸 뒤, 졸인 꿀로 반죽하

右爲末, 煉蜜和丸梧子大.

---

91 《東醫寶鑑》, 위와 같은 곳 ;《醫學入門》 卷7 〈婦人小兒外科用藥賦〉 "返魂丹", 1124쪽.

92 종사환(螽斯丸) : 종사는 메뚜기로, 메뚜기는 알이 많아 새끼가 번성하듯이 자손을 번성하게 하는 환약을 의미한다. 《시경(詩經)》〈국풍(國風)〉"주남(周南)" '종사(螽斯)'에 "메뚜기들 화목하게 모여드니, 그대의 자손 번성하리(螽斯羽, 詵詵兮, 宜爾子孫, 振振兮)."라 했다.

93 《東醫寶鑑》, 위와 같은 곳 ;《醫學入門》 卷7 〈婦人小兒外科用藥賦〉 "螽斯丸", 1114쪽.

[7] 調 : 저본에는 "補". 《東醫寶鑑·雜病篇·婦人》·《醫學入門·婦人小兒外科用藥賦·螽斯丸》에 근거하여 수정.

[8] 一兩半 : 《醫學入門·婦人小兒外科用藥賦·螽斯丸》에는 "二兩二錢".

[9] 二錢三分 : 《醫學入門·婦人小兒外科用藥賦·螽斯丸》에는 "四錢".

여 벽오동씨크기의 환을 만든다.

빈속에 술로 50~70환씩 넘긴다.

空心酒下五七十丸.

7-15) 난궁종사환(煖宮螽斯丸, 자궁을 따뜻하게 하여 자손을 번성하게 하는 환약)

煖宮螽斯丸

의방집략(醫方集略) [94] 부인이 아이를 낳지 못하면 복용한다.

후박 1.2냥, 오수유·백복령·백급·백렴·석창포·백부자·계심·인삼·몰약 각 1냥, 세신·유향·당귀(술에 담근 것)·우슬(술에 씻은 것) 각 0.75냥.

醫方集略 婦人無子者服之.

厚朴一兩二錢半、吳茱萸·白茯苓·白芨·白歛·石菖蒲·白附子·桂心·人蔘·沒藥各一兩、細辛·乳香·當歸(酒浸)·牛膝(酒洗)各七錢半.

이상의 약미들을 가루 낸 뒤, 꿀로 반죽하여 팥알크기의 환을 만든다.

右爲末, 蜜丸小豆大.

10~20환씩 술로 넘긴다. 임자일(壬子日)에 이 약을 만들기 때문에 일명 '임자환(壬子丸)'이다.

酒下一二十丸. 壬子日修合, 一名"壬子丸".

7-16) 백자부귀환(百子附歸丸)

百子附歸丸

광사방 [95] 오랫동안 복용하면 임신하고, 생리가 들쭉날쭉하여 규칙적이지 않은 증상을 치료하기까지 한다.

廣嗣方 久服有孕, 及治月水參差不調.

4가지로 법제한 향부자[96]의 가루 12냥, 천궁·백작약·당귀·숙지황·아교주(阿膠珠, 조갯가루와 섞고 볶아서 옥구슬처럼 만든 아교)·진애엽(묵은 쑥) 각 2냥.

四製香附末十二兩、川芎·白芍藥·當歸·熟地黃·阿膠珠·陳艾葉各二兩.

이상의 약미들을 가루 낸 뒤, 석류 1개를 껍질째

右爲末, 用石榴一枚, 連皮

---

94 《東醫寶鑑》, 위와 같은 곳 ; 출전 확인 안 됨.
95 《東醫寶鑑》, 위와 같은 곳 ; 출전 확인 안 됨.
96 4가지로……향부자 : 바로 다음 기사에 나온다.

찧고 달인 물로 쑨 풀로 반죽하여 벽오동씨크기의 환을 만든다.

100환씩 빈속에 식초 끓인 물로 넘긴다.

일명 '백자건중환(百子建中丸)'은 이 처방에서 석류가 없다. 복용하는 동안에는 쇠를 금한다.

搗碎, 煎水打糊, 和丸梧子大.

每百丸, 空心醋湯下.

一名"百子建中丸", 無石榴. 終始忌鐵.

종행서 [97] 향부자를 4가지로 법제하는 법 : 향부미 1근을 나누어 4가지로 법제한다.

① 소금물에 생강즙을 더 넣고 담가 끓여내 약간 볶는다. 주로 담을 내린다.

② 쌀식초에 담가 끓여내 약간 볶는다. 주로 혈을 보한다.

③ 산치자속씨 4냥과 함께 볶고 치자씨는 제거한다. 주로 막힌 기운을 흩뜨린다.

④ 동변으로 씻어낼 뿐 볶지는 않는다. 주로 화기를 내린다.

種杏書 四製香附法 : 香附米一斤分作四製.

一用鹽水加薑汁浸煮略炒, 主降痰.

一用米醋浸煮略炒, 主補血.

一用山梔仁四兩同炒去梔, 主散鬱.

一用童便洗過不炒, 主降火.

7-17) 제음단(濟陰丹, 음기를 구제해 주는 단약)

태평혜민화제국방 [98] 부인이 오랫동안 냉하여 아이를 낳지 못하는 증상 및 생리 주기가 짧고 임신한 지 3개월 이전에 유산되는 증상을 치료한다. 이는 모두 충맥(衝脈)[99]과 임맥(任脈)[100]이 허함으로 인해 자궁에

濟陰丹

和劑局方 治婦人久冷無子及數經墮胎, 皆因衝任虛損, 胞內宿挾疾病, 經候不調, 崩漏、滯下三十六疾,

---

97 《種杏仙方》 卷3 〈婦人〉 《龔廷賢醫學全書》, 38쪽).

98 《東醫寶鑑》, 위와 같은 곳 ; 《太平惠民和劑局方》 卷9 〈治婦人諸疾〉 "南嶽魏夫人濟陰丹", 243~244쪽.

99 충맥(衝脈) : 자궁에서 시작하여 척추를 따라 올라가는 맥(脈). 월경이나 임신과 관련된 기운이 모이는 혈해(血海)이다.

100 임맥(任脈) : 회음(會陰)에서 시작하여 음부와 뱃속을 지나 관원혈(關元穴) 부위를 거쳐 몸의 앞쪽 정중선을 따라 곧바로 목구멍에까지 가서 눈 속으로 들어간다. 온몸의 음경(陰經)을 관장한다.

오래된 질병이 생겨 생리가 규칙적이지 않고, 붕루, 대하 등 36가지의 질병이 나타나 모두 임신이 되지 않고, 심지어는 후손이 끊어지는 상황에 이른다. 또한 출산한 뒤의 온갖 병을 치료하여 이어서 임신하게 하고, 출산할 때에 아이가 건강하고 질병이 없는 채로 태어나도록 한다.

皆令孕育不成, 以至絕嗣. 亦治産後百病, 令人有孕, 及生子充實無病.

창출 8냥, 향부자·숙지황·택란 각 4냥, 인삼·도라지·잠퇴(蠶退)[101]·석곡·고본·진교·감초 각 2냥, 당귀·계심·말린 생강·세신·목단피·천궁 각 1.5냥, 목향·백복령·경묵(京墨)(태운 것)·도인 각 1냥, 천초·마 각 0.75냥, 찹쌀(볶은 것) 1승, 대두황권(大豆黃卷, 콩에 싹을 틔우고 햇볕에 말린 것)(볶은 것) 0.5승.

蒼朮八兩、香附子·熟地黃·澤蘭各四兩、人蔘·桔梗·蠶退·石斛·藁本·秦芃·甘草各二兩、當歸·桂心·乾薑·細辛·牧丹皮·川芎各一兩半、木香·白茯苓·京墨(燒)·桃仁各一兩、川椒·山藥各七錢半、糯米(炒)一升、大豆黃卷(炒)半升.

이상의 약미들을 가루 낸 뒤, 졸인 꿀로 반죽하여 환을 고루 만들되, 1냥당 6개의 환을 만든다.

1환씩 잘게 썰어 따뜻한 술이나 식초 달인 물로 넘긴다.

右爲末, 煉蜜和丸均, 兩作六丸.

每一丸, 細嚼, 溫酒或醋湯, 送下.

7-18) 승금단(勝金丹, 황금보다 나은 단약)

勝金丹

세의득효방[102] 생리가 불규칙적이어서 오랫동안 아이를 낳지 못하는 증상, 혈과 기로 인하여 가렵거나 아픈 증상 및 온갖 여러 질병을 치료한다.

危氏得效方 治月水愆期, 久無嗣息及血痒氣痛及百般諸疾.

---

101 잠퇴(蠶退) : 누에가 부화하여 나간 알껍질이 붙은 종이.
102《東醫寶鑑》, 위와 같은 곳 ;《世醫得效方》卷15〈通治〉"勝金丹".

목단피·고본·인삼·당귀·백복령·적석지·백지·육계·백미·천궁·현호색·백작약·백출 각 1냥, 침향·감초 각 0.5냥.

牧丹皮·藁本·人蔘·當歸·白茯苓·赤石脂·白芷·肉桂·白薇·川芎·玄胡索·白芍藥·白朮各一兩、沈香·甘草各五錢.

이상의 약미들을 가루 낸 뒤, 꿀로 반죽하여 탄환크기의 환을 만든다.

右爲末, 蜜丸彈子大.

1환씩 빈속에 따뜻한 술로 씹어 넘긴다. 20환을 복용하면 임신하게 될 것이다.

每一丸, 空心溫酒嚼下. 服二十丸, 當有孕.

7-19) 선천귀일탕(先天歸一湯, 선천의 기운을 순전한 본연의 상태로 되돌리는 탕약)

先天歸一湯

고금의감 [103] 당귀(술에 씻은 것) 1.2냥, 백출(밀가루에 볶은 것)·백복령·생지황(술에 씻은 것)·천궁 각 1냥, 인삼·백작약·우슬(술에 씻은 것) 각 0.8냥, 축사(볶은 것)·향부자·목단피·반하 각 0.7냥, 진피 0.6냥, 감초 0.4냥.

古今醫鑑 當歸(酒洗)一兩二錢、白朮(麪炒)·白茯苓·生地黃(酒洗)·川芎各一兩、人蔘·白芍藥·牛膝(酒洗)各八錢、縮砂(炒)·香附子·牧丹皮·半夏各七錢、陳皮六錢、甘草四錢.

이상의 약미들을 썰고 나누어 10첩을 만든다.

右剉, 分作十貼.

1첩에 생강 3쪽을 넣고 물에 달여 빈속에 복용하고 찌꺼기는 다시 달여 잠잘 때 복용한다. 생리를 시작하기 전에 먼저 5첩을 복용하고 생리를 시작한 뒤에 5첩을 먹는데, 약을 다 먹으면 곧 효과가 있다. 생리가 규칙적이고 맥이 화순해져 곧 임신할 수 있

薑三水煎, 空心服, 渣再煎, 臨臥再服. 經未行, 先服五貼, 經行後, 服五貼, 藥盡卽效. 經調脈和, 卽當有孕矣.

103 《東醫寶鑑》, 위와 같은 곳 ; 《古今醫鑑》 卷11 〈求嗣〉 "期嗣保胎論" '先天歸一湯', 323~324쪽.

게 될 것이다.

7-20) 신선부익단(神仙附益丹, 향부자·익모초가 들어가 신선이 먹을 듯한 단약)

神仙附益丹

고금의감 104 향부자 1근을 동변에 다 스며들도록 담갔다가 물로 씻은 뒤, 하룻밤 밖에 둔다. 다시 담갔다가 다시 밖에 두고 다시 볕에 말린다. 이와 같이 3차례 한 다음 좋은 식초에 다 스며들도록 하룻밤 담갔다가 볕에 말려 가루 낸다. 익모초 12냥을 동쪽으로 흐르는 물에 깨끗하게 씻고 불에 쬐어 말려 가루 낸다.

又 香附米一觔, 童便浸透水洗, 露一宿. 再浸, 再露, 再曬. 如此三次, 用好醋浸透一宿, 曬乾爲末. 益母草十二兩東流水洗淨, 烘乾爲末.

이상의 약미와는 따로 향부자 4냥, 쑥잎 1냥을 달이고 즙을 내어 3/10을 취하고, 식초 7/10과 함께 앞의 향부자와 익모초를 반죽하여 벽오동씨크기의 환을 만든다.

右別以香附四兩、艾葉一兩, 煮取汁用三分, 醋七分, 和前二味, 爲丸梧子大.

빈속에 잠잘 때 묽은 식초 달인 물로 70~90환씩 넘기면 부인의 온갖 병을 치료할 뿐 아니라 아이를 낳아 기르는 공효 또한 신통하다.

空心臨臥, 淡醋湯下七九十丸, 不惟治婦人百病, 而生育之功效如神.

7-21) 조경종옥탕(調經種玉湯, 생리를 규칙적으로 만들어 애기씨가 잘 뿌려지도록 하는 탕약)

調經種玉湯

고금의감 105 부인이 아이를 낳지 못하는 증상을 치료한다. 이 증상은 칠정(七情)106에 의한 손상이 생리

又 治婦人無子, 多因七情所傷, 致經水不調, 不能受

---

104 《東醫寶鑑》〈雜病篇〉卷10 "婦人" '脈法'(《原本 東醫寶鑑》, 604~605쪽) ; 《古今醫鑑》卷11〈求嗣〉"期嗣保胎論" '神仙附益丹', 324~325쪽.

105 《東醫寶鑑》〈雜病篇〉卷10 "婦人" '脈法'(《原本 東醫寶鑑》, 604쪽) ; 《古今醫鑑》卷11〈求嗣〉"期嗣保胎論" '調經種玉湯', 323쪽.

106 칠정(七情) : 인간이 가지고 있는 7가지 감정인 기쁨과 노여움, 슬픔과 즐거움, 사랑과 미움, 욕망 즉 희노애

를 불규칙하도록 만들어 임신할 수 없게 만드는 경
우가 많다.

숙지황·향부자(볶은 것) 각 0.6냥, 당귀신(술에
씻은 것)·오수유·천궁 각 0.4냥, 백작약·백복령·진
피·현호색·목단피·말린 생강(볶은 것) 각 0.3냥, 관
계(官桂)[107]·묵은 쑥 각 0.2냥.

이상의 약미들을 썰고 나누어 4첩으로 만든다.

1첩마다 생강 3쪽을 넣고 물에 달여 빈속에 복용
한다. 생리가 시작되는 날에 복용을 시작해서 1일에
1첩씩 먹고, 약을 다 먹은 뒤에 성교하면 반드시 임
신을 하게 될 것이다.

만병회춘 [108] 위의 처방에서 생강·관계·묵은 쑥 3
가지 약미가 없다.

7-22) 조경양혈환(調經養血丸, 생리를 규칙적으로 만들고 혈을 길러주는 환약)

만병회춘 [109] 생리가 고르지 못해 오랫동안 임신을
하지 못하는 증상을 치료한다.

향부자 12냥(술·식초·끓인 소금물·동변에 각각
3일 동안 담갔다가 불에 쬐어 말린 것), 당귀(술에 씻

孕.

熟地黃·香附子(炒)各六
錢、當歸身(酒洗)·吳茱
萸·川芎各四錢、白芍藥·白茯
苓·陳皮·玄胡索·牧丹皮·
乾薑(炒)各三錢、官桂·熟
艾各二錢.

右剉, 分作四貼.

每一貼, 入薑三水煎, 空
心服. 待經至之日服起, 一
日一貼, 藥盡交媾, 必成孕
矣.

萬病回春 無薑、桂、艾三
味.

調經養血丸

又 治經脈不調, 久不受
孕.

香附子十二兩(酒、醋、鹽
湯、童便, 各浸三日, 焙)、

락애오욕(喜怒哀樂愛惡欲).
107 관계(官桂) : 품질이 가장 좋은 계피.
108 출전 확인 안 됨 ;《萬病回春》卷6〈求嗣〉"胎成禁忌秘決"'調經種玉湯', 345~346쪽.
109《東醫寶鑑》〈雜病篇〉卷10 "婦人"'脈法(《原本 東醫寶鑑》, 605쪽) ;《萬病回春》卷6〈經閉〉, 330~331쪽.

은 것)·백작약(술에 담갔다가 볶은 것)·생건지황(술에 씻은 것)·목단피(술에 씻은 것) 각 2냥, 천궁·백복령·백지·말린 생강(볶은 것)·육계(肉桂)[110]·홍화·도인·몰약·반하(기름에 담갔다가 볶은 것)·아교주 각 1냥, 현호색 0.6냥, 봉출(蓬朮)[111](외제하고 식초에 담갔다가 볶은 것)·감초(구운 것) 각 0.5냥, 회향(볶은 것) 0.2냥.

이상의 약미들을 가루 낸 뒤, 식초를 넣고 쑨 풀로 반죽하여 벽오동씨크기의 환을 만든다.

빈속에 끓인 물이나 따뜻한 술로 100환씩 넘긴다. 임신하면 복용해서는 안 된다.

7-23) 오봉환(烏鳳丸)

수세보원 [112] 부인이 아이를 낳지 못하는 증상을 치료한다.

향부미 1근(4가지로 법제하는데, 술·식초·동변·쌀뜨물에 각각 4냥씩 담갔다가 볶아 말린 것), 백복령·숙지황 각 4냥, 당귀·회향·연육 각 2냥, 진피(흰 부분을 제거한 것) 1.5냥, 천궁·백작약·백출(흙에 볶은 것)·마·산조인·황백·지모 각 1냥, 큰 부자 1개(환자의 허실을 살펴보고 쓸 것), 오수유·황기(꿀에 담갔다가 구운 것)·아교(조개껍데깃가루에 볶아 구슬처럼 만든 것) 각 0.5냥.

當歸(酒洗)·白芍藥(酒炒)·生乾地黃(酒洗)·牧丹皮(酒洗)各二兩、川芎·白茯苓·白芷·乾薑(炒)·肉桂·紅花·桃仁·沒藥·半夏(油炒)·阿膠珠各一兩、玄胡索六錢、蓬朮(煨醋炒)·甘草(炙)各五錢、茴香(炒)二錢. 右爲末, 醋糊和丸梧子大.

空心白湯或溫酒下百丸. 有孕勿服.

烏鳳丸

保元 治婦人無子.

香附米一斤(四製, 酒、醋、童便、米泔, 各浸四兩, 炒乾)、白茯苓·熟地黃各四兩、當歸·茴香·蓮肉各二兩、陳皮(去白)一兩五錢、川芎·白芍藥·白朮(土炒)·山藥·酸棗仁·黃栢·知母各一兩、大附子一箇(看虛

---

110 육계(肉桂) : 계수나무의 두꺼운 껍질. 계피의 일종.
111 봉출(蓬朮) : 생강과의 여러해살이풀인 봉술(蓬茂)의 뿌리줄기.
112 《壽世保元》 卷7 〈求嗣〉 "烏鷄丸"(《龔廷賢醫學全書》, 719쪽).

수컷오골계는 조사(弔死)[113]하고 털과 똥을 제거한 뒤, 깨끗하게 씻고 푹 쪄서 뼈째로 짓찧은 데다가 앞의 약가루와 같이 섞은 다음 꿀로 반죽하여 환을 만든다.

0.2냥씩 복용하다가 생리가 시작되는 날에 1일에 3번 복용하면 15일 만에 효과를 본다.

7-24) 선전종자약주방(仙傳種子藥酒方, 선가에서 전해 내려오는 애기씨를 심어주는 약주 빚는 방법)

수세보원 [114] 백복령 1근, 큰 대추(쪄서 살만 파낸 것) 0.5근, 호두살(물에 담가 껍질을 제거한 것) 6냥을 준비한다. 흰꿀 6근을 솥에 넣고 꿀이 끓어오르면 앞의 3가지 약을 넣고 고루 휘저은 다음 다시 약한 불로 끓여 자기단지에 넣는다. 또 소주 20근, 찹쌀백주[糯米白酒][115] 10근을 붓는다. 황기(꿀에 담갔다가 구운 것)·인삼·백출·당귀·천궁·백작약(볶은 것)·생지황·숙지황·소회향·구기자·복분자·진피·침향·목향·관계·사인·감초 각 0.5냥, 유향·몰약·오미자 각 0.3냥.

實用)、吳茱萸·黃芪(蜜炙)·阿膠(蛤粉炒, 作珠)各五錢.

右[10]用雄烏骨鷄, 弔死, 去毛屎, 淨蒸熟, 連骨擣爛, 同前藥末, 蜜丸.

每服二錢, 臨經日, 日三服, 半月見效.

仙傳種子藥酒方

又 白茯苓一斤、大棗(蒸取肉)半斤、胡桃肉(泡去皮)六兩. 白蜜六斤入鍋熬滾, 入前三味攪均, 再用微火熬滾, 傾入磁罈. 又入燒酒二十斤、糯米白酒十斤. 黃芪(蜜炙)·人蔘·白朮·當歸·川芎·白芍藥(炒)·生地黃·熟地黃·小茴香·枸杞子·覆盆子·陳皮·沈香·木香·官桂·

---

113 조사(弔死) : 원래는 죽은 사람에 대하여 슬픈 뜻을 표한다는 의미이지만, 여기서는 생물을 죽인 뒤 부득이하게 약으로 쓰게 됨을 알리는 일종의 예식을 의미하는 것으로 추정된다. 어떤 의서에는 동물성 약재를 쓸 때 오살물명(惡殺物命, 살생을 싫어함)이라고 명시하기도 하며, 그 가공과정을 의도적으로 생략하기도 한다.

114 《壽世保元》卷7〈求嗣〉 "魯府遇仙傳種子藥酒方"(《龔廷賢醫學全書》, 719~720쪽).

115 찹쌀백주[糯米白酒] : 찹쌀을 쪄서 익힌 뒤 증류하여 제조한 백주.

10 右 : 《壽世保元·求嗣·烏鷄丸》에는 없음. 《壽世保元》 원문에 따라 번역을 생략하였다.

이상의 약미들을 곱게 가루 낸 뒤, 함께 자기단지에 빼곡히 넣고 고루 섞은 뒤, 댓잎으로 입구를 봉하고 밀가루반죽으로 밖을 단단히 막는다. 솥에 넣고 대시(大柴, 땔나무)로 불을 지펴서 향이 두 심지 정도 타는 동안 삶았다가 꺼내 흙에 3일 동안 묻어 불독을 제거한다.

砂仁·甘草各五錢, 乳香·沒藥·五味子各三錢.
右細末, 共入密罈和均, 箬葉封口, 麵外固. 入鍋大柴火, 煮二炷香, 出埋土中三日, 去火毒.

매일 아침, 점심, 저녁으로 남녀가 각각 몇 잔씩 마시는데, 취해서는 안 된다.

每日早午晚三時, 男女各飮數杯, 勿令醉.

혼백을 안정시키고 안색을 좋게 하며, 골수를 메우고 정을 머무르게 하며, 음기를 자윤하고 화기를 끌어내리며, 원기를 보하고 생리를 규칙적으로 하게 하며, 근육과 뼈를 건장하게 하고 눈을 밝히며, 추위와 더위가 침범치 않게 하고 온갖 병을 제거하여 아이를 가질 수 있도록 한다. 복용하는 동안 걱정이나 노기를 경계하고, 생것과 찬 음식을 금한다.

安魂魄, 悅顔色, 添髓駐精, 滋陰降火, 補元調經, 壯筋骨, 明目, 寒暑不侵, 除百病, 能生子. 服時戒氣惱怒, 忌生冷.

7-25) 만령지보선주(萬靈至寶仙酒, 매우 신령스럽고 지극히 보배로운 신선의 약주)

萬靈至寶仙酒

고금도서집성의부전록 116 정을 생성하고 신장을 도우며, 음양을 고루 보하고 음위(陰痿, 발기부전)를 강하게 일으켜 세운다. 또 부인의 적백대하, 생리가 규칙적이지 않은 증상, 복부와 배꼽의 냉통을 치료한다. 아직 임신한 적이 없으면 곧바로 임신한다.

圖書集成 生精益腎, 助陽補陰, 强發擧痿. 又治婦人赤白帶下, 月水不調, 肚冷臍痛, 未孕者卽孕.

---

116 출전 확인 안 됨.

음양곽(술에 담갔다가 깨끗이 씻고 썰어 부순 것) 10냥, 열당(列當)[117](만약 열당이 없으면 육종용으로 대신할 것)·선모(仙茅)[118](찹쌀뜨물에 하룻밤 담갔다가 대나무칼로 거친 껍질과 검은 꼭지를 제거한 것) 각 4냥, 웅황(간 것)·황백(거친 껍질을 제거한 것)·지모(털뿌리를 제거한 것) 각 2냥, 당귀(술에 담갔다가 씻은 것) 8냥.

이상의 약미들을 잘게 썰어 무회주 15근과 함께 병 속에 쟁여넣고 단단히 봉한다. 뽕나무땔감을 사용해서 중간 불로 6시간 동안 중탕을 하고, 땅속에 3일 밤낮을 묻어 화독을 제거하여 꺼낸다. 7일이 지나면 약을 끄집어내고 햇볕에 말려 곱게 가루 낸 뒤, 찹쌀가루로 쑨 풀로 반죽하여 벽오동씨크기의 환을 만든다.

병 속에 있던 술과 약을 함께 복용한다. 이어서 마른 음식물을 먹어 약을 눌러준다. 이 술은 은호리병이나 자기호리병에 중탕으로 달여 뜨겁게 복용한다. 이 술을 마신 뒤에는 함부로 사정해서는 안 된다. 때를 기다려 움직여야 하니 짧게는 3개월, 길게는 6개월 만에 사정해야 포태(胞胎, 임신)가 된다. 여러 번 시행할 때마다 여러 번 효험이 있었다. 소고기, 철기를 금한다. 음(陰)이 성한 사람에게 좋다.

淫羊藿(酒洗淨剪碎)十兩、列當(如無則代以肉蓯蓉)·仙茅(糯米泔浸一宿, 竹刀削去粗皮、黑頂)各四兩、雄黃(研)·黃柏(去粗皮)·知母(去尾)各二兩、當歸(酒浸洗)八兩.

右㕮咀, 用無灰十五斤, 裝入瓶內, 封固. 桑柴文武火懸煮三箇時, 埋地內三晝夜, 去火毒取出, 待七日, 將藥撈出, 曬乾, 爲細末, 糯米粉打糊丸桐子大.

酒藥同服, 仍以乾物壓之. 此酒用銀壺或磁壺重湯煮, 熱服. 酒後, 不可妄瀉, 待時而動, 少則三月, 多則半年, 精寫胞成. 屢試屢驗. 忌牛肉、鐵器, 宜陰臟人.

---

117 열당(列當) : 초종용(草蓯蓉)의 전초 및 뿌리를 건조한 생약. 신장을 보(補)하고 근육을 강하게 한다.
118 선모(仙茅) : 엉거시과에 딸린 두해살이풀. 신장을 보하고 한습을 제거하는 효능이 있다.

7-26) 무술주(戊戌酒)

戊戌酒

동의보감 119 부인이 오랫동안 냉하여 아이를 낳지 못하는 증상을 치료한다. 무술주를 마시면 매우 효험이 있다【안 이 처방은 〈약주[酒醴, 주례. 약이 되는 술과 단술]〉 "보약이 되는 여러 약주 빚는 방법(자보주례제방)"에 보인다120】.

東醫寶鑑 治婦人久冷無子. 飮之, 最驗【案 方見《滋補酒醴方》】.

7-27) 온제도두방(溫臍兜肚方, 배꼽을 따뜻하게 하려고 배를 감싸매는 외용 처방)

溫臍兜肚方

의학입문 121 비적(痞積)122, 정액이 저절로 새어 나오는 증상, 백탁, 부인의 적백대하, 생리가 규칙적이지 않은 증상, 오랫동안 임신이 되지 않는 증상을 전적으로 주관한다.

又 專主痞積, 遺精, 白濁, 婦人赤白帶下, 經脈不調, 久不受孕.

백단(白檀)·영양뿔 각 1냥, 영릉향·침향·백지·마두령(馬兜鈴)123·목별자(木鱉子)124·감송(甘松)125·승마(升麻)126·혈갈 각 0.5냥, 정향피 0.7냥, 사향 0.09냥.

白檀·羚羊角各一兩、零凌香·沈香·白芷·馬兜鈴·木鱉子·甘松·升麻·血竭各五

---

119 《東醫寶鑑》, 위와 같은 곳.

120 이……보인다 : 《보양지》 권5 〈약주[酒醴, 주례. 약이 되는 술과 단술]〉 "보약이 되는 여러 약주 빚는 방법(자보주례제방)"에 있다.

121 《東醫寶鑑》〈外形篇〉卷3 "臍" '臍宜溫煖'(《原本 東醫寶鑑》, 278쪽) ; 《醫學入門》卷1〈針灸〉"溫臍兜肚方", 242~243쪽.

122 비적(痞積) : 뱃속에 단단한 덩어리가 뭉쳐 움직이지 않고 식욕이 줄어들어 복부가 부풀어 오르는 증상.

123 마두령(馬兜鈴) : 방울풀과 식물인 방울풀(쥐방울)의 익은 열매를 말린 약재. 폐의 열(熱)과 기(氣)를 내리고 가래를 삭이는 효능이 있다.

124 목별자(木鱉子) : 박과 식물인 목별자의 씨를 말린 약재. 옹저(癰疽)·치질(痔疾)·풍습(風濕)으로 인한 사지마비(四肢麻痺)·근육통 등에 효능이 있다. 목해(木蟹)·목별자(木鼈子)라고도 한다.

125 감송(甘松) : 감송향(甘松香). 중국의 귀주(貴州)나 사천(四川) 등에서 나는, 향기 나는 풀. 뿌리를 베면 단맛이 있고, 볕에 말려 태우면 좋은 향이 난다. 한방에서 심복통(心腹痛, 명치 아래와 배가 동시에 아픈 증상)에 약재로 쓴다.

126 승마(升麻) : 쌍떡잎식물 미나리아재비목 미나리아재비과에 속하는 여러해살이풀. 뿌리의 성질이 차가워 해열제와 해독제로 널리 사용된다.

이상의 약미들을 가루 낸 뒤, 3등분으로 만든다.

1등분마다 묵은 쑥, 솜과 함께 흰비단에 쟁여넣고 배에 두른다. 처음 두를 때는 3일 뒤에 한 번 풀었다가 5일째가 되면 다시 두른다. 1개월 후에는 항상 두른다.

8) 자손 얻는 침구법

8-1) 온제종자방(溫臍種子方, 배꼽을 따뜻하게 하여 애기씨를 심어주는 침구 처방)

의학입문[127] 오령지·백지·청염 각 0.2냥, 사향 0.01냥.

이상의 약미들을 가루 낸 뒤, 메밀가루를 물에 개고 조권(條圈, 뜸을 뜰 수 있게 가늘게 말아서 도넛모양으로 만든 것)을 만들어 배꼽 위에 놓는다. 앞의 약가루를 배꼽 속에 채운 뒤 쑥으로 뜸을 뜬다.

부인에게 더욱 좋다. 다만 배꼽 속이 따뜻해지면 곧 그친다. 며칠 뒤에 다시 뜸을 뜬다. 너무 자주 뜸을 뜨면 열을 발생시킨다.

의학강목[128] 남자가 자손이 없으면 소금으로 배꼽을 메우고 쑥심지로 뜸을 뜬다. 매일 200~300장씩 뜸을 뜨면 반드시 효과가 있다.

錢、丁香皮七錢、麝香九分.

右爲末, 分作三分.

每用一分, 以熟艾、絮綿裝白綾, 兜肚內. 初服者, 每三日後一解, 至第五日又服. 一月後, 常服之.

求嗣鍼灸法

溫臍種子方

醫學入門 五靈脂·白芷·靑鹽各二錢、麝香一分.

右爲末, 用蕎麥粉水和成條圈, 安於臍上, 以前藥末實於臍中, 用艾灸之.

婦人尤宜, 但覺臍中溫煖卽止. 過數日再灸, 太過則生熟也.

醫學網目 男子無嗣者, 以鹽塡臍, 艾炷灸之. 連日灸, 至二三百壯, 必效.

---

127 《東醫寶鑑》〈外形篇〉卷3 "臍" '臍宜溫煖'(《原本 東醫寶鑑》, 278쪽) ;《醫學入門》卷1〈針灸〉"溫臍種子方", 242쪽.

128 《東醫寶鑑》〈雜病篇〉卷10 "婦人" '鍼灸法'(《原本 東醫寶鑑》, 631쪽) ; 출전 확인 안 됨.

8-2) 혈자리 취하는 법

取穴法

고금의감 [129] 부인이 아이를 낳지 못하거나 출산한 뒤에 오랫동안 다시 임신이 안 될 때 사용한다. 볏짚 속대 1줄기를 동신촌(同身寸)[130]의 4촌(0.4척) 길이로 잘라놓는다. 부인을 눕히고 손발을 편히 뻗게 한 뒤, 잘라놓은 볏짚속대로 배꼽 중앙에서 바로 내려 끝나는 부분에 먹으로 점(點)을 찍는다. 그런 다음 이 볏짚속대를 절반으로 꺾어 이전에 점을 찍었던 곳에 수평으로 대면 볏짚의 양쪽 끝점이 이 혈(穴)이다. 이곳을 눌러보면 뛰는 맥이 저절로 손에 느껴진다.

古今醫鑑 婦人無子, 或産後久不再孕. 取稈心一條, 長同身寸之四寸, 令婦人仰臥舒手足, 以所量稈心, 自臍心直垂下盡頭處, 以墨點記. 後以此稈心平摺, 橫安前點處, 兩頭盡處是穴. 按之自有動脈應手.

여기에 각각 21장씩 뜸을 뜨면 신통한 효험이 있다. 이 혈이 곧 포문혈(胞門穴)·자호혈(子戶穴)이다.

各灸三七壯, 神驗, 卽胞門、子戶穴也.

【안 《세의득효방》에는 "부인이 임신을 못하거나 자주 유산할 때 포문혈·자호혈에 각각 50장씩 뜸을 뜬다."[131]라 했다】

【案 《得效方》云:"婦人妊子不成, 數墮胎, 灸胞門、子戶各五十壯."】

갑을경(甲乙經) [132] [133] 아이를 낳지 못하면 음교혈(陰交穴)[134]·석문혈(石門穴)[135]·관원혈(關元穴)[136]·중극혈(中極穴)[137]·용천혈(涌泉穴)[138]·축빈혈(築賓穴)[139]·상구

甲乙經 無子, 取陰交、石門、關元、中極、涌泉、築賓、商丘、陰廉.

---

129 《東醫寶鑑》, 위와 같은 곳 ; 《古今醫鑑》卷11〈求嗣〉"期嗣保胎論"'灸法', 326쪽.
130 동신촌(同身寸) : 동신촌법(同身寸法)의 준말. 환자의 몸에서 일정한 부위의 길이를 기준치로 하여 혈의 위치를 잡는 방법.
131 부인이……뜬다 : 《世醫得效方》卷15〈求嗣〉"又法", 659쪽.
132 갑을경(甲乙經) : 중국 진(晉)나라의 의학자 황보밀(皇甫謐, 214~282)이 지은 중국 최초의 침구학 전문서.
133 출전 확인 안 됨.
134 음교혈(陰交穴) : 아랫배, 앞정중선 위, 배꼽 중심에서 아래쪽으로 0.1척 부위.
135 석문혈(石門穴) : 아랫배, 앞정중선 위, 배꼽 중심에서 아래쪽으로 0.2척 부위.
136 관원혈(關元穴) : 아랫배, 앞정중선 위, 배꼽 중심에서 아래쪽으로 0.3척 부위.
137 중극혈(中極穴) : 아랫배, 앞정중선 위, 배꼽 중심에서 아래쪽으로 4촌 부위.
138 용천혈(涌泉穴) : 발바닥 부위로서 발가락을 굽혔을 때, 발바닥의 가장 오목한 곳.
139 축빈혈(築賓穴) : 종아리 뒤안쪽면, 가자미근과 발꿈치힘줄 사이로서, 안쪽복사 융기 위쪽으로 5촌 부위.

혈(商丘穴)140·음렴혈(陰廉穴)141에 뜸을 뜬다.

【안】《세의득효방》에는 "부인이 아이를 낳지 못 하여 후손이 끊긴 경우 관원혈에 30장을 뜬다. 뜸 을 뜨면 소식이 있을 것이다."142라 했다】

【案】《得效方》: "婦人絶嗣, 灸關元三十壯, 可報灸之."】

의학강목143 자궁혈(子宮穴)에 21장 뜸을 뜨거나 0.2 척 깊이로 자침한다. 자궁혈은 중극혈의 양옆으로 각 0.3척 거리에 있다.

醫學綱目 灸子宮三七壯 或鍼入二寸. 穴在中極傍 左右各開三寸.

9) 임신의 바른 시기

30시진(곧 60시간)은 2.5일이니,

28~29시진을 잘 살펴야 하네.

붉은 꽃 다 떨어질 무렵이 좋은 시기이고,

금수(金水)가 지나간 때는 한갓 곽란(霍亂, 한바탕 쏟 아냄)일 뿐!

곽란의 시기에는 엉뚱하게 힘만 쓰는 꼴이라,

나무 위부터 아래까지 남은 붉은 꽃 찾아야 하네.

꽃향기 얻으면 아이 가질 수 있으니,

대 끊어질 걱정 없이 선조들의 대를 이으리라.144

【1일은 12시진(지금의 24시간)으로, 2.5일은 30시진

胎孕正期

三十時辰兩日半,

二十八九君須算.

落紅將盡是佳期,

金水過時徒霍亂.

徒霍亂兮枉用功,

樹頭樹底覓殘紅.

解得花芳能結子,

莫愁我代繼前蹤.

【一日十二時, 兩日半者三十

---

140 상구혈(商丘穴) : 발 안쪽면, 안쪽복사 아래앞쪽, 발배뼈거친면과 안쪽복사융기를 연결하는 선 중간의 오 목한 곳.

141 음렴혈(陰廉穴) : 넓적다리 안쪽면, 기충(氣衝)에서 먼 쪽으로 0.2척 부위.

142 부인이……것이다 :《世醫得效方》卷15〈求嗣〉"又法", 659쪽.

143《東醫寶鑑》〈雜病篇〉卷10 "婦人" '鍼灸法'(《原本 東醫寶鑑》, 631쪽) ; 출전 확인 안 됨.

144 30시진(곧 60시간)은……이으리라 : 여기에서 말하고 있는 임신 시기는 현대에 일반적으로 적용되는 임신 시 기와는 조금 다르다. 현대 의학에서는 여성의 생리가 끝나고 약 10일 만에 일어나는 배란기 전후를 임신의 최 적 시기로 보고 있다. 그런데 난자는 배란 후 1~2일, 정자는 자궁 내에서 2~3일 동안 때로는 사정한 후 1주 일까지 살아남아서 수정할 수 있는 능력을 가지므로, 임신 가능 시기는 상당히 탄력적이라고 할 수 있다.

이다. 대개 부인의 생리[月信]가 왔다가 끝나는 기간은 2.5일이다. 가령 초하루 자시(子時, 오후 11시~오전 1시)에 생리가 왔다면, 초사흘 사시(巳時, 오전 9~11시)까지 시간이 이른다는 것이 이것이다. 이에 따라 계산하면 '붉은 꽃 다 떨어질 무렵'이란 생리가 온 지 28~29시진에 이른 것이다.

'좋은 시기'란 음양이 교합하는 것을 가리킨다. 대개 이때 자궁이 열려 정액을 받아들인다. '금수'는 곧 생리를 말한다.

만약 이때를 지나쳤다면 자궁이 이미 닫혀 정액을 받아들이지 않을 것이다. 만약 생리 시기가 지나치거나 미치지 못함이 있다면 이는 혈맥이 고르지 못하기 때문이니, 이때는 약이 되는 음식을 복용해야 한다】《종사비결(螽斯秘訣)[145]》[146]

부인이 생리가 오면 2.5일에 그치는 경우가 있고, 3일에 그치는 경우가 있고, 또 혈과 기가 왕성하여 6~7일 만에 그치는 경우가 있다. 이어서 보전(寶田)[147]에서 나오는 경수(經水, 생리혈)의 색(色)이 어떠한지 살필 뿐이니, 바로 깨끗하고 흰 솜이나 비단 따위를 음문(陰門, 음부)에 끼웠다가 꺼내어 본다. 솜에 묻은 액이 금색이면 좋은 시기이고, 선홍색이면 생리가 그친 상태가 아니어서 아직 못미친 시기이고,

時辰. 蓋婦人月信來止, 是兩日半. 假如初一日子時, 月信來, 數至初三日巳時是也. 當此算之, 落紅將盡, 乃是月信行, 至二十八九時也.

佳期, 指陰陽交姤也. 蓋此時子宮開而納精也. 金水卽月信.

若過此時, 子宮已閉而不納精矣. 若金水有過不及者, 是血脈之不調, 宜服藥餌也】《螽斯秘訣》

婦人經水來時, 有二日半淨者, 三日而淨者, 亦有血旺氣盛六七日淨者. 仍觀寶田經水之顏色如何耳, 乃以潔白綿帛之屬, 夾于戶口, 取以目之. 金色者, 佳期也;鮮紅者, 未淨不及也;淺淡者, 太過也. 惟以

옅은 색이면 너무 지나간 시기이다. 오직 패혈(敗血, 조직 사이에 몰려 있는 피)이 깨끗하게 제거되고 새 피가 금색과 같으면 좋은 시기이다. 이때 성교를 하면 임신이 되지 않을 수 없을 것이다.《만병회춘》[148]

《단경(丹經)》[149]에 다음과 같이 말했다. "일반적으로 부인이 한 달에 1번 생리를 하면 반드시 그중 하루는 인온(絪縕)[150]의 징후가 있다. 2시간 동안의 사이에 몸의 기운이 찌는 듯 뜨거워지고, 정신이 혼미해지고 답답하면서 성교를 하고 싶어 참을 수 없는 상태가 있다. 이때가 임신에 알맞은 시기이다. 이때 성교를 하면서 정액을 배설하지 않고 취하면 단(丹)이 되고, 순리에 따라서 사정하면 임신을 하게 될 것이다.

욕정이 짙게 충동할 적에는 자궁 안에 연꽃의 꽃술 같은 것이 있어 생리가 그치는 날짜에 관계없이 자연히 연꽃술이 처음 열리는 듯이 음문 중앙으로 튀어나온다. 부인이 하체를 씻으면서 손으로 더듬어 보면 이를 스스로 알 수 있지만 단지 부끄러워서 말하지 않으려 한다. 이때 남자가 미리 몰래 일러두어 스스로 말하게 하면 한 번에 곧바로 임신의 때를 적중할 수 있다."《호씨제음방(胡氏濟陰方)[151]》[152]

敗血去淨, 新血生如金者, 爲佳期. 此時交合, 無不成矣.《萬病回春》

《丹經》云："凡婦人一月經行一度, 必有一日絪縕之候. 於一時辰間, 氣蒸而熱, 昏而悶, 有欲交接不可忍之狀, 此的候也. 此時逆而取之則成丹, 順而施之, 則成胎矣.

當其慾情濃動之時, 子宮內有如蓮花蘂者, 不拘經淨幾日, 自然挺出陰中如蓮蘂初開. 內人洗下體, 以手探之, 自知也, 但含羞不肯言, 男子豫密告之, 令自言, 一舉卽中矣.《胡氏濟陰方》

148《東醫寶鑑》〈雜病篇〉卷10 "婦人" '孕胎'(《原本 東醫寶鑑》, 605쪽) ;《萬病回春》卷6〈求嗣〉"交合月日時刻佳期論", 342~34쪽.

149 단경(丹經) : 중국 당나라의 의학자인 손사막(孫思邈, 581~682)이 신선이 되는 단약(丹藥)을 제조하는 연단술을 서술한 책.

150 인온(絪縕) : 천지(생명)의 기운이 왕성한 모양. 황홀한 기분.

151 호씨제음방(胡氏濟陰方) : 미상. 명나라의 의학자 무지망(武之望, 1552~1629)이 편찬한 부인과 의서《제음강목(濟陰綱目)》에 수록되어 있다.

152 출전 확인 안 됨 ;《濟陰綱目》卷6〈求子門〉"論求子必知氤氳之時"(中國哲學書電子化計劃 電子版).

일반적으로 자손 얻기를 원하면 반드시 부인의 생리가 규칙적인지 아닌지를 살펴야 한다. 혹시라도 규칙적이지 않다면 반드시 약으로 규칙적이게 만들어야 한다. 생리가 이미 규칙적이면 인사(人事)로 보조하되, 법도에 따라서 행해야 거의 임신의 좋은 시기를 놓치지 않을 것이다. 대개 부인의 생리가 막 끝나갈 즈음에 금수(金水)가 겨우 생겨나니, 이때가 자궁이 바로 열리면서 정(精)을 받아들여 임신할 수 있는 때이고, 태화(太和, 음과 양이 모여 부드럽고 조화로운 기운)가 신묘하게 합하는 때이다. 이 좋은 시기를 넘기면 자궁이 닫혀 임신할 수 없게 된다.《의학정전》[153]

凡欲求嗣者, 必先觀其婦之經脈調否. 其或未調, 必以藥而調之. 經脈既調, 宜以人事副之, 按其法而行之, 庶不失其候也. 蓋婦人月經方絶, 金水纔生, 此時子宮正開, 乃受精結胎之候, 妙合太和之時. 過此佳期, 則子宮閉而不受胎矣.《醫學正傳》

10) 아기씨를 심는 법

동리(洞裏)의 도원(桃源)을 어디서 찾으려나?
모두 0.12척(1.2촌) 깊이라네.
환락을 나눌 적에 그대는 꼭 이를 기억하시라.
여기를 넘어서면 부질없이 낭비할 뿐이리.

【동리란 음호(陰戸, 음부)이다. 도원은 자궁으로, 음호 안쪽 0.12척 깊이에 있다. 따라서 사정할 때, 깊숙이 들어가서는 안 된다. 깊숙이 들어가면 다른 곳에 사정하게 된다. 그러면 태(胎)가 맺지지 않아 아이가 되기 어렵다. 이것은 부질없이 이익이 없는 것이다. 만약 도원(자궁)에 정확히 사정하면 자손을 반드시 낳는다】《종사비결》[154]

種子法

洞裏桃源何處尋,
都來一寸二分深.
交歡之際君須記,
過却區區枉費心.

【洞裏者, 陰戸也. 桃源者, 子宮也, 在陰內一寸二分深. 泄精之時, 不可深入, 深入則泄精他處, 胎不結而子難成. 是區區無益也. 若值桃源, 定生男産女】《蟲斯秘訣》

153《東醫寶鑑》, 위와 같은 곳 ;《醫學正傳》卷7〈婦人科〉"胎前"'附 : 期嗣論', 231~232쪽.
154《蟲斯秘訣》(中國哲學書電子化計劃 電子版).

그대는 허하니 곤(坤)을, 나는 실하니 건(乾)을 본받았고,

실을 허에 던지니 참[眞]에 적중함이라.

두 사람 모두 욕정을 줄여

좋은 시기에 서로 만나면 비로소 서로 친하리라.

【남자가 욕정을 줄이면 실하고, 여자가 욕정을 줄이면 허하다. 또 붉은꽃이 다 떨어지는 좋은 시기를 만나 금(琴)과 비파를 연주하면서[155] 상대가 기뻐하고 즐거워할 때 음의 혈이 먼저 이르고나서 양의 정이 뒤에 부딪히면 혈이 정을 싸서 건도(乾道)가 이루어질 것[156]이다】《종사비결》[157]

他虛我實效乾坤,

以實投虛是的眞.

總是兩家皆寡慾,

佳期相値始相親.

【男寡慾則實, 女寡慾則虛. 又値落紅將盡佳期, 調琴鼓瑟, 候彼光悅, 陰血先至而陽精後衝, 則血裏精而乾道成矣】同上

성교하려고 할 때 여자는 반드시 먼저 소변을 비우고 붉은 도장이 찍힌 종이를 잘라 태워 재를 낸 뒤, 무근수(無根水)[158]에 타서 여자가 동쪽을 향하여 마신다. 그런 다음에 부부가 각각 약한 도수의 술을 마셔서 취해야 흥취가 생긴다.

자궁에는 두 구멍[二穴]이 있는데, 남자는 자궁의 왼쪽 혈에 있고 여자는 오른쪽 혈에 있다. 남자

臨房, 女必先去小便, 將紅印紙剪下燒灰, 無根水調, 女人面東服之. 然後夫婦各飮微醺, 乃有興趣.

子宮有二穴, 男在左穴, 女在右穴. 男子施精, 必偏於

---

155 금(琴)과……연주하면서 : 원문의 '조금고슬(調琴鼓瑟)'을 풀이한 것으로, 부부의 금슬이 좋음을 비유한 말이다. 《시경(詩經)》〈국풍(國風)〉 "주남(周南)" '관저(關雎)'에 "들쑥날쑥한 마름 나물을 좌우로 취하여 가리도다. 요조한 숙녀를 금과 비파로 친애하도다. 들쑥날쑥한 마름 나물을 좌우로 삶아 올리도다. 요조한 숙녀를 종과 북으로 즐겁게 하도다(參差荇菜, 左右采之. 窈窕淑女, 琴瑟友之. 參差荇菜, 左右芼之. 窈窕淑女, 鍾鼓樂之)."라 했다.

156 건도(乾道)가……것 : 원문의 '건도성(乾道成)'을 풀이한 것으로, 아들을 낳음을 비유한 말이다. 주돈이(周敦頤)의 〈태극도설(太極圖說)〉에 "무극의 참된 이치와 음양오행의 깨끗한 기운이 묘하게 합하고 응결되어 건도는 남기(男氣)를 이루고 곤도는 여기(女氣)를 이룬다(無極之眞, 二五之精, 妙合而凝, 乾道成男, 坤道成女)."라 했다.

157 《螽斯秘訣》(中國哲學書電子化計劃 電子版).

158 무근수(無根水) : 산골짜기 구덩이에 고인 빗물. 흐르지 않고 흙의 기운이 들어 있으므로 비장을 고르게 하여 식욕을 돋우고, 소화 작용을 보하는 약을 달이는 데 사용된다. 요수(潦水)라고도 한다.

가 사정할 때 반드시 왼쪽으로 치우치게 되는데, 사정이 다 끝나면 밥 한 끼를 먹을 동안 여자에게 소변을 보지 말고 가만히 잠을 자며 움직이지 않도록 해야 한다.

여자가 왼발을 구부려 왼쪽으로 누우면 대부분 아들이 되고, 오른발을 구부려 오른쪽으로 누우면 딸이 된다. 남자가 건장한 양기로 음기를 취할 방법도 가지고 있으면 여인의 음정(陰精, 애액)이 먼저 도달하므로 대부분 아들의 태(胎)가 될 것이다. 만약 노쇠한 남편이 음기가 왕성한 부인을 만나면 양정(陽精, 정액)이 먼저 도달하므로 대부분 딸의 태가 될 것이다.

애초에 성교를 할 때 여자가 눈이 감기고 몸이 떨리며 양볼이 벌겋게 열이 나고 코와 입의 기운이 서늘해져 양손으로 남자를 꽉 껴안으면 이때 남자는 코와 입을 서로 붙여서 여자는 숨을 내쉴 때 남자는 들이쉬며 여자의 진기(眞氣)를 끌어들인다. 그런 다음 성기를 맞대고서 있는 힘껏 깊이 삽입하면 여인이 팔다리를 가누지 못하고 애액이 넘쳐 흐르는데, 이것이 바로 자궁이 열리는 때이다. 남자 또한 사정을 할 때여서 사정할 때 여자의 윗입술을 깨물어 여자 스스로 놀라게 한다. 이어서 마치 대소변을 참는 듯한 모습으로 남자는 숨을 내쉬고 여자는 들이마시면 정(精)이 비로소 완전히 섞여 임신이 될 것이다.
《증보산림경제》[159]

左, 施畢, 略頓飯時, 令女人勿令小便, 須穩睡勿動.

屈左足而左側臥者, 多成男胎 ; 屈右足而右側臥者, 成女胎. 男子能有壯陽取陰之手段, 則女人之陰精先至, 多成男胎矣. 若衰老之夫遇陰盛之婦, 則陽精先至, 多成女胎矣.

初以體交, 待女人目暝, 身顫, 兩頰赤熱, 鼻口氣涼, 兩手若緊緊抱住, 須接着鼻口, 女呼男吸, 引納眞氣. 却用神交着力深入, 則女人肢體不收, 滑精流溢, 此是子宮正開之時, 男亦泄精, 而泄精之時, 却咬女人上唇, 令其自驚. 仍用男呼女吸如忍大小便之狀, 則精始混融而成胎矣. 《增補山林經濟》

159《增補山林經濟》卷13〈求嗣〉"陰陽交合忌宜日時"《農書》4, 450~451쪽).

음경을 삽입할 때에는 음경이 음절(陰節)의 사이[160]에 이르러서 그쳐야 한다. 그렇지 않으면 일궁(一宮, 자궁의 얕은 부분)을 지나칠 것이다. 대개 음경이 삽입이 깊으면 그곳은 소음(少陰)[161]의 부분으로, 쌀쌀한 기운이 풀이나 나무를 죽이는 것 같은 곳이니, 어떻게 화생(化生)으로 임신할 수 있겠는가? 삽입이 얕으면 그곳은 궐음(厥陰, 옛 음이 다하고 새로운 음이 싹트는 곳)의 부분으로, 음양을 융화하는 곳이므로 생명을 피워내 임신할 수 있다.

進火之時, 至陰節間而止, 不爾則過一宮矣. 蓋深則少陰之分, 肅殺之方, 何以生化? 淺則厥陰之分, 融和之方, 故能發生.

이것이 임신할 수 있는 곳은 얕은 데 있지, 깊은 데 있지 않는 이유이다. 생리가 끝난 뒤가 아니면 임신하는 일을 이룰 수 없다. 생리가 끝나고 1일이 지나 임신하면 아들, 2일이 지나 임신하면 딸, 3일이 지나 임신하면 아들이다. 《증보산림경제》[162]

所以受胎之處, 在淺不在深也. 非經後, 不可用事. 經後一日男, 二日女, 三日男. 同上

11) 아들·딸 예상하는 법

부모 나이 짝수이면 딸이요, 홀수이면 아들이니,
건효(乾爻)와 곤효(坤爻)는 이 두 가지에서 결정되네.
중간 정위(正位, 가운데 효의 자리)가 일의 관건이라,
아들이나 딸을 낳음이 이 가운데에 있네.
【《주역》 팔괘에서 상효(上爻)가 아버지가 되고, 하효(下爻)가 어머니가 된다. 중간 정위는 씨를 뿌리는 달이 된다. 가령 부모의 나이가 모두 홀수일 때 홀

占男女法

雙歲是雙單是單,
乾坤爻位兩頭安.
中間正位玄機事,
産女生男在此間.
【上爻爲父, 下爻爲母, 中間正位爲下種之月. 假如父母年俱是單, 若單月下種,

---

160 음절(陰節)의 사이 : 여기서는 질의 중간 지점을 말한다.
161 소음(少陰) : 경락의 하나인 소음경(少陰經). 심(心)과 신(腎, 콩팥)에 연결되어 있다. 이곳에 병증이 생기면 심과 신의 기혈이 손상되어 오한과 설사가 있고, 팔다리가 차며 잠을 잘 이루지 못한다.
162 출전 확인 안 됨.

수달에 씨를 뿌리면 이는 건괘(乾卦)를 얻어 아들이 된다. 반면 부모의 나이가 모두 짝수일 때 짝수달에 씨를 뿌리면 이는 곤괘를 얻어 딸이 된다. 나머지도 이와 같다.[163]

씨를 뿌리는 달은 절기(節氣)[164]를 얻는 것으로 기준을 삼는다. 만약 1월에 2월의 절기가 있으면 2월로 계산한다. 만약 절기가 달과 달 사이에 교차하는 시기면 삼가고 성교하여 씨를 뿌려서는 안 된다. 이를 범하게 되면 반음반양(半陰半陽)의 병태품체(騈胎品體, 쌍둥이)가 될까 염려된다. 삼가고 삼가야 한다】《종사비결》[165]

是得乾卦爲男；父母年俱是雙, 若雙月下種, 是得坤卦爲女. 餘皆倣此.

下種之月, 以得節氣爲準. 如正月內得二月節, 作二月算. 若節氣交度之際, 慎不可交接下種, 犯之, 恐成半陰半陽, 騈胎品體也. 慎之慎之】《蠶斯秘訣》

7·7은 49로 시작하고,
몇 월에 수태했는가 부인에게 묻네.
어머니의 나이를 빼고 난 다음
나머지가 홀수면 기(奇, 아들)가 되고 짝수면 우(偶,

七七四十九,
問娘何月有?
除却母生年,
單奇雙是偶.

---

163 나머지도……같다 : 팔괘(八卦)는 남녀로 구분할 적에 홀수개의 효를 중심으로 본다. 음효가 하나이면 딸이 되고, 양효가 하나이면 아들이 된다. 밑에서부터 시작되므로, 진괘가 장남, 감괘가 중남, 간괘가 소남 곧 막내가 되고, 딸의 경우에도 같다.

괘명	모양	자연	가족	동물	신체	위치	괘덕(卦德)
건(乾)	☰	하늘(天)	아버지	말	머리	북서쪽	굳건하다(健)
태(兌)	☱	늪(澤)	소녀	양	입	정서쪽	기쁘다(說)
리(離)	☲	불(火)	중녀	꿩	눈	정남쪽	걸리다(麗)
진(震)	☳	번개(雷)	장남	용	발	정동쪽	흔들리다(動)
손(巽)	☴	바람(風)	장녀	닭	정강이	남동쪽	들어가다(入)
감(坎)	☵	물(水)	중남	돼지	귀	정북쪽	빠지다(陷)
간(艮)	☶	산(山)	소남	개	손	북동쪽	멈추다(止)
곤(坤)	☷	땅(地)	어머니	소	배	남서쪽	순응함(順)

164 절기(節氣) : 24절기 가운데 양력 매월 상순에 드는 시기로, 홀수번째 오는 입춘(立春)·경칩(驚蟄)·청명(淸明) 등을 가리킨다. 우수(雨水)·춘분(春分)·곡우(穀雨) 등 짝수번째 오는 절기는 중기(中氣)라고 하여 다시 한 번 구분되는데, 여기서의 절기는 중기에 대비되는 절기를 일컫는다.

165《蠶斯秘訣》(中國哲學書電子化計劃 電子版).

딸)가 되지.

기와 우가 만약 일정하지 않으면

수명이 오래지 않으리.

【먼저 49라는 수를 산반(算盤, 주판)에다 표기하고 바로 그 어머니가 임신한 그달의 수를 더하여 합하면 약간 수를 얻는다. 이 전체 수 중에 어머니의 나이를 빼고 난 다음 나머지가 홀수이면 아들이고, 짝수이면 딸이다. 만약 홀수인데 딸을 낳거나 짝수인데 아들을 낳으면 분명 그 아이가 요절하는 재앙이 있다.

가령 49수에다가 1월에 임신한 경우라면 총수가 50이다. 어머니의 나이가 31일 때 그 나이를 빼면 나머지가 19이다. 9는 홀수이고, 홀수는 아들이 되는 것이다. 나머지 계산도 이와 같다】《종사비결》[166]

임신하고 왼쪽 유방에 핵(멍울)이 있으면 아들이고, 오른쪽 유방에 핵이 있으면 딸이다. 《고금의감》[167]

부인이 임신했을 때 배를 만져보게 하여 엎어놓은 동이와 같으면 아들이요, 팔꿈치나 목이 들쭉날쭉 튀어나와 있으면 딸이다. 《맥경》[168]

奇偶若不常,

壽命不長久.

【先下四十九數于算盤, 乃加其母受胎月數, 總之得若干數, 總數中除却母年, 餘單是男, 餘雙是女. 若單而生女, 雙而生男, 定有夭折之災.

假如四十九數, 若值正月受胎, 是總數五十. 其母年三十一, 除去母年, 此數是餘一十九數. 九則爲單, 單則男矣. 餘倣此】同上

有孕, 左乳房有核是男, 右乳房有核是女.《古今醫鑑》

婦人有孕, 令人摸之, 如覆盆者男也, 如肘頸參差起者女也.《脈經》

166 《蠡斯秘訣》(中國哲學書電子化計劃 電子版).
167 《東醫寶鑑》〈雜病篇〉卷10 "婦人" '辨男女法'(《原本 東醫寶鑑》, 606쪽);《古今醫鑑》卷12〈妊娠〉"論", 329쪽.
168 《脈經》卷9〈平妊娠胎動血分水分吐下腹痛證〉第二, 176쪽.

임부(妊婦)를 남쪽으로 걷게 했다가 뒤에서 다시 불렀을 때 부인이 왼쪽으로 돌아보면 아들이요, 오른쪽으로 돌아보면 딸이다. 간혹 임부가 변소에 있을 때도 이 방법으로 확인할 수 있다. 《맥경》[169]

遣孕婦面南行, 還復呼之, 左顧是男, 右顧是女. 或孕婦上圊時, 亦用此驗之. 同上

11-1) 맥 보는 법

脈法

부인의 임신 4개월에 아들딸을 알 수 있는 법 : 맥이 왼쪽이 빠르면 아들이고, 오른쪽이 빠르면 딸이다. 모두 빠르면 쌍둥이를 낳는다. '모두 빠르다'는 모두 미끄럽고 빠르다는 말이다. 《맥경》[170]

婦人妊娠四月欲知男女法 : 左疾爲男, 右疾爲女, 俱疾爲生二子, 謂俱滑而疾也. 同上

척맥(尺脈)이 왼쪽만 크게 뛰면 아들이고, 오른쪽만 크게 뛰면 딸이며, 좌우가 모두 크게 뛰면 쌍둥이를 낳는다. 《맥경》[171]

尺脈左偏大爲男, 右偏大爲女, 左右俱大産二子. 同上

왼손의 맥박이 들뜨지 않고 차분하면 아들이고, 오른손의 맥박이 들뜨고 크면 딸이며, 좌우가 모두 들뜨지 않고 차분하면 한번에 아들 둘을 낳고, 좌우가 모두 들뜨고 크면 한번에 딸 둘을 낳는다.

【임부가 변소에 있을 때 남편이 뒤를 따라가 급히 불러서 왼쪽으로 머리를 돌리면 아들이고 오른쪽으로 머리를 돌리면 딸이다. 대개 아들의 태는 왼쪽에 있으니, 왼쪽이 무거우므로 머리를 돌릴 때 무거운 곳을 삼가 보호하려 왼쪽으로 돌린다. 딸의 태는 오

左手沈實爲男, 右手浮大爲女, 左右俱沈實, 猥生二男, 左右手俱浮大, 猥生二女.

【看妊婦上圊時, 夫從後急呼之, 左回首者是男, 右回首者是女. 蓋男胎在左則左重, 故回首時, 愼護重處而就左也. 女胎在右則

169《脈經》卷9〈平妊娠分別男女將産諸證〉第一, 173~174쪽.
170《脈經》卷9〈平妊娠分別男女將産諸證〉第一, 173쪽.
171《脈經》卷9〈平妊娠分別男女將産諸證〉第一, 174쪽.

른쪽에 있으니, 오른쪽이 무거우므로 머리를 돌릴 때 무거운 곳을 삼가 보호하려 오른쪽으로 돌린다.

맥으로 미루어 봐도 그 의미가 또한 같다. 태(胎)가 왼쪽에 있으면 혈기가 태를 보호하여 왼쪽이 왕성하므로 맥도 그에 따르게 되니, 왼쪽 맥이 빠르면 아들이고 크면 아들이다. 태가 오른쪽에 있으면 혈기가 태를 보호하여 오른쪽이 왕성하므로 맥도 그에 따르게 되니, 오른쪽 맥이 빠르면 딸이고 크면 딸이다. 음양 이치의 자연스러움이 이와 같다】 《맥경》[172]

아들딸의 구별을 좌우의 맥으로 파악한다. 왼쪽 맥이 빠르면 아들이고, 오른쪽 맥이 빠르면 딸이다. 들뜨지 않고 차분한 맥은 왼쪽에 있고, 들뜨고 큰 맥은 오른쪽에 있으니, 오른쪽이 딸, 왼쪽이 아들로 예측해 볼 수 있다. 《맥결》[173]

12) 성교 시간으로 아들딸을 분별하는 법

사람이 처음 생길 적에 혈해(血海)가 비로소 정화된다. 생리가 끝난 뒤 1일, 2일, 3일은 정이 그 혈을 이기므로 아들이 되고, 4일, 5일, 6일에는 혈맥이 이미 왕성하여 정이 혈을 이기지 못하므로 딸이 된다. 《동원십서》[174]

右重, 故回首時, 愼護重處而就右也.

推之于脈, 其義亦然. 胎在左, 則血氣護胎而盛于左, 故脈亦從之, 而左疾爲男, 左大爲男也. 胎在右, 則血氣護胎而盛于右, 故脈亦從之, 而右疾爲女, 右大爲女也. 陰陽之理自然如是】同上

男女之別, 以左右取, 左疾爲男, 右疾爲女. 沈實在左, 浮大在右, 右女左男, 可以豫剖. 《脈訣》

交會時辰辨男女法

人之始生也, 血海始淨. 一日二日三日, 精勝其血則爲男子, 四日五日六日, 血脈已旺, 精不勝血則爲女子. 《東垣十書》

172《脈經》卷9〈平妊娠分別男女將産諸證〉第一, 173~174쪽.
173《東醫寶鑑》, 위와 같은 곳 ; 출전 확인 안 됨.
174《東醫寶鑑》〈雜病篇〉卷10 "婦人" '孕胎'(《原本 東醫寶鑑》, 605쪽) ; 출전 확인 안 됨.

일반적으로 생리가 끝나고 1일, 3일, 5일이 지난 뒤에 성교하면 아들이 되고, 2일, 4일, 6일이 지난 뒤에 성교하면 딸이 된다. 만약 이를 넘기면 임신할 수 없을 것이다. 또 중요한 점은 자시(子時)가 지난 뒤에라야 가능하다는 것이다. 《의학정전》[175]

凡月經行後, 一日三日五日交會者成男, 二日四日六日交會者成女. 若過此則不孕矣. 亦要在子時後方可也.《醫學正傳》

13) 성교 시간

노자가 다음과 같이 말했다.

"일반적으로 사람이 태어나 질병이 많으면 이는 바람이 많은 날에 생긴 자식이다. 태어났지만 일찍 죽으면 이는 그믐날에 생긴 자식이다. 태(胎)에 있으면서 손상되면 이는 초하루에 생긴 자식이다. 태어났지만 어머니와 자식이 모두 죽으면 이는 천둥과 벼락이 치는 날에 생긴 자식이다. 걷기도 하고 지근(知根)[176]을 가지고 있지만 죽으면 이는 하순(下旬)에 생긴 자식이다.

전쟁에서 다쳐 피를 흘리며 죽으면 이는 생리가 아직 끝나지 않았을 때 생긴 자식이거나 또는 월식 때 생긴 자식이다. 태(胎)가 되었으나 완성되지 못하면 이는 상현(上弦)·하현(下弦)이나 보름날에 생긴 자식이다. 수명이 길지 않으면 이는 만취했을 때 생긴 자식이다. 자식이 바보가 아닌데 반드시 미친 증세가 있으면 이는 몹시 피로할 때 생긴 자식이다.

태어났지만 온전한 몸이 아니면 이는 새벽에 생

交會時辰

老子曰:

"凡人生多疾病者, 是風日之子 ; 生而早死者, 是晦日之子 ; 在胎而傷者, 是朔日之子 ; 生而母子俱死者, 是雷霆霹靂日之子 ; 能行步有知而死者, 是下旬之子.

兵血死者, 是月水未盡之子, 又是月蝕之子 ; 能胎不成者, 是弦望之子 ; 命不長者, 是大醉之子 ; 不痴必狂者, 是大勞之子.

生而不成者, 是平曉之子 ;

---

175 《東醫寶鑑》, 위와 같은 곳 ; 《醫學正傳》 卷7 〈婦人科〉 "胎前" 附 : 期嗣論', 231~232쪽.
176 지근(知根) : 세상을 인식하는 다섯 가지 감각기관, 곧 눈, 귀, 코, 혀, 몸.

긴 자식이다. 생각이 많거나 겁이 많으면 이는 해가 뜰 때 생긴 자식이다. 도둑질하기를 좋아하고 욕심이 많으면 이는 비가 내릴 때 생긴 자식이다. 성품과 행실이 불량하면 이는 한낮에 생긴 자식이다. 운명과 재수가 온전하지 않으면 이는 햇빛이 비치는 낮에 생긴 자식이다. 사기를 좋아하고 함부로 행동하면 이는 포시(晡時, 오후 3~5시)에 생긴 자식이요, 맹인 아니면 반드시 농인(청각장애인)이 되면 이는 인정(人定, 오후 9~11시)에 생긴 자식이다.

아이에게 천지의 기운이 막히고 기가 통하지 않으면 그의 자식은 죽는다. 자정 전후에 음양을 합하여 자식을 낳으면 상수(上壽, 100세)하고 어질고 총명하다. 자정이 지난 뒤에 성교하여 자식을 낳으면 중수(中壽, 80세)하고 총명과 지혜가 있다. 닭이 울 적에 성교하여 자식을 낳으면 하수(下壽, 60세)하고 부모를 해친다. 이는 바로 천지의 당연한 이치이다.《천금요략》[177]

천로(天老)[178]가 다음과 같이 말했다.

"사람은 모두 오상(五常)[179]의 도덕과 인간의 형체를 타고나지만 지위의 높고 낮음과 신분의 귀하고 천함이 같지 않은 이유는 모두 부모가 성교할 때 태아에게 품부된 기운[稟氣]이 다르기 때문이다.

意多恐悸者, 是日出之子；好爲盜賊貪欲者, 是雨中之子；性行不良者, 是日中之子；命數不全者, 是日映之子；好詐反妄者, 是晡時之子；不盲必聾者, 是人定之子.

天地閉, 氣不通, 其子死. 夜半合陰陽生子, 上壽, 賢明；夜半後合會生子, 中壽, 聰明智慧；鷄鳴合會生子, 下壽, 尅父母. 此乃天地之常理也."《千金要略》

天老曰：

"人稟五常形貌, 而尊卑貴賤不等者, 皆由父母合會, 稟氣異也.

177《千金翼方》卷12〈養性〉"養性禁忌第一"(《孫思邈醫學全書》, 722쪽).
178 천로(天老) : 황제(黃帝)의 스승. 방중술(房中術)에 능했다고 한다.
179 오상(五常) : 사람이 지켜야 할 5가지 도리, 곧 인(仁), 의(義), 예(禮), 지(智), 신(信)이다. 오륜(五倫)이라고도 한다.

팔성(八星) 음양의 합치됨을 얻고 바른 때를 각각 얻으면 상(上)이니, 곧 자식은 매우 부귀하다. 팔성 음양의 합치됨을 얻었으나 바른 때를 얻지 못하면 중(中)이니, 중궁(中宮)을 얻는다. 팔성 음양의 합치됨을 얻지 못했으나 바른 때를 얻으면 하(下)로서, 하궁(下宮)을 얻는다. 팔성의 합치됨도 얻지 못하고 또 바른 때도 얻지 못하면 평범한 사람이 된다.

이처럼 별자리를 맞춰 성교하면 낳은 자식이 부귀할 뿐만 아니라 몸에도 이롭고 크게 길하다. 팔성은 실성(室星)[180]·삼성(參星)[181]·정성(井星)[182]·귀성(鬼星)[183]·유성(柳星)[184]·장성(張星)[185]·방성(房星)[186]·심성(心星)[187]이다. 더러는 '일반적으로 별자리란 이달의 별이 있는 곳이어서, 이 별이 음양을 교합할 수 있다.'라 했다."《천금요략》[188]

일반적으로 성교할 때는 반드시 왕상일(旺相日)[189]을 선택해야 한다. 왕상일이 예컨대 봄에는 갑(甲)과 을(乙), 여름에는 병(丙)과 정(丁)【안】《천금요략(千

得合八星陰陽, 各得其時者, 上也, 卽富貴之極. 得合八星陰陽, 不得其時者, 中也, 得中宮. 不合八星陰陽, 得其時者, 下也, 得下宮. 不合此宿, 不得其時者, 則爲凡人矣.

合宿交會者, 非惟生者富貴, 亦利身, 大吉. 八星, 卽室、參、井、鬼、柳、張、房、心. 一云'凡宿也, 是月宿所在, 星可以合陰陽矣'." 同上

凡交合須擇旺相日, 如春甲乙, 夏丙丁【案】《千金要略》云"交會, 當避丙丁日",

---

180 실성(室星) : 28수 가운데 13번 별자리의 별. 두(斗)·우(牛)·여(女)·허(虛)·위(危)·벽(壁)의 별과 더불어 현무(玄武)라 한다.

181 삼성(參星) : 28수 가운데 21번 별자리의 별. 오리온자리에 있으며, 중앙에 나란히 있는 세 개의 큰 별을 '삼형제별'이라 한다.

182 정성(井星) : 28수 가운데 22번 별자리의 별.

183 귀성(鬼星) : 28수 가운데 23번 별자리의 별. 대한(大寒) 때 해가 뜨고 질 무렵에 천구(天球)의 정남쪽에 나타난다.

184 유성(柳星) : 28수 가운데 24번 별자리에 있는 별.

185 장성(張星) : 28수 가운데 26번 별자리에 있는 별.

186 방성(房星) : 28수 가운데 4번 별자리의 별. 말의 수호신으로 상징된다.

187 심성(心星) : 28수 가운데 5번 별자리의 별. 전갈 자리의 안타레스(Antares)가 중심이다.

188《千金翼方》, 위와 같은 곳.

189 왕상일(旺相日) : 계절과 일시를 왕(旺)·상(相)·휴(休)·수(囚)·사(死)로 성질을 나누고, 득시(得時)와 실시(失時)를 가리는 명리의 한 개념.

金要略)》에 "성교할 때 병(丙)과 정(丁)일을 피해야 한다."[190]라 했으니, 이 내용과 다르다】, 가을에는 경(庚)과 신(辛), 겨울에는 임(壬)과 계(癸)이다【안 어떤 곳에서는 "왕상일은 봄에는 갑인(甲寅)·을묘(乙卯)일, 여름에는 병오(丙午)·정사(丁巳)일, 가을에는 경신(庚申)·신유(辛酉)일, 겨울에는 임자(壬子)·계축(癸丑)일이니, 이때 씨를 뿌리면 길하다."[191]라 했다】. 기운이 처음 생겨나는 자정 전후에 씨를 뿌려서 임신을 하면 모두 아들이고, 반드시 장수하며 현명하다. 《세의득효방》[192]

다음 12개월의 귀숙일(貴宿日)[193]에 씨를 뿌리면 길하다.

【1월 : 1, 6, 9, 10, 11, 12, 14, 21, 24, 29일.

2월 : 4, 7, 8, 9, 10, 12, 14, 19, 22, 27일.

3월 : 1, 6, 7, 8, 10, 17, 22, 25일.

4월 : 2, 4, 5, 6, 8, 10, 15, 18, 22, 28일.

與此異矣】, 秋庚辛, 冬壬癸【案 一云 : "旺相日, 春甲寅、乙卯, 夏丙午、丁巳, 秋庚申、辛酉, 冬壬子、癸丑, 下種, 吉."】. 以生氣時夜半, 下種有子, 皆男, 必壽而賢明.《危氏得效方》

十二月, 貴宿日, 下種, 吉.

【正月 : 一、六、九、十、十一、十二、十四、二十一、二十四、二十九日.

二月 : 四、七、八、九、十、十二、十四、十九、二十二、二十七日.

三月 : 一、六、七、八、十、十七、二十二、二十五日.

四月 : 二、四、五、六、八、十、十五、十八、二十二、二十八日.

---

190 성교할……한다 :《備急千金要方》卷27〈養性〉"房中補益" 8(《孫思邈醫學全書》, 500쪽).
191 왕상일은……길하다 :《備急千金要方》卷27〈養性〉"房中補益" 8(《孫思邈醫學全書》, 501쪽).
192《東醫寶鑑》, 위와 같은 곳;《世醫得效方》卷20〈房中補益法〉, 827쪽.
193 귀숙일(貴宿日) : 부부가 합방을 하면 아들을 낳을 수 있다고 믿었던 날.

5월 : 1, 2, 3, 4, 5, 6, 12, 13, 15, 16, 20, 25, 28, 29, 30일.

6월 : 1, 3, 10, 13, 18, 23, 26, 27, 28, 29일.

7월 : 1, 11, 16, 21, 24, 25, 26, 27, 29일.

8월 : 5, 8, 13, 18, 21, 22, 23, 24, 25, 26일.

9월 : 3, 6, 11, 16, 19, 20, 21, 22, 24일.

10월 : 1, 4, 7, 14, 17, 18, 19, 20, 22, 29일.

11월 : 1, 6, 11, 14, 15, 16, 17, 19, 26, 29일.

12월 : 4, 9, 12, 13, 14, 15, 16, 24일】《증보산림경제》[194]

五月 ： 一、二、三、四、五、六、十二、十三、十五、十六、二十、二十五、二十八、二十九、三十日.

六月 ： 一、三、十、十三、十八、二十三、二十六、二十七、二十八、二十九日.

七月 ： 一、十一、十六、二十一、二十四、二十五、二十六、二十七、二十九日.

八月 ：五、八、十三、十八、二十一、二十二、二十[11]三、二十四、二十五、二十六日.

九月 ：三、六、十一、十六、十九、二十、二十一、二十二、二十四日.

十月 ：一、四、七、十四、十七、十八、十九、二十、二十二、二十九日.

十一月 ： 一、六、十一、十四、十五、十六、十七、十九、二十六、二十九日.

十二月 ： 四、九、十二、十三、十四、十五、十六、

---

194 《增補山林經濟》 卷13 〈求嗣〉 "陰陽交合忌宜日時"(《農書》 4, 448~449쪽).
⑪ 十二月……二十 : 오사카본에는 누락됨.

14) 아들 낳는 기타 방법

1월 15일에 등잔을 훔치면 아이를 갖게 된다. 부부가 함께 부잣집의 국회소(局會所, 연회 장소)에서 등잔을 훔치되, 다른 사람이 모르게 한다. 그 물건을 침상 아래에 두면 그달에 임신한다.195《본초강목》196

입춘(立春)에 내린 빗물을 부부가 각각 1잔씩 마시고 다시 방으로 돌아가 때에 맞춰 성교를 하면 임신하는 데 신통한 효과가 있다.《본초습유》197

부인이 임신이 되지 않아 아이를 낳지 못할 때는 인지(印紙)198를 잘라 도장 자국이 있는 부분을 태워 재로 만든 뒤, 물로 1전시[錢匕]199씩 복용하면 효과가 있다.《본초습유》200

아들 얻는 신묘한 방법[得子神方] : 백색 오골계의 알 1개, 기(蘄)201 지역에서 난, 좋은 쑥 1묶음, 우물물 1큰그릇을 작은 구리솥에 함께 넣고 끓여 푹 익

宜子雜方

正月十五日, 盜⑫燈盞, 令人有子. 夫婦共於富家局會所盜之, 勿令人知. 安臥牀下, 當月有娠.《本草綱目》

立春雨水, 夫妻各飲一杯, 還房, 當獲時有子, 神效.《本草拾遺》

婦人斷産無子, 剪印紙, 有印處燒灰, 水服一錢匕效. 同上

得子神方 : 用白鷄烏骨蛋一箇、眞蘄艾一撮、井水一大椀, 放小銅鍋內, 煮極

---

195 1월……임신한다 :《보양지》권8〈양생월령표〉"정월"에도 나오는 내용으로, 원문은《양생월람(養生月覽)》〈정월(正月)〉에도 보인다.
196《證類本草》卷4〈四十種陳藏器餘〉"正月十五日燈盞"(《文淵閣四庫全書》740. 170쪽).
197《東醫寶鑑》〈湯液篇〉卷1"水部"春雨水(《原本 東醫寶鑑》, 679쪽) ;《本草綱目》卷5〈水部〉"雨水", 389쪽.
198 인지(印紙) : 세금 따위를 낸 것을 증명하기 위하여 서류에 붙이는 종이표.
199 전시[錢匕] : 0.1냥을 잴 수 있는 약숟가락.
200《證類本草》卷3〈三十五種陳藏器餘〉"印紙"(《文淵閣四庫全書》740. 125쪽) ;《本草綱目》卷38〈服器〉"印紙", 2195쪽.
201 기(蘄) : 기주(蘄州). 지금의 중국 호북성(湖北省) 황강(黃岡) 일대.
⑫ 盜 : 저본에는 없음.《養生月覽·正月》에 근거하여 보충.

헌다. 부인의 생리가 왔을 때, 시작한 날 새벽녘에 계란 1개를 간을 하지 않은 채로 먹고 이어서 잠깐 잔다. 생리혈의 색이 담홍색이면 매일 1개를 먹고, 만약 생리혈이 적색이면 하루걸러 1개를 먹는다. 생리가 멎으면 굳이 먹을 필요가 없다. 복용한 지 3개월이 지나면 곧 임신하고, 또한 아들을 많이 낳는다. 《고금비원(古今秘苑)[202]》[203]

熟. 候婦人經水, 初至黎明時, 淡吃一枚, 仍少睡片刻. 如經色淡紅者, 每日吃一枚, 若經色赤者, 間日吃一枚, 經止卽不必吃. 服至三月後, 卽受孕, 且多生男子.《古今秘苑》

2월 을유일(乙酉日) 정오에 머리를 북쪽으로 향해 눕고 음양을 합하면[204] 아이가 생기는데, 그 아이는 곧 귀하다. 《사시찬요》[205]

二月乙酉日日中, 北首臥, 合陰陽, 有子卽貴.《四時纂要》

복사꽃과 살구꽃을 2월 정해일(丁亥日)에 거두어 그늘에 말렸다가 가루 낸다. 이를 무자일(戊子日)에 정화수에 개어 1일에 3번 1방촌시씩 복용하면 부인이 아이를 낳지 못하는 증상을 치료하는 데 큰 효험이 있다. 《사시찬요》[206]

桃杏花, 二月丁亥日, 收陰乾, 爲末, 戊子日, 和井花水, 服方寸匕, 日三服, 療婦人無子, 大驗. 同上

호랑이코를 문에 걸어두었다가 1년 뒤에 태워 가루 낸 뒤, 부인에게 마시게 하면 2개월 만에 곧 임신을 하고, 귀한 아이를 낳는다. 이때 다른 사람이 모

懸虎鼻門中, 周一年, 取燒作屑, 與婦飮之, 二月中, 便有兒, 生貴子. 勿令人知

---

202 고금비원(古今秘苑) : 중국 송나라의 문인 증조(曾慥, ?~1155)가 고금의 비술(祕術)을 기술한 저서. 의약·천문·지리·인사·부적·양생법 등에 대한 여러 기록이 수록되어 있다. 증조는 도교의 이론을 집대성한 《도추(道樞)》를 편찬하기도 했다.
203 《古今秘苑》〈2集〉 卷4 "得子神方".
204 음양을 합하면 : '交會'와 같은 의미로, '성교하면'의 뜻이다.
205 출전 확인 안 됨.
206 출전 확인 안 됨 ; 《普濟方》 卷336 〈姙娠諸疾門〉 "後嗣"(《文淵閣四庫全書》 758, 19쪽).

르게 해야 하니, 누설하면 효험이 없다. 부인도 보게 하지 말아야 한다.《금수결록(禽獸決錄)207》208

之, 泄則不驗也. 亦勿令婦見之.《禽獸決錄》

15) 임신을 계획할 때 금기

4월에 닭고기를 배불리 먹지 말아야 하니, 남자는 양기가 줄어들고 부인은 아이를 갖지 못하게 되기 때문이다.《비급천금요방》209

求孕禁忌

四月, 勿食暴鷄肉, 丈夫少陽, 婦人絶孕.《千金方》

능소화는 사람이 거주하는 모든 곳에 파종하기를 금한다. 부인이 능소화 냄새를 맡으면 아이를 갖지 못하기 때문이다.《부인양방》210

凌霄花, 凡居忌種, 婦人聞氣, 不孕.《婦人良方》

일반적으로 임신을 계획하고 있는 부인은 절대 용뇌·사향 따위로 몸을 훈증하지 말아야 한다. 귓구멍 안에도 용뇌나 사향을 끼워서는 안 된다.《부인양방》211

凡求胎孕婦人, 切勿以龍腦、麝香之屬熏身. 耳孔內, 亦勿插腦、麝. 同上

운대(芸薹, 유채), 궐(蕨, 고사리즙)과 즙(蕺, 어성초), 토끼고기, 수은은 모두 양기를 죽이는 물건으로, 남자와 여자 모두 복용하기를 금한다.《부인양방》212

芸薹、蕨蕺、兔肉、水銀, 皆殺陽之品, 男女幷忌服食. 同上

---

207 금수결록(禽獸決錄) : 중국 남북조 시대 남제(南齊)의 관리 변빈(卞彬, ?~500?)이 화목(花木)·조수(鳥獸) 등에 대해 기록한 책.
208 출전 확인 안 됨 ;《說郛》卷107〈禽獸決錄〉(《文淵閣四庫全書》882, 231쪽).
209《備急千金要方》卷26〈食治〉"鳥獸" 5(《孫思邈醫學全書》, 483쪽).
210 출전 확인 안 됨.
211 출전 확인 안 됨.
212 출전 확인 안 됨.

16) 태중 아이의 명줄과 귀천을 미리 아는 방법

요태(夭胎, 명이 짧은 태아)는 뱃속에서 위아래로 움직이고, 수태(壽胎, 명이 긴 태아)는 좌우로 움직인다. 귀태(貴胎, 귀해질 운명의 태아)는 뱃속에서 움직이다가 반드시 고르게 멈춰서 독한 병이 절로 없다. 천태(賤胎, 비천해질 운명의 태아)는 뱃속에서 많이 움직여서 어머니가 항상 질병이 있다. 《천금요략》[213]

귀태는 절로 평안하지만 천태는 어지러이 움직인다. 수태는 어머니가 편안하지만 요태는 어머니가 병이 많다. 수태는 어머니의 양쪽 눈썹 사이가 붉지만 요태는 어머니의 입술이 희며 또한 난산(難産)이 많다. 귀태는 어머니의 정기가 또렷하지만, 천태는 어머니의 정신이 산만하다. 《천금요략》[214]

17) 딸을 아들로 바꾸는 법(전녀위남법)

임신한 것을 깨닫자마자 도끼를 임부의 침상 아래에다 날을 위쪽으로 세워둔다. 이때 본인은 모르게 한다. 《의학입문》[215]

석웅황 1덩이를 진홍색 비단주머니에 담아 임부 왼쪽 허리에 찬다. 《부인양방》[216]

胎中豫知壽夭貴賤法

夭胎, 或上或下；壽胎, 或左或右. 貴胎[13]動必停均, 自無毒病；賤胎腹內多動, 母常有病.《千金要略》

貴胎, 自安；賤胎, 亂動. 壽胎, 母安；夭胎, 母多病. 壽胎, 母印堂紅；夭胎, 母脣白, 又多難産. 貴胎, 母精光；賤胎, 母神散. 同上

轉女爲男法

始覺有孕, 以斧置孕婦牀下, 令刃向上, 無令知之.《醫學入門》

石雄黃一塊盛絳囊, 帶孕婦左腰間.《婦人良方》

---

213 출전 확인 안 됨 ;《柳莊相法》卷上〈次看五官誠恐後來更改〉《袁柳莊先生神相全編》(국립중앙도서관 古 1490-21-1), 29쪽).

214 출전 확인 안 됨 ;《柳莊相法》, 위와 같은 곳.

215《東醫寶鑑》〈雜病篇〉卷10 "婦人" '轉女爲男法'(《原本 東醫寶鑑》, 607쪽) ;《醫學入門》卷5〈婦人門〉"胎前", 826쪽.

216《東醫寶鑑》, 위와 같은 곳 ; 출전 확인 안 됨.

[13] 貴胎 : 저본에는 없음.《柳莊相法·次看五官誠恐後來更改》에 근거하여 보충.

활줄을 임부 허리에 묶었다가 3개월이 지나면 푼다.《부인양방》217

弓弩弦縛孕婦腰中, 滿三月, 解之. 同上

원추리를 왼쪽 머리에 비녀로 찌고 원추리꽃을 허리에 찬다.《부인양방》218

萱草簪左髮, 萱花佩之. 同上

수탉 꽁지의 긴 꼬리 3개를 뽑아 임부의 침상 아래에 둔다. 이때 본인은 모르게 한다.《부인양방》219

雄鷄長尾三莖, 拔置孕婦臥牀下, 勿令知之. 同上

남편의 머리털, 손톱, 발톱을 임부의 침상 아래 깔아둔다. 이때 본인은 모르게 한다.《부인양방》220

取夫頭髮、手足爪甲, 鋪孕婦牀下, 勿令知之. 同上

18) 태교법

어머니는 늘 정실(조용한 방)에 거처하고, 아름다운 말을 많이 듣고, 시서(詩書, 성현의 말씀이 담긴 책)를 강론하며, 예악(禮樂, 정갈한 예법과 좋은 음악)을 진설(陳設)하고, 나쁜 말을 듣지 않고, 나쁜 일을 보지 않고, 사념(邪念, 사특한 생각)을 일으키지 않아야 태어난 아들이나 딸이 오래 살며 길이 복을 누리고, 충효의 덕을 모두 갖출 수 있게 한다.《태공태교(太公胎敎)221》222

胎敎法

母常居靜室, 多聽美言, 講論詩書, 陳說禮樂, 不聽惡言, 不視惡事, 不起邪念, 令生男女福壽敦厚, 忠孝兩全.《太公胎敎》

옛날에는 부인이 임신하면 잠을 잘 때 모로 눕지 않고, 앉을 때 모서리에 앉지 않으며, 설 때 짝다리

古者, 婦人妊子, 寢不側, 坐不邊, 立不跛, 不食邪

---

217 《東醫寶鑑》, 위와 같은 곳 ; 《婦人大全良方》卷10〈胎敎門〉 "轉女爲男法" 8, 318쪽.
218 《東醫寶鑑》, 위와 같은 곳 ; 출전 확인 안 됨.
219 《東醫寶鑑》, 위와 같은 곳 ; 《婦人大全良方》, 위와 같은 곳.
220 《東醫寶鑑》, 위와 같은 곳 ; 《婦人大全良方》, 위와 같은 곳.
221 태공태교(太公胎敎) : 중국 남북조 시대에 지어진 작자 미상의 태교 관련 저술.
222 출전 확인 안 됨 ; 《增廣太平惠民和劑局方》卷9〈治婦人諸疾〉 "安胎飮", 241쪽.

짚지 않으며, 나쁜 음식을 먹지 않았다. 칼질이 반듯하지 않으면 먹지 않고, 좌석이 반듯하지 않으면 앉지 않고, 눈으로는 삿된 색을 보지 않고, 귀로는 음탕한 소리를 듣지 않는 한편, 밤에는 시(詩) 외는 소릴 듣고, 바른 일을 말했다. 이와 같이 하면 자녀는 용모가 단정하고 재주가 남들보다 뛰어나니, 이를 '태교(胎敎)'라 한다. 《태공태교》223

味. 割不正不食, 席不正不坐, 目不視邪色, 耳不聽淫聲, 夜聽誦詩, 道正事. 如此則生子形容端正, 才必過人, 是謂"胎敎"也. 同上

일반적으로 임신한 지 3개월까지 태아는 품기(稟氣, 타고난 기운)가 아직 정해지지 않아 외물에 따라 변화한다. 그래서 임부는 무소뿔과 상아·난새와 봉황·구슬과 옥·종과 북·제기(祭器)·군대·진설(陳設)224 같은 것을 보고자 하고, 현인(賢人)·군자(君子)·성덕(盛德, 훌륭한 품덕의 인물)·대인(大人)의 아름다운 말과 착한 행실을 들으려 한다. 좋은 향을 피우고 시서(詩書)를 소리내 읽으며, 거처는 정갈하게 하고, 정신을 고르며, 성정을 온화하게 하고, 욕정을 삼가며, 음식을 절제하고, 행동거지를 삼가고, 매사에 맑고 깨끗하게 하면, 태어난 아기가 단정하고 장수하며, 충효와 인의(仁義)의 덕을 가지고, 총명하고 슬기로우며, 질병이 없다. 대개 이것이 문왕(文王)225의 태교이다. 《후생훈찬(厚生訓纂)226》227

凡受胎三月, 稟氣未定, 逐物變化. 故妊娠者, 欲觀犀象、鸞鳳、珠玉、鐘鼓、俎豆、軍旅、陳設之類, 欲聞賢人、君子、盛德、大人嘉言善行. 焚燒名香, 誦讀詩書, 居處簡靜, 調心神, 和性情, 謹嗜慾, 節飲食, 愼起居, 庶事淸淨, 則生子端正壽考, 忠孝仁義, 聰慧無疾. 蓋文王胎敎也. 《厚生訓纂》

---

223 출전 확인 안 됨.

224 진설(陳設) : 제사나 잔치 때, 음식을 법식에 따라 상 위에 차려 놓음.

225 문왕(文王) : B.C. 1152~B.C. 1056. 중국 고대 주(周)나라의 명군(名君). 이름은 창(昌). 무왕(武王)의 아버지이다. 문왕과 무왕의 덕을 기리는 다수의 시가 《시경(詩經)》에 수록되어 있다.

226 후생훈찬(厚生訓纂) : 중국 명(明)나라의 주신(周臣, ?~?)이 편찬한 양생서. 육영(育嬰)·음식·기거(起居)·어정(御精)·처기(處己)·목친(睦親)·치가(治家)·양노(養老)·법어(法語)와 관련된 내용을 다루고 있다.

227 《厚生訓纂》 卷1 〈育嬰〉 《壽養叢書》 7, 6쪽).

삼신할머니도(국립중앙박물관)

19) 수태를 확인하는 약방

19-1) 신방험태산(神方驗胎散, 신묘한 방법으로 수태를 확인하는 약)

驗胎藥方

神方驗胎散

의가대법(醫家大法) [228] [229] 부인이 2~3개월 동안 생리를 하지 않아서 이것이 임신인지 아니면 혈이 울체되어 심번(心煩)[230]·한열·황홀(恍惚)[231]이 있는 것인지 의심스러울 때 이 약으로 확인해보아야 한다.

진작뇌궁(眞雀腦芎, 좋은 천궁) 1냥, 당귀 전체(무게 1냥짜리를 단지 0.7냥만 쓴다). 이상의 2가지 약미를 곱게 가루 낸 뒤, 2번에 나누어 복용하는데, 좋은

醫家大法 婦人二三月經不行, 疑是兩身, 却疑血滯, 心煩, 寒熱, 恍惚, 宜用此驗之.

眞雀腦芎一兩、當歸全用(重一兩者, 只用七錢). 右二味細末, 分作二服, 濃煎

---

228 의가대법(醫家大法) : 중국 원(元)나라의 의학자 왕호고(王好古, 1200~1264)가 저술한 의서.
229 《東醫寶鑑》〈雜病篇〉 卷10 "婦人" '驗胎法'(《原本 東醫寶鑑》, 606쪽).
230 심번(心煩) : 번열이 나서 가슴이 답답한 증상.
231 황홀(恍惚) : 정신이 흐리고 정상적인 판단이 잘 되지 않는 증상.

쑥을 진하게 달인 물 1잔에 타서 넘기거나 좋은 술에 타서 넘긴다.

4~6시간 뒤 아랫배와 배꼽에 미동이 있다가 더욱 잦아지면 잉태한 것이다. 미동이 그치면 괜찮아진다. 만약 잉태한 것이 아니면 미동이 없다. 효과를 느끼지 못할 때는 다시 홍화 달인 물에 타서 넘기면 반드시 신통한 효과가 있다.

好艾湯一盞調下, 或好酒調下.

二三時間, 覺腹臍微動, 仍頻卽有胎也, 動罷卽愈. 如不是胎卽不動. 如不覺效, 再煎紅花湯調下, 必有神效.

19-2) 애초탕(艾醋湯, 쑥과 식초를 사용한 탕약)

艾醋湯

고금의감 232 태아가 있는지 없는지를 확인할 때에는 좋은 식초[醋]로 쑥잎[艾葉]을 끓여 0.5잔 복용한다. 뱃속이 매우 아프면 잉태한 것이고, 아프지 않으면 잉태가 아니다.

古今醫鑑 驗胎有無, 以好醋煮艾葉, 服半盞. 腹中大痛是孕, 不痛無孕.

20) 임신 중 조리하는 법

妊娠將理法

1개월 차 : 족궐음간경(足厥陰肝經)이 태아의 혈을 기르니, 욕정을 좇거나, 근력을 몹시 피곤하게 하거나, 사풍(邪風, 삿된 바람기운)을 범촉해서는 안 된다.

一月 : 足厥陰肝養血, 不可縱慾[14], 疲極筋力, 冒觸邪風.

2개월 차 : 족소양담경(足少陽膽經)이 태아의 간에서 합하니, 놀라 동요하면 안 된다.

二月 : 足少陽膽合於肝, 不可驚動.

3개월 차 : 수궐음심포경(手厥陰心包經)이 태아의 오른쪽 신장을 주로 담당하여 정(精)을 기르므로 욕정을 좇거나, 슬프고 서러워하거나, 한랭한 기운에 범촉해서는 안 된다.

三月 : 手心主右腎養精, 不可縱慾, 悲哀, 觸冒寒冷.

232《東醫寶鑑》, 위와 같은 곳.
[14] 慾 :《醫方類聚·婦人門·妊娠禁忌》에는 "怒".

4개월 차 : 수소양삼초경(手少陽三焦經)이 태아의 신장에서 합하니, 과로하거나 나태해서는 안 된다.

5개월 차 : 족태음비경(足太陰脾經)이 태아의 기육(肌肉)을 기르니, 망녕된 생각을 하거나, 너무 배고프거나 배부르거나, 낮은 바닥의 습기를 범촉해서는 안 된다.

6개월 차 : 족양명위경(足陽明胃經)이 태아의 비장에서 합하니, 잡식을 해서는 안 된다.

7개월 차 : 수태음폐경(手太陰肺經)이 태아의 피부와 모발을 기르니, 우울해하거나 소리쳐서는 안 된다.

8개월 차 : 수양명대장경(手陽明大腸經)이 태아의 폐에서 합하여 기를 기르니, 메마른 성질이 있는 음식을 먹지 말라.

9개월 차 : 족소음신경(足少陰腎經)이 태아의 뼈를 기르니, 성행위를 그리워하거나, 두려워 말며, 날것이나 찬것을 범촉해서는 안 된다.

10개월 차 : 족태양방광경(足太陽膀胱經)이 태아의 신에서 합한다. 태양(太陽)은 모든 양경(陽經)[233]의 주기(主氣)로서 태아의 맥이 두루 이루어지게 하고 육부(六腑)가 고르게 통하도록 한다. 태아가 어미와 기를 나누어도 어미와 태아의 신기(神氣)가 각각 온전해져서 때가 되면 태어나는 것이다.

심장을 말하지 않는 이유는, 심장을 오장의 왕으

四月 : 手少陽三焦合腎, 不可勞逸.

五月 : 足太陰脾養肉, 不可妄思, 飢[15]飽, 觸冒卑濕.

六月 : 足陽明胃合脾, 不得雜食.

七月 : 手太陰肺養皮毛, 不可憂鬱叫呼.

八月 : 手陽明大腸合肺以養氣, 勿食燥物.

九月 : 足少陰腎養骨, 不可懷恐房勞, 觸冒生冷.

十月 : 足太陽膀胱合腎, 以太陽爲諸陽主氣, 使兒脈縷皆成, 六腑調暢, 與母分氣, 神氣各全, 俟時而生.

所以不說心者, 以心爲五臟

233 양경(陽經) : 경맥 가운데에서 주로 팔다리 바깥쪽과 몸 뒷면에 분포하는 경맥.
[15] 飢 : 《醫方類聚 · 婦人門 · 妊娠禁忌》에는 "非".

로 여기기 때문이다. 이는 제왕(帝王)이 유위(有爲)[234] 하지 않는 점과 같다. 임신 중 조리가 알맞으면 자궁을 손상시키지 않는다. 또 매달 그 달에 해당되는 경락에다 침이나 뜸을 놓으면 안 된다. 만약 입덧을 할 때에는 먹고 싶은 생각이 나는 음식을 주어 먹게 하면 반드시 낫는다. 《산서(産書)[235]》[236]

옷은 너무 따뜻하게 입지 말고, 음식은 너무 배부르게 먹지 말고, 술은 너무 취하게 마시지 말며, 탕약은 함부로 복용하지 말라【 增補山林經濟 동변 따위라도 경솔하게 복용하지 말라[237]】.

침이나 뜸을 함부로 맞지 말고, 무거운 물건을 들지 말고, 높은 데에 오르지 말고, 험한 곳을 건너지 말라【 增補山林經濟 높은 데 있는 물건은 손으로 내리지 말라[238]】.

피곤하게 힘을 써서 지나치게 몸을 상하게 하지 말고, 너무 많이 잠을 자지 말며, 때때로 걸음을 걸어야 한다. 마음이 몹시 놀라면 아이에게 반드시 전간(癲癎)[239]이 생길 것이다. 《의학입문》[240]

王[16], 如帝王不可有爲也. 若將理得宜, 無傷胎臟. 又每月不可針灸其經, 如或惡食, 但以所思物與之食, 必愈.《産書》

衣毋太溫, 食毋太飽, 飮毋太醉, 勿妄服湯藥【 增補山林經濟 雖童便之屬亦勿輕服】.

勿妄用鍼灸, 勿擧重登高涉險【 又 勿以手取下在高物】.

勿勞力過傷, 勿多睡臥, 須時時行步. 心有大驚, 子必癲癎.《醫學入門》

---

234 유위(有爲) : 심장은 군왕과 같아서 스스로 움직이지 않는다는 말은 노자의 무위지치(無爲之治)를 연상시키기도 하지만, 공자(孔子)가 말한, 북극성이 제자리에 있으면서 모든 별이 그 주변을 돌게 한다는 말[爲政以德, 譬如北辰, 居其所而衆星共之]에서도 공통적으로 보이는 전통사상이다.

235 산서(産書) : 저자와 연대 미상의 출산에 관한 의서.

236 출전 확인 안 됨 ;《醫方類聚》卷227〈婦人門〉"妊娠禁忌"'延壽書'(《醫方類聚》10, 543쪽).

237 동변……말라 :《增補山林經濟》卷13〈求嗣〉上"妊娠將理法"(《農書》4, 457쪽).

238 높은……말라 :《增補山林經濟》, 위와 같은 곳.

239 전간(癲癎) : 발작을 일으키며 순간적으로 정신을 잃는 증상. 간질병의 이명.

240《東醫寶鑑》〈雜病篇〉卷10"婦人"'妊娠將理法'(《原本 東醫寶鑑》, 608쪽).

[16] 王 :《醫方類聚·婦人門·妊娠禁忌》에는 "主".

산달에는 머리를 감지 말아야 한다.《의학정전》[241]

臨月, 不可洗頭.《醫學正傳》

높은 화장실에 오르지 말라.《의학정전》[242]

勿登高廁. 同上

일반적으로 부인이 임신 중에는 음주를 하거나 소리치며 화내는 일을 절대 금한다. 출산 때에 정신이 혼란해질까 걱정되기 때문이다.《후생훈찬》[243]

凡婦人妊娠, 切忌飲酒叫怒. 恐産時心神昏亂.《厚生訓纂》

일반적으로 부인이 임신 후부터 산달까지는 장부의 기가 막히고 관절이 매끄럽게 움직이지 않으니 때때로 걷기를 꼭 해야 한다. 찰지거나 딱딱한 음식을 먹어서는 안 되고, 술을 많이 마셔서는 안 되며, 약을 잡다하게 복용해서도 안 된다. 또한 침이나 뜸도 함부로 맞아서는 안 된다.

凡婦人妊娠之後, 以至臨月, 臟腑壅塞, 關節不利, 切須時時行步. 不宜食粘硬之物, 不可多飲酒, 不可亂服藥, 亦不可妄鍼灸.

마음을 관대히 하고 생각을 줄여야 한다. 무거운 짐을 지거나 험한 곳을 건너가서는 안 되고, 예측하지 못하는 일을 잘 막아야 한다. 이처럼 몸을 잘 아끼고 보호해야 출산에 임박해서 탈이 없도록 지켜낼 수 있다. 또 추악한 것을 보려 하지 말고, 먹을 때에는 이상한 맛이 나는 음식을 피해야 한다. 그렇지 않으면 손해만 있을 뿐 이익은 없다.《후생훈찬》[244]

須寬心, 減思慮, 不得負重涉險, 防諸不測. 如此愛護, 方保臨産無虞. 仍不欲見醜惡之物, 食當避異味. 不然, 有損無益. 同上

임부는 머리를 감아서는 안 된다. 머리를 감으면

妊婦不可沐頭. 沐之則橫

241《東醫寶鑑》, 위와 같은 곳.
242《東醫寶鑑》, 위와 같은 곳.
243《厚生訓纂》卷1〈育嬰〉(《壽養叢書》7, 18쪽).
244《厚生訓纂》, 위와 같은 곳.

횡생(橫生)[245]하거나 역산(逆産)[246]한다. 《후생훈찬》[247]

生、逆産. 同上

산달이 아직 차지 않았을 때 너무 말을 많이 하고 웃거나, 놀라고 두려워하거나, 걱정하거나 근심하거나 슬퍼하여 울거나, 고민하거나, 화를 내거나, 억지로 침상에서 일어나 움직이거나, 오래 앉아 있어서는 안 된다. 또는 침선(針線, 바느질)에 힘을 쏟거나 날것이나 찬것·끈적하거나 딱딱한 것·기름진 음식을 멋대로 먹거나, 또 풍한(風寒)을 피하지 않고 탈의하고 목욕하거나, 냉수로 세면하면, 당시는 큰 손해를 아직 느끼지 못할지라도 후에는 반드시 욕로(蓐勞)[248]가 된다. 《후생훈찬》[249]

未滿月, 不宜多語笑驚恐, 憂惶哭泣, 思慮恚怒, 强起離床行動, 久坐. 或作針線用力, 恣食生冷、粘硬、肥膩之物及不避風寒, 脫衣沐浴, 或冷水洗灌. 當時雖未覺大損, 後卽成蓐勞. 同上

산달이 찬 뒤에는 임의대로 마시고 먹거나, 풍한에 범촉하거나, 멋대로 기뻐하거나 화를 내거나, 머리를 빗거나, 힘껏 고성을 지르거나, 피로해지는 일을 더욱 금한다. 성행위와 같은 일도 더욱 금한다. 만약 이를 따르지 않으면 반드시 큰 우환이 된다. 《후생훈찬》[250]

滿月之後, 尤忌任意飮食, 觸冒風寒, 恣意喜怒, 梳頭, 用力高聲, 作勞. 尤忌房慾之類. 若不依此, 必成大患. 同上

증세영(曾世榮)[251]이 말했다. 태가 선 뒤에 부모가

演山翁云 : 成胎後, 父母不

---

245 횡생(橫生) : 태아의 어깨나 손·팔이 먼저 나오는 분만. 횡산(橫産)이라고도 한다.
246 역산(逆産) : 태아의 발이나 엉덩이가 먼저 나오는 분만.
247 《厚生訓纂》, 위와 같은 곳.
248 욕로(蓐勞) : 해산 후 몸이 허로해지는 증상.
249 《厚生訓纂》, 위와 같은 곳.
250 《厚生訓纂》, 위와 같은 곳.
251 증세영(曾世榮) : 1252~1332. 중국 원(元)나라의 의학자. 호는 연산옹(演山翁). 소아에게 나타나는 병증 연구에 힘썼다. 저서로 《활유심서(活幼心書)》·《활유구의(活幼口議)》등이 있다.

욕정을 금하지 못하면 안 된다. 또 출산에 임박해서 성교를 하면 아이가 흰 물질을 두르고 나오는데, 이것은 아이가 병이 생기거나 요절하는 단초가 된다. 《삼원연수참찬서》252

21) 임신 중의 금기

부인이 임신한 뒤에는 태살(胎殺, 태아를 해치는 살기)이 노는 곳을 피하여 금해야 한다.

【달별로 태살이 노는 곳 : 정월에는 방과 상(床)에, 2월에는 창문에, 3월에는 문과 당(堂)에, 4월에는 부뚜막에, 5월에는 몸과 상에, 6월에 상과 곡간에, 7월에는 방아와 맷돌에, 8월에는 화장실에, 9월에는 문과 방에, 10월에는 상과 방에, 11월에는 화로와 부뚜막에, 12월에는 상과 방에 있다.253

일별로 태살이 노는 곳 : 갑일(甲日)·기일(己日)에는 문에, 을일(乙日)·경일(庚日)에는 방아·맷돌에, 병일(丙日)·신일(辛日)에는 우물과 부뚜막에, 정일(丁日)·임일(壬日)에는 부엌과 관청에, 무일(戊日)·계일(癸日)에는

妊娠禁忌

婦人受孕之後, 宜避忌胎殺所游.

【月游胎殺所在 : 正月房、床, 二月牖戶, 三月門、堂, 四月竈, 五月身、床⑰、六月床、倉⑱, 七月碓、磨, 八月廁戶, 九月門、房, 十月床、房, 十一月爐、竈, 十二月床、房⑲.

日游胎殺所在 : 甲己門, 乙庚碓磨, 礱, 丙辛井、竈, 丁壬廚、廁, 戊癸米倉, 子丑中堂, 寅卯辰酉⑳竈, 巳

---

252 《三元延壽參贊書》卷1〈妊娠所忌〉《中華道藏》23-71, 739쪽).

253 정월에는……있다 : 《언해태산집요(諺解胎産集要)》〈산후제증(産後諸症)〉 "월유태살소재(月遊胎殺所在)"에서는 다음과 같이 언해로 풀었다. "정월의는 방과 상의 잇고 이월의는 창의 잇고 삼월의는 문과 듕당의 잇고 수월의는 브어긔 잇고 오월의는 몸과 상의 잇고 뉴월의는 상과 곡식 녀흔 듸 잇고, 칠월의는 방하와 매예 잇고, 팔월의는 뒷간의 잇고, 구월의는 문의 잇고, 시월의는 방의 잇고, 동지똘애는 화뢰예 잇고, 섯쩌날애난 평상의 잇고, 즈튝날은 듕당의 잇고, 인묘 진유날은 브어긔 잇고, 소오날은 문의 잇고, 미신날은 울해 잇고, 슐히날은 방의 인느니라."

⑰ 身床 : 《世醫得效方·産科兼婦人雜病科·護胎》에는 "母身".

⑱ 床倉 : 《世醫得效方·産科兼婦人雜病科·護胎》에는 "竈".

⑲ 床房 : 《世醫得效方·産科兼婦人雜病科·護胎》에는 "戶".

⑳ 酉 : 저본에는 "井". 《世醫得效方·産科兼婦人雜病科·護胎》에 근거하여 수정.

곡식창고에, 자일(子日)·축일(丑日)에는 중당(中堂)²⁵⁴에, 인일(寅日)·묘일(卯日)·진일(辰日)·유일(酉日)에는 부뚜막에, 사일(巳日)·오일(午日)에는 문에, 미일(未日)·신일(申日)에는 울타리 아래에, 술일(戌日)·해일(亥日)에는 방에 있다.

방 안에서 일유신(日游神)²⁵⁵이 노는 곳 : 계사일(癸巳日)·갑오일(甲午日)·을미일(乙未日)·병신일(丙申日)·정유일(丁酉日)에는 방 안의 북쪽에, 계묘일(癸卯日)에는 방 안 서쪽에, 갑진일(甲辰日)·을사일(乙巳日)·병오일(丙午日)·정미일(丁未日)에는 방 안 남쪽에 있다. 일반적으로 일유신이 있는 곳에는 상을 펴거나, 휘장을 바꾸거나, 상 위에 무거운 물건을 올려놓으면 양수가 일찍 터져 해산이 어렵게 되거나 유산한다】

이웃집의 수리현장도 피하는 게 좋다. 《경》에 다음과 같이 말했다. "어미가 칼로 범하면 반드시 태아의 형체가 상하고, 진흙으로 범하면 반드시 구규(九竅)가 막히고, 맞거나 부딪치면 태아의 몸이 검푸르게 되고, 줄에 묶이면 태아가 경련이 일어나며, 심하면 어미가 상하니 그 징험이 손바닥 뒤집는 듯이 긴밀하게 연관된다."²⁵⁶ 《세의득효방》²⁵⁷

午門, 未申籬下, 戌亥房.

房中日游神所在 : 癸巳、甲午、乙未、丙申、丁酉日, 在房內北 ; 癸卯, 房內西 ; 甲辰、乙巳、丙午、丁未, 房內南. 凡游神所在, 忌安床換帳, 致重物於床中, 主傷産墮胎】

隣家繕修, 亦宜避之.《經》云 : 刀犯者, 形必傷 ; 泥犯者, 竅必塞 ; 打擊者, 色靑黯 ; 繫²¹縛者, 相拘攣, 甚至母損²², 驗若反掌.《危氏得效方》

---

254 중당(中堂) : 집에서 가장 중심이 되는 건물, 혹은 그 건물의 마루.

255 일유신(日游神) : 흉신(凶神). 중국 원(元)나라의 《수시력(授時曆)》에는 계사일(癸巳日)부터 무신일(戊申日) 16일 동안은 가옥 안의 오방(五方)에 있다가 기유일(己酉日)부터 임진일(壬辰日)까지 44일 동안은 밖에 돌아다니는데, 이때 일유신이 있는 방향에 가면 큰 재난을 겪을 것이라 했다.

256 어미가……연관된다 : 출전 확인 안 됨.

257 《東醫寶鑑》〈雜病篇〉卷10 "婦人" '妊娠禁忌'(《原本 東醫寶鑑》, 608쪽) ;《世醫得效方》卷14〈産科兼婦人雜病科〉"濟陰論", 576쪽 ;《世醫得效方》卷14〈産科兼婦人雜病科〉"護胎", 591쪽.

21 繫 : 저본에는 "擊". 오사카본·규장각본·《東醫寶鑑·雜病篇·婦人》·《世醫得效方·産科兼婦人雜病科·護胎》에 근거하여 수정.

22 損 :《東醫寶鑑·雜病篇·婦人》·《世醫得效方·産科兼婦人雜病科·護胎》에는 "殞".

집 안이나 방 안에 나무로 깎거나 금석을 쪼거나 쇠를 주조해서 만든 사람이나 물건의 형상을 놓아서는 안 된다. 또 벽에 기괴한 형상을 그린 그림을 걸어 임신부가 늘 쳐다보게 해서도 안 된다. 《증보산림경제》258

家內或房中, 不可置木刻及金石、鑄琢人物形像, 又壁上不可貼鬼怪畫像, 令孕婦常常目見.《增補山林經濟》

22) 임신 중 음식 금기

닭고기와 찹쌀을 함께 먹으면 아이에게 촌백충(寸白蟲)259이 생기게 한다【안 일설에는 "달걀을 찹쌀과 함께 먹으면 아이에게 촌백충이 생기게 한다."라 했다. 또 "임신부가 계란을 많이 먹으면 여러 기생충 질환에 걸린다."라 했다. 또 "임신부가 계란을 많이 먹으면 아이가 실음(失音)한다."라 했다】.

양의 간은 아이에게 재액(災厄)이 많이 생기게 한다.

산양고기는 아이가 병에 잘 걸리게 한다.

잉어와 계란을 함께 먹으면 아이에게 감병(疳病)260이 생기고 창(瘡)이 많이 생기게 한다.

개고기는 아이에게 목소리를 잃게 한다.

자고(茨菰, 쇠귀나물)는 태기(胎氣)261를 없앨 수 있다.

사향노루기름 및 매실·오얏은 아이를 청맹과니[青盲]262로 만든다.

妊娠食忌

鷄肉與糯米同食, 令子生寸白蟲【案 一云: "鷄子合糯米食, 子生寸白蟲." 又云: "妊婦多食鷄子, 患諸蟲." 又云: "妊食鷄子多, 令子失音."】.

羊肝, 令子多厄.

山羊肉, 令子多病.

鯉魚與鷄子同食, 令子成疳, 多瘡.

犬肉, 令子無聲音.

茨菰, 能消胎氣.

麝23脂及梅李, 令子青盲.

---

258 《增補山林經濟》卷13〈求嗣〉上 "藥物禁忌"(《農書》4, 456~457쪽).

259 촌백충(寸白蟲) : 촌충류에 속하는 기생충. 성충은 소장 안에 기생하면서 영양분을 흡수하는데, 대변을 볼 때 백색의 촌충 마디가 함께 배출되기 때문에 이와 같은 이름이 붙었다.

260 감병(疳病) : 얼굴이 누렇게 뜨고 몸이 여위며 소화가 잘 되지 않는 증상.

261 태기(胎氣) : 어머니가 태아에게 보내는 기. 이 기가 태아를 자라게 한다.

262 청맹과니[青盲] : 겉으로 보기에는 눈이 정상과 다를 바 없으나 앞을 보지 못하는 증상, 혹은 그러한 사람.

23 麝 : 오사카본·규장각본에는 "麇".

토끼고기는 아이를 언청이로 만든다.

생강은 아이에게 다지증이나 창(瘡)이 생기게 한다.

드렁허리와 참개구리를 함께 먹으면 아이를 벙어리가 되게 한다.

오리알과 오디를 함께 먹으면 아이가 역산(逆産)하고 심장이 차가워진다.

자라는 아이의 목이 짧아지고 태를 상하게 한다.

방게는 아이를 횡생하게 한다.

참새의 뇌는 아이를 야맹증[雀目]에 걸리게 한다.

참새고기와 술을 함께 먹으면 아이를 부끄러움을 모르고 많이 음탕하게 만든다.

참새고기와 콩장[豆醬]을 함께 먹으면 아이 얼굴에 흑지(黑痣)263와 간반(野斑)264이 생기게 한다.

콩장과 콩잎을 함께 먹으면 유산한다.

좁쌀죽 웃물은 임신하지 못하게 한다.

장수죽(漿水粥)265은 아이의 뼈를 말려 온전히 크지 못하게 한다.

노새·당나귀·말고기는 산달을 지나 난산하게 한다.

비늘이 없는 물고기는 난산하게 한다.

율무는 유산하게 한다.

엿기름은 태기(胎氣)를 없앤다.

비름나물은 유산하게 한다.

마늘은 태기를 없앤다.

兔肉, 令子脣缺.

子薑, 令子多指, 生瘡.

鱔魚、田鷄同食, 令子瘖瘂.

鴨子與桑椹同食, 令子倒生心寒.

鱉, 令子項短及損胎.

螃蟹, 令子橫生.

雀腦, 令子雀目.

雀肉與酒同食, 令子無恥多淫.

雀肉、豆醬同食, 令子面生黑痣、野斑.

豆醬與藿同食, 墮胎.

水漿, 絶産.

漿水粥, 令子骨瘦, 不成人.

騾、驢、馬肉, 過月難産.

無鱗魚, 難産.

薏苡, 墮胎.

麥芽, 消胎氣.

莧菜, 墮胎.

蒜, 消胎氣.

---

263 흑지(黑痣) : 사마귀 모양의 검은색 기미.
264 간반(野斑) : 흑갈색의 반점인 기미. 주로 눈가에 잘 생긴다.
265 장수죽(漿水粥) : 좁쌀죽웃물에 흰쌀을 넣고 쑨 묽은 죽.

메기는 아이가 감식창(疳蝕瘡)[266]에 걸리게 한다.

버섯은 아이를 경풍(驚風)[267]을 일으켜 요절하게 한다.《본초》[268]

홍어·가오리·상어·문어·낙지·갑오징어·가물치·치골(雉骨)[269] 및 이상한 종류의 물고기 및 메밀·괭이밥뿌리즙 등은 모두 먹어서는 안 된다.《증보산림경제》[270]

鮎魚, 子生疳蝕瘡.

菌蕈, 子驚風而夭.《本草》

洪魚、加五魚、沙魚、文魚、絡蹄魚、烏賊魚、蠡魚[24]、雉骨及異種魚肉及蕎麥、酸漿草根汁等物, 皆不可食.《增補山林經濟》

23) 임신 약 금기

청가뢰[芫菁][271]·가뢰[斑猫][272]·거머리·등에·오두(烏頭)[273]·부자·천웅(天雄, 오두의 홑뿌리)·야갈(野葛, 칡의 일종)·수은·파두·우슬·율무·지네·삼릉·대자석·원화·사향·대극·뱀허물·웅황·자황·마아초(馬牙硝)[274]·망초·목단피·계피·회화나무꽃·

妊娠藥忌

芫菁、斑猫、水蛭、䖟蟲、烏頭、附子、天雄、野葛、水銀、巴豆、牛膝、薏苡、蜈蚣、三稜、代赭石、芫花、麝香、大戟、蛇蛻、雄黃、雌黃、馬[25]

---

266 감식창(疳蝕瘡) : 입술 아래의 승장혈(承漿穴) 부위에 창이 생기는 증상.
267 경풍(驚風) : 어린아이가 경기를 일으키며 몸이 굳고 정신이 혼미해지는 증상.
268 《東醫寶鑑》, 위와 같은 곳.
269 치골(雉骨) : 미상. 문맥상 물고기 이름으로 추정된다. 참고로 치골목(雉骨木)은 승마(升麻)를 말한다.
270 《增補山林經濟》卷13 〈求嗣〉上 "藥物禁忌"(《農書》4, 456쪽).
271 청가뢰[芫菁] : 딱정벌레목 가뢰과의 곤충. 등껍데기는 푸른빛을 띤 남색이다. 강한 독성을 띤 액체를 분비한다.
272 가뢰[斑猫] : 딱정벌레목 가뢰과의 곤충. 등껍데기는 검정색을 띠며, 광택이 돈다. 역시 강한 독성을 띤 액체를 분비한다.
273 오두(烏頭) : 미나리아재비과인 바꽃의 덩이뿌리. 독성이 강한 약재들 중 하나이다.
274 마아초(馬牙硝) : 광물성 약재인 박초(朴硝)를 달여서 정제한 백색의 결정. 그 생김새가 말의 이빨과 비슷하다고 하여 이러한 이름이 붙었다.
[24] 蠡魚 : 《增補山林經濟·求嗣·藥物禁忌》에는 "감울치".
[25] 馬 : 저본에는 "牙". 오사카본·규장각본에 근거하여 수정.

흑축·백축·조각·반하·남성·통초(通草)275·구맥(패랭이꽃)·말린 생강·게의 등껍질과 발·붕사·건칠·도인·지담(地膽)276·모근(茅根, 띠뿌리)·철쭉·땅강아지·우황·명아주·갈대·금박·은박·호분·도마뱀붙이[蜥蜴]277·날다람쥐·매미허물·용뇌·고슴도치가죽·화살나무·메뚜기·말조개·좀벌레·마늘·신국(神麴)·아욱씨·무소뿔·대황.《본초》278

牙硝、芒硝、牧丹皮、桂皮、槐花、黑·白丑、皂角、半夏、南星、通草、瞿麥、乾薑、蟹甲爪、硼砂、乾漆、桃仁、地膽、茅根、躑躅花、螻蛄、牛黃、藜、蘆、金·銀箔、胡粉、蜥蜴、飛生、蟬退、龍腦、蝟皮、鬼箭羽、樗鷄、馬刀、衣魚、大蒜、神麴、葵子、犀角、大黃.《本草》

24) 안전하게 출산하는 법

난산하는 부인은 모두 8~9개월 내에 욕정을 삼가지 못해 기혈이 허해졌기 때문이다.《단계심법》279

保産法

難産之婦, 皆是八九箇月內不能謹慾, 以致氣血虛故也.《丹溪心法》

세상에서 난산하는 경우는 부귀하고 한가로운 사람에게 많이 보이고, 빈천하고 고생하는 사람에게는 없다.《단계심법》280

世之難産者, 多見於富貴、安逸之人, 其貧賤、辛苦者, 無有也. 同上

---

275 통초(通草) : 두릅나무과의 상록관목인 통탈목 줄기 안쪽을 채우고 있는 흰색 심(心). 아이를 유산시키는 부작용도 있다.
276 지담(地膽) : 일반적으로는 가뢰를 말하지만, 앞부분에 가뢰[斑猫]가 있는데 2번 나왔다. 가뢰과의 다른 곤충으로 추정된다.
277 도마뱀붙이[蜥蜴] : 뱀목 도마뱀붙이과의 동물. 꼬리가 푸른색이며 벽이나 천정에도 붙어 산다. 도마뱀 중에 유일하게 소리를 낸다.
278《東醫寶鑑》〈雜病篇〉卷10 "婦人"'妊娠禁忌'(《原本 東醫寶鑑》, 608쪽) ;《珍珠囊補遺藥性賦》卷2〈用藥須知〉(中國哲學書電子化計劃 電子版).
279《東醫寶鑑》〈雜病篇〉卷10 "婦人"'保産'(《原本 東醫寶鑑》, 611쪽) ;《金匱鉤玄》卷3〈婦人科〉"難産"(《丹溪醫集》, 169쪽).
280《東醫寶鑑》, 위와 같은 곳.

임신한 부인이 평소에 움직이거나 몸을 쭉 펴지 않고, 고통을 참으려고 몸을 굽혀 옆으로 누워있기 때문에 태아가 뱃속에서 이리저리 움직이지 못한다. 이 때문에 횡생(橫生)이나 역산(逆産)을 하게 된다. 심하면 태아가 뱃속에서 죽게 되니 삼가야 한다. 《단계심법》281

懷孕之婦, 不曾行動舒伸, 忍痛曲身側臥, 故子在腹中, 不能轉動, 以致有橫生、逆産. 甚則子死腹中, 慎之. 同上

대체로 출산은 산모에게 적절한 때가 있으니, 절대 최생(催生, 분만촉진)·활태(滑胎, 태아가 잘 나올 수 있게 함) 등의 약을 억지로 먹어서는 안 된다. 또 출산하기 위해 깐 자리에 일찍 앉아서 산파에게 함부로 손으로 조치하는 법을 쓰게 해서는 안 된다. 《부인양방》282

大凡生産自有時候, 切不可强服催生、滑胎等藥, 又不可坐草早及令坐婆亂用手法.《婦人良方》

분만(分娩)하려면 먼저 진한 식초를 산모의 입과 코에 바르고 난 다음 산모 옆에다 식초를 두고 그 냄새를 맡으며 조금씩 마시게 한다. 이것이 제일 좋은 법이다. 만약 산모가 정신을 잃으면 바로 식초를 얼굴에 뿜어준다. 깨어나면 식초를 마시게 하여 몸을 풀어준다. 《후생훈찬》283

欲分娩者, 先取釅醋塗口鼻, 仍置醋於傍, 使聞其氣, 兼細細飮之, 此爲上法. 如昏暈, 卽以醋噴面, 甦來, 卽飮醋以解之.《厚生訓纂》

일반적으로 임신부는 태아가 뱃속에 머무는 달이 차야 복통을 느끼게 되니, 주변사람들은 너무 일찍부터 경거망동하여 산모를 두렵게 해서는 안 된다. 대개 임신부가 두려우면 기가 겁약해지고, 겁약

凡月數滿足, 方覺腹痛, 不可驚動太早, 令産母恐怖. 蓋恐則氣怯, 怯則上焦閉, 下焦脹, 氣乃不行以致難

---

281 《東醫寶鑑》, 위와 같은 곳.
282 《東醫寶鑑》, 위와 같은 곳 ;《婦人大全良方》卷16〈坐月門〉 "將護孕婦論", 444쪽.
283 《厚生訓纂》卷1〈育嬰〉(《壽養叢書》7, 18쪽).

해지면 상초가 막히고 하초가 팽창하니, 이 때문에 기가 운행되지 못해 난산이 된다. 이때는 급히 자소음(紫蘇飲)284을 복용하여 그 기를 누그러뜨려야 한다.《의학정전》285

출산에 임박해서는 시끄럽게 떠들어서는 안 된다. 또 죽이나 밥을 먹고서는 다른 사람이 부축해서 천천히 걷는데, 만약 걷지 못하겠으면 물건에 기대어 선다. 진통이 잦게 오고 출산에 임박한 증후가 나타난 다음에야 출산하기 위해 깐 자리에 앉고 최생약(催生藥, 분만촉진약)을 먹는데, 아이가 바로 산문(産門)286에 다다르길 기다렸다가 한 번 힘을 쓰면 자연스럽게 순산한다.《세의득효방》287

25) 산기가 있는 징후

임신부가 달이 차면 맥이 정상을 벗어난다
【 의학강목 】《난경(難經)288》에 "1번 호흡할 때 맥이 3번 뛰면 '정상을 벗어난 맥'이라 한다. 1번 호흡할 때 맥이 1번 뛰는 일 또한 그렇다."라 했다. 부인이

産. 急服紫蘇飲以寬其氣.《醫學正傳》

臨産, 不可喧鬧, 且進粥、飯, 令人扶策徐徐而行, 若不得行, 則凭物而立. 陣痛轉密, 産候將至, 然後坐草, 且進催生藥, 直待兒逼産門, 用力一下, 自然易産.《危氏得效方》

欲産候

妊婦月滿, 脈離經
【 醫學綱目 】《難經》云:"一呼三至曰'離經', 一呼一至, 亦曰'離經'." 婦人欲産者26,

---

284 자소음(紫蘇飲):《인제지(仁濟志)》권12〈부과〉"임신" '출산 전에 나타나는 여러 증상을 치료하는 법'에서는 임신부의 태기(胎氣)가 고르지 않고 위로 치밀어 올라 가슴이 부풀어 오르고 쑤시고 아픈 증상인 자현을 치료하기 위해서 자소음을 써야 한다고 소개하였다. 자소음의 제법은 다음과 같다. "차조기잎 0.25냥, 인삼·대복껍질[大腹皮, 빈랑과 나무의 껍질]·천궁·백작약·당귀 각 0.1냥, 감초 0.05냥. 이상의 약미들을 썬 뒤, 생강 4쪽, 총백 3줄기를 넣고 달여 복용한다."
285《東醫寶鑑》〈雜病篇〉卷10 "婦人" '保産'(《原本 東醫寶鑑》, 611쪽);《醫學正傳》卷7〈婦人科〉"胎前", 242쪽.
286 산문(産門):출산할 때 아이가 나오는 입구로, 여성 음부의 질구(膣口)를 말한다.
287《東醫寶鑑》, 위와 같은 곳;《世醫得效方》卷14〈産科兼婦人雜病〉"濟陰論", 577쪽.
288 난경(難經):중국 진(秦)나라의 편작(扁鵲, B.C. 407~B.C. 310)이 지은 의학서.《황제팔십일난경(黃帝八十一難經)》이라고도 한다. 81종의 병증에 대해 문답형식으로 이론과 치료법을 제시했다.
26 婦……者:《醫學綱目·婦人部·胎前症》에는 "脈經云, 婦人欲産者".

산기가 있으면 맥이 모두 정상을 벗어난다. 야반에 통증을 느끼면 한낮에 곧 출산한다[289]}.

복통으로 허리와 등까지 당기면 산기가 있는 것이다. 《맥경》[290]

척맥(尺脈)이 급하게 뛰어 마치 줄이 끊어지는 듯하거나 구슬이 굴러가는 듯하면 곧 출산한다. 《맥경》[291]

임신부의 배꼽과 배가 모두 아픈데다 허리까지 당기고 아파서 눈앞에 별이 보이면 이것은 태아가 뱃속에서 돌아 생긴 결과이다. 대개 신장은 허리에 매달려 있고, 자궁은 신장에 매달려 있기 때문이다. 《의학정전》[292]

임신부가 산달에 들어 복통이 있다가 그쳤다가 하는 증상을 '농통(弄痛)'이라 하는데, 정상적인 출산의 징후는 아니다. 또 배는 아프지만 허리가 그다지 아프지 않거나, 태아가 뱃속에서 높이 있고 아래로 내려오지 않거나, 항문[穀道]이 내밀고 나오지 않

脈皆離經, 夜半覺痛, 日中即生也}.

設腹痛引腰脊, 爲欲産也. 《脈經》

尺脈轉急, 如切繩轉珠者, 即産也. 同上

孕婦臍腹俱痛, 連腰引痛, 眼中生火, 此是兒轉. 蓋腎繫[27] 於腰, 胞繫[28] 於腎故也. 《醫學正傳》

孕婦入[29] 月, 腹痛或[30] 作或止, 名曰 "弄痛", 非正産之候. 或腹雖痛而腰不甚痛者, 胎高未陷下者, 穀道未挺迸者, 水漿未破血未

---

289 난경(難經)에⋯⋯출산한다 : 《醫學綱目》 卷35 〈婦人部〉 "胎前症" '臨産坐草法'.
290 《東醫寶鑑》 〈雜病篇〉 卷10 "婦人" '保産'(《原本 東醫寶鑑》, 611쪽) ; 《脈經》 卷9 〈平妊娠分別男女將産諸證〉, 173쪽.
291 《東醫寶鑑》, 위와 같은 곳.
292 《東醫寶鑑》, 위와 같은 곳 ; 《醫學正傳》 卷7 〈婦人科〉 "胎前", 242쪽.
[27] 繫 : 저본에는 "擊". 규장각본·《東醫寶鑑·雜病篇·婦人》에 근거하여 수정.
[28] 繫 : 저본에는 "擊". 규장각본·《東醫寶鑑·雜病篇·婦人》에 근거하여 수정.
[29] 入 : 《東醫寶鑑·雜病篇·婦人》에는 "八".
[30] 然後坐草⋯⋯腹痛或 : 오사카본에는 "안전하게 출산하는 법"의 마지막 기사 중간부분의 "然後坐草"부터 해당 기사의 "腹痛或"까지가 결락되어 있다.

거나, 양수[水漿]가 터지지 않아 피가 나오지 않거나, 양수와 피가 나오지만 배는 아프지 않은 경우는 모두 정상적인 출산의 징후가 아니다. 그러므로 우선 산모를 부축하고 걷게 하면서 통증을 꾹 참게 해야지 출산을 위해 깐 자리에 앉으면 안 된다.

태기(胎氣, 태아의 기운)가 아래로 푹 내려앉아 태아가 음호(陰戶, 산문)로 다다른 결과로 허리가 무거워지고 통증이 극심하여 눈앞에 별이 보이며, 항문이 내밀고 나오면 바로 그제서야 출산을 위해 깐 자리에 올라 힘을 쓴다.《부인양방》293

出者, 漿血雖出而腹不痛者, 皆非正産之候, 且令扶行熟忍, 不可坐草.

直待胎氣陷下, 子逼陰戶, 腰重痛極, 眼中生火, 穀道挺進, 方上草用力.《婦人良方》

26) 출산 징후 11종(11산후)

26-1) 정산(正産)

十一産候

正産

부인양방 294 달 수가 이미 찬 시기에 갑자기 배꼽과 배에 진통이 오고, 태아가 푹 내려앉으며, 양수가 흘러내리는 경우, 이때 한 번 힘을 힘껏 쓰면 아이가 마침내 나온다.

婦人良方 月數已滿, 忽然臍腹陣痛, 胎孕陷下, 漿水淋下, 用力一努, 其兒遂生.

26-2) 좌산(坐産)

坐産

부인양방 295 출산에 임박해서 임신부가 피곤하여 자리에 오래 앉아 있으면 태아가 산도[生路]를 막아 아래로 내려오질 못한다. 이때는 높은 곳에 수건을 걸고 산모가 잡아당기면서 가볍게 가볍게 발을 굽히

又 臨産, 孕婦疲倦, 久坐椅蓐, 兒抵生路, 不能下生, 當於高處, 懸弔手巾, 令産婦攀引, 輕輕屈足, 兒

293《東醫寶鑑》, 위와 같은 곳.
294《東醫寶鑑》〈雜病篇〉卷10 "婦人" '十産候'(《原本 東醫寶鑑》, 612쪽) ;《婦人大全良方》卷17〈産難門〉 "産難論", 쪽.
295《東醫寶鑑》, 위와 같은 곳.

면 아이가 순하게 나온다.

即順生.

26-3) 와산(臥産)

부인양방 [296] 산모가 위를 보고 누워 등을 자리에 붙이고 몸을 굽히지 않으면 태아가 길을 잃지 않아 저절로 쉽게 나온다.

臥産

又 産母臥定, 背平着席, 體不傴曲, 則兒不失其道, 自然易生.

26-4) 횡산(橫産)

의학정전 [297] 태아의 손이나 팔이 먼저 나온 경우 치료법으로는 산모가 위를 보도록 편히 눕히고 아이를 받을 사람이 먼저 천천히 천천히 아이를 밀어서 아래로 나온 손이나 팔을 정돈하고 곧게 위로 올라가게 해야 한다. 그런 뒤에 아이 받을 사람의 손을 산도에 넣어 가운데손가락으로 아이의 어깨를 매만져 위로 밀어서 위치를 바로 잡는다. 조금씩 손을 당기다가 아이의 귀를 잡고서 머리의 위치를 바로잡게

橫産

醫學正傳 兒先露手或臂者, 治法, 當令産母仰面安臥, 收生之人, 徐徐先推兒下截, 令直上沖, 通手以中指摩其肩, 推上而正之, 漸引手攀其耳, 令正頭. 候兒身正, 門路順, 却服催生藥, 安詳上草, 自然易産.

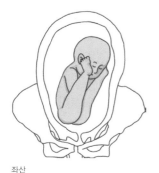
좌산

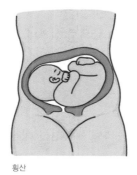
횡산

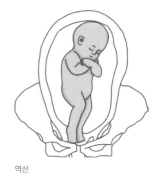
역산

296《東醫寶鑑》, 위와 같은 곳.
297《東醫寶鑑》, 위와 같은 곳 ;《醫學正傳》卷7〈婦人科〉"胎前", 242쪽.

한다. 아이의 몸이 바르게 자리잡아 산문과 산도가
순조로워지면 산모는 바로 최생약(催生藥)을 복용한
다. 평온한 상태로 출산하기 위해 깔아둔 자리에 오
르면 아이가 저절로 쉽게 나온다.

26-5) 역산(逆産)

의학정전 [298] 역산은 발이 먼저 나오는 출산이고,
좌산(坐産)은 엉덩이가 먼저 나오는 출산이다. 모두
출산할 때 너무 빨리 힘을 주었기 때문에 생긴 잘못
이다. 만약 손이나 다리가 먼저 나온 경우에는 가는
침으로 아이의 손바닥이나 발바닥의 가운데를 0.01
냥~0.02냥 깊이로 3~4번 찌른다. 그 위에 소금을
바른 뒤 가볍게 가볍게 들이민다. 아이가 아프고 놀
라서 한 바퀴 돌며 움츠리게 되는데, 이렇게 되면 순
조롭게 나온다.

　또 아이 다리가 먼저 나온 경우에는 이를 '도연화
생(蹈蓮花生, 연꽃을 밟고 태어난다)'이라 한다. 이때는 급
히 소금을 아이의 발바닥 가운데에 바르고 이어서
급히 발바닥을 긁는다. 아울러 소금으로 산모의 배
위를 문지르면 자연히 정산(正産)하게 된다.

逆産

又 逆産, 先露足也 ; 坐産
者, 先露臀也, 皆用力太早
之過也. 若手足先露者, 用
細針刺兒手足心, 入一二分,
三四次刺之, 以鹽塗其上,
輕輕送入, 兒得痛驚轉一
縮, 卽順生下.

又兒脚先生者, 謂之"蹈蓮
花生", 急以鹽塗兒脚心,
因急搔之, 倂以鹽摩母腹
上, 則自然正生矣.

26-6) 편산(偏産)

의학정전 [299] 아이 머리가 한쪽으로 치우쳐서 비록
산문에 가깝게 다다랐지만, 애초부터 정수리가 바

偏産

又兒頭偏柱一方, 雖逼近
産門, 初非露正頂, 止露額

298《東醫寶鑑》, 위와 같은 곳 ;《醫學正傳》卷7〈婦人科〉"胎前"'臨産須知', 243쪽.
299《東醫寶鑑》, 위와 같은 곳 ;《醫學正傳》卷7〈婦人科〉"胎前"'方法', 244쪽.

르게 나오지 않고 한쪽 이마 모서리만 나온 것이다. 치료법으로는 산모를 눕히고 아이를 받을 사람이 가볍게 가볍게 아이를 위쪽 가까이로 밀어올리고 손으로 머리를 바르게 한다. 아이의 정수리가 바로 산문을 향하도록 하고 한번 힘쓰면 아이가 내려온다. 또 아이 후두골이 항문쪽으로 치우쳐 있는 경우가 있다. 이때는 면옷을 불에 뜨겁게 쪼인 뒤에 손에 감아 급히 항문의 바깥 방향에서 천천히 천천히 밀어 조금씩 조금씩 위에 가까워지게 함으로써 머리를 바르게 한다. 그런 뒤 출산하기 위해 간 자리에 오르면 곧 출산한다.

角者. 治法[31], 令産母仰臥, 收生之人, 輕輕推兒近上, 以手正其頭, 令兒頭頂端正向産門, 一逼卽下. 又有兒頭後骨偏柱穀道者, 當以綿衣灸火, 令熱裹手, 急於[32]穀道外傍, 徐徐推之, 漸漸近上, 令頭正, 然後上草, 卽産.

26-7) 애산(礙産)

[의학정전] [300] 아이 머리가 비록 방향이 바르고 산문에 정수리가 이미 나왔어도 출산하지 못하는 경우는 아이가 돌때에 탯줄이 아이 어깨에 걸렸기 때문에 나오지 못하는 것이다. 치료법으로는 산모를 눕히고 아이를 받을 사람이 가볍게 가볍게 아이를 위쪽 가까이로 밀어 올린다. 천천히 천천히 아이 받을 사람의 손을 넣어 가운데손가락으로 아이의 양어깨를 누르면서 탯줄을 벗겨낸다. 그 뒤 아이 몸이 반듯해지고 나서 한 번 힘을 써서 내려보내면 곧 출산한다.

礙産

又 兒頭雖正, 産門已露其頂, 而不能生下者, 此因兒轉之時, 臍帶攀掛兒肩, 致不能生. 治法, 令産母仰臥, 收生之人, 輕輕推兒近上, 徐徐通手, 以中指按兒兩肩, 理脫臍帶, 候兒身正順, 用力一送, 卽産.

---

300 《東醫寶鑑》, 위와 같은 곳 ; 《醫學正傳》卷7〈婦人科〉"胎前"'礙産', 243쪽.
[31] 法 : 저본에는 "去". 오사카본·규장각본·《東醫寶鑑·雜病篇·婦人》·《醫學正傳·婦人科·胎前》에 근거하여 수정.
[32] 於 : 저본에는 "向". 《東醫寶鑑·雜病篇·婦人》·《醫學正傳·婦人科·胎前》에 근거하여 수정.

26-8) 반장산(盤腸産)

의학정전 [301] 임신부가 출산에 임박했을 때 임신부의 음문(陰門)이 먼저 나오고 아이가 따라 나오는 것이다. 치료법으로는 임신부의 정수리에 여성고(如聖膏)[302]를 붙이면 음문이 자연스럽게 수축되니, 그 다음 바로 물로 씻어낸다. 만약 음문 끝이 바람 때문에 말라서 음문이 몸속으로 들어가지 못하면 마도수(磨刀水)[303]를 미지근하게 하여 음문을 적셔주고, 좋은 자석탕(磁石湯, 자석 끓인 물) 1잔을 달여 산모가 마시면 음문이 자연스레 들어간다.

또 다른 법 : 따뜻한 물로 음문을 적신다. 산모를 눕혀서 편안하게 있게끔 말로 위로한다. 그리고 좋은 식초 0.5잔, 신급수(新汲水, 새로 길어온 물) 0.07냥을 섞어 급히 산모의 얼굴이나 등에 뿜으면 음문이 들어간다. 1번 뿜으면 1번 들어가고, 2번 뿜으면 2번 들어가니, 음문이 모두 들어갈 것이다.

【**안**】《인제지》〈부인과〉의 '음문이 빠져나온 증상'을 참고해 보라[304]】

盤腸産

又 孕婦臨産時, 子腸先出, 兒卽隨産. 治法, 頂上貼如聖膏, 自然收縮, 卽以水洗去. 如腸頭爲風吹乾, 不能收入, 以磨刀水微溫潤腸, 煎好磁石湯一杯, 産母飲之, 則其腸自收.

又法 : 以溫湯潤其腸, 令産母仰臥, 以言安慰, 却用好醋半盞、新汲水七分調和, 急噀産母之面或背則收. 每一噀一縮, 二噀二縮[33], 腸已盡收矣.

【**案**】與《仁濟志·婦科産》後陰脫參看】

301《東醫寶鑑》, 위와 같은 곳 ;《醫學正傳》卷7〈婦人科〉"胎前" '治盤腸産法', 244쪽.

302 여성고(如聖膏) :《인제지》권12〈임신〉"출산 후에 나타나는 여러 증상을 치료하는 법" '음문이 빠져나온 증상'에서 출산 후에 음문이 돌출되었을 때 외용으로 여성고를 정수리에 붙이라고 했다. 여성고의 제법은 다음과 같다. "파두 16개(껍질을 제거한 것), 아주까리씨 49알(껍질을 제거한 것), 사향 0.2냥을 진흙처럼 함께 흐물흐물하게 찧어 고(膏)를 만든다."

303 마도수(磨刀水) : 칼을 숫돌에 갈 때 생긴 물.

304 인제지……보라 :《인제지》권12〈부인과〉"임신" '출산 후에 나타나는 여러 증상을 치료하는 법' 참조.

[33] 二噀二縮 :《東醫寶鑑·雜病篇·婦人》·《醫學正傳·婦人科·胎前》에는 "三噀三縮".

26-9) 열산(熱産)

의학정전 305 출산에 임박했을 때가 한여름이면 산모는 깊고 그윽하면서도 고요한 방에 머물면서, 햇빛과 멀리 떨어진 곳에 있어야 한다. 그리고 창문을 열고 맑은 물과 깨끗한 얼음을 많이 준비하여 산모가 열이 나는 질환을 예방해야 한다.

26-10) 동산(凍産)

의학정전 306 추운 한겨울에 해산하면 방문을 꼭 닫고 방 안팎에 불을 지펴 항상 따뜻한 기운이 봄처럼 나게 한다. 이 상태로 하체를 두텁게 덮어 항상 따뜻하게 하여 난산을 면하게 해야 한다.

26-11) 상산(傷産)

의학입문 307 상산이란 출산해야 할 달을 지나서 출산한 것으로, 1~2년에서 3~4년이 지난 뒤에 출산하는 경우도 있다. 혹은 황급하게 너무 일찍 힘을 써서 양수가 먼저 터지고 패혈(敗血, 조직 사이에 몰려 있는 피)이 태아를 싸고 있는 채로 머물게 되는 경우로, 이때는 승금산(勝金散)308을 써야 한다. 혹은 신급수에 경묵(京墨, 송연먹)을 갈아 복용하면 먹이 아이를 감싸서 곧 나온다.

熱産

又 臨産時當盛暑, 宜居深幽靜室, 日色遠處, 開啓窓戸, 多貯淸水、照氷以防發熱之患.

凍産

又 嚴冬解産, 宜密閉房戸, 內外生火, 常令煖氣如春, 仍厚覆下體, 常使溫和, 免致難産.

傷産

醫學入門 傷産者, 過月而産, 有經一二年, 至三四年而産者, 或倉皇用力太早, 漿水先下, 敗血裏住, 宜用勝金散, 或新汲水磨京墨服之, 墨裏兒卽出.

---

305 《東醫寶鑑》, 위와 같은 곳.
306 《東醫寶鑑》, 위와 같은 곳.
307 《東醫寶鑑》, 위와 같은 곳.
308 승금산(勝金散) : 《인제지(仁濟志)》 권12 〈임신〉 "탕액"에서 소개한 승금산의 제법은 다음과 같다. "난산을 치료한다. 염두시 1냥을 푸른 베에 싸서 태우고 사향 0.1냥을 넣는다. 이상의 약미들을 가루 낸 뒤, 저울추를 붉게 달구어 담금질한 술에 0.1냥씩 타서 복용하면 매우 효과가 좋다."

27) 달을 넘겨 태어나는 경우

달을 넘겨 태어나는 경우 부귀하고 장수하며, 달을 채우지 못하고 태어나는 경우 빈천하고 요절한다.《의학입문》[309]

28) 산후조리법

일반적으로 출산이 끝나면 성별이 아들인지 딸인지에 따라 곧바로 기뻐하거나 미워해서는 안 된다. 바로 누워서도 안 되고, 또 눈을 감고 앉았다가 잠시 지나고 나서야 침상을 잡을 수 있다. 이때 자세는 책상다리하고 앉아야 하며, 아직 발을 뻗어 침상 머리에 높이 기대서는 안 된다. 때때로 사람을 시켜 손으로 가슴부터 배꼽 아래까지 문지르게 하여 오로(惡露)[310]가 뭉치지 않게 한다. 이렇게 3일 한 뒤라야 그친다. 너무 많이 자게 해서는 안 되니, 많이 자면 산모를 자주 불러 깨워야 한다.

혹은 건칠기(乾漆器)[311]를 태워서 그 냄새를 식초 냄새와 함께 산모의 입과 코에 쏘여 혈역(血逆)[312] · 혈미(血迷)[313] · 혈훈(血暈)[314]과 같은 질환을 예방한다. 여름에는 방문 밖에서 벽돌을 구운 다음 벽돌에 식초를 적셔 방 안에 둔다. 방 안에 불을 피워 죽을 끓

論延月産

延月而生者, 富貴而壽 ; 月不足者, 貧賤而夭.《醫學入門》

産後將理法

凡生産畢, 不可因男女輒喜惡, 不得便臥, 且宜閉目而坐, 須臾方可扶上床, 宜盤膝而坐, 未可伸足, 高倚床頭, 時令人以手從心搫至臍下, 使惡露不滯, 如此三日方止. 不可令多臥, 多臥, 頻要喚醒.

或燒乾漆器, 幷醋氣, 蒸薰口鼻以防血逆、血迷、血暈之患. 夏月, 仍於房門外燒磚, 以醋沃之, 置於房中. 房中不得放火以煮粥煎

309《東醫寶鑑》〈內景篇〉卷1 "身形" '胎孕之始'(《原本 東醫寶鑑》, 72쪽).
310 오로(惡露) : 출산한 뒤 1~2주일 동안 자궁 및 질에서 배출되는 분비물.
311 건칠기(乾漆器) : 나무나 진흙으로 그릇의 틀을 만들고 그 위에 삼베를 덮고 옻칠을 바르는 과정을 여러 차례 반복한 뒤 틀을 제거하여 만든 그릇.
312 혈역(血逆) : 어혈이 위장에 뭉쳐 심장 아래가 그득하고 음식을 먹으면 토하는 증상.
313 혈미(血迷) : 출산을 하면서 정신을 잃는 증상.
314 혈훈(血暈) : 피를 많이 흘려 어지러운 증상.

이거나 약을 달여서는 안 된다. 《후생훈찬》315

분만 후에는 잠시 뒤에 흰죽 1가지만을 먹되 너무 배부르지 않게 자주 조금씩 준다. 여기에 때때로 동변 1잔을 따뜻하게 마신다. 《후생훈찬》316

출산 후에 바로 술을 주면 안 된다. 산모는 장부가 한창 허하므로 뜨거운 성질의 술이 배에 들어가면 반드시 정신이 혼미해진다. 7일 후에야 비로소 술을 조금 주면 풍사(風邪, 나쁜 바람 기운)를 막고, 혈기를 기르며, 악기(惡氣)를 내리고, 맥과 기를 잘 돌게 한다. 《후생훈찬》317

출산 후에는 뜨거운 성질의 약이나 뜨거운 밀가루음식 먹는 일을 금한다. 또 암내가 나는 사람과 만나서는 안 된다. 《후생훈찬》318

오로가 다 나오기 전에 시거나 짠 음식을 먹으면 온몸에 혈색이 없고, 복통이 있으며, 한열(寒熱)이 발생한다. 《후생훈찬》319

藥.《厚生訓纂》

分娩後, 須臾食白粥一味, 勿太飽, 頻頻少與之. 仍時與童便一盞, 溫飮之. 同上

纔産, 不得與酒, 産母臟腑方虛, 熱酒入腹, 必致昏悶. 七日後, 方進些酒, 可以辟風邪, 養血氣, 下惡氣, 行脈氣也. 同上

産後, 忌食熱藥、熱麵, 且不可見狐臭人. 同上

惡露未止, 食酸鹹之物, 遍體無血色, 腹痛, 發寒熱. 同上

---

315 《厚生訓纂》卷1 〈育嬰〉 《壽養叢書》 7, 18~19쪽).
316 《厚生訓纂》卷1 〈育嬰〉 《壽養叢書》 7, 19쪽).
317 《厚生訓纂》卷1 〈育嬰〉 《壽養叢書》 7, 19~20쪽).
318 《厚生訓纂》卷1 〈育嬰〉 《壽養叢書》 7, 20쪽).
319 출전 확인 안 됨.

29) 태반을 감춰두는 법

태반은 천덕(天德)·월덕(月德)의 길방(吉方, 길한 방위)에 깊이 묻어 단단히 다져야 한다.[320] 이렇게 하면 사내아이가 장수하게 된다. 만약 돼지나 개가 태반을 먹으면 아이가 전광(顚狂)[321]에 걸리게 되고, 곤충이나 개미가 먹으면 아이가 창선(瘡癬)[322]에 걸리게 되고, 까마귀나 까치가 먹으면 아이가 잘못되어 죽게 되고, 불 속에 버리면 아이가 창란(瘡爛)[323]에 걸리게 된다. 사당·냇가·우물이나 부뚜막·길가 근처에 묻는 것은 모두 금한다. 최행공(崔行功)[324] 《소아방(小兒方)[325]》[326]

세속에서 통용되는 법 중에 태반을 태우거나, 돼지에게 먹이거나, 남이 약 쓰는 데 준다거나 하는 경우가 있는데, 이는 모두 불길하다. 태반은 술이나 맑은 물로 대략 씻어내고 새 항아리 안에 담은 다

藏胞衣法

胎衣, 宜藏于天德、月德[34]吉方深埋緊築, 令男長壽. 若爲猪、狗食, 令兒顚狂;蟲蟻食, 令兒瘡癬;烏鵲食, 令兒惡死;棄于火中, 令兒瘡爛. 近于社廟、流[35]水、井竈、街巷, 皆有所禁. 崔氏《小兒方》

俗法, 胞衣或焚火, 或飼猪, 或與人入藥用, 皆不吉. 酒或淸水略洗, 盛新缸內, 入古錢一文, 勿令沙土、

---

320 천덕(天德)·월덕(月德)의……한다 : 덕(德)이란 태양이나 달의 정기를 받아들여 흉사를 없애고 길사를 취하는 일로, 산달에 맞게 천덕과 월덕이 있는 방위를 택하여 태반을 묻어야 한다는 말이다. 각 달별로 천덕·월덕이 있는 방위는 다음과 같다.

	1월	2월	3월	4월	5월	6월	7월	8월	9월	10월	11월	12월
천덕(天德)	정(丁)	곤(坤)	임(壬)	신(辛)	건(乾)	갑(甲)	계(癸)	간(艮)	병(丙)	을(乙)	손(巽)	경(庚)
월덕(月德)	병(丙)	갑(甲)	임(壬)	경(庚)	병(丙)	갑(甲)	임(壬)	경(庚)	병(丙)	갑(甲)	임(壬)	경(庚)

321 전광(顚狂) : 정신을 제대로 차리지 못하고 미친 듯한 증상.
322 창선(瘡癬) : 피부 겉면이 짓무르지 않고 메마른 상태로 부스럼이 생기는 피부병.
323 창란(瘡爛) : 피부가 헐고 문드러지는 피부병.
324 최행공(崔行功) : ?~674. 중국 당(唐)나라의 의학가. 당 고종 때 의술을 가르쳤다. 저서로 《최씨찬요방(崔氏纂要方)》·《천금비요비극방(千金秘要備極方)》 등이 있다.
325 소아방(小兒方) : 최행공이 편찬한 소아의 병증 치료와 관련된 책으로 보인다. 나머지 정보는 미상.
326 《本草綱目》卷52 〈人部〉 "人胞", 2964쪽.
[34] 德 : 《本草綱目·人部·人胞》에는 "空".
[35] 流 : 《本草綱目·人部·人胞》에는 "汚".

음 오래 된 동전 1닢[一文]을 넣는다. 이때 모래흙이 나 짚 검불 같은 것이 섞이지 않게 한다. 푸른 베로 항아리 아가리를 싸고 그 상태에서 적당한 물건으로 그 위를 단단히 막아 덮는다. 3일 후에 양지 바르면서 높고 건조한 땅을 골라 2척 남짓 파서 항아리를 묻은 뒤 흙으로 단단히 채우면 아이가 장수하게 한다.

만약 함부로 대충 감춰뒀다가 개나 돼지, 곤충이나 개미가 먹게 되면 불길하다. 항아리는 약간 크고 평온한 느낌이 있어야 한다. 항아리가 협소하면 아이가 젖을 토하고, 평온하지 않으면 아이가 잘 놀랜다. 일반적으로 우물이나 부뚜막·사당·냇가는 모두 태반을 묻기에 적합하지 않다.《증보산림경제》[327]

草垢雜之. 用靑布包口, 仍以物密蓋其上. 三日後, 擇向陽高燥之處, 入地二尺餘, 埋之, 築實其土, 令兒長壽.

若藏之不謹, 爲狗豕、蟲蟻所食則不吉. 其缸用稍大平穩, 若狹小則兒吐乳, 不平穩則兒多驚. 凡井竈、神廟、流水之處, 俱不[36]宜埋.《增補山林經濟》

327《增補山林經濟》卷13〈求嗣〉上 "藏胞衣法"(《農書》4, 461~462쪽).
[36] 不:《增補山林經濟·求嗣·藏胞衣法》에는 없음.

2. 육아

育嬰

1) 총론

젖먹이[嬰兒, 영아]는 천진(天眞, 선천의 정기)이 나누어
지지 않는 상태이고, 금기할 음식을 범하지도 않았
다. 그런데도 요절하는 데까지 이르게 되었다면 이
는 부모의 잘못이다.

부모 중에는 혹 양기가 성하여 음기가 손상되거
나, 음기가 성하여 양기가 손상되거나, 칠정(七情)[1]
이 안에서 울결되거나, 팔사(八邪)[2]가 밖에서 침습하
거나, 어미가 태한(胎寒)[3]으로 인해 난약(煖藥)[4]을 복
용하거나, 아비가 음위(陰痿, 발기부전)로 인해 단약(丹
藥)[5]을 먹거나, 태원(胎元)[6]이 들어찼는데도 음욕을
그치지 않는 경우가 있다. 이러면 꽃의 받침이 상하
여 열매가 부실해지는 상태와 같게 된다.

출산 후에는 아이가 선천적으로 타고난 기운이
겁약한데, 조양(調養, 조리하고 길러줌)을 또 제대로 해

總論

嬰兒之流, 天眞未剖, 禁忌
飮食又無所犯, 有至夭折
者, 此父母之過也.

爲父母者, 或陽盛陰虧, 或
陰盛陽虧, 或七情鬱於內,
或八邪襲於外, 或母因胎
寒而餌煖藥, 或父因陰痿
而餌丹藥, 或胎[1]元旣充,
淫慾未已, 如花傷蒂, 結子
不實.

旣産之後, 稟賦怯弱, 調養
又失其宜, 驕惜太過. 睡思

---

1 칠정(七情) : 사람의 7가지 감정. 희(喜)·노(怒)·애(哀)·락(樂)·애(愛)·오(惡)·욕(欲).
2 팔사(八邪) : 병을 일으키는 8가지 사기(邪氣). 풍사(風邪)·한사(寒邪)·서사(暑邪)·습사(濕邪)·기사(饑
邪)·포사(飽邪)·노사(勞邪)·일사(逸邪).
3 태한(胎寒) : 임신부가 찬 음식을 잘못 먹거나 풍한사(風寒邪)를 받아 태동(胎動)이 불안해진 증상.
4 난약(煖藥) : 몸을 따뜻하게 하는 약.
5 단약(丹藥) : 단사(丹砂) 등 광물성 약재로 만든 약.
6 태원(胎元) : 태아를 자라게 하는 원기, 혹은 태반.
[1] 胎 : 저본에는 "産". 《三元延壽參贊書·人說》에 근거하여 수정.

주지 못하고 아이를 아끼는 마음만 용감할만큼 과도하다. 아이는 이미 졸린 상태인데 오히려 먹을 것을 계속해서 주거나, 방에 불을 때서 이미 따뜻한데도 오히려 두터운 이불을 여러 겹으로 덮어주거나, 등을 어루만지고 옷을 여며주면서 풍사(風邪)가 몸 안에서 생기게 하거나, 사물을 가리키며 벌레라 하여 놀래키면서 장난하거나, 아이를 위태롭게 앉혀 놓고 아이 잡은 손을 놓아서 아이를 기뻐 웃게 하려 하거나, 옆구리를 손으로 심하게 간지럽히거나, 북을 우레같이 두드리고는 또 귀를 막게 하거나, 잠을 너무 많이 자도 일찍 깨우지 않거나, 음식을 과식해도 나무라며 제지하지 않거나, 잠잘 때 바람을 맞게 하거나, 자기가 귀신이라며 놀래키는 등 이런 일이 한둘이 아니다.

既濃, 尚令咀嚼；火閣既煖, 猶厚衾重覆, 撫背拍衣, 風從內作；指物爲蟲, 驚因戲謔；危坐放手, 欲令喜笑；肋脇指䐈, 雷鳴擊鼓, 且與掩耳；眠臥過時, 不令早起；飮食飽飫[2], 不與戒止；睡臥當風, 恐嚇神鬼, 此等不一.

　부모는 이미 저질렀던 이런 일들을 계기로 삼아 잘 반성해야 한다. 그러면 후사가 널리 퍼지고 함께 장수할 것이다. 《삼원연수참찬서》[7]

父母因是而鑑之, 則後嗣流芳而同壽矣.《三元延壽書》

　아이 기르는 10가지 방법(양아10법)은 다음과 같다.
① 등은 따뜻하게 해야 한다.
② 배는 따뜻하게 해야 한다.
③ 발은 따뜻하게 해야 한다.
④ 머리는 서늘하게 해야 한다.
⑤ 가슴은 서늘하게 해야 한다.
⑥ 괴상한 걸 보여주지 말아야 한다.

養兒十法：
一要背煖.
二要肚煖.
三要足煖.
四要頭涼.
五要心胸涼.
六要勿見怪物.

7　《三元延壽參贊書》卷1〈人說〉(《中華道藏》23-71, 734쪽).
[2]　飫 : 저본에는 "〈食+於〉".《三元延壽參贊書·人說》에 근거하여 수정.

⑦ 비위는 항상 따뜻하게 해야 한다.

七要脾胃常溫.

⑧ 울음을 그치고 진정하기 전에 젖을 바로 먹이지 말아야 한다.

八啼未定, 勿便飮乳.

⑨ 경분(輕粉)[8]·주사를 먹이지 말아야 한다.

九勿服輕粉、朱砂.

⑩ 목욕을 적게 시켜야 한다. 《의학입문》[9]

十少洗浴.《醫學入門》

일반적으로 3~5개월 된 젖먹이는 반드시 돌보는 사람이 포대기에 싸서 귀하게 다뤄 제대로 기르도록 해야 한다. 봄·여름과 같은 경우는 만물이 생장하는 때이니, 아이를 수시로 땅에 눕혀야 한다. 가을·겨울과 같은 경우는 만물을 거두어들이는 때이니 아이가 온화한 곳에 가도록 해야 한다. 이처럼 계절의 기운을 거스르지 않은 뒤라야 혈이 편안하고 기가 강건하여 온갖 병이 어디에서도 들어올 수 없게 된다. 《후생훈찬》[10]

凡嬰兒三五月, 必待人褓褓, 貴順適其宜. 如春夏, 乃萬物生長之時, 宜時時放令地臥, 如秋冬, 萬物收藏之時, 宜就溫和之處. 使不逆歲氣, 然後血寧氣剛, 百病無自而入.《厚生訓纂》

자식 키울 때는 잘 돌봐야 하니,

養子須調護,

늘 지켜보며 마음 놓지 말아야 하네.

看承莫縱弛.

젖 과식하면 결국 위를 상하고,

乳多終傷胃,

음식이 막히면 비장을 상하리라.

食壅則傷脾.

옷 두껍게 입히면 이익 아니고,

被厚非爲益,

홑옷이라야 바로 알맞네.

衣單正所宜.

바람 없는 날 꼭 햇빛 보게 하고,

無風須見日,

---

8 경분(輕粉) : 수은을 가공하여 만든 광물성 약재. 강한 독성이 있다.
9 《東醫寶鑑》〈雜病篇〉卷11 "小兒" '小兒保護法'(《原本 東醫寶鑑》, 633쪽) ;《醫學入門》卷5〈小兒門〉"乳子調護", 845쪽.
10 《厚生訓纂》卷1〈育嬰〉(《壽養叢書》7, 11쪽).

차게 하거나 덥게 하는 일은 천시에 따르면 되리니. 寒暑順天時.
《소아조호가(小兒調護歌)》11》12 《小兒調護歌》

가난한 집에서 아이 키우는 일이 부잣집에서보 貧家之育子, 雖薄於富家,
다는 부족하지만 어린아이를 온전히 기르는 점에서 其成全小兒, 反出於富家之
는 부잣집에서의 애지중지보다 오히려 낫다. 右.

어린아이 기르는 이치와 우연히 맞아 떨어지는 其暗合育子之理者, 有四 :
부분에는 다음의 4가지가 있다. 옷을 얇게 입고, 담 薄衣淡食, 少慾寡怒, 一也.
백하게 먹으며, 욕심이 적고, 잘 성내지 않는 것이 無財少藥, 其病自瘥, 不爲
첫 번째이다. 돈이 없어 약을 적게 쓰기 때문에 병 庸醫熱藥所攻, 二也. 在
이 저절로 치유되니, 돌팔이 의원들이 처방한 열약 母腹中, 其母作勞, 氣血
(熱藥)에 상하지 않는 것이 두 번째이다. 엄마 뱃속에 動用, 形得充實, 三也. 母
있을 때 그 어미가 노동을 하므로 태아의 기혈이 움 旣作勞, 自易生產, 四也.
직여 신체가 충실해지는 것이 세 번째이다. 어미가 《圖書集成》
노동을 하므로 자연스럽게 순산하는 것이 네 번째
이다. 《고금도서집성(古今圖書集成)》13

너무 더우면 아이가 풍(風)이 생기고, 너무 배부 熱則生風, 飽則生積. 雖曰
르면 적(積)14이 생긴다. 비록 말로는 사랑한다고 하 愛之, 其實害之. 諺云“若
지만 실제로는 아이에게 해를 주는 것이다. 속담에 小兒安, 常受三分饑與寒”,
“어린아이가 무탈하려면 항상 3할은 배고프고 추워 勿令太飽、太煖之意也. 同
야 한다.”라 하니, 너무 배불리거나 너무 따뜻하게 하 上

---

11 소아조호가(小兒調護歌) : “어린아이를 조리하고 보호하는 노래”라는 의미이다. 《동의보감》에는 조호가의
   출전이 《의학입문》으로 되어 있으며, 《의학입문》에는 따로 출전이 적혀 있지 않은 채로 수록되어 있다.
12 《東醫寶鑑》, 위와 같은 곳 ; 《醫學入門》卷5〈小兒門〉“乳子調護”, 845쪽.
13 《古今圖書集成醫部全錄》卷402〈小兒初生護養門〉“儒門事親”‘過愛小兒反害小兒說’(《古今圖書集成醫部
   全錄》10, 25쪽).
14 적(積) : 적취(積聚)의 하나. 뱃속에 덩어리가 뭉쳐 통증이 있는 증상.

지 말라는 뜻이다. 《고금도서집성》[15]

일반적으로 아이를 키우는 법은 음식이 거칠고 정미하든 따뜻하고 차갑든 가리지 말되, 다만 맘껏 과식하지만 않게 한다. 또 의복은 두껍고 얇은 옷을 가리지 말되 다만 지나치게 사치스럽지만 않게 한다. 놀이는 하고 싶은 대로 하게 하되 다만 잠잘 때 반드시 바람을 피하게 하면 된다.

또 병이 와도 설사·이질·경풍(驚風)[16]·풍단(風丹)[17]·두진(痘疹, 두창과 마진) 및 모든 교상(咬傷)[18]·타박상·급성병 같은 종류가 아니면 모두 굳이 일일이 약을 써서 치료하지 않아도 된다. 대개 어린아이의 탈장에 오래도록 약을 쓰면 비단 진기(眞氣)를 손상할 뿐 아니라 나중에 급한 병에 걸리면 비록 약을 써서 치료하고 싶어도 효과를 보기 어렵게 된다. 그러므로 어린아이를 키우는 법은 탐탁지 않게 여겨서 내버리듯 하되 아이에게 절제시키고 억제하는 조치를 약간만 가할 따름이다. 《증보산림경제》[19]

凡養兒之法, 飮啖不擇精粗、溫冷, 而但毋令恣意過量;衣服不擇厚薄, 而但毋令侈美;游戲任其所欲, 而但睡必避風可也.

且病非泄瀉、痢疾、驚風、風丹、痘疹及諸咬傷、墮撲、急疾之類, 皆不必一一藥治. 蓋小兒腸脫, 久以藥石加之, 則非但損其眞氣, 日後若有非常之疾, 雖欲藥治, 亦難取效. 故養兒之法, 視若等棄, 略加節抑耳.《增補山林經濟》

2) 아이 관상 보는 법

대개 어린아이는 얼굴로 관상을 확인할 수가 없으니, 이는 나중에 바뀌는 곳이 있을까봐 걱정되기

相兒法

大槪小兒不可以面上爲驗, 恐後來有改換之處. 難看

---

15 《古今圖書集成醫部全錄》卷402 〈小兒初生護養門〉 "育嬰家秘" '鞠養以愼其疾'《古今圖書集成醫部全錄》 10, 30~31쪽).

16 경풍(驚風) : 몸이 뻣뻣하게 굳고 발작하며 정신을 잃는 증상.

17 풍단(風丹) : 단독(丹毒)의 하나. 피부에 흰반점이 생겼다가 물집이 잡히고 터져 진물이 흐르는 증상.

18 교상(咬傷) : 벌레나 뱀 등에 물려 생긴 상처.

19 《增補山林經濟》卷13 〈求嗣〉下 "養兒總論"《農書》4, 476쪽).

때문이다. 따라서 얼굴에서 귀천을 보기는 어렵고 단지 신(神)·색(色)·기(氣)·육(肉) 4가지를 보면 빼어난 점이 있다.

貴賤, 只看神、色、氣、肉, 四件爲妙.

일반적으로 어린아이의 이마·코 및 지각(地閣)은 얼굴의 3정(三停)[20]으로, 태어날 때 이미 이루어지고 단지 광대뼈만 아직 완전히 이루어지지 않은 상태이다. 3정이 올바르게 자리잡았는가가 가장 중요하고, 3정균형이 무너지지 않은 상이 아주 좋다.

凡小兒額、鼻及地閣, 乃面部三停[3], 出胎已成, 獨顴骨還未成, 最要三停中正, 不塌[4]爲上.

만약 이마가 높으면 아이는 복과 이익이 많고 재액이 적으며 잘 큰다. 코가 높으면 큰 인재가 되고 잘 큰다. 지각(地閣)은 곧 아래턱으로, 아래턱이 모난 듯하면서도 둥글고, 솟아오른 듯하면서 채워진 모양이면 주로 큰 부자가 된다. 만약 3정 중에 어느 한 곳이라도 제대로 모양이 갖추어지지 않았으면 기르기 어려워 크게 되지도 않고 비록 크게 길렀다 해도 역시 가산을 탕진하는 자식이 된다.

如額高, 多福利, 少[5]災, 好養. 鼻高, 成大器, 好養. 地閣是頦, 方圓隆滿, 主有大富. 如一處不成者, 難養不大, 雖養大, 亦是敗子.

이마가 낮으면 부모를 방해하고, 코가 꺼지면 조상을 망친다. 턱이 뾰족하게 깎이면 평생 곤궁하다. 《고금도서집성》[21]

額低, 妨父母 ; 鼻陷, 敗祖. 基刻削, 一生窮困. 《圖書集成》[6]

---

20 3정(三停) : 얼굴을 상부(이마 끝부터 양쪽 눈썹 사이)·중부(양쪽 눈썹 사이부터 인중)·하부(인중부터 턱 끝) 3부로 나눈 것을 말한다.

21 출전 확인 안 됨 ;《柳莊相法》卷上〈次看五官誠恐後來更改〉《袁柳莊先生神相全編》(국립중앙도서관 古 1490-21-1), 29쪽) ;《柳莊相法》卷上〈先言三岳乃出胎腹所成〉《袁柳莊先生神相全編》(국립중앙도서관 古1490-21-1), 29쪽).

[3] 停 :《柳莊相法·先言三岳乃出胎腹所成》에는 "岳".

[4] 塌 : 저본에는 "搨".《柳莊相法·先言三岳乃出胎腹所成》에 근거하여 수정.

[5] 少 : 저본에는 "小". 오사카본·《柳莊相法·先言三岳乃出胎腹所成》에 근거하여 수정.

[6] 圖書集成 : 오사카본에는 이 기사가 쓰인 곳 윗부분에 "서명은 더 고찰해보아야 한다(書名俟考)"라는 가필이 있다. 실제로 아래에 이어지는《고금도서집성》출전 기사들의 내용이《고금도서집성》에서 확인되지 않고,《유장상법(柳莊相法)》등에서 확인된다.

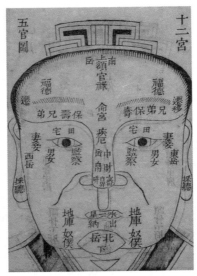

오관도(五官圖)(《袁柳莊先生神相全編》국립중앙도서관본)

일반적으로 어린아이의 머리가 작으면 결코 온전히 크지 못한다. 뾰족하면 대개 인재가 되지 못한다. 그러므로 정수리는 평평한가를 판단 기준으로 삼아야 한다. 눈썹이 옅으면 장수하지 못한다. 어른은 눈썹이 옅은 게 낫고 어린아이는 눈썹이 진한 게 낫다. 피부가 부드러우면 잘 크지만, 피부가 건조하여 당기면 성질도 급하고 주로 기르기도 어려워 이런 아이는 수명의 1/10도 살지 못한다. 《고금도서집성》[22]

목소리가 맑고, 용모가 온화하고, 오관(五官)[23]이 바르고, 눈이 별처럼 반짝이면 귀해진다. 피부와 살

凡小兒頭小, 必不成人 ; 尖者, 大來不成器, 故要頂平爲主. 眉輕無壽. 大人欲眉輕, 小兒欲眉重. 皮寬者, 好養 ; 皮急者, 性亦急, 亦主難養, 十無一生. 同上

聲响喨, 貌溫和, 五官正, 眼如星, 貴. 皮肉寬厚, 福

22 출전 확인 안 됨 ;《柳莊相法》卷上〈小兒頂平眉重皮寬可言好養〉《袁柳莊先生神相全編》(국립중앙도서관 古1490-21-1), 30~31쪽).
23 오관(五官) : 눈·코·귀·혀·피부로, 오감을 담당하는 기관을 말한다.

이 부드럽고 두터우면 복을 누리고 오래 살며, 피부가 건조하여 당기고 뜨면 가난하고 요절한다. 목소리가 맑고 울리면 부모를 이롭게 하지만, 목소리의 기운이 거칠면 장수하지 못한다. 눈썹이 높이 올라가고 귀가 반듯하면 총기 있고 준수하며, 눈썹이 처지고 귀가 아래로 처지면 대부분 중이나 도사가 된다. 이마가 넓고 눈썹 사이가 넓으면 아비의 복을 받는다. 콧잔등이 높으면 가업을 이룬다. 《고금도서집성》[24]

아이의 눈썹이 높이 올라가고 귀가 두터우면 복을 받고, 이마가 넓고 뺨이 둥글면 귀해진다. 대개 돌 이전에는 신체가 맑고 바르며 기(氣)가 충만하고 신(神)이 건강하기 마련이지만, 만약 이런 요소들이 부족하다면 치우쳐져서 격(格)을 갖추지 못한다. 머리가 둥글면 장수하고, 입이 넓으면 가난하지 않는다. 피부가 두터우면 장수하고, 뼈가 약하면 평안히 영화를 누리지 못한다.

이마가 깎이고 귓바퀴가 어두우면 젊어서 대부분 곤궁하고, 코뿌리가 푹 꺼져 있고 눈썹이 처지면 집안 재산을 지키기 어렵다. 귀가 뒤집히고 눈썹이 처지면 글공부할 필요가 없고, 귀가 바르고 눈동자가 맑으면 공적과 명예를 이룬다고 말할 수 있다. 목소리가 째지고 안색이 어두우면 실패할 상이고, 목

壽；皮急皮浮, 貧夭. 聲清音响, 則利父母；聲氣粗, 不壽. 眉高耳正, 聰俊；眉低耳低, 多是僧道. 額廣印寬, 受父福. 鼻柱梁高, 成家. 同上

眉高耳厚, 福；額廣顴圓, 貴. 大概未歲[7]前, 宜身清體正, 氣足神壯, 如薄則[8]偏不成格. 頭圓, 壽；口闊, 不貧寒. 皮厚, 壽；骨弱, 不得安榮.

額削, 耳輪暗, 少年多困；山根陷, 眉低, 難守家財. 耳反眉低, 不須問讀；耳正睛清, 可言[9]功名. 聲破色暗, 破敗；聲清色明, 興旺之兆. 同上

---

24 출전 확인 안 됨；《柳莊相法》卷中〈凡小兒骨格未成可看得貴賤〉(《袁柳莊先生神相全編》(국립중앙도서관 古1490-21-2), 25쪽).

[7] 歲：《柳莊相法·凡小兒骨格未成可看得貴賤》에는 "十歲".

[8] 則：《柳莊相法·凡小兒骨格未成可看得貴賤》에는 "如".

[9] 言：저본에는 "許".《柳莊相法·凡小兒骨格未成可看得貴賤》에 근거하여 수정.

소리가 맑고 안색이 밝으면 번창하고 왕성할 조짐이
다.《고금도서집성》[25]

    어린아이의 관상을 보는 법에는 신(神)·혈(血)·기
(氣)·뼈·피부가 중요하다. 대개 신은 맑아야 하고,
혈은 밝아야 하고, 기는 조화로워야 하고, 뼈는 단
단해야 한다【어린아이의 뼈는 단단해야 하고 어른
의 뼈는 유연해야 한다】. 피부는 신하이고 뼈는 군
주이니, 군신(君臣)이 짝해야 하므로 피부와 뼈는 서
로 고르게 어울려야 한다. 피부가 얇아 뼈가 튀어나
와 있으면 나이가 어려서 죽고, 피부가 두꺼워 보이
는 뼈가 적으면 나이가 어려서 죽는다. 이 5가지 중
1개라도 있는 경우 그 아이는 빈곤하지 않으면 요절
한다.《고금도서집성》[26]

相小兒法, 要神、血、氣、
骨、皮. 蓋神欲淸, 血欲明,
氣欲和, 骨欲硬【小兒骨欲
硬, 大人骨欲軟】. 皮爲臣,
骨爲君, 君臣要配, 皮骨欲
均. 皮薄骨高, 少年死；皮
厚骨少, 少年亡. 此五者有
一, 非貧則夭. 同上

    어린아이는 먼저 몸이 바르고 곧으며 기상이 씩
씩한가를 본다. 그렇다면 이것은 큰 인재가 될 관상
이다. 몸이 두터우면 장수하고 박하면 복이 적다.
하늘[天, 이마]이 깎이면 몸이 상하고 땅[地, 턱]이 깎
이면 빈천하다. 눈동자가 황색이면 우둔하고 코가
작으면 가산을 크게 탕진한다. 두상이 한쪽만 튀어
나오면 인재가 되지 못하고, 귀가 아래로 처지고 뒤

小兒先相形體正直, 氣像
昂然, 此乃大成. 厚者, 有
壽；薄者, 少福. 天削, 形
[10]傷；地削, 貧賤. 睛黃,
愚頑；鼻小, 大敗. 頭偏
尖, 不成器；耳低反, 必小
學[11].

25 출전 확인 안 됨 ;《柳莊相法》卷中〈凡小兒骨格未成可看得貴賤〉《袁柳莊先生神相全編》(국립중앙도서관
   古1490-21-2), 25~26쪽).
26 출전 확인 안 됨 ;《柳莊相法》卷上〈三歲定八十〉《袁柳莊先生神相全編》(국립중앙도서관 古1490-21-1),
   26쪽).
[10] 形 :《柳莊相法·人從少長先觀童相爲先骨格未成五嶽六府三停可定》에는 "刑".
[11] 小學 :《柳莊相法·人從少長先觀童相爲先骨格未成五嶽六府三停可定》에는 "窮途".

집히면 반드시 배움이 적다.

눈썹이 처지면 대부분 중이나 도사가 되고, 귀가 처지면 반드시 어려운 처지가 된다. 신기(神氣)가 흩어지면 대부분 행동이 거칠고 음란하다. 어린아이 일생을 점칠 때는 오로지 두상을 판단 근거로 삼는다. 천정(天停, 머리카락과 접한 이마 끝부터 양쪽 눈썹과의 사이)이 좋지 않으면 일생이 신통치 않고 일을 이루지 못한다. 사람들은 이를 가볍게 넘겨도 좋다고 말하지만 이것이 바로 도를 어지럽히는 것이다. 《고금도서집성》[27]

부모를 방해하는 관상 : 어린아이의 머리카락이 처지면 아비를 다치게 하고, 일월각(日月角)[28]의 머리카락이 곱슬이면 어미를 상하게 한다. 이마 모서리에 솜털이 나면 어려서 부모를 잃는다. 눈썹이 곱슬이면 주로 어미를 다치게 하고, 한쪽만 튀어나오고 이마가 깎인 듯하면 아비를 다치게 한다. 눈이 움푹 들어가고 눈썹이 서로 교차하면 어미를 방해한다. 태모(胎毛)[29]가 황색이면 기르기 어렵고, 태모가 흑색이면 다치고 상한다.

眉低, 多爲僧道 ; 耳低, 必定窮途. 神散, 多狂悖而淫. 小兒一生全要以頭爲主, 天停不好, 一生不妙, 不成事. 人言過此方好, 乃是亂道. 同上

妨父母相 : 小兒髮低, 傷父 ; 日月旋螺, 傷母 ; 寒毛生角, 幼失雙親. 眉毛旋螺, 主刑母 ; 頭偏額削[12], 刑父. 眼陷[13]眉交, 妨母. 胎毛黃, 難養 ; 胎毛黑, 刑傷.

---

27 출전 확인 안 됨 ; 《柳莊相法》卷上 〈人從少長先觀童相爲先骨格未成五嶽六府三停可定〉《袁柳莊先生神相全編》(국립중앙도서관 古1490-21-1), 26쪽).
28 일월각(日月角) : 이마의 한 부위. 눈동자 바로 위에 약간 튀어나온 뼈가 있는 곳이다. 왼쪽을 일각(日角), 오른쪽을 월각(月角)이라고 한다. 일각은 아버지의 운세, 월각은 어머니의 운세를 상징한다는 설이 있다.
29 태모(胎毛) : 갓 태어났을 때 몸에 나 있는 털.
⑫ 削 : 저본에는 "側". 《柳莊相法·出胎傷父又主刑娘何說》에 근거하여 수정.
⑬ 陷 : 저본에는 없음. 《柳莊相法·出胎傷父又主刑娘何說》에 근거하여 보충.

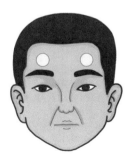

일월각

가결에 다음과 같이 읊었다.

"이마 깎이고 머리가 뾰족하고 이마 모서리 처지면,

　부모를 상하게 하고 재앙이 있다네.

　눈썹이 서로 교차하고 눈이 움푹 들어가고 코뿌리가 끊기면,

　이는 인간세상에서 실패할 아이로다."《고금도서집성》30

訣云 :

"額削頭尖⑭日月垂,

又刑父母又災危.

眉交眼陷山根斷,

乃是人間破敗兒." 同上

　젖먹이 딸과 여자 어린아이의 관상 보는 법 : 젖먹이 딸의 관상은 아들과 다르다. 이마가 높고 광대뼈가 튀어나오는 걸 꺼린다. 목소리가 크고 눈동자가 크고 눈썹꼬리가 무겁게 축 처지고 성질이 조급하면, 주로 어미를 방해하고, 형제의 수가 줄어들고, 또 집안을 파멸에 이르게 한다. 10살엔 목소리가 높은 걸 꺼린다.《고금도서집성》31

嬰女、童女相法 : 嬰女之相, 與男不同. 忌天庭高, 顴骨聳, 聲大睛大, 眉重性躁, 主妨母, 少兄弟, 又主破家. 十歲, 忌聲高. 同上

　여자 아이의 관상을 볼 때에는 화윤(和潤. 이목구비가 조화롭고 부드러움)하고 밝은 게 가장 좋다. 희고 가늘면서 뾰족한 치아를 가장 꺼리며, 황색이면서 크며 성기게 난 치아가 좋다.32 여자는 치아가 희고 뾰

相女, 和潤色明爲妙. 第一忌齒白細尖, 宜黃大疏稀. 女如齒白尖者, 多淫少子. 同上

30　출전 확인 안 됨 ;《柳莊相法》卷中〈出胎傷父又主刑娘何說〉《袁柳莊先生神相全編》(국립중앙도서관 古1490-21-2), 27~28쪽).

31　출전 확인 안 됨 ;《柳莊相法》卷上〈閨女童女另有一相〉《袁柳莊先生神相全編》(국립중앙도서관 古1490-21-1), 28쪽).

32　희고……좋다 :《유장상법(柳莊相法)》에서는 "희고, 가늘면서 뾰족하고, 황색이면서 크고, 성기게 난 치아 4종류를 꺼린다. 이 4종류는 좋지 않다(忌齒白, 細尖, 黃大, 疏稀. 四者不妙)."라 하여, 본문과는 다르게 표현했다.

⑭　尖 :《柳莊相法·出胎傷父又主刑娘何說》에는 "偏".

족하면 많이 음란하고 아이를 적게 낳는다. 《고금도
서집성》[33]

3세부터 10세 어린아이 관상 보는 법은 다음과
같다.

아이가 어릴 적에 남보다 뛰어나게 식견이 통민
(通敏)[34]하면 대부분 요절한다. 남의 속을 미리 잘 알
고서 신속하게 일을 변통해도 요절한다.

골격을 보는 법으로는 몸가짐이 진중하고 움직임
이 차분하며 정신을 쓸데없이 꾸밈이 거의 없는 이
는 장수한다.

갓 태어났을 때 우는 소리가 늘어지면서 서로 이
어지면 장수하지만, 소리가 끊어졌다가 다시 급히
올라가면 장수하지 못한다.

울음소리가 흩어지거나 깊거나, 땀을 흘리지 않
거나, 머리 주위가 깨졌거나, 소변이 기름처럼 엉기
거나, 손발을 늘 흔들거나, 머리카락이 고르게 나지
않으면 모두 온전히 크지 못한다.

배꼽 안에 피가 없으면 좋다.

배꼽이 작거나, 온몸이 연약하여 뼈가 없는 듯하
거나, 피땀을 흘리면 매우 위태롭고 모두 장수하지
못한다.

相兒自三歲至十歲法 :

兒小時, 識悟通敏過人者,
多夭. 豫知人意, 周旋敏速
者, 夭.

骨法, 成就威儀, 回轉遲
舒, 稍費人精神雕琢者, 壽.

初生, 叫聲連延相屬者,
壽;聲絶而復揚急者, 不壽.

啼聲散, 啼聲深, 汗不流,
頭四破, 小便凝如脂膏, 常
搖手足, 頭毛不周币者, 竝
不成人.

臍中無血者, 好[15].

臍小者, 遍[16]身軟弱如無骨
者, 汗血者, 多危, 幷不壽.

---

33 출전 확인 안 됨 ; 《柳莊相法》, 위와 같은 곳.
34 통민(通敏) : 이해가 빠르고 두루 해박함.
[15] 好 : 저본에는 "不好". 《東醫寶鑑·雜病篇·小兒》·《世醫得效方·小方科·通治》에 근거하여 수정.
[16] 遍 : 저본에는 "偏". 《東醫寶鑑·雜病篇·小兒》·《世醫得效方·小方科·通治》에 근거하여 수정.

몸의 색이 선명하게 희고 몸집이 장대하며, 양음낭 사이의 중앙선이 죽 이어지면서 색깔이 검으면 장수한다.

鮮白長大, 卵縫通達而黑者, 壽.

눈으로 보는 모양이 바르지 않고 눈을 자주 굴리면 전혀 좋은 징조가 아니다.

目視不正數動者, 大非佳兆.

일찍 앉거나, 일찍 걷거나, 일찍 치아가 나거나, 일찍 말하면 모두 고약한 성미라서, 좋은 사람이 되지 않는다.

早坐早行, 早齒早語, 皆惡性, 非佳人.

머리카락이 드물면 성질이 강하고 남 얘기를 들을 줄 모른다.

髮稀少者, 性强, 不能聽人.

갓 태어났을 때 침골(枕骨)[35]이 완성되어 있지 않으면 말을 할 때쯤 죽고, 고골(尻骨, 꼬리뼈)이 완성되어 있지 않으면 앉을 때쯤 죽고, 장골(掌骨, 손바닥뼈)이 완성되어 있지 않으면 기어 다닐 때쯤 죽고, 종골(踵骨, 발뒤꿈치뼈)이 완성되어 있지 않으면 걸을 때쯤 죽고, 빈골(臏骨, 무릎뼈)이 완성되어 있지 않으면 설 때쯤 죽는다.

初生, 枕骨不成, 能言而死; 尻骨不成, 能踞而死; 掌骨不成, 能匍匐而死; 踵骨不成, 能行而死; 臏骨不成, 能立而死.

몸을 가누지 못하면 죽는다.

身不收者, 死.

허벅지 사이에 살이 생기지 않으면 죽는다.

股間無生肉者, 死.

인중이 깊고 길면 장수한다.

人中深長者, 壽.

음경이 발기하지 않으면 죽는다.

陰不起者, 死.

음낭 밑부분이 희면 죽고, 붉어도 죽는다.
《세의득효방》[36]

陰囊下白者, 死; 赤者, 亦死.《危氏得效方》

---

35 침골(枕骨): 베개를 벨 때 닿는 부위. 즉 후두부 결절 부위.
36 《東醫寶鑑》〈雜病篇〉卷11 "小兒" '相兒命長短法'(《原本 東醫寶鑑》, 633~634쪽);《世醫得效方》卷11 〈小方科〉 "通治", 450쪽.

아이가 태어나고 100일 이내에 관상 보는 법 : 어린아이가 막 태어날 때 홍흑색이면 그 운수가 아주 좋다. 만약 흰색이면 주로 1개월 안에 요절한다. 아이가 갓 태어났을 때 몸에 흰막이 풀처럼 미끄러우면, 이는 출산에 임박했을 때 성행위를 많이 하여 상한 것이니, 이런 경우는 주로 창질(瘡疾)이 생기고 병이 많다. 《증보산림경제》[37]

兒生百日內相法 : 凡小兒下地, 紅黑色爲妙, 若白色, 主月內夭亡. 兒初生, 身生白瘼[17]滑如糊, 因臨産房事多傷, 主生瘡疾, 多病. 《增補山林經濟》

잘 크는 6가지 조건[38] :
① 머리카락이 눈썹과 나란하면 복이 많다.
② 두피가 부드러우면 크게 귀해진다.
③ 콧구멍으로 숨을 쉬면서 입을 다물고 자면 잘 큰다.
④ 코가 높고 입술이 붉으면서 두터우면 잘 큰다.
⑤ 눈이 생기 있고, 울음소리가 앞은 높고 뒤는 큰 메아리가 지면 잘 큰다.
⑥ 음낭에 주름이 많고 검으면서 악기의 현(弦)처럼 줄지어 있으면 잘 큰다. 《증보산림경제》[39]

六[18]件好養 :
頭髮齊眉, 多福.
頭皮寬, 大貴.
鼻孔出氣, 閉口睡, 好.
鼻高, 脣紅厚, 好.
眼[19]有神, 啼得先高後響大者, 好.
陰囊大縐黑而有弦者, 好. 同上

잘 크지 못하는 21가지 조건 :
① 두피가 당기면 3세까지만 산다.

二十一件不好養 :
頭皮急, 三歲.

---

37 《增補山林經濟》卷13〈求嗣〉下"養兒"(《農書》4, 463쪽) ;《柳莊相法》卷上〈莫道嬰兒難相一生出腹可知〉(《袁柳莊先生神相全編》(국립중앙도서관 古1490-21-1), 24쪽)..
38 잘……조건 : 저본에서는 '7가지'라고 했으나, 실제로는 6가지만 소개했다. 원 출전인《증보산림경제》에도 이와 같다. 하지만 같은 내용을 담고 있는《유장상법(柳莊相法)》에는 원문의 "七"은 "六"으로 적혀 있다.
39 《增補山林經濟》, 위와 같은 곳 ;《柳莊相法》卷上〈莫道嬰兒難相一生出腹可知〉(《袁柳莊先生神相全編》(국립중앙도서관 古1490-21-1), 24~25쪽).
[17] 瘼 : 저본에는 "瘡".《柳莊相法·莫道嬰兒難相一生出腹可知》에 근거하여 수정.
[18] 六 : 저본에는 "七".《柳莊相法·莫道嬰兒難相一生出腹可知》에 근거하여 수정.
[19] 眼 : 저본에는 없음.《柳莊相法·莫道嬰兒難相一生出腹可知》에 근거하여 보충.

② 얼굴이 크고 콧등이 없으면 1세까지만 산다.

③ 콧등이 서지 않으면 1세까지만 산다.

④ 눈동자가 검정콩 같으면 1년을 못 채운다.

⑤ 눈동자가 계란처럼 둥글면 1세까지만 산다.

⑥ 귀가 솜처럼 연하면 3세까지만 산다.

⑦ 뒷꿈치가 없으면 2세까지만 산다.

⑧ 목소리가 큰데 뒤로 갈수록 작아지면 1세까지만 산다

⑨ 살이 진흙처럼 무겁고 뼈가 작으면 3세까지만 산다.

⑩ 항문에 잔주름이 없으면 1세까지만 산다.

⑪ 입술이 종이처럼 얇으면 1세까지만 산다.

⑫ 귀 뒤에 뿌리가 없으면 3세까지만 산다【뿌리는 귀 뒤의 작고 높게 솟은 뼈로, 이를 '옥침(玉枕)' 또는 '수근(壽根)'이라 한다. 또 다른 법에 "옥침이 완성되지 않으면 말할 때쯤 죽는다."라 했다】.

⑬ 보필【이 뼈는 이마 위 머리카락 경계에 있다】이 없으면 14살에 죽는다.

⑭ 살이 많고 뼈가 연하면 1세까지만 산다.

⑮ 머리가 크고 목이 가늘어도 마찬가지이다.

⑯ 두 눈에 생기가 없으면 3세를 넘기지 못한다.

⑰ 눈에 눈물을 머금은 듯하면 2세까지만 산다.

⑱ 머리가 뾰족하고 얇으면 5세에 액(厄)이 든다.

⑲ 배는 큰데 위가 작으면 3세까지만 산다.

⑳ 머리카락이 누런 색이고 성기면 2세까지만 산다.

㉑ 눈썹이 없고 치아가 일찍 나면 3세까지만 산다【일반적으로 치아는 1년 내에 나면 반드시 잘 크

面大, 無鼻梁, 一歲.

鼻梁不起, 一歲.

睛如黑豆, 不滿週.

睛圓如鷄子, 一週.

耳軟如綿, 三歲.

沒有脚根, 二春.

聲大後[20]小, 一週.

肉重如泥, 骨小, 三歲.

穀道無紋[21], 一春.

唇薄如紙, 一歲.

耳後無根, 三春【耳後小高骨, 名"玉枕", 又名"壽根". 法"玉枕不成, 能言而亡"】.

沒有輔弼【此骨在[22]額上髮邊】, 二七亡.

肉多骨軟, 一週.

頭大項細亦然.

雙目無神, 不過三春.

眼如含淚, 二歲.

頭尖又薄, 五歲厄.

腹大肚小, 三歲.

髮黃又疏, 二歲.

無眉齒早, 三歲【凡齒一週內生, 必好養；一週外生,

고, 1년이 지나서 나면 주로 아이가 몹시 귀해지며, 5~6개월만에 나면 주로 죽는다. 아랫니가 먼저 나면 주로 몹시 총명하다. 또 주로 어미를 방해한다》. 《증보산림경제》[40]

일반적으로 어린아이가 정수리는 평평하고, 귀는 반듯하고 단단하며, 목소리는 높고, 기운이 풍족하고 정신이 상쾌해야 잘 자란다. 일반적으로 어린아이의 목소리가 높고 맑으며 밝게 울리면서도 굳세면 운수가 빼어나게 좋으니, 이런 경우 귀해지지 않으면 부유해진다. 일반적으로 어린아이의 정신과 기운이 흐릿하면 천해진다. 《증보산림경제》[41]

어린아이가 막 태어났을 때 일생을 점치는 법 : 입술이 붉고 두터우면 반드시 귀해진다. 귀가 단단하면 반드시 귀해진다. 한 번에 3~4번 연달아 소리를 내어 울되 숨을 내쉬지 않으면 크게 부귀해진다. 울음소리가 스스로 크게 진동하고 힘이 있으면 무용(武勇)이 뛰어나게 된다. 눈동자를 돌려서 보면 반드시 귀해진다. 스스로 머리를 돌릴 수 있으면

主大貴；五六月生，主死. 下[23]齒先生，主大聰明，又主妨母》. 同上

凡小兒欲頂平，耳正兼硬，聲高，氣足，神爽，方好. 凡小兒聲高淸，響嘹而堅者，爲妙，非貴卽富. 凡小兒神昏氣暗，賤. 同上

小兒下地[24]一生法：脣紅又厚，必貴. 耳硬，必貴. 一連三四聲，不換氣，大富貴. 啼叫自動大起[25]來有力，善武. 轉睛看，必貴. 自能動頭者，是能人. 啼叫無力者，不如不生. 同上

---

40 《增補山林經濟》卷13〈求嗣〉下 "養兒"(《農書》4, 463~464쪽)；《柳莊相法》卷上〈莫道嬰兒難相一生出腹可知〉(《袁柳莊先生神相全編》(국립중앙도서관 古1490-21-1), 25쪽).

41 《增補山林經濟》卷13〈求嗣〉下 "養兒"(《農書》4, 464~465쪽).

[20] 後：《柳莊相法·莫道嬰兒難相一生出腹可知》에는 "腹".

[21] 穀道無紋：《柳莊相法·莫道嬰兒難相一生出腹可知》에는 "股道無腿".

[22] 此骨在：저본에는 "左". 《增補山林經濟·求嗣·養兒》에 근거하여 삭제.

[23] 下：저본에는 "上". 《柳莊相法·莫道嬰兒難相一生出腹可知》에 근거하여 수정.

[24] 占：《增補山林經濟·求嗣·小兒下地三日知一生法》에는 "三日知".

[25] 起：저본에는 없음. 《柳莊相法·三日知一生》에 근거하여 보충.

능력 있는 사람이 된다. 울음소리에 힘이 없으면 태어나지 않은 것만 못하다. 《증보산림경제》[42]

아이가 태어나서 3살 때 80년 수명을 확신하는 법 : 어린아이의 뼈가 따뜻하면 정(精)과 신(神)이 건장하고 풍족하여 일생 동안 병이 적다. 잘 때 입을 다물고 말할 때 치아를 드러내지 않으면, 노년까지 오래 살며 복을 누리는 관상이다. 3~4세 아이는 땀에서 향이 나야 하고, 목소리가 맑게 울려야 하며, 눈썹과 머리카락이 검어야 한다. 만약 머리카락이 황색이면서 가늘면 좋지 않다. 귀가 처지면 100가지 중에 1가지도 이루지 못한다. 머리카락이 일월각에 나면 어리석고 천해지며, 반면 이마에 나면 현명하고 귀해진다. 《증보산림경제》[43]

兒生三歲定八十法 : 小兒骨煖者, 精壯神足, 一生病少. 寐口合, 語不露齒, 福壽到老之相. 三四歲兒, 宜汗香, 聲淸响, 眉黑髮黑. 若黃細, 不妙. 耳低, 百無一成. 髮生角, 愚賤 ; 生天停, 賢貴. 同上

3) 갓 태어난 아이 해독하는 법

일반적으로 임신하고서 산달에는 가운데손가락 마디 1개만 한 좋은 감초를 미리 준비하여 찧는다. 출산 후에 여기에 물 1현각(蜆殼)[44]을 부은 다음 비단에 적셔서 그 물을 아이가 빨도록 한다. 아이가 만약 악즙(惡汁)을 토해내면 좋다. 다음으로 콩크기만한 좋은 주사(硃砂)를 곱게 갈아서 수비한 뒤, 졸인 꿀과 주사가루를 함께 섞어 고를 만든다. 이를 어린아이 입 속에 발라주면 심신을 안정시키고 두창(痘

初生解毒法

凡妊娠臨月, 豫備好甘草如中指許一節, 擘碎, 用水一蜆殼, 以絹蘸, 令兒吮之, 若吐出惡汁爲佳. 次用好硃砂如大豆許細研, 水飛, 過煉蜜和硃砂, 成膏, 旋抹小兒口中, 鎭心安神, 免痘瘡之患. 《厚生訓纂》

---

42 《增補山林經濟》卷13 〈求嗣〉 下 "小兒下地三日知一生法"(《農書》 4, 465쪽) ; 《柳莊相法》 上冊 〈三日知一生〉.
43 《增補山林經濟》卷13 〈求嗣〉 下 "兒生三歲定八十法(《農書》 4, 465쪽) ; 《柳莊相法》 上冊 〈三歲定八十〉.
44 현각(蜆殼) : 바지락조개의 껍질에 담기는 정도의 용량 단위.

瘡, 천연두)에 걸리지 않을까 하는 근심을 면하게 한
다.《후생훈찬》45

일반적으로 어린아이가 갓 태어났을 때 급히 면
으로 아이를 받은 사람의 손가락을 싸서 아이 입안
의 악혈을 모두 닦아내야 한다. 만약 악혈을 급히
닦아내지 않고 울음소리가 일단 나게 되면 곧 악혈
이 뱃속에 들어가서 온갖 병이 될 것이다.

또 아직 젖을 주어도 안 된다. 이에 앞서 으깬 황
련을 끓인 물에 담갔다가 진한 즙을 내고, 여기에
고운 주사가루를 타서 아이 입 속에 바른다. 이 약
이 뱃속의 묵은 똥을 모두 쳐내고 나서야 젖을 줄
수 있다. 또 혀 밑의 중설(重舌)46이 석류알처럼 막을
갖고 있는지 살펴봐야 한다.

만약 울음소리가 나지 않으면 신속히 손으로 긁
어내거나 침으로 설선(舌線)을 살짝 찔러 피를 내면
바로 살아난다. 이 상처에다는 뽕나무즙에 포황(蒲
黃, 부들꽃가루)을 타서 바른다. 만약 출혈이 많으면 머
리카락 태운 재를 돼지기름에 개어 환부에 바른다.
《후생훈찬》47

어린아이가 갓 태어나면 생참깨를 씹어 면에 싼
다음 아이에게 빨게 하면 태독(胎毒)48을 풀어 내린

凡小兒初生, 急以綿裹指,
拭盡口中惡血. 若不急拭,
啼聲一出, 卽入腹成百病
矣.

亦未可與乳, 且先與擘破
黃連浸湯, 取濃汁, 調硃砂
細末, 抹兒口中, 打盡腹中
舊屎, 方可與乳. 又看舌下
重舌, 有膜如石榴子.

若啼聲不出, 速以指抓, 或
針微刺舌線, 有血出卽活,
取桑汁調蒲黃, 塗之. 若
血出多者, 燒髮, 用猪脂塗
之. 同上

小兒初生, 嚼生脂麻, 綿
包, 與兒咂之, 解下胎毒.

45《厚生訓纂》卷1〈育嬰〉(《壽養叢書》7, 6~7쪽).
46 중설(重舌): 혀 밑에 보이는 또 하나의 혀 같은 작은 돌기.
47《厚生訓纂》卷1〈育嬰〉(《壽養叢書》7, 7쪽).
48 태독(胎毒): 갓난아이가 뱃속에서부터 선천적으로 갖고 태어난 독. 여러 병을 일으킨다.

다. 《본초강목》[49]

어린아이가 갓 태어났을 때에 감람(橄欖)[50] 1개를 태워 갈고 주사 0.05냥과 고루 섞는다. 생참깨 한 입을 씹은 다음 참깨즙이 섞인 침을 뱉고 앞의 약들과 섞는다. 이를 비단으로 대추씨만하게 싸고 아이의 입안에 넣어둔다. 아이가 1개를 다 빨 즈음에 젖을 줄 수 있다. 이 약은 창자와 위장의 더러운 독을 쓸어내리므로 아이에게 병이 적게 걸리게 한다. 《집효방(集效方)[51]》[52]

싱거운 두시(豆豉)[53]를 진하게 달인 즙을 아이에게 3~5모금 먹이면 태독이 저절로 내려간다. 또 비장의 기운을 도와 젖을 소화할 수 있다. 《태평성혜방》[54]

탯줄이 떨어지면 이를 새 와기(瓦器) 위에 놓고 숯불로 사방에 에워싸고 태운다. 탯줄을 태운 연기가 다할 때 쯤 태운 탯줄을 땅 위에 두고 질그릇잔 같은 것으로 덮어 성질을 보존한다. 이를 갈아 가루 낸 뒤, 0.05냥 정도 무게의 양을 좋은 주사(수비한 것) 0.025냥에 넣는다.

생지황·당귀신을 진하게 달인 물 1~2현각을 앞

《本草綱目》

小兒落地時, 橄欖一個燒研, 朱砂五分和均, 嚼生脂麻一口, 吐唾和藥, 絹包如棗核大, 安口中. 待呷一個時頃, 可與乳. 此藥取下腸胃穢毒, 令兒少疾. 《集效方》

淡豉濃煎汁, 與三五口, 胎毒自下. 又能助脾氣, 消乳食. 《聖惠方》

待臍帶脫落, 取置新瓦上, 用炭火四圍燒. 至煙將盡, 放土地上, 用瓦盞之類蓋之, 存性. 研爲末, 重若五分, 入好朱砂(水飛)二分半.

用生芐、當歸身, 濃煎汁

---

49 《本草綱目》卷22〈穀部〉"胡麻", 1439쪽.
50 감람(橄欖) : 감람과의 감람나무의 열매. 해독제 등으로 쓰인다. 일명 '중국 올리브'이다.
51 집효방(集效方) : 중국 명(明)나라의 의학자인 손천인(孫天仁, ?~?)이 편찬한 의학서.
52 《本草綱目》卷31〈果部〉"橄欖", 1823쪽.
53 두시(豆豉) : 콩을 발효시켜 만든 청국과 비슷한 식품.
54 《本草綱目》卷25〈穀部〉"大豆豉", 1530~1531쪽.

의 2가지 약미(탯줄과 주사)와 고루 섞어 아이의 입 속
과 잇몸 및 유모의 유두에 바른다. 하루 만에 다 바
르면 다음날 아이의 대변으로 뱃속찌꺼기가 나온
다. 이렇게 하면 평생 창진(瘡疹, 천연두) 및 여러 가지
병이 없다. 아들 하나만 낳았거나 아들이 하나인 경
우에 충분히 빼어난 법이다.[55] 《증보산림경제》[56]

一二蜆殼, 調和前兩味, 抹
兒口中腭上及乳母乳頭上.
一日之內用盡, 次日大便
遺下汚穢之物, 終身永無
瘡疹及諸病. 生一子, 得一
子, 十分妙法也. 《增補山
林經濟》

4) 탯줄 자르는 법

일반적으로 탯줄을 자를 때는 칼을 쓰면 안 된
다. 반드시 탯줄에 옷을 대고 탯줄을 이빨로 끊은
다음 열기를 7번 불어낸 다음 묶는다. 이때 남겨두
는 탯줄 길이는 아이 발까지 오게 한다. 만약 탯줄
이 짧으면 한기를 맞거나 내조(內弔)[57]가 된다. 만약
먼저 탯줄을 자르고 그 후에 목욕을 하면 물이 탯줄
로 들어와 나중에 반드시 병이 생긴다. 탯줄 자르기
를 끝내고 나서는 탯줄에 벌레가 많으니 벌레를 급
히 제거해야 한다.

탯줄을 자른 뒤 연한 면으로 묶는데, 꽉 묶어야
제풍(臍風)[58]을 면한다. 일반적으로 탯줄을 풀 때에
는 문을 닫고 장막을 내리며, 겨울에는 불을 피워 따

斷臍法

凡斷臍不可用刀, 須隔衣
咬斷, 兼以熱氣呵七遍, 然
後纏結. 所留臍帶, 令至兒
足上, 若短則中寒, 或成
內弔. 若先斷臍而後浴, 則
水入臍中, 後必有患. 其臍
斷訖, 臍中多有蟲, 宜急去
之.

斷臍後, 用軟綿縛之, 宜
緊, 免臍風也. 凡解臍時,
閉戶下帳, 冬間, 令火溫.

---

55 아들……법이다 : 이 말은 전통 시대에 높은 영아 사망율을 전제해야 이해가 되는 말이다. 아이를 출산했다
고 해서 모두 온전한 사람으로 성장할 가능성이 매우 낮았던 시절, 태어난 아이는 영유아기의 온갖 질병에
시달리며 험난한 시기를 거치고 장성해야 비로소 사람구실을 하는 것이었다. 이런 시대에는 태어날 때 아
이가 무사히 성장하기를 바라며 질병 예방책을 쓰는 노력이 무엇보다 절실한 일이었다고 하겠다.

56 《增補山林經濟》卷13〈求嗣〉下 "小兒初生解毒法"(《農書》4, 471쪽).

57 내조(內弔) : 소아경풍의 일종. 안으로 한랭한 기를 받아 등을 구부리고 숨이 차며 음낭이 붓고 경련이 일어난다.

58 제풍(臍風) : 갓난아이에게 생기는 파상풍. 탯줄을 자를 때 배꼽으로 습기나 병독이 들어가 생긴다. 풍축
(風搐)이라고도 한다.

뜻하게 해야 한다. 만약 배꼽이 마르지 않으면 비단조각을 태워 그 가루를 환부에 바른다.《후생훈찬》[59]

아기는 포태(胞胎, 태아를 싸는 얇은 막)에서 10개월 있으면서 오로지 배꼽으로 어미와 기를 통하였다. 이 때문에 아기가 비록 포태에서 나왔을지라도 배꼽 안에 통하는 기가 아직 완전히 끊어지지 않았다. 따라서 탯줄을 자른 뒤에 풍을 불러 병이 되는 경우가 있다.

탯줄 자를 때의 처치법은 다음과 같다. 갓 태어난 어린아이는 그 탯줄을 면으로 싼다. 배와 0.5~0.6척 떨어진 부분을 먼저 부드러운 면끈으로 묶는다. 태아를 기준으로 할 때 면끈 바깥쪽의 탯줄을 이빨로 끊고 곧바로 면끈을 제거하여 탯줄에서 피가 다 흘러 나가면 이어서 손으로 탯줄을 살살 문질러 남은 피를 흩어준다. 탯줄 끝에는 쑥뜸을 3~5장 뜬 다음 흘탑(紇緒, 질 낮은 명주실)으로 묶고 부드러운 비단으로 잘 싸야 한다. 절대 아무 때나 열어봐서는 안 되니, 탯줄뿌리가 떨어지고 나면 자연히 무사해진다.《단계심법》[60]

아이가 갓 태어났을 때 즉시 부드러운 면을 탯줄뿌리에 붙여 묶어둔다. 3일 째가 되면 배에서 손가락 2개 두께 정도 떨어진 지점에서 탯줄을 가위로

若臍不乾, 燒帛末敷之.《厚生訓纂》

子在腹中胞胎十月, 止于臍中與母通氣, 雖出胞胎, 其臍中所通之氣, 猶未盡絶, 斷臍之後, 招風致病者有之.

其法：初生小兒, 綿裹臍帶, 離肚五六寸, 先用軟綿縛住脚, 于線外, 將臍咬斷, 片時去線, 待血流盡, 以手輕輕揉散. 艾灸臍頭三壯或五壯, 結作紇絡, 軟帛要裹. 切不可常時揭看, 待臍根落去, 自然無事.《丹溪心法》

初生, 即將軟綿貼臍根縛住, 待第三日, 離肚二指許, 將臍剪斷, 用生薑自然

59 《厚生訓纂》卷1〈育嬰〉(《壽養叢書》7, 7~8쪽).
60 《東醫寶鑑》〈雜病篇〉卷11 "小兒" '初生斷臍法'(《原本 東醫寶鑑》, 632쪽).

자른다. 생강자연즙이나 참기름을 밀가루와 반죽하여 배꼽 주위를 에워싸고, 탯줄 끝에 쑥뜸을 3장 뜨는데, 이것을 '훈제(熏臍)'라 한다. 이렇게 하면 훗날 풍을 부르지 않을 것이다. 《단계심법》[61]

겨울철에 난산으로 원기를 소진하여 아이가 죽을 지경일 때 기름종이를 꼬아 태워서 탯줄을 자르고, 그 기운을 빌어 따뜻이 해주면 살아난다. 그 아이는 이후에도 음식 때문에 뱃속이 상해 설사하는 증상이 없을 것이다. 《고금도서집성》[62]

5) 아이 씻기는 법

민간에서는 어린아이 몸이 뜨겁다고 여겨 아이를 씻길 때 물속에 오래 두려고 하는 경우가 있다. 이렇게 하면 풍랭(風冷)의 기운이 몸 밖을 상하게 하고 수습(水濕)의 기운은 안으로 스며들어 풍축(風搐, 제풍)으로 변할 것이니, 경계하지 않을 수 있겠는가? 《인제직지소아방론(仁齋直指小兒方論)[63]》[64]

아이를 평상시에 씻길 때 돼지쓸개즙을 탕 속에 넣고 씻기면 창개(瘡疥, 옴)가 생기지 않는다. 《동자비결(童子秘訣)[65]》[66]

汁或香油和麵, 裹臍四圍, 于臍頭以艾灸三壯, 謂之 "熏臍", 後不招風. 同上

冬月難産, 勞傷元氣, 産子 已死, 用油紙撚燒斷臍帶, 藉其氣以煖之卽活. 其兒 後無傷食作瀉之證. 《圖書 集成》

洗沐法

世俗以爲小兒體熱, 或遇 澡浴, 卽願久坐湯水之中. 風冷外傷, 水濕內滲, 變成 風搐, 可不戒之? 《直指小 兒方》

尋常澡洗, 用猪膽汁入湯 中, 洗之, 不生瘡疥. 《童子 秘訣》

---

61 《東醫寶鑑》, 위와 같은 곳.
62 《古今圖書集成醫部全錄》卷388〈婦人臨産門〉"醫案"(《古今圖書集成醫部全錄》9, 269쪽).
63 인제직지소아방론(仁齋直指小兒方論): 중국 남송의 양사영(楊士瀛, ?~?)이 편찬한 소아과 의학서.
64 《東醫寶鑑》〈雜病篇〉卷11 "小兒" '初生洗浴法'(《原本 東醫寶鑑》, 632쪽).
65 동자비결(童子秘訣): 중국 당나라의 요화중(姚和衆, ?~?)이 편찬한 소아과 의학서.
66 《東醫寶鑑》, 위와 같은 곳.

삼조(三朝)[67]에 아기를 씻길 때 호랑이머리뼈·복숭아나뭇가지·돼지쓸개를 달인 물로 씻기면 경기를 적게 한다. 달일 때 금그릇이나 은그릇을 쓰면 더욱 좋다【안 요즘 민간에서 금그릇이나 은그릇을 얻기 어려우면 금조각이나 은조각 1개만 탕 속에 넣고 함께 달여도 좋다】《동의보감》[68]

三朝洗兒, 用虎頭骨、桃枝、猪膽煎湯洗之則少[26]驚. 煎用金銀器尤好【案 今俗, 如不得金銀器, 則投金銀一小片于湯中, 同煎, 亦得】.《東醫寶鑑》

6) 유모 택하기

일반적으로 유모를 택할 때 유모는 정신이 총명하고 성정이 상냥하며, 살집이 충실하고, 여러 질병이 없으며, 아이에게 적절한 온도를 알고, 아이에게 먹이는 젖의 양을 조절할 수 있어야 한다. 유모의 유즙이 진하고 희면 아이를 기를 수 있다. 만약 유모의 유즙이 맑고 담백하면 아이에게 병이 나게 한다. 《양방(良方)[69]》[70]

論擇乳母

凡擇乳母, 須精神爽慧, 性情和悅, 肌肉充肥, 無諸疾病, 知寒暑之宜, 能調節乳食. 嬭汁濃白, 則可以飼兒, 若嬭汁淸淡, 則令兒生病.《良方》

유모의 타고난 성품의 깊이, 성정의 완급, 골상(骨相)의 강약, 덕행의 선악은 모두 아이가 빨리 닮게 되니, 아이에게 가장 관련이 있는 요소이다. 《동원십서(東垣十書)[71]》[72]

乳母稟受之厚薄、情性之緩急、骨相之堅脆、德行之善惡, 兒皆速肖, 最爲關係.《東垣十書》

---

67 삼조(三朝) : 아이가 태어난 후 셋째 날. 과거에는 이날 아이를 처음 목욕시켰다.

68 《東醫寶鑑》, 위와 같은 곳.

69 양방(良方) : 미상.

70 《東醫寶鑑》〈雜病篇〉卷11 "小兒" '擇乳母法'(《原本 東醫寶鑑》, 632쪽).

71 동원십서(東垣十書) : 중국 금(金)나라의 이고(李杲, 1180~1251)의 저술과 왕호고(王好古, 1200~1264)·주진형(朱震亨, 1281~1358)·오면학(吳勉學, 16세기 활동)·제덕지(齊德之, 14세기 활동)·왕리(王履, 1332~1383)의 저술 12종의 의학서를 정리하고 수록한 총서. 《맥결(脈訣)》·《비위론(脾胃論)》·《내외상변혹론(內外傷辨惑論)》·《난실비장(蘭室秘藏)》·《차사난지(此事難知)》·《탕액본초(湯液本草)》·《의루원융(醫壘元戎)》·《반론췌영(癍論萃英)》·《격치여론(格致餘論)》·《국방발휘(局方發揮)》·《외과정의(外科精義)》·《의경소회집(醫經溯洄集)》이 수록되어 있다.

72 《東醫寶鑑》, 위와 같은 곳.

7) 젖과 음식 먹이는 법

갓 태어난 아이의 건강은 오로지 젖[乳]과 음식[哺] 먹이는 법에 맞는지 여부에 달려 있다. 유(乳)는 젖이요, 포(哺)는 음식이다. 젖을 먹인 후에는 음식을 먹이지 말고, 음식 먹인 후에는 젖을 먹이지 말아야 한다. 대개 어린아이는 비(脾)와 위(胃)가 겁약하여 젖과 음식을 병행해서 먹이면 소화시키기 어렵다. 처음엔 구토하고, 작게는 적(積, 적취)이 되고, 크게는 벽(癖)[73]이 된다. 감병[疳氣][74]이 여기서 시작된다. 《후생훈찬》[75]

일반적으로 아이 젖을 먹일 때 과도하게 배부르게 해서는 안 된다. 가득차면 반드시 넘치게 되니, 그러면 구토를 한다. 젖이 맹렬히 나올 때에는 유방을 주물러 약간 짜낸 뒤 다시 먹인다. 일반적으로 젖을 먹일 때는 항상 묵은 젖을 짜낸 다음 먹여야 한다. 《후생훈찬》[76]

아이가 만약 누워서 젖을 먹을 때에는 팔베개를 해주고 어미젖과 아이 머리가 나란하게 하여 젖이 아이 목구멍에서 걸리지 않게 한다. 어미가 잠자고

乳哺法

初生之兒, 全在乳哺得法. 乳者, 嬭也；哺者, 食也. 乳後不得與哺, 哺後不得與乳. 蓋小兒脾胃怯弱, 乳食相倂, 難以剋化. 始則成嘔, 小則成積, 大則成癖, 疳氣自此始也. 《厚[27]生訓纂》

凡乳兒不可過飽. 滿而必溢, 則成嘔吐. 乳或來猛, 當取出少按, 後再乳. 凡乳時須常捏去宿乳, 然後乳之. 同上

兒若臥乳, 當以臂枕之, 令乳與頭平, 令乳不噎. 母欲睡, 卽奪其乳, 睡着不知饑

---

73 벽(癖) : 옆구리에 덩이가 생겨 아픈 증상.

74 감병[疳氣] : 어린아이가 몸이 누렇게 뜨고 영양장애나 만성 소화불량이 생기는 증상.

75 《厚生訓纂》卷1〈育嬰〉(《壽養叢書》7, 8쪽) ;《古今圖書集成醫部全錄》卷402〈小兒初生護養門〉"證治準繩" '乳哺'(《古今圖書集成醫部全錄》10, 39쪽).

76 《厚生訓纂》卷1〈育嬰〉(《壽養叢書》7, 8~9쪽) ;《普濟方》卷360〈嬰兒初生門〉"初生方法" '乳兒法'(《文淵閣四庫全書》759, 92쪽).

26 少 : 저본에는 "小". 오사카본·《東醫寶鑑·雜病篇·小兒》에 근거하여 수정.

27 厚 : 저본에는 "養".《厚生訓纂·育嬰》에 근거하여 수정.

싶으면 아이에게서 젖을 뺀다. 어미가 잠이 들어 아이가 배부른지를 모를 정도로 많이 먹으면 구토를 하게 되기 때문이다. 《후생훈찬》[77]

飽, 卽成嘔吐. 同上

아이가 울음이 진정되지 않고 숨이 고르지 않을 때 유모가 급히 젖을 먹이면 먹은 것이 내려가지 않고 흉격에 정체되어 구토를 하게 된다. 《후생훈찬》[78]

兒啼未定, 氣息未調, 乳母遽以乳飲之, 致不得下, 停滯胸膈而成嘔吐. 同上

어린아이가 젖이 부족해서 너무 이른 시기에 음식을 먹일 때 어미가 자꾸 음식을 씹어 그것을 아이에게 먹이면 감질·이수(羸瘦, 몸이 야윔)·복대(腹大, 배가 부풀어오름)·발수(髮竪)[79], 위황(痿黃)[80]이 생기게 된다. 《후생훈찬》[81]

小兒缺乳, 喫物太早, 母喜嚼食喂之, 致生疳疾、羸瘦、腹大、髮竪、痿黃. 同上

일반적으로 어린아이가 기어다니기 시작한 뒤에 뭐든 입에 넣으려 하면, 부모가 좋아라하면서 입에 먹던 음식을 먹인다. 하지만 이것은 사랑이 아니라 아이에게 해악이 되는 단서이다. 식벽(食癖)[82]·감적(疳積)[83]·복통·면황(面黃, 얼굴빛이 누렇게 됨)·복대·경세(頸細, 목이 가늘어짐)가 모두 이로 인해 생긴다. 《후생훈찬》[84]

凡小兒匍匐以後, 逢物便喫, 父母喜之, 或飲食而以口物飼之, 此非愛惜, 乃成害一端. 食癖、疳積、腹痛、面黃、腹大、頸細, 皆由于此. 同上

---

77 《厚生訓纂》卷1〈育嬰〉(《壽養叢書》7, 9쪽) ;《普濟方》, 위와 같은 곳.
78 《厚生訓纂》, 위와 같은 곳 ;《普濟方》, 위와 같은 곳.
79 발수(髮竪) : 머리카락이 뻣뻣하게 거꾸로 서는 증상.
80 위황(痿黃) : 몸이 야위고 살빛이 누렇게 되는 증상.
81 《厚生訓纂》卷1〈育嬰〉(《壽養叢書》7, 10쪽).
82 식벽(食癖) : 먹은 것이 체하여 적취가 되는 증상.
83 감적(疳積) : 음식조절을 못해 비위가 상하거나 습열이 몰려 옆구리에 굳은 덩어리가 생겨 아픈 증상.
84 《厚生訓纂》, 위와 같은 곳.

일반적으로 어린아이는 모두 양기가 넘치고 음기
는 부족하다. 그러므로 경풍·담열(痰熱)과 같은 질병
을 많이 앓는다. 만약 부모가 고기를 먹고 여러 기
름진 음식을 마음대로 먹으면, 반드시 화기를 도와
양기를 더욱 부추기면서 음기를 마르게 한다. 그러
므로 이럴 경우 병이 되지 않는 경우가 드물다. 이
런 병 중에서 두진(痘疹, 천연두)이 나고 자주색 수포
가 생겨서 죽는 이유는 무엇 때문인가? 바로 기름진
음식이 열을 쌓아 상화(相火)[85]를 건드리기 때문이다.
반드시 경계할 일이다. 《후생훈찬》[86]

凡小兒皆陽氣有餘, 陰氣
不足, 故多患驚風、痰熱之
疾. 若父母恣其食肉及諸
厚味, 必助火益陽, 消竭
陰氣, 鮮不爲患. 其有痘方
出而發紫泡以死者, 何哉?
正以厚味積熱, 觸其相火
故耳, 切宜戒之. 同上

아이에게는 뜨거운 음식을 먹여야지 찬 음식을
먹이지 말라. 연한 음식을 먹여야지 단단한 음식을
먹이지 말라. 적게 먹여야지 많이 먹이지 말라. 《양
자직결(養子直訣)[87]》[88]

喫熱莫喫冷, 喫軟莫喫硬,
喫少莫喫多. 《養子直訣》

일반적으로 아이에게 젖을 먹일 때는 유모에게
너무 시거나 짠 음식을 먹게 해서는 안 된다. 또 추
위와 더위의 사기는 꼭 피해야 하니 사기를 막 받았
을 때 아이에게 젖을 먹이면 이럴 경우 반드시 내벽
(嬭癖)[89]·경감(驚疳)[90]·설사나 이질 같은 질병이 된

凡乳兒, 不得與乳母大段酸
醶飮食. 仍忌纔衝寒暑來,
便餧兒嬭, 如此則必成嬭
癖或驚疳、瀉痢之疾. 《婦
人良方》

---

85 상화(相火) : 장부를 온양(溫養)하고 인체의 생리기능을 추동시키는 원동력으로, 군화(君火)에 대비되는 명
  문 또는 간담(肝膽)의 화기이다.
86 《厚生訓纂》, 위와 같은 곳.
87 양자직결(養子直訣) : 작자 미상의 소아과 의학서.
88 출전 확인 안 됨 ; 《居家必用》 癸集 "謹身" "嬰兒所忌"(《居家必用事類全集》, 391쪽).
89 내벽(嬭癖) : 젖과 음식을 지나치게 먹어 몸이 여위고 열이 나며 옆구리에 단단한 종물이 생기는 증상.
90 경감(驚疳) : 심경(心經)에 사열이 몰려 가슴이 답답하고 두근거리며 식은땀이 나는 증상.

다. 《부인양방》91

부부의 성행위 전후에는 절대 아이에게 젖을 먹이지 말아야 한다. 이때 주는 젖을 '교유(交乳)'라 하는데, 그렇게 하면 아이에게 반드시 벽(癖)을 생기게 한다. 《부인양방》92

陰陽交接之際, 切不餧兒嬭, 此謂"交嬭", 必生癖. 同上

유모는 자주 술을 마셔서는 안 된다. 아이가 담수(痰嗽)93·경열(驚熱)94·혼현(昏眩, 현기증)과 같은 질병에 걸릴까 걱정되기 때문이다. 《부인양방》95

嬭母不可頻飮酒, 恐兒作痰嗽、驚熱、昏眩之疾. 同上

유모는 음식을 삼가 절제해야 한다. 음식이 목구멍으로 넘어가면 유즙이 곧 이 음식과 통하기 때문이다. 정욕이 동하면 유맥(乳脈, 젖으로 통하는 맥)이 바로 감응하고, 병의 기운이 이르면 유즙이 반드시 응체한다. 아이가 이 젖을 먹으면 질병이 곧바로 이른다. 그 결과 토하지 않으면 설사하고, 창(瘡)이 생기지 않으면 열이 나고, 혹은 입안이 헐고 혹은 경축(驚搐, 팔다리 경련)이 되고 혹은 야제(夜啼)96가 되고 혹은 복통이 된다. 이렇게 생긴 병의 초기에는 대변이 반드시 매우 적게 나올 것이니, 이때는 바로 아기

乳母宜謹節飮食. 飮食下咽, 乳汁便通, 情慾動中, 乳脈便應, 病氣到, 乳汁必凝滯. 兒得此乳, 疾病立至, 不吐則瀉, 不瘡則熱, 或爲口靡, 或爲驚搐, 或爲夜啼, 或爲腹痛. 病之初來, 其屎㉘必甚少㉙, 便須詢問, 隨証調治. 母安子安, 可消患於未形也. 《東

---

91 《東醫寶鑑》〈雜病篇〉卷11 "小兒" '擇乳母法'(《原本 東醫寶鑑》, 632쪽).
92 《東醫寶鑑》, 위와 같은 곳.
93 담수(痰嗽) : 습담이 폐에 침입하여 기침하는 증상.
94 경열(驚熱) : 열이 나면서 경기가 나는 증상.
95 《東醫寶鑑》, 위와 같은 곳.
96 야제(夜啼) : 밤이 되면 아이가 몹시 우는 증상.
㉘ 屎 : 《東醫寶鑑·雜病篇·小兒》에는 "尿". 《格致餘論·慈幼論》에는 "溺".
㉙ 少 : 저본에는 "小". 《東醫寶鑑·雜病篇·小兒》·《格致餘論·慈幼論》에 근거하여 수정.

의 상태를 어미에게 잘 물어서 증상에 따라 잘 조절하는 치료를 해야 한다. 어미가 편안하면 아이도 편안하니, 일이 생기기 전에 걱정을 없앨 수 있을 것이다. 《동원십서》[97]

어린아이는 혈기가 모두 성하여 음식물이 잘 소화된다. 그러므로 아무 때나 먹는다. 그러나 장위(腸胃)가 아직 약하고 좁기 때문에 일체 열을 발생하는 음식은 모두 금해야 한다. 단지 곶감·삶은 나물·흰죽은 병에 걸리지 않게 할 뿐 아니라 덕을 기르기까지 한다. 이 밖에 생밤은 맛이 짜고, 곶감은 성질이 서늘하여 음기를 길러주는 음식이 될 수 있다. 하지만 밤은 몹시 보하는 성질이 있고, 감은 몹시 막히게 하는 성질이 있으니, 조금씩 먹여야 한다. 《동원십서》[98]

갓 태어난 어린아이가 1개월이 될 때까지는 항상 돼지젖을 구해 입안에 적셔 주면 매우 좋다. 【[안]《태평성혜방》의 돼지젖 구하는 법 : 아기돼지에게 어미젖을 먹게 하고는 갑자기 어미 뒷다리를 들어올리면 아기돼지입이 젖에서 떨어진다. 그때 젖을 손으로 급히 받으면 얻을 수 있다. 이 방법이 아니면 얻을 수 없다】《전을소아약증직결(錢乙小兒藥證直訣)[99]》[100]

坦十書》

小兒血氣俱盛, 食物易消, 故食無時. 然腸胃尙脆而窄, 一切發熱之物, 皆宜禁絶. 只與乾柹、熟菜、白粥, 非惟無病, 可以養德. 此外生栗味鹹, 乾柹性涼, 可爲養陰之物. 然栗大補, 柹大澁, 亦宜少與之. 同上

初生小兒至滿月內, 可常取猪乳, 滴口中最佳【[案]《聖惠方》取猪乳法 : 令兒猪飮母乳, 便提猪母後脚起, 猪兒口自離乳, 急用手將之卽得乳, 非此法不可取也】.《錢乙小兒方》

---

97 《東醫寶鑑》, 위와 같은 곳 ;《格致餘論》〈慈幼論〉《格致餘論·局方發揮》.
98 《東醫寶鑑》〈雜病篇〉卷11 "小兒" '小兒乳哺法'《原本 東醫寶鑑》, 632쪽).
99 전을소아약증직결(錢乙小兒藥證直訣) : 중국 송(宋)나라 전을(錢乙, 1032~1113)이 지은 소아과 의학서. 어린아이 병증의 진단 및 방론 81편과 전을이 어린아이의 질병을 치료하면서 기록한 내용, 그리고 여러 방제(方劑)로 구성되어 있다.
100 출전 확인 안 됨.

갓 태어난 지 1개월 내에 아이가 많이 울면 길하다. 태열(胎熱, 갓난아이의 열증)·태독(胎毒, 뱃속에서 받은 독기운)·태경(胎驚, 갓난아이의 경풍)은 울음을 따라서 흩어져 또 기이한 질병이 없다. 만약 어린아이가 울 때마다 젖을 주면 기가 잘 통하지 않아 반드시 질병이 생긴다.《증보산림경제》[101]

민간의 처방에 아이가 커서 4~5세가 되면 젖을 뗀다. 대개 유즙은 달면서도 잘 막히므로[甘滯] 젖을 생선이나 고기와 함께 먹으면 반드시 벽적(癖積, 오래된 적취)이 생긴다. 이때는 먹[墨]을 유두에 바르고 매운 걸 조금 더해서 아이를 속이면 아이는 젖을 빨지 않는다. 화미고(畫眉膏)[102]를 쓰는 것보다 낫다.《증보산림경제》[103]

8) 의복

일반적으로 어린아이가 처음 날 때는 살과 피부의 발육이 아직 완전하지 않으므로 새 솜옷을 입혀서 너무 따뜻하게 하면 안 된다. 묵은 솜으로 옷을 만들어 입혀야 한다. 더욱이 근골이 위약(痿弱, 마르고 약함)하므로 때맞춰 바람과 햇볕을 쐬어줘야만 혈기가 강건하고 기육이 치밀해져서 풍한을 견디고 질

初生月內多啼者吉. 胎熱、胎毒、胎驚, 皆從此散, 且無奇疾. 若小兒啼, 輒與乳則氣不宣通, 必生疾病.《增補山林經濟》

俗方, 兒長四五歲, 便可斷乳. 蓋乳汁甘滯而與魚肉竝喫, 則必生癖積也. 以墨抹乳, 小加辣物, 誑[30]兒則便不吮乳, 勝用畫眉膏矣. 同上

論衣服

凡小兒始生, 肌膚未成, 不可衣新綿過煖, 當以故絮衣之. 況筋骨痿弱, 宜時見風日, 則血凝氣剛, 肌肉牢密, 耐風寒, 不致疾病. 若藏在幃帳中, 重衣溫煖, 不

101《增補山林經濟》卷13〈求嗣〉下 "小兒保護法"(《農書》4, 475쪽).
102 화미고(畫眉膏) : 아이 젖을 뗄 때 쓰는 약. 웅황·주사·치자 등을 가루 내어 참기름으로 갠 뒤 자는 아기의 눈썹에 이를 진하게 발라주면 젖을 뗄 수 있다.
103《增補山林經濟》卷13〈求嗣〉下 "小兒斷乳吉日", 480쪽.
[30] 誑 : 저본에는 "誆". 오사카본·《增補山林經濟·求嗣·小兒斷乳吉日》에 근거하여 수정.

병에 걸리지 않는다. 만약 휘장 속에 숨겨둔 채로 옷을 겹겹이 입혀 따뜻하게 하고 바람과 햇볕을 쐬지 않으면 살과 피부가 연약하여 쉽게 손상을 입을 것이다. 《후생훈찬》[104]

70~80세 노인이 입던 오래된 잠방이[裩][105]나 두루마기[襖][106]를 어린아이의 적삼[衫][107]으로 고쳐서 만들어주어야만 장수한 노인의 진기(眞氣)와 서로 자윤하여 아이를 장수하게 한다. 비록 부귀한 집이라도 절대 모시나 능라(綾羅) 같은 종류로 옷을 새로 만들어 아이에게 입히지 말아야 한다. 이렇게 하면 병이 나게 할 뿐 아니라 복을 꺾는다.[108] 《만병회춘》[109]

날씨가 추운 때에는 아이에게 부모가 늘 입던 오래된 옷으로 의복을 만들어줘야지, 새 면이나 비단 같은 옷감을 쓰면 안 된다. 낡은 옷감을 쓰는 이유는 만약 아이가 너무 따뜻하면 근골이 연약해져 질병에 쉽게 걸리기 때문이다. 《양방》[110]

見風日, 則其肌膚脆軟, 便易中傷矣.《厚生訓纂》

宜用七八十歲老人舊裩、舊襖, 改作小兒衣衫, 眞氣相滋, 令兒有壽. 雖富貴之家, 切不宜新裁紵絲、綾羅之類, 與兒穿之. 不惟生病, 抑且[31]折福.《萬病回春》

天寒則兒用父母常着舊衣, 作衣服, 不可用新綿絹. 只用舊者, 若太溫煖, 則筋骨軟弱, 易致疾病.《良方》

---

104 《厚生訓纂》卷1〈育嬰〉(《壽養叢書》7, 10~11쪽).
105 잠방이[裩] : 가랑이가 짧은 홑고의(홑겹 바지).
106 두루마기[襖] : 옷 자락이 무릎까지 내려오는 겉옷.
107 적삼[衫] : 홑겹으로 만든 윗옷.
108 70~80세……꺾는다 : 아기의 옷을 노인이 입던 옷을 고쳐서 입히는 방법은 매우 의미심장하다. 아기는 양기 덩어리인 순양지체(純陽之體)로 성장을 위해 반드시 음의 기운이 필요한데 노인은 이미 음이 많아진 상태이므로 그들이 입는 낡은 옷은 음기가 함축되어 있다. 이것으로 아이 옷을 해 입히면 음양의 조화를 극적으로 증대시킨다. 옷 뿐만이 아니라 실제로 신생아실의 아이들을 노인이 직접 손으로 어루만져 주게 하는 자원 서비스를 의료계에서 실행하고 있다고 한다.
109 《東醫寶鑑》〈雜病篇〉卷11 "小兒" '小兒保護法'(《原本 東醫寶鑑》, 633쪽) ;《萬病回春》卷7〈小兒初生雜病〉, 397쪽.
110 《東醫寶鑑》, 위와 같은 곳.
31 且 : 저본에는 "此". 오사카본·《東醫寶鑑·雜病篇·小兒》·《萬病回春·小兒初生雜病》에 근거하여 수정.

일반적으로 어린아이의 머리를 보호하는 물건은 매우 추울 때가 아니면 가죽으로 된 따뜻한 모자를 씌우지 말아야 한다. 그대로 두면 아이 정수리에서 양기를 위로 잘 분출시켜서 머리의 창절(瘡癤, 부스럼)과 같은 질환을 막을 뿐 아니라 피부와 살이 잘 자라게 하기 쉽다. 여름에도 신문(囟門)[111]을 가리는 것만 씌우고 그 나머지 부위는 공기를 쐬는 게 좋다. 《증보산림경제》[112]

凡小兒護頭之物, 如非極寒之時, 則勿許着有皮煖帽. 令兒頂陽氣上出, 不獨頭免瘡癤之患, 且皮肉易於長養. 夏月則只以遮護囟門之物着之, 餘處透氣可也.《增補山林經濟》

어린아이가 기어 다닐 때는 소매를 약간 길게 입혀 손가락을 드러내놓지 않게 해야 한다. 손톱으로 돗자리를 긁어 가시가 손톱 아래에 박히면 창(瘡)이 생겨 손톱이 빠지는 질환에 걸릴까 걱정되기 때문이다.《증보산림경제》[113]

小兒匍匐之時, 須稍長衣袖, 使不露手指. 恐以爪刮席, 刺入爪甲底, 致生瘡退爪之患也. 同上

일반적으로 젖먹이는 살과 피부가 충실하지 않다. 만약 두터운 옷이 너무 따뜻하면, 피부와 혈맥을 손상시키고 창양(瘡瘍, 피부질환)을 유발한다. 아이가 더워서 땀이 났다가 주리(腠理, 땀구멍)가 닫히지 않으면 풍사가 쉽게 들어온다.《소아약증직결》[114]

凡嬰兒肌膚未實, 若厚衣過煖, 則傷皮膚, 損血脈, 發瘡瘍. 汗出腠理不閉, 風邪易入.《小兒直訣》

9) 안고 눕히기

태어난 지 3~5개월에는 포대기에 잘 싸서 눕혀

論抱臥

初生三五月, 宜繃縛令臥,

---

111 신문(囟門) : 어린아이의 정수리에 있는 숫구멍으로 두개골이 완전히 봉합되지 않아 생긴 공간이다.
112 《增補山林經濟》 卷13 〈求嗣〉 下 "養兒總論(《農書》 4, 476~477쪽).
113 《增補山林經濟》 卷13 〈求嗣〉 下 "養兒總論(《農書》 4, 477쪽).
114 《東醫寶鑑》 〈雜病篇〉 卷11 "小兒" '小兒保護法'(《原本 東醫寶鑑》, 632쪽).

야지, 머리를 세워 안고 나가지 말아야 한다.《의학입문》115

勿竪頭抱出.《醫學入門》

날씨가 화창하고 따스할 때 아이를 안고 나가 바람과 햇볕을 쐬면 기혈이 굳건해지고 풍한을 견딜수 있어 질병에 걸리지 않는다. 요즘 사람들은 어린아이를 품에 안기만 하고 땅의 기운[地氣]과 접촉시키지 않아서 근골이 느슨하고 약해져서 질병이 쉽게 생긴다. 이는 아이를 사랑하는 방법이 아니다.《세의득효방》116

天氣和煖, 抱之使見風日, 則氣血堅剛, 可耐風寒, 不致疾病. 今人懷抱小兒, 不着地氣, 致令筋骨緩弱32, 疾病易生, 非愛護之道.《危氏得效方》

밤에 아이에게 팔베개를 해서는 안 되고, 1~2개의 콩자루를 만들어 아이에게 베게 해야 한다. 아울러 아이의 좌우 양쪽 가까운 곳에 이 자루를 두고 유모 옆에 가까이 있게 한다. 대개 이불을 덮을 땐 아이 머리와 얼굴이 밖으로 나오게 해야 한다. 만약 반듯하게 한 방향으로만 눕혀두면 경질(驚疾)이 생길까 걱정되니, 때때로 돌려 눕혀야 한다.《양방》117

夜間, 不得令兒枕臂, 須作一二豆袋令兒枕, 兼左右附之, 可近乳母之側. 蓋覆衣衾, 須露兒頭面. 若一向仰臥, 恐成驚疾, 須時時回動之.《良方》

10) 아이를 키우면서 피해야 할 일

養兒避忌

어린아이가 잘 때 어미의 콧바람이 아이의 신문(囟門) 부위에 맞게 하는 일을 금한다. 그러면 풍질

小兒睡, 忌母鼻中吹風及囟門處, 成癎疾.《雲笈七

115《東醫寶鑑》〈雜病篇〉卷11 "小兒" '小兒保護法'(《原本 東醫寶鑑》, 633쪽).
116《東醫寶鑑》, 위와 같은 곳 ;《世醫得效方》卷11〈小方科〉"通治", 450쪽.
117《東醫寶鑑》, 위와 같은 곳.
32 弱 : 저본에는 없음.《東醫寶鑑·雜病篇·小兒》·《世醫得效方·小方科·通治》에 근거하여 보충.

(瘋疾)118이 생긴다.《운급칠첨》119

籤》

어린아이에게 달을 가리키게 하지 말라. 양쪽 귀 뒤에 창(瘡)이 생겨 귀가 끊어질 듯이 아프게 된다. 이 창을 '월식창(月食瘡)'이라 한다.《운급칠첨》120

小兒勿令指月, 兩耳後生瘡, 欲斷. 名"月食瘡". 同上

어미의 눈물이 아이눈 속에 떨어지게 하지 말라. 눈이 망가져 예(瞖, 눈동자가 혼탁해지는 눈병)를 생기게 한다.《□□□□》121

母淚勿墮兒目中, 令目破生瞖[33].《□□□□[34]》

아이가 아직 걷지 못할 때 어미가 다시 임신하면, 아이는 여전히 젖을 먹더라도 반드시 누렇게 말라 뼈만 앙상하고, 발열하여 머리가 빠진다.《□□□□》122

兒未能行, 母更有娠, 兒猶食乳, 必黃瘦骨立, 發熱髮落. 同上[35]

아이 키우는 집에는 맨드라미를 심어서는 안 된다. 어린아이가 꽃 아래서 얼굴을 들고 위로 쳐다보다가 맨드라미가 흔들리면서 씨가 튀어서 눈에 들어가면 눈이 멀기도 하기 때문이다.《증보산림경제》123

有兒之家, 不可種鷄冠花. 小兒在花下, 仰面搖動, 子撒入眼, 或成瞖目.《增補山林經濟》

---

118 풍질(瘋疾) : 풍사로 인해 생기는 모든 증상을 아울러 말한다.
119 출전 확인 안 됨 ;《厚生訓纂》卷1〈育嬰〉(《壽養叢書》7, 11쪽).
120《雲笈七籤》卷32〈雜修攝〉"養性延命錄"(《中華道藏》29, 272쪽).
121 출전 확인 안 됨 ;《居家必用》癸集〈謹身〉"嬰兒所忌"(《居家必用事類全集》, 391쪽).
122《東醫寶鑑》〈雜病篇〉卷11 "小兒"'小兒繼病魃病'(《原本 東醫寶鑑》, 633쪽).
123《增補山林經濟》卷13〈求嗣〉下"養兒總論"(《農書》4, 478쪽).
[33] 瞖 : 저본에는 "醫". 오사카본·규장각본에 근거하여 수정.
[34] □□□□ : 모든 사본에 기사의 출전서명이 없고, 오사카본에 "출전서명은 더 고찰해 보아야 한다.(書名俟考)"라는 가필이 있다.
[35] 同上 :《東醫寶鑑·雜病篇·小兒》에는 "三因". 다만《삼인극일병증방론(三因極一病證方論)》에는《千金論》뒤에 해당 내용이 이어지며,《비급천금요방(備急千金要方)》에도 해당 내용이 나온다. 원출전이 무엇인지 확인이 어렵다. 참고로 바로 앞의 기사는 두 책 모두에서 나오지 않는다.

5~6살 된 아이에게는 꼭두각시 인형놀이를 보여 주지 말라. 왕왕 놀라서 질식할 우려가 있기 때문이다. 《증보산림경제》[124]

五六歲兒, 勿令看傀儡戲, 往往有驚窒之患. 同上

어린아이는 표주박 및 병 속의 물을 마시게 하지 말라. 아이가 마시면 말을 어눌하게 한다. 또 아이의 의복을 밤에 밖에 두어서는 안 된다. 《쇄쇄록》[125]

小兒, 勿令就瓢及瓶中飮水, 令語訥. 又衣服不可夜露. 《瑣碎錄》

11) 어린아이가 금기해야 할 음식

小兒食忌

계란·오리알·생선알 종류를 먹으면 커서 잘 잊어버린다.

食鷄·鴨卵·魚子之類, 長而多忘.

심어(鱘魚)[126]를 먹으면 징가(癥瘕, 하초에 생기는 적취)가 생기고 기침을 한다.

食鱘魚, 結癥瘕, 咳嗽.

닭고기를 먹으면 회충이 생긴다.

食鷄肉, 生蚘[36]蟲.

왕과(王瓜, 쥐참외)를 먹으면 감충(疳蟲)[127]이 생긴다.

食王瓜, 生疳蟲.

밤을 먹이면 치아가 늦게 나고 신장의 기운이 약해진다.

栗子飼之, 生齒遲, 腎氣弱.

기장밥.

黍米飯.

고사리를 먹으면 다리에 힘이 없어진다.

蕨食之, 脚無力.

메밀을 먹으면 머리카락이 빠진다.

食蕎麥, 髮落.

양의 간을 후추와 함께 먹으면 아이를 손상시킨다.

羊肝同椒食, 損兒.

여자 어린아이가 복어를 먹으면 어리석어진다.

幼女食魚魨則拙. 《本草綱

124 《增補山林經濟》 卷13 〈求嗣〉 下 "養兒總論"(《農書》 4, 479쪽).
125 《醫方類聚》 卷266 〈小兒門〉 "禁忌" '延壽書'(《醫方類聚》 11, 825쪽).
126 심어(鱘魚) : 전어(鱣魚, 철갑상어) 류의 물고기인데 등에 갑이 없고 색깔은 청색이며 주둥이가 크고 넓어서 쇠로 만든 투구와 같이 생겼다. 심황어(鱘鰉魚)라고도 한다. 《임원경제지 전어지》 권4에 자세히 보인다.
127 감충(疳蟲) : 음식을 잘 먹지 못해 몸이 허한 상태에서 기생충에 감염된 증상.
36 蚘 : 저본에는 "蛇". 오사카본에 근거하여 수정.

《目》

12) 변증(變蒸) 129

어린아이의 변증을 민간에서는 '이가 나고 뼈가 큰다.'라 한다. 비유하자면 누에가 잠을 자는 것이나, 용이 탈태하는 것이나, 호랑이가 발톱을 가는 것이 모두 이와 같은 방식으로, 이 모두 변생(變生)하면서 성장하는 것이다. 《의림집요》 130

변증이란 음양의 수화(水火)가 혈기를 훈증하여 몸을 완성하는 과정이다. 이는 오장이 변화한 기운이며 칠정이 여기에서부터 생기게 된다. 대개 아이가 태어난 날부터 32일까지가 1변(變)이 된다. 매 변증이 끝날 때 아이의 성정(性情)이 이전과 다름을 느끼는 이유는 어째서인가? 오장육부와 생각과 지혜가 자랐기 때문이다.

어째서 32일인가? 뼈와 혈맥을 키우고 여기에 정신을 더하기 때문이다. 사람에게는 365개의 뼈가 있어, 이것이 천수(天數)를 상징하고, 1년에 응하며, 12경락으로 나뉜다.

그러므로 갓 태어난 날로부터 32일까지가 1변으로, 이때 족소음신경(足少陰腎經)이 생긴다. 64일까지가 2변으로, 1증(蒸)하여 이때 족태양방광경(足太陽膀胱)

論變蒸

小兒變蒸, 俗謂之 "牙生骨長". 比如蠶之有眠、龍之脫骨、虎之轉爪, 皆同此類, 變生而長也. 《醫林集要》

變蒸者, 陰陽水火蒸於血氣而使形體成就, 是五臟之變氣而七情之所由生也. 蓋兒生之日, 至三十二日, 一變. 每變蒸畢, 卽覺性情有異于前, 何者? 長生臟腑意智故也.

何謂三十二日? 長骨脈, 添精神. 人有三百六十五骨, 以象天數, 以應期歲, 以分十二經絡.

故初生至三十二日, 一變, 生腎. 六十四日, 二變, 一蒸, 生膀胱. 九十六日,

---

128 출전 확인 안 됨 ; 《調變類編》 卷3 〈葷饌〉(구글 ebook 《海山仙館叢書》).
129 변증(變蒸) : 어린아이가 발육과정 중에 주기적으로 몸에 열과 땀이 나고 맥이 고르지 못한 증상. 아래로 이어지는 기사 내용에서 변(變)은 변화하면서 오장을 생기게 하는 생장과정이고, 증(蒸)은 육부를 쪄서 기르는 생장과정을 말한다.
130 《東醫寶鑑》 〈雜病篇〉 卷11 "小兒" '變蒸候'(《原本 東醫寶鑑》, 633쪽).

經)이 생긴다. 96일까지가 3변으로, 이때 수소음심경(手少陰心經)이 생긴다. 128일까지가 4변으로, 2증하여 이때 수태양소장경(手太陽小腸經)이 생긴다. 160일까지가 5변으로, 이때 족궐음간경(足厥陰肝經)이 생긴다.

192일까지가 6변으로, 3증하여 이때 족소양담경(足少陽膽經)이 생긴다. 224일까지가 7변으로, 이때 수태음폐경(手太陰肺經)이 생긴다. 256일까지가 8변으로, 4증하여 이때 수양명대장경(手陽明大腸經)이 생긴다. 288일까지가 9변으로, 이때 족태음비경(足太陰脾經)이 생긴다. 320일까지가 10변으로, 5증하여 이때 족양명위경(足陽明胃經)이 생긴다.

수궐음심포경(手厥陰心包經)과 수소양삼초경(手小陽三焦經)은 형체가 없기 때문에 변도 없고 증도 없다. 무릇 이상의 10변 5증은 천(天)과 지(地)의 수로, 이 때문에 장부가 생성되는 것이다. 이렇게 된 연후에 비로소 치아가 나고 말을 하며 희로애락을 알게 되므로 그제서야 아기가 온전해진다.《소아약증직결》[131]

三變, 生心. 一百二十八日, 四變, 二蒸, 生小腸. 一百六十日, 五變, 生肝.

一百九十二日, 六變, 三蒸, 生膽. 二百二十四日, 七變, 生肺. 二百五十六日, 八變, 四蒸, 生大腸. 二百八十八日, 九變, 生脾. 三百二十日, 十變, 五蒸, 生胃.

其手厥陰心包、手少陽三焦無形, 故不變而不蒸. 夫十變五蒸, 乃天地之數, 以生成之, 然後始生齒, 能言, 知喜怒, 故始全也.《小兒直訣》

13) 삼관맥(三關脈)[132]

어린아이가 갓 태어나서 6개월까지는 액맥(額

論三關脈

小兒初生至半歲, 看額脈.

---

131 《東醫寶鑑》, 위와 같은 곳.
132 삼관맥(三關脈) : 일반적인 삼관맥은 촌맥(寸脈)·관맥(關脈)·척맥(尺脈)을 말한다. 다만 여기에서의 삼관맥은 아이 검지손가락의 첫째·둘째·셋째 마디에 나타나는 붉은 실핏줄 같은 무늬를 살피는 일을 말한다.

삼관도(三關圖)(《동의보감(東醫寶鑑)》)

脈)[133]을 보고, 1세에서 5~6세까지는 삼관맥(三關脈)을 본다. 어린아이의 삼관맥을 볼 때 남자아이는 왼손, 여자아이는 오른손을 보는데, 둘째손가락에 나있는 선처럼 있는 붉은 무늬로 확인한다.

첫째 마디를 '풍관(風關)'이라 한다. 여기에 맥[붉은 무늬]이 없으면 병이 없고, 맥(붉은 무늬)이 있어도 병이 가볍다.

둘째 마디를 '기관(氣關)'이라 한다. 여기에 맥(붉은 무늬)이 드러나면 병이 중하지만 아직 치료할 수 있다.

셋째 마디를 '명관(命關)'이라 한다. 여기에 맥(붉은 무늬)이 드러나면 병이 매우 위중하여 여러 번 죽을 고비르 넘긴다. 만약 삼관에 곧바로 청흑색의 무늬가 비치면 죽는다. 《의학입문》[134]

삼관에 보이는 무늬의 색이 오색 중에 홍색·황색이면 쉽게 평안해진다. 홍색이 심해지면 자색이 되고, 자색이 심해지면 청색이 되고, 청색이 심해지면 흑색이 된다. 청흑색이 순흑색에 이르면 고칠 수 없다. 《의학입문》[135]

삼관맥 첫째 마디에 나타난 붉은 무늬는 날짐승이나 안팎의 사람에 놀란 것이다. 미세한 붉은 무늬는 불에 놀란 것이다. 검은 무늬는 물에 놀란 것이

一歲至五六歲, 察三關脈.
三關, 在小兒, 男左手, 女右手, 次指內有紅紋似線者爲驗.
第一節, 名曰"風關", 無脈則無病, 有脈則病輕.

第二節, 名曰"氣關", 脈見則病重, 尙可治.

第三節, 名曰"命關", 脈見則病極, 乃九死一生. 若直射三關靑黑紋[37]者, 死. 《醫學入門》

五色之中, 紅、黃易安. 紅盛作紫, 紫盛作靑, 靑盛作黑. 靑黑之色至純黑則不可治. 同上

第一節, 赤紋乃飛禽、內外人驚. 赤紋微乃火驚. 黑紋水驚. 靑紋, 乃天雷、四足

---

133 액맥(額脈) : 둘째·셋째·넷째손가락으로 아이의 이마를 짚어 진찰하는 방법. 주로 한열(寒熱)을 판단한다.
134 《東醫寶鑑》〈雜病篇〉 卷11 "小兒" '虎口三關脈法'(《原本 東醫寶鑑》, 634쪽) ; 《醫學入門》 卷5 〈小兒門〉 "察脈", 840쪽.
135 《東醫寶鑑》, 위와 같은 곳.
[37] 紋 : 저본에는 "絞". 오사카본·규장각본·《東醫寶鑑·雜病篇·小兒》에 근거하여 수정.

다. 푸른 무늬는 우레나 들짐승에 놀란 것이다. 안으로 은은하게 푸른 무늬가 약간 굽어 있으면 이는 급중풍(急中風)[136]의 징후이다.

삼관맥 둘째 마디에 자색무늬는 경감(驚疳) 때문이다. 푸른색무늬는 감(疳)이 간으로 전이된 것이다. 백색무늬는 감이 폐로 전이된 것이다. 황색무늬는 감이 비장으로 전이된 것이다. 흑색무늬는 낫기 어렵다.

삼관맥 셋째 마디에 청흑색무늬가 삼관을 모두 통해 비스듬히 손톱으로 이어져 있으면 치료할 수 없다. 《세의득효방》[137]

14) 얼굴 보고 병 진단하는 법

왼쪽 뺨은 간을 나타내고, 오른쪽 뺨은 폐를 나타낸다. 이마는 심장을 나타내고, 아래턱은 신장을 나타내고, 코끝은 비장을 나타낸다. 일반적으로 5악(五岳, 왼뺨·오른뺨·이마·아래턱·코끝)이 적색이면 모두 열증이고, 엷은 백색이면 모두 허증이다. 《의학입문》[138]

이마는 화(火)를 나타낸다. 이마의 색이 홍색이면 주로 심한 열이고, 청색이면 간풍(肝風)[139]이다. 《의학입문》[140]

驚. 內隱靑紋微屈, 則是急風候.

第二節, 紫色紋乃驚疳. 靑色紋乃疳傳肝. 白色紋乃疳傳肺. 黃色紋乃疳傳脾. 黑色紋難安.

第三節, 靑黑紋三關通度, 斜歸指甲則不治. 《危氏得效方》

觀形察病法

左頰爲肝, 右頰爲肺, 天庭爲心, 地閣爲腎, 準頭爲脾. 凡五岳赤者皆熱, 淡白者皆虛. 《醫學入門》

天庭爲火. 色紅主大熱, 靑乃肝風. 同上

---

136 급중풍(急中風) : 인체가 허약한 틈을 타고 사기가 침범한 증상.
137 《東醫寶鑑》, 위와 같은 곳.
138 《東醫寶鑑》〈雜病篇〉卷11 '小兒' '觀形察色圖'(《原本 東醫寶鑑》, 634쪽).
139 간풍(肝風) : 열이 몹시 심하거나 음혈이 부족해서 생기는 경련증상.
140 《東醫寶鑑》, 위와 같은 곳.

관형찰색도(觀形察色圖)(《동의보감》)

인당(印堂, 양 눈썹 정중앙부)이 청색이면 사람에 놀란 것이다. 홍백색이면 물이나 불에 놀란 것이다. 홍색이면 담열(痰熱)141이 있는 것이다. 《의학입문》142

印堂青者, 人驚; 紅白者, 水火驚; 紅者, 痰熱. 同上

인당에서 코끝까지 연이어 붉으면 삼초(三焦)에 열이 쌓인 것이다. 《의학입문》143

印堂連準頭紅者, 三焦積熱. 同上

인당에서 코뿌리까지 붉으면 심장·소장에 열이 있는 것이다. 코뿌리에서 콧등까지 붉으면 심장·위장에 열이 있는 것이다. 《의학입문》144

印堂至山根紅者, 心、小腸熱;山根至鼻柱紅者, 心、胃熱. 同上

---

141 담열(痰熱) : 몸 안의 열사(熱邪)가 담(痰)과 서로 뭉쳐 생긴 병. 열담이라고도 한다. 얼굴이 붉고 열이 나면서 기침이 난다.
142 《東醫寶鑑》, 위와 같은 곳.
143 《東醫寶鑑》, 위와 같은 곳.
144 《東醫寶鑑》, 위와 같은 곳.

코는 얼굴 가운데 위치하여 비장에 해당된다. 코가 홍황색이면 병이 없다. 《의학입문》[145]

鼻居面中, 爲脾. 紅黃色者, 無病. 同上

비장은 입술과 상응하는데, 입술이 홍색이면 갈증이 있다. 회충이 심장 아래쪽 뾰족한 부분을 물면 반드시 입술이 뒤집힌다. 인중과 입술가장자리 부위가 흑색이면 설사와 이질로 죽는다. 홍색이면 열담(熱痰)이 막힌 것이다. 청색이면 경풍이다. 흑색이면 중악(中惡)[146]으로 아픈 것이다. 황색이면 음식 때문에 상하여 토하거나 설사하는 것이다. 《의학입문》[147]

脾應脣, 紅主渴. 蚘蟲咬心頭者, 脣必反. 人中、脣際也黑者, 瀉痢死. 紅色, 熱痰壅成. 靑色, 驚風. 黑色, 爲痛中惡. 黃色, 傷食吐利. 同上

왼쪽 태양혈(太陽穴)[148]이 청색이면 놀란 증상이 가볍다. 홍색이면 상한(傷寒)[149]이다. 흑청색이면 유적(乳積)[150]이다. 《의학입문》[151]

左太陽靑色, 驚輕. 紅色, 傷寒. 黑靑色, 乳積. 同上

오른쪽 태양혈이 청색이면 놀란 증상이 중하다. 홍색이면 풍축(風搐)이다. 눈이 흑색이면 죽는다. 《의학입문》[152]

右太陽靑色, 驚重. 紅色, 風搐. 眼目黑者死. 同上

아래턱은 신장에 해당한다. 아래턱이 청색이면

地閣爲腎. 色靑, 食時驚,

---

145 《東醫寶鑑》, 위와 같은 곳.
146 중악(中惡) : 소아병증의 하나. 갑자기 심장가 배가 찌르는 듯이 아프며 답답하고 어지러운 병증.
147 《東醫寶鑑》, 위와 같은 곳.
148 태양혈(太陽穴) : 눈과 귀 사이 움푹 들어간 관자놀이 부위의 혈자리.
149 상한(傷寒) : 한기에 상하여 생긴 외감성 질병을 통틀어 이른 말. 6경맥(태양경·양명경·소양경·태음경·소음경·궐음경)에 따라 태양중풍, 태양상한 등의 독특한 병증이 생긴다.
150 유적(乳積) : 어린아이가 젖을 먹고 체한 증상.
151 《東醫寶鑑》, 위와 같은 곳.
152 《東醫寶鑑》, 위와 같은 곳.

밥 먹을 때 놀라거나 가슴이 답답하여 야제(夜啼)[153]가 된 것이다. 황색이면 대부분 구토한다. 홍색이면 신장 안의 기병(氣病)이다. 턱 양쪽이 적색이면 폐에 열기가 있는 것이다. 《의학입문》[154]

或煩躁夜啼. 黃, 多吐逆. 紅者, 腎中氣病. 兩頤赤者, 肺熱. 同上

코뿌리가 청흑색이면 재액을 자주 만나 반드시 죽는다. 흑색이면 이질이다. 적흑색이면 토하고 설사한다. 황색이면 곽란(霍亂)[155]이다. 홍색이면 야제이다. 자색이면 음식 때문에 상한 것이다. 《의학입문》[156]

山根靑黑, 頻見災危, 必死. 黑色, 痢疾. 赤黑色, 吐瀉. 黃色, 霍亂[38]. 紅色, 夜啼. 紫色, 傷飮食. 同上

중정(中庭)[157]·이마 중앙·사공(司空)[158]·인당·이마 모서리·관자놀이는 모두 명문(命門)[159]에 해당하는 부위다. 이들 부위가 청흑색이면 경풍(驚風, 경기로 인해 생긴 풍증)이 악화되는 징후이다. 또한 이들 부위는 손상되거나 꺼지는 것을 꺼린다. 《의학입문》[160]

中庭、天庭、司空、印堂、額角、方廣, 皆命門部位. 靑黑, 爲驚風惡候, 亦忌損陷. 同上

어린아이의 여러 가지 병은 두 눈만 보면 안다. 정기와 생기가 없거나 검은 눈동자에 움직임이 없

小兒諸病, 但見兩眼, 無精光, 黑睛無運轉, 目睫無

---

153 야제(夜啼) : 갓난아이가 낮에는 울지 않다가 밤이 되면 계속 우는 증상.
154 《東醫寶鑑》, 위와 같은 곳.
155 곽란(霍亂) : 더위를 먹거나 찬 것을 잘못 먹어 갑자기 토하고 설사하는 증상.
156 《東醫寶鑑》, 위와 같은 곳 ; 《醫學入門》 卷5 〈小兒門〉 "觀形", 838쪽.
157 중정(中庭) : 혈자리로서는 앞가슴 정중앙의 검상돌기 부위 우묵한 곳을 중정이라 하는데, 여기서는 이마의 어느 부위를 지칭하는 것으로 보인다.
158 사공(司空) : 양쪽 눈썹사이와 이마의 중간 부분.
159 명문(命門) : 일반적으로 원기의 기본이 되는 오른쪽 신장을 말하며 남자는 명문에 정(精)을 간직하고 여자는 자궁이 연관되어 있다고 한다. 여기서는 문자 그대로 목숨과 직결되는 통로 곧 생명의 문을 의미하는 것으로 보인다.
160 《東醫寶鑑》, 위와 같은 곳.
38 亂 : 저본에는 "乳". 오사카본·규장각본·《東醫寶鑑·雜病篇·小兒》·《醫學入門·小兒門·觀形》에 근거하여 수정.

고, 속눈썹이 뾰족하지 않아 물고기나 고양이 눈 같거나, 혹 두 눈이 감기고 눈동자가 몽롱한 경우는 죽는다. 또는 겉으로 보기엔 어둡지만 신기(神氣)가 안에 저장되어 이탈되지만 않으면 산다. 눈동자가 눈에 가득차고 눈동자가 밝으면 병이 적다. 눈에 흰 자위가 많고 눈동자가 황색이거나 작으면 선천적으로 타고난 기가 약하여 병이 많다.

눈을 살펴보았을 때 안쪽이 적색이면 심장에 열이 있다. 담홍색이면 심장에 허열이 있다. 청색이면 간에 열이 있다. 옅은 청색이면 간이 허하다. 황색이면 비장에 열이 있다. 눈동자에 생기가 없으면 신장이 허하다. 눈동자가 허옇고 혼탁하면 폐에 열이 있다.《의학입문》[161]

鋒芒, 如魚猫眼狀, 或兩眼閉, 而黑睛朦矓者, 死. 或外若昏困, 而神藏于內不脫者, 生. 黑珠滿輪睛明者, 少病. 眼白多, 睛珠或黃或小者, 稟弱多病.

目證, 內赤者, 心熱. 淡紅者, 心虛熱. 靑[39]者, 肝熱. 淺淡者, 肝虛. 黃者, 脾熱. 無睛光者, 腎虛. 白而混者, 肺熱也. 同上

이질 있으면 미간이 주름지고,
경풍 있으면 얼굴의 뺨 붉지.
갈증 있으면 입술 주위가 적색 되고,
독열(毒熱) 있으면 눈 몽롱하네.
《면상형증가(面上形證歌)[162]》[163]

痢疾眉頭皺,
驚風面頰紅.
渴來脣帶赤,
毒熱眼朦矓.
《面上形證歌》

코뿌리에 청색 맥 가로로 보이면,
이 병은 2번 놀란 것이 분명하네.
적흑색이면서 피곤하면 때로 토하고 설사하며,

山根若見脈橫靑,
此病明知兩度驚.
赤黑困疲時吐瀉,

---

161 《東醫寶鑑》, 위와 같은 곳 ; 《醫學入門》 卷5 〈小兒門〉 "觀形", 839쪽.
162 면상형증가(面上形證歌) : 《의학정전(醫學正傳)》 권8 〈소아과(小兒科)〉 "논(論)"에 실려 있다.
163 《東醫寶鑑》, 위와 같은 곳.
39 靑 : 저본에는 "睛". 오사카본·《東醫寶鑑·雜病篇·小兒》·《醫學入門·小兒門·觀形》에 근거하여 수정.

홍색이면 야제(夜啼)가 멈추지 않으리라.　　색紅啼夜不曾停.

《면상형증가》[164]　　　　　　　　　　同上

청색 맥이 왼쪽 태양혈에 생기면　　　　青脈生于左太陽,

1번 놀란 것을 미루어 알 수 있네.　　　須驚一度見推詳.

적색이면 상한이니 약간 조열(燥熱) 있고,　赤是傷寒微燥熱,

흑청색이면 젖으로 상한 것임을 알 수 있네.　黑青知是乳中傷.

《면상형증가》[165]　　　　　　　　　　同上

오른쪽의 청색 맥 많은 경우 아니지만　　右邊青脈不須多,

있으면 자주 놀란 것이니 어쩌할꼬.　　　有則頻驚怎奈何.

홍적색 맥이면 풍이라서 눈이 당기고,　　紅赤爲風抽眼目,

흑청색 맥이면 3일 만에 염라(閻羅)를 보리라.[166]　黑青三日見閻羅.

《면상형증가》[167]　　　　　　　　　　同上

15) 목소리 듣고 질병 판별하는 방법　　聽聲辨症方

목소리가 가벼우면 기병이거나 허약증이다. 무겁　聲輕者, 氣也, 弱也. 重濁

고 탁하면 통증이거나 풍이다. 고함을 치면 열이 나　者, 痛也, 風也. 高喊者,

서 미칠 듯한 증상이다. 목소리가 급하면 정신이 놀　熱欲狂也. 聲急者, 神驚

란 것이다. 목소리가 막히면 담증이다. 목소리가 떨리　也. 聲塞者, 痰也. 聲戰者,

면 한증이다. 목이 메면 기의 흐름이 불순한 것이다.　寒也. 聲噎者, 氣不順也.

천식은 숨이 급한 것이다. 재채기는 바람에 상한　喘者, 氣促也. 噴嚏者, 傷

것이다. 놀라서 울 때, 소리가 가라앉아 울리지 않　風也. 驚哭, 聲沈不響者,

164《東醫寶鑑》, 위와 같은 곳.
165《東醫寶鑑》, 위와 같은 곳.
166 염라(閻羅)를 보리라 : 죽는다는 말이다. 태양혈 부위의 진단은 앞쪽과 함께 참조.
167《東醫寶鑑》, 위와 같은 곳.

는 것은 중증이다. 소리가 탁하게 가라앉아 조용한 것은 감적(疳積)이다. 태어날 때 울음소리가 크지 않고 가늘게 울면 요절한다. 《의학입문》[168]

重也. 聲濁沈靜者, 疳積也. 如生來不大啼哭, 聲啾唧者, 夭. 《醫學入門》

열[火]이 심하게 나서 갑자기 놀라 울부짖는 이유는 화(火)가 동하고 기가 허하기 때문이니, 반드시 죽는다. 한밤중에 열이 나면 대부분 구창(口瘡, 입안이 허는 증상)이 생긴 것이니, 잘 살펴야 한다. 《의학입문》[169]

火之大發, 忽然驚叫, 乃火動氣虛, 必死. 夜半發者, 多有口瘡, 宜看之. 同上

잠을 자다가 놀라서 울 때, 목소리가 뜨면 쉽게 낫고, 목소리가 가라앉아 울리지 않으면 낫기 어렵다. 혹 목소리가 마치 총에 맞은 갈까마귀 소리 같으면 치료하지 못한다. 《동의보감》[170]

睡中驚啼, 聲浮者, 易治, 聲沈不響者, 難痊. 或聲如鴉中彈者, 不治. 《東醫寶鑑》

아이가 울 때 단지 목소리만 났다 그쳤다 하면서 눈물이 나지 않으면 통증이 있는 것이다. 목소리가 끊기지 않으며 눈물을 많이 흘리면 놀란 것이다. 자전(慈煎)[171]으로 목소리가 답답하면 낫기 어렵다. 조급하게 우는 목소리는 한기에 감수된 것이다. 《동의보감》[172]

直聲往來而無淚者, 是痛也. 連聲不絶而多淚者, 是驚也. 慈煎聲煩躁者, 難愈. 躁促聲音者, 感寒. 同上

보양지 권제7 끝

葆養志卷第七

---

168 《東醫寶鑑》, 위와 같은 곳.
169 《東醫寶鑑》, 위와 같은 곳.
170 《東醫寶鑑》, 위와 같은 곳.
171 자전(慈煎) : 아이가 심장의 열로 인해 가슴이 답답하고 불안해하는 증상.
172 《東醫寶鑑》, 위와 같은 곳.

8

보양지 권제 8
葆養志 卷第八

임원십육지 59
林園十六志五十九

I. 양생월령표(養生月令表)

설날에는 오신반(五辛盤)을 만들어 먹어 오장의 기운을 발산시킨다. 설날에 초백주 (椒柏酒)를 올린다. 산초[椒]는 곧 옥형성(玉衡星)의 정기이니, 산초를 먹으면 몸이 가볍고 노화를 견뎌내게 한다. 측백[柏]도 선약(仙藥)이다. 술을 올리는 순서는 어린 사람부터 시작해야 하니, 연소자를 우선으로 한다. 상지탕(桑枝湯)을 올리고 상지 전(桑枝煎)을 만들어 먹는다.

양생월령표

養生月令表

1. 양생월령표(養生月令表)[1]

養生月令表

1) 정월 건인(建寅)[2]

1-1) 좌공(坐功, 도인법)[3]

입춘(立春)에, 운기는 궐음(厥陰) 초기(初氣)를 주관한다. 때는 수소양삼초(少陽三焦) 상화(相火)와 짝한다.[4]

正月建寅

坐功

立春, 運主厥陰初氣, 時配手少陽三焦相火.

---

1 양생월령표(養生月令表) : 1년 열두 달의 달마다 주요한 양생 실천 사항을 간결하게 요약한 도표. 총 11개의 항목으로 구성되었다. 양생월령표의 내용 중 "좌공(坐功)" 항목은 《보생심감(保生心鑑)》과 《준생팔전(遵生八牋)》에 수록되어 있는 내용과 대부분 일치한다. 《보생심감》은 기공(氣功)과 양생법을 다룬 서적으로, 중국 명(明)나라의 도인 철봉거사(鐵鋒居士, ?~?)가 1506년 편찬했다고 전해진다. 철봉거사의 본명은 알려져 있지 않다. 《준생팔전》은 중국 명나라의 문인 고렴(高濂, 1573~1620)이 편찬한 서적으로, 유가(儒家)·도가(道家)·불가(佛家)의 양생법을 비롯하여 섭생법·도인술·음식·약제 처방 등 다양한 내용이 수록되어 있다. 《보생심감》과 《준생팔전》에 수록된 "좌공"에 대해서는 아래 3번 주석 참조.

　좌공 아래에 있는 음찬(飮餐)~벽온(辟瘟) 항목들의 내용은, 《양생월람(養生月覽)》의 양생 관련 기사를 1월부터 12월까지 항목에 맞게 새로 배치하거나 압축적으로 표현하는 방식으로 구성되어 있다. 《양생월람》은 중국 송(宋)나라의 도사(道士)인 주수충(周守忠, ?~?)이 13세기 무렵에 편찬한 양생서(養生書)이다. 이 책은 1년 중의 각 절기마다 시행해야 하거나 금해야 하는 사항에 대해, 여러 의서(醫書)·세시기(歲時記)·도가서(道家書) 등의 서적에서 단편의 기사들을 발췌하는 방식으로 구성되어 있으며, 출처도 밝혀두었다. 《보양지》 원문에는 출전이 생략되어 있으므로, 각 항목별 출전은 번역문 기사 뒤에 표기하였다.

2 건인(建寅) : 음력 1월의 별칭. 월건법(月建法)은 12지를 12달에 배합하는 방식을 이르는데, 건(建)은 본디 고천문학에서 북두칠성의 자루가 가리키는 방향을 일컫는 말이었다. 중국 고대 하(夏)나라에서는 건인(建寅)의 달인 음력 1월을 새해의 정월(正月)로 삼았고 후대에도 이를 따랐다. 이하 12지지(地支)의 순서대로, 건묘(建卯)는 2월, 건진(建辰)은 3월, 건사(建巳)는 4월, 건오(建午)는 5월, 건미(建未)는 6월, 건신(建申)은 7월, 건유(建酉)는 8월, 건술(建戌)은 9월, 건해(建亥)는 10월, 건자(建子)는 11월, 건축(建丑)은 12월에 해당한다.

3 좌공(坐功) : 이 항목의 내용은 《보생심감》에 수록되어 있는 "태청이십사기수화취산도(太淸二十四氣水火聚散圖)" 또는 《준생팔전》에 수록되어 있는 "진희이도인좌공도세(陳希夷導引坐功圖勢)"를 인용한 것으로 보인다. 진희이(陳希夷, 871~989)는 송나라 초기의 도사(道士)로, 본명은 진단(陳摶), 자는 도남(圖南), 호는 부요자(扶搖子)이며, 주로 희이선생(希夷先生)으로 알려져 있다. 그는 도가(道家)의 성지 화산(華山)에 은거하면서 《지현편(指玄篇)》·《삼봉우언(三峰寓言)》·《고양집(高陽集)》 등 많은 양생서(養生書)를 저술하였다. 원문에는 좌공도(坐功圖) 그림이 실려 있지 않으나 《준생팔전》의 그림을 번역문 아래에 배치했다.

4 운기는……짝한다 : 이하 12월에 걸쳐 나오는 운기(運氣)와 때[時]에 대해 《보양지》와 《위선지》에 나온 내용을 근거로 간략히 설명한다. 먼저 운(運)은 5운을 말하며 '목화토금수(木火土金水)'의 운이다. 목화토금수 5행(行)은 그 상생관계(목생화, 화생토, 토생금, 금생수)에 따라 이와 같은 순서를 가진다. 기(氣)는 6기

매일 자시(子時, 오후 11시~오전 1시)·축시(丑時, 오전 1~3시)에 손을 겹쳐 장딴지를 안마하고, 몸을 회전시키고 목을 꺾고 좌우로 뽑아 당기기를 각각 15번 한다. 고

宜每日子丑時, 疊手按髀
[1], 轉身拗頭, 左右聳引各
三五度, 叩齒、吐納、漱

를 말하며, 실내용은 삼음삼양, 곧 삼음(태음·소음·궐음)과 삼양(태양·소양·양명)이다. 결국 '운기'라 함은 이 두 가지의 상호배합을 통해, 변화하는 만물에 규칙성을 부여하여 이해하고자 하는 전통적 방법론을 가리킨다. 실제로 5운과 6기의 상호배합은 목−궐음, 화−소음(군화)과 소양(상화), 토−태음, 금−양명, 수−태양으로 그 규칙이 정해진다. 이렇게 되는 이유는 표(《보양지》권제4 참고)에서 보는 것처럼 팔괘(八卦)의 특성을 자연현상에 빗대서 이해했기 때문이다.

소양(☳ 진, 양이 처음 생겨남)−양명(☱ 태, 양이 상당히 자라남)−태양(☰ 건, 양이 극성함)−궐음(☴ 손, 음이 처음 생겨남)−소음(☶ 간, 음이 상당히 자라남)−태음(☷ 곤, 음이 극성함)의 순서와 목화토금수 오행의 생성순서를 결합하여 운기의 기본적 틀을 형성했다. 이 운기로서 1년의 때[時]를 구분하여 궐음은 초기, 소음은 2기, 소양은 3기, 태음은 4기, 양명은 5기, 태양은 종기라고 순서를 정한 것도 '목화토금수'의 순서에 따른 운행과 합치된다. 곧 궐음 초기[木]−소음 2기[君火]−소양 3기[相火]−태음 4기[土]−양명 5기[金]−태양 종기[水]의 차례로 이어지는 것이다.

다시 1년의 12달, 24절기를 세분하여 이 관계를 살펴보면 다음과 같다. 궐음 초기는 절기로는 대한·입춘·우수·경칩을 포괄하며, 달로는 12월 후반~2월 전반에 해당한다. 소음 2기는 춘분·청명·곡우·입하를 포괄하며, 2월 후반~4월 전반에 해당한다. 소양 3기는 소만·망종·하지·소서를 포괄하며, 4월 후반~6월 전반에 해당한다. 태음 4기는 대서·입추·처서·백로를 포괄하며, 6월 후반~8월 전반에 해당한다. 양명 5기는 추분·한로·상강·입동을 포괄하며, 8월 후반~10월 전반에 해당한다. 태양 종기는 소설·대설·동지·소한을 포괄하며, 10월 후반~12월 전반에 해당한다.

화(火)가 군화(君火)와 상화(相火) 2개로 나뉘어 배치되기는 했지만 실제로 5운이 절기에서 다음의 운과 교차되는 지점은 좀 더 복잡하다. 기준점이 되는 대한은 바로 당일 수와 목이 교차되지만, 목과 화의 교차일은 춘분 후 13일, 화와 토의 교차일은 망종 후 10일, 토와 금의 교차일은 처서 후 7일, 금과 수의 교차일은 입동 후 4일이라 했다.(《위선지》권3〈일년의 예측 (하)〉 "운기로 점치다[占運氣]" '오운절령도(五運節令圖)' 참고)

한편 운기와 인체 12경락의 배합 역시 이런 논리의 확장으로 설명하고 있다. 크게 보아 1년의 상반기 6개월을 6개의 수(手) 경락과 짝짓고 하반기 6개월은 6개의 족(足) 경락과 짝짓고 있다. 흥미롭게도 상하 반기의 6개월은 다시 각각 소양(☳, 1월·7월)−양명(☱ 2월·8월)−태양(☰ 3월·9월)−궐음(☴ 4월·10월)−소음(☶ 5월·11월)−태음(☷ 6월·12월)의 운행 순서를 따르고 있다(그림 내부의 작은 원). 이에 따르면 1양이 자라나고 왕성했다가 바야흐로 음이 생겨나서 양이 점차 사그라지는 방식으로 일정한 규칙성을 반복하고 있다.

세부적으로 상반기 6개월과 6개의 수(手) 경락은 다음과 같이 짝지어진다. 1월(입춘·우수)의 운기는 수소양삼초경의 상화와, 2월(경칩·춘분)의 운기는 수양명대장경의 금과, 3월(청명·곡우)의 운기는 수태양소장경의 수와, 4월(입하·소만)의 운기는 수궐음심포경의 목과, 5월(망종·하지)의 운기는 수소음심경의 군화와, 6월(소서·대서)의 운기는 수태음폐경의 토와 짝지었다.

또 하반기 6개월과 6개의 족(足) 경락도 다음과 같이 짝짓는다. 7월(입추·처서)의 운기는 족소양담경의 상화와, 8월(백로·추분)의 운기는 족양명위경의 금과, 9월(한로·상강)의 운기는 족태양방광경의 수와, 10월(입동·소설)의 운기는 족궐음간경의 목과, 11월(대설·동지)의 운기는 족소음신경의 군화와, 12월(소한·대한)의 운기는 족태음비경의 토와 같이 짝을 지었다. 이렇게 되는 이유는 오행과 오장육부는 각각 간(담)−목, 심(소장)−(군)화, 심포(삼초)−(상)화, 비(위)−토, 폐(대장)−금, 신(방광)−수로 배당되며, 이들이 다시 12지지(地支)와 삼음삼양과 결합되는 관계가 아래의 표와 같이 이루어지기 때문이다.《보양지》권4〈수진(修眞, 몸의 수련)〉 "도인(導引)" '24절기 도인법' 각주 참조.

[1] 髀 : 저본에는 "〈骹〉". 《遵生八牋·四時調攝牋·春卷》에 근거하여 수정.

입춘정월절좌공도(立春正月節坐功圖)
《준생팔전》 와세다대학 소장본)

우수정월중좌공도(雨水正月中坐功圖)
《준생팔전》 와세다대학 소장본)

치(叩齒)5, 토납(吐內)6, 수연(漱咽)7을 해야 한다.

우수(雨水)에, 운기는 궐음 초기를 주관한다. 때는 수소양삼초 상화와 짝한다.

매일 자시·축시에 손을 겹쳐 넓적다리를 안마하고 목을 꺾고 몸을 회전시키면서 좌우로 당기기를 각각 15번 한다. 고치, 토납, 수연을 한다.8

咽②.

雨水、運主厥陰初氣，時配手少陽三焦相火.

每日子丑時疊手按胜③，拗頸轉身，左右偏引各三五度，叩齒、吐納、漱咽.

1-2) 음찬(飮餐, 음식 먹기)

봄에 간(肝)을 먹어서는 안 된다. 봄은 간의 기운이 왕성할 때이니, 간을 먹어 사기(死氣, 죽음의 기운)를

飮餐

春不可食肝，爲肝王時，以死氣入肝傷魂也.

---

5 고치(叩齒) : 치아와 치근(齒根)을 튼튼하게 만드는 수양법. 윗니와 아랫니를 서로 마주쳐서 치아[齒]를 부딪치는[叩] 방식으로 치아를 단련시킨다.

6 토납(吐納) : 입으로 탁한[濁] 기(氣)를 내뱉고[吐] 코로 맑은[淸] 기를 들이마시는[納] 호흡법으로, 토탁납청(吐濁納淸)의 줄임말이다. 납청토탁(納淸吐濁) 또는 토납(吐納)으로 쓰기도 한다.

7 수연(漱咽) : 물로 입 안을 깨끗이 헹군[漱] 다음 그 물을 뱉지 않고 마시는[咽] 수양법. 수연(漱嚥), 연액(咽液)으로 쓰기도 한다.

8 《遵生八牋》 卷3 〈四時調攝牋〉 "春卷" '陳希夷孟春二氣導引坐功圖勢'(《遵生八牋校注》, 73~74쪽) ; 《保生心鑑》 〈太淸二十四氣水火聚散圖〉(《壽養叢書》 6, 22~25쪽).

② 漱咽 : 《遵生八牋·四時調攝牋·春卷》에는 "漱咽三次".

③ 胜 : 저본에는 "脛". 《遵生八牋·四時調攝牋·春卷》에 근거하여 수정.

간에 들이면 혼(魂)을 해치기 때문이다.

봄 72일 동안에는 신맛을 줄이고 단맛을 늘려 비장의 기운을 기른다.

春七十二日, 省酸增甘以養脾氣.

봄에는 술을 마시고 파를 먹어 오장(五臟)을 소통시킨다.

春月飮酒茹蔥以通五臟.

봄철에는 붕어대가리를 먹으면 안 된다. 그 속에 충이 있기 때문이다.

春間不可食鯽魚頭, 其中有蟲.

입춘(立春)날에 생채를 지나치게 먹어서는 안 된다. 햇것을 맞이하는 뜻을 취할 만큼만 먹는다. 또 장수[漿]와 죽을 먹어 온화한 기운을 이끈다.

立春日, 食生菜不可過多, 取迎新之意, 及進漿、粥, 以導和氣.

지황죽(地黃粥)·방풍죽(防風粥)·자소죽(紫蘇粥, 차조기죽)을 먹는다.

食地黃粥、防風粥、紫蘇粥.

부추김치[韭虀]를 먹는다.

食韭虀.

생파를 먹지 말라. 얼굴에 유풍(遊風)[9]을 일어나게 하기 때문이다.

勿食生蔥, 令人面上起遊風.

배[梨]를 먹지 말라.

勿食梨.

서잔(鼠殘)[10]을 먹으면 대부분 서루(鼠瘻)[11]가 생겨 작은 구멍에서 피를 흘린다.

食鼠殘, 多爲鼠瘻, 小孔下血.

호랑이·표범·이리의 고기를 먹지 말라. 신(神)과 기(氣)를 손상시키기 때문이다.

勿食虎、豹、狸肉, 令人傷神損氣.

생여뀌를 먹지 말라. 신장을 상하게 하기 때문이다.[12]

勿食生蓼, 傷腎.

---

9 유풍(遊風) : 피부병의 일종. 습열이 몰린 데다 풍사를 받으면 생기고, 몸이나 얼굴이 붓고 가려운 증상이 나타난다. 얼굴에 발생하는 경우 이를 면유풍(面游風)이라 했다.

10 서잔(鼠殘) : 쥐가 파먹은 음식물. 예전에는 쥐[鼠]가 먹다 남긴[殘] 음식물을 버리지 않고 사람들이 먹는 경우, 해로운 균이 몸속에 들어와 질병을 일으키는 사례가 있었다.

11 서루(鼠瘻) : 목이나 겨드랑이 아랫부분의 림프선에 멍울이 생기는 질병.

12 《養生月覽》 卷上 〈正月〉《中醫古籍整理叢書》 118, 6~9쪽). 《양생월람》은 《수양총서(修養叢書)》 권8에도 실려있지만, 접근성과 정확성을 위해 본고에서는 《중의고적정리총서》를 대본으로 하여 출전주를 기재했다.

1-3) 즐목(櫛沐, 머리빗기와 목욕)

1일에 구기채(枸杞菜)[13]를 삶은 물로 목욕하면 몸에 광택이 나고, 병에 걸리지 않으며, 늙지 않는다.

4일에 새벽 무렵 흰머리를 뽑으면 오래도록 흰머리가 나지 않는다. 신선이 흰머리를 뽑는 날이기 때문이다. 다른 달에도 이와 같이 한다.

8일에 목욕하면 재화(災禍)를 없앤다. 신선이 목욕하는 날이기 때문이다.

10일 인정(人定, 사람들이 잠든 밤 10시경)에 목욕하면 치아가 튼튼해진다.

입춘일 맑은 아침에 백지(白芷)·복숭아나무껍질·청목향(青木香)[14] 삶은 물로 동쪽을 향하여 목욕한다.

갑자일(甲子日)에 흰머리를 뽑고, 그믐날에 정화수를 길어 먹으면 수염과 머리털이 세지 않는다.

인일(寅日, 범날)에 흰머리를 태우면 길하다.

1일에 오목(五木)을 삶은 물[15]로 목욕하면 사람이 늙어도 수염과 머리가 검게 유지된다. 오목은 곧 청목향이다.

봄 3개월간 아침마다 머리를 100~200번 빗고, 밤이 되어 잠잘 무렵에 더운 소금물 1동이를 끓여 무릎에서 발까지 씻은 뒤 누우면 풍독(風毒)과 각기(脚氣)를 흩어 보내어 사기(邪氣)로 막히지 않게 한다.[16]

櫛沐

一日取枸杞菜煮湯沐浴, 令人光澤, 不病不老.

四日凌晨, 拔白, 永不生, 神仙拔白日. 他月倣此.

八日沐浴去災禍, 神仙沐浴日.

十日人定時沐浴, 令人齒堅.

立春日淸朝, 煮白芷、桃皮、青木香, 東向沐浴.

甲子拔白, 晦日汲井花水服, 令髭髮不白.

寅日燒白髮, 吉.

一日取五木煮湯以浴, 令人至老鬚髮黑. 五木, 卽青木香.

春三月每朝梳頭一二百下, 至夜欲臥, 須湯熱鹽湯一盆, 從膝下洗至足, 方臥, 以通泄風毒、脚氣, 勿令壅滯.

---

13 구기채(枸杞菜) : 구기자나무의 연한 잎과 순.
14 청목향(青木香) : 쥐방울덩굴의 뿌리를 햇볕에 말린 약재.
15 오목(五木)을……물 : 여기서는 청목향을 삶은 물이라고 했으나, 복숭아나무[桃]·회화나무[槐]·닥나무[楮]·버드나무[柳]·뽕나무[桑]를 같은 비율로 함께 삶은 물을 가리키는 경우도 있다.
16 《養生月覽》 卷上 〈正月〉(《中醫古籍整理叢書》 118, 3~9쪽).

1-4) 탈착(脫著, 옷을 벗거나 입기)

봄이 되면 느지막하게 솜옷을 벗어야 한다. 그렇지 않으면 상한(傷寒)이나 곽란(霍亂)으로 몸이 상하기 때문이다.

이달에는 솜버선을 신어 발을 따뜻이 한다[17]【안 일설에는 "봄에는 머리와 발을 모두 차갑게 해야 한다."라 했다】.

脫著

入春宜晚脫綿衣, 令人傷寒、霍亂.

是月加綿襪以煖足【案 一云 : "春月宜腦足俱凍"】.

1-5) 복이(服餌, 약음식 복용법)

설날에는 오신반(五辛盤)[18]을 만들어 먹어 오장의 기운을 발산시킨다.

설날에 초백주(椒柏酒)[19]를 올린다. 산초[椒]는 곧 옥형성(玉衡星)[20]의 정기이니, 산초를 먹으면 몸이 가볍고 노화를 견뎌내게 한다. 측백[柏]도 선약(仙藥)이다. 술을 올리는 순서는 어린 사람부터 시작해야 하니, 연소자를 우선으로 한다.

상지탕(桑枝湯)[21]을 올리고 상지전(桑枝煎)[22]을 만들어 먹는다.

봄에 소속명탕(小續命湯)[23] 5첩과 여러 보산탕(補散

服餌

元日造五辛盤以發五臟氣.

元日進椒栢酒. 椒是玉衡星精, 服之令人身輕能老, 柏是仙藥. 進酒次第, 當從小起, 以年少者爲先.

進桑枝湯, 造桑枝煎.

春服小續命湯五劑、諸補

---

17 《養生月覽》卷上〈正月〉(《中醫古籍整理叢書》118, 1~8쪽). 《수양총서(修養叢書)》 권8에도 《양생월람》이 실려있지만, 《중의고적정리총서》를 기준으로 접근성과 정확성을 위해 본고에서는 교감했다.

18 오신반(五辛盤) : 몸의 기를 통하게 하고 건강을 보호한다는 5가지 매운맛의 나물요리. 오신채는 파·마늘·부추·겨자·달래라는 설과 파·마늘·부추·달래·아위(阿魏, 미나리과 식물)라는 설을 비롯해서 여러 이설(異說)이 있다. 《임원경제지 정조지》 권7〈절식(절식지류)〉"입춘의 절식" '오신반(五辛盤) 만들기'에 자세히 나온다.

19 초백주(椒柏酒) : 산초[椒]와 측백나뭇잎[柏]을 넣어 담근 술.

20 옥형성(玉衡星) : 북두칠성의 5번째 별. 북두칠성 국자의 머리부터 차례로 천추성(天樞星)·천선성(天璇星)·천기성(天璣星)·천권성(天權星)·옥형성·개양성(開陽星)·요광성(搖光星)이라 부른다

21 상지탕(桑枝湯) : 뽕나무가지를 햇빛에 말린 다음 잘게 썰어 오래 달인 물.

22 상지전(桑枝煎) : 뽕나무가지를 햇빛에 말린 다음 가루 낸 뒤, 밀가루나 쌀가루와 섞어 기름에 지진 음식.

23 소속명탕(小續命湯) : 인사불성·구안와사·반신불수 등의 풍증(風症)을 치료하는 처방. 방풍(防風)·방기

湯)²⁴ 각 1첩을 복용하면 온갖 병이 생기지 않는다.²⁵

散各一劑, 百病不生.

1-6) 기거(起居, 잠자고 일어나기)

起居

봄 3개월간은 늦게 자고 일찍 일어난다.

春三月夜臥早起.

일반적으로 누울 때, 봄에는 머리를 동쪽으로 두려고 하면 이로운 점이 있다.²⁶

凡臥, 春欲頭向東, 有所利益.

1-7) 요질(療疾, 질병 치료)

療疾

설날에 소변으로 액기(腋氣)²⁷를 씻어낸다【안 《인제지》에 상세히 보인다.²⁸ 아래도 같다】.

元日取小便洗腋氣【案 詳見《仁濟志》. 下同】.

어린아이가 잘 자라지 않는다면, 설날에 날이 밝기 전에 손으로 동쪽 담을 잡고 올라간다. 남이 모르게 하라. 어떤 이는 "사람을 시켜 개구멍 속에서 아이를 끌어당기게 하라."고 한다.²⁹

一日未明, 小兒不長者, 以手攀東墙. 勿令人知④. 或云"於狗竇中使人牽拽".

1-8) 구사(求嗣, 자손 얻기)

求嗣

15일에 등잔을 훔치면 아이를 갖게 된다. 부부가 함께 부잣집의 국회소(局會所, 모임용 장소)에서 등잔을 훔치되, 다른 사람이 모르게 한다. 훔친 등잔을 침

十五日盜⑤燈盞, 令人有子. 夫婦共於富家局會所盜之, 勿令人知, 安臥牀下, 當月

(防己)·육계(肉桂)·살구속씨·황금(黃芩)·백작약(白芍藥)·인삼·천궁·마황·감초·부자 등의 약재가 들어간다. 《임원경제지 인제지》권4 〈외인〉 "중풍(中風)" '탕액'에 나온다.

24 보산탕(補散湯): 몸을 보하면서 나쁜 독을 흩어내는 탕약. 죽은살을 없애고 새살을 돋게 하는 배농내보산(排膿內補散), 창독을 치료하는 탁리십보산(托裏十補散) 등의 약이다.

25 《養生月覽》卷上 〈正月〉(《中醫古籍整理叢書》118, 1~8쪽).

26 《養生月覽》卷上 〈正月〉(《中醫古籍整理叢書》118, 9~10쪽).

27 액기(腋氣): 겨드랑이 냄새. 암내 또는 호취(胡臭)라고도 한다.

28 《인제지》에……보인다 : 《임원경제지 인제지》권1 〈내인〉 "자한(저절로 나는 땀)"에 나온다.

29 《養生月覽》卷上 〈正月〉(《中醫古籍整理叢書》118, 2~3쪽).

④ 勿令人知:《養生月覽、正月》에는 없음.

⑤ 盜: 저본에는 없음. 《養生月覽·正月》에 근거하여 보충.

상 아래에 두면 그달에 임신한다.

이달 우수(雨水)에 부부가 술 한 잔을 함께 마시고 합방하면 아이를 갖는다.[30]

有娠.

是月雨水, 夫妻合飲一杯還房, 有子.

1-9) 금기(禁忌, 피해야 할 일)

이달에 초혼(初婚)을 한 경우 부인만 거처하는 독수공방을 금해야 하니, 대부분 불길한 일을 초래하기 때문이다. 부득이할 경우에는 훈롱(熏籠)[31]을 침상 위에 놓아두고 푸닥거리를 한다.[32]

禁忌

是月初婚忌空房, 多招不祥. 不得已, 以熏籠置牀上禳之.

1-10) 불양(祓禳, 액막이)

정월 1일 자시(子時, 오전 0~1시)·축시(丑時, 오전 1~3시)에 똥을 태워서 쓸어내면 그 집의 곡식 창고가 비지 않는다.

설날 자시 후 축시 전에 붉은팥 7알과 초주(椒酒)[33] 0.1승을 삼키면 길하다.

설날 인시(寅時, 오전 3~5시)에 어린이부터 어른까지 모두 도소주(屠蘇酒)[34]를 마신다.

정월 설날 창출을 태우고 창출 끓인 물을 마신다.

설날에 도탕(桃湯, 복숭아속씨 끓인 물)을 복용한다. 복숭아는 오행(五行)의 정화이므로 사기(邪氣)를 굴복

祓禳

正月一日子丑時, 燒糞掃, 令人倉庫不虛.

元日子後丑前, 吞赤小豆七粒·椒酒一合, 吉.

元日寅時, 飲屠蘇酒, 自幼及長.

正月一日燒朮及飲朮湯.

元日服桃湯, 桃者五行之精, 厭伏邪氣, 制百鬼.

---

30 《養生月覽》卷上 〈正月〉《中醫古籍整理叢書》118, 6~8쪽).

31 훈롱(熏籠) : 향을 피우는 용도의 대나무용기.

32 《養生月覽》卷上 〈正月〉《中醫古籍整理叢書》118, 8쪽).

33 초주(椒酒) : 산초열매를 담아 빚은 술.

34 도소주(屠蘇酒) : 사기를 물리치기 위해 설날에 마시는 술. 나이가 적은 사람부터 먹는 것이 관례로 되어 있다. 육계·산초·백출·도라지·방풍 등을 넣어 빚는다. 《임원경제지 정조지》권7 〈술(온배지류)〉 "[부록] 약재로 빚는 술(약양제품)" '도소주'에 자세히 나온다.

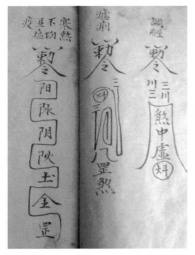

중국 청나라 시대 백병부(작자 미상)　　　　민간 풍속화의 울루(작자 미상)

시키고 온갖 귀신을 제어한다.

설날 해뜨기 전에 붉은 글씨로 백병부(百病符)[35]를 써서 문 위에 걸어 둔다.

元日日未出時, 朱書百病符, 懸戶上.

설날에 도판(桃板, 복숭아나무판자)을 만들어 문에 붙이는데, 이를 '선목(仙木)'이라 부른다. 울루(鬱壘)[36]를 본떠 만든 산복숭아나무는 온갖 귀신이 두려워한다.

元日造桃板着戶, 謂之"仙木". 像鬱壘, 山桃樹, 百鬼畏之.

설날에 까치집을 가져다 태운 재를 문 안에 뿌리면 도둑을 물리친다.

一日取鵲巢燒灰, 撒門裏, 辟盜.

3일에 대나무통 4개를 사서 집안 사방의 벽 위에 걸어두면 농사와 누에치기가 만 배로 잘 되어 재물

三日買竹筒四枚, 置家中四壁上, 令田蠶萬倍, 錢財

---

35 백병부(百病符): 온갖 병을 쫓아내는 부적.
36 울루(鬱壘): 귀신을 예방한다고 전해지는 전설상의 인물. 신도(神荼)와 형제인 울루는 동해 도삭산(度朔山)의 복숭아나무 밑에 살고 있으며 귀신을 예방한다고 전한다. 신도·울루의 그림이나 글씨를 새겨 놓은 나무를 '신도울루목(神荼鬱壘木)'이라 했다.

이 저절로 들어온다.

　7일에 남자는 붉은팥 7알, 여자는 14알을 삼키면 그해가 다하도록 병이 없다.

　설날에 마당에서 대불놓기[爆竹, 폭죽]37를 하여 산조(山臊)38와 나쁜 귀신을 물리친다.

　미일(未日) 밤에 노거(蘆苣, 갈대홰)에 불을 붙여 우물과 화장실 안을 비추면 온갖 귀신이 달아난다.39

1-11) 벽온(辟瘟, 전염병 예방)

　월초 및 15일에 삼씨와 붉은팥 14알을 우물에 던진다【안 《인제지》에 상세히 보인다.40 아래도 같다】.

　설날에 갈대로 꼰 새끼와 복숭아나무방망이를 실로 꿰어서 문 위에 매달아둔다.

　새해 첫날에 붉은팥 14알을 복용하되, 동쪽을 향하여 서서 제즙(虀汁)41으로 넘긴다.

　설날 아침 일찍 무덤 머리에 있는 오랜 벽돌 1개를 가져다가 주문을 외고 쪼개어서 대문에 걸어둔다.

自來.

七日男吞赤豆七顆，女吞二七顆，竟年不病.

元日庭前爆竹，以辟山臊、惡⑥鬼.

未日夜，蘆苣⑦火照井、廁中，百鬼走.

辟瘟

月朝及月半，投麻子、赤豆二七顆于井【案 詳見《仁濟志》. 下同】.

元日縷懸葦索⑧、桃棒門戶上.

歲朝服赤小豆二七粒，面東以虀汁下.

月朝早，取塚頭古塼一口，將呪要斷，懸安大門.

---

37 대불놓기[爆竹, 폭죽] : 푸른 대를 마당 한가운데에서 태워 요란하게 타는 소리를 내도록 하는 풍습. 화약을 터트리는 폭죽은 여기서 유래했다.

38 산조(山臊) : 산속에 사는 귀신. '산조'에 대해서는 《양생월람》의 해당 기사에서 다음과 같이 서술했다. "산조는 서쪽의 깊은 산속에 살고 있다. 크기는 1척 남짓이고, 그 본성이 사람을 두려워하지 않는다. 산조의 영역을 침범하면 사람들이 한열병(寒熱病)에 걸리게 된다. 산조는 폭죽 소리를 두려워한다(山臊在西方深山中. 長尺餘, 性不畏人. 犯之令人寒熱病, 畏爆竹聲)."

39 《養生月覽》卷上〈正月〉(《中醫古籍整理叢書》118, 1~8쪽).

40 《인제지》에……보인다 : 《임원경제지 인제지》 권23〈비급〉 "민간요법[辟禳]" '전염병 예방[辟瘟]'에 나온다.

41 제즙(虀汁) : 제(虀)는, 채소를 소금과 양념 등으로 절여 만든 음식의 총칭이다. 제즙은 절임채소의 국물로 추정된다. 《임원경제지 정조지》 권4〈채소음식(교여지류)〉 "제채(虀菜, 절임채소)"에 자세히 나온다.

⑥ 惡 : 《養生月覽·正月》에는 없음.

⑦ 苣 : 저본에는 "苣". 《養生月覽·正月》에 근거하여 수정.

⑧ 索 : 저본에는 "炭". 《養生月覽·正月》의 교감기에 근거하여 수정.

설날 아침에 납월(臘月, 12월)에 잡은 쥐를 사는 곳 방향으로 묻는다.

正朝取臘月鼠, 向所居處埋之.

상인일(上寅日)[42]에 화장실 앞에 자란 풀을 안마당에서 태운다.

上寅日, 燒厠前草于中庭.

상인일에 여청(女青)[43]을 찧어 가루 낸 뒤, 삼각으로 꿰맨 주머니에 담아서 앞 장막(帳幕, 커텐)에 건다.

上寅日, 擣女青末, 三角縫囊盛, 繫前帳.

입춘 후 경자일(庚子日)에 따뜻한 순무즙[蕪菁汁]을 복용한다.

立春後庚子日, 服溫蕪菁汁.

오신(五辛)[44]을 먹어 전염병을 예방한다.[45]

食五辛以辟癘.

---

42 상인일(上寅日) : 새해 들어서 첫 번째로 맞는 인일(寅日, 범날). 정월의 첫 인일은 호랑이의 화(禍)가 있을 수 있으므로 근신하는 관습이 있었다. 이날 이른 아침에는 여자나 객지인의 출입을 금하며, 행동거지를 조심했다.

43 여청(女青) : 사함(蛇銜, 가락지나물)의 뿌리.

44 오신(五辛) : 5가지 매운 맛의 채소. 문헌에 따라 5가지 채소명이 조금씩 다른데, 《양생월람》의 해당기사에는 마늘[蒜]·파[蔥]·부추[韭]·염교[薤]·생강[薑]을 열거했다.

45 《養生月覽》卷上 〈正月〉(《中醫古籍整理叢書》118, 1~8쪽).

葆養志卷第八

洌上　徐有榘　準平　纂

男　宇輔　校

林園十六志　五十九

養生月令表

正月

坐功　飲食　櫛沐　脫著　服餌　起居　療疾　求嗣　禁忌　祓禳　辟瘟

建寅

立春運主春不可食。一日取枸杞煎湯沐浴令人不病。〇是月元日進椒頭向東有壽是所利益

厥陰初氣肝為肝王杞菜煮湯脫綿衣令辛暖以發臥早起。〇便洗腝氣益令有

時飲少。時以丸氣沐浴令人傷寒霍亂氣。〇是月飲窒詳見仁子夫婦共抱不祥不

月陽三焦相入肝傷魂光澤不病氣。〇是月進椒頭向東有於富家高得已嘗○元頰卅寧

火宜每日也。〇春七不老。回加綿襪以椒椒是所利益明少兒不勿令人知

月火宜十二省日凌晨後煖足云遲王衡星精　長者必手安臥床下

子丑時翌十二日取小十五日燈。是月初婚。一日子丑月朝及月。便洗腝氣益令有

身宜搦頭左養脾氣。神仙抜白服之令人籠蓄席　豆七粒椒前春赤小志同

右齒引各春月飲酒日他月倣身輕能老壁東墻物　酒一合吉　薑皮桃棒

三五度叩如蔥涇通此。〇八日柏是仙樂壹月有娠　〇元日寅門戶上

進酒次第令人長飮　〇景只雨　時飲屠蘇歲朝眼赤

云於狗實

夫妻合

下血。勿〇黑豆木節

食虎豹狸青木香。

肉令人傷　春三月每

神損氣〇　朝梳頭一

勿食生薑　二百上至

傷腎

夜欲卧須
湯熟鹽湯
一盃從膝
下洗至足
方卧以通
淺風毒脚
氣勿壅

带

劈盍〇三菁汁〇食
日買竹筒五辛以辟
四牧置家麝
中壁上
令田蚕萬
倍錢財自
來〇七日
男壽壹
七賴女皆
二七顆竟
年生病〇
元日庭前
爆竹以辟
山臊惡鬼
〇未日夜
蘆莫煞
莊則中百
鬼走

遠哮嗽　五藏　○春沐浴去灾

咽○兩水間不可食　禍神仙沐

運走厥陰　鯽魚頭其　浴日○十

初氣時配中有出　　○日人定時

手必陽三春日食沐浴令人

焦相火毎生菜不可盡聖○立

日子丑時過多取迎春日清朝

要手陰腔新之意及煮白芷桃

抑頸轉身進糜粥以皮青末香

左右偏引導和氣○　　東高沐浴

各五五度食地黃粥○甲拔

咽吐內防風薇紫白晦日汲

韭薤○勿令龥　食失○令白○萬日

遊風○勿○一日取

人面上起　食拱又食五木煮湯

燒白髮吉

漱咽

寔從小起　　以年少者　崇光進

　　　　　　桑枝湯進○

　　　　　　蕘脈小續

　　　　　　春脈前○

　　　　　　會湯五劑　剗百病

　　　　　　諸補敬各　不生

使令飲杯還　棧　旁有子

酒目幼及　小豆二七

長○一日　粉蜀東以

燒木飲茶　蘿汁下○

湯○元日月曾甞取

服桃湯桃塚古博

者五行之一日將懸安

精厭伏邪要斷懸安

氣制百鬼大門○正

○元日朝取暉月

未出時宋鼠向所居

書百病符

懸足○

元日造桃

板著左謂

之仙木像

樹百鬼畏

中庭○上

醫畫山桃

寅日博女

青末三角

鼠壤小孔　取鵲巢燒　春後庚子

鼠後又為浴　前帳○立

灰散門裏　日服溫燕

2) 2월 건묘(建卯)

2-1) 좌공

경칩(驚蟄)에, 운기는 궐음 초기를 주관한다. 때는 수양명대장(手陽明大腸) 조금(燥金)과 짝한다.

매일 축시(丑時, 오전 1~3시)·인시(寅時, 오전 3~5시)에 주먹을 단단히 쥐며 목을 돌리고, 또 팔꿈치를 뒤로 휙 젖히기를 하루 30번 한다. 고치를 36번, 토납 및 수연을 9번씩 한다.

춘분(春分)에, 운기는 소음(少陰) 이기(二氣)를 주관한다. 때는 수양명대장 조금과 짝한다.

매일 축시·인시에 손을 뻗어 머리에 두르고 좌우로 각각 42번 끌어당긴다. 고치를 36번, 토납 및 수연을 9번씩 한다.[46]

二月建卯

坐功

驚蟄, 運主厥陰初氣, 時配手陽明大腸燥金.

每日丑寅時, 握固、轉頸及肘後向頓掣日五六度, 叩齒六六, 吐內、漱咽三三.

春分, 運主少陰二氣, 時配手陽明大腸燥金.

每日丑寅時, 伸手廻頭, 左右挽引各六七度, 叩齒六六, 吐納、漱咽三三.

경칩이월절좌공도(驚蟄二月節坐功圖)
《준생팔전》 와세다대학 소장본)

춘분이월중좌공도(春分二月節中功圖)
《준생팔전》 와세다대학 소장본)

---

46 《遵生八牋》卷3〈四時調攝牋〉"春卷"'陳希夷仲春二氣導引坐功圖勢'(《遵生八牋校注》, 78쪽) ;《保生心鑑》〈太淸二十四氣水火聚散圖〉(《壽養叢書》6, 26~29쪽).

2-2) 음찬

9일에 일체의 생선과 자라 먹기를 금한다.

9일에 생선을 먹지 말라. 선가(仙家)의 큰 금기이다.

이달엔 황화채(黃花菜)⁴⁷와 진저(陳菹, 묵은 김치)를 먹지 말라. 고질(痼疾)을 생기게 하기 때문이다. 마늘[大蒜]을 먹지 말라. 기가 막히고 관격(關隔)⁴⁸으로 통하지 않기 때문이다. 여뀌씨와 계란을 먹지 말라. 기를 울체시키기 때문이다. 달래[小蒜]를 먹지 말라. 지성(志性, 정신)을 상하게 하기 때문이다. 토끼고기를 먹지 말라. 신혼(神魂, 정신)이 안정되지 않기 때문이다. 여우고기·오소리고기를 먹지 말라. 정신을 상하게 하기 때문이다.

배를 먹지 말라.

여뀌를 먹지 말라. 신장을 상하게 하기 때문이다.

계란을 먹지 말라. 사람을 늘 오심(惡心)⁴⁹하게 만들기 때문이다.

부추를 먹어야 한다. 심장을 크게 보익하기 때문이다.

이달에 멀리 갈 때 음지(陰地, 음습한 땅)에 흐르는 샘물을 마시지 말라. 장학(瘴瘧, 풍토병과 학질)을 일으키고, 또 다리를 손상시켜 다리힘을 빠지게 하기 때문이다.

이달에 생랭(生冷, 날것이나 찬것)한 음식을 먹어서는 안 된다.

飮餐

九日忌食一切魚鼈.

九日勿食魚. 仙家大忌.

是月勿食黃花菜及陳菹, 發痼疾. 勿食大蒜, 令人氣壅, 關隔不通. 勿食蓼子及鷄子, 滯人氣. 勿食小蒜, 傷人志性. 勿食兔肉, 令人神魂不安. 勿食狐、貉肉, 傷人神.

勿食梨.

勿食蓼, 傷腎.

勿食鷄子, 令人常惡心.

宜食韭, 大益人心.

是月行途, 勿飮陰⁹地流泉, 令人發瘧瘴, 又損脚令軟.

是月不可食生冷.

---

47 황화채(黃花菜) : 원추리의 꽃을 말려 만든 나물. 넘나물이라고도 하며 음식 고명으로 쓴다.

48 관격(關隔) : 먹은 음식물이 체하거나 소화가 안 되어, 위장이 막혀 있는 증상.

49 오심(惡心) : 가슴 속이 메스껍고 울렁거리며 구역질이 나거나, 토하지 못하고 신물이 올라오는 증상.

⑨ 陰 : 《養生月覽·二月》에는 "濕".

경인일(庚寅日)에 물고기를 먹지 말라. 몸에 매우 나쁘기 때문이다.[50]

庚寅日勿食魚, 大惡.

2-3) 즐목

2일에 구기채 삶은 물로 목욕하면 몸에 광택이 나고, 병에 걸리지 않으며, 늙지 않는다.

6일과 8일에 목욕재계해야 하늘이 복을 내린다.

8일 황혼녘에 목욕하면 몸이 가벼워지고 건강해진다.

8일에 흰머리를 뽑는다. 신선의 좋은 날[良日]이기 때문이다.

2월의 첫 묘일(卯日)에 머리를 감으면 병이 낫는다.[51]

櫛沐

二日取枸杞荣煮湯沐浴, 令人光澤, 不病不老.

六日、八日宜沐浴齋戒, 天祐其福.

八日黃昏時沐浴, 令人輕健.

八日拔白, 神仙良日.

上卯日沐髮[10], 愈疾,

2-4) 탈착

협의(夾衣, 겹옷)를 입으면 좋다.[52]

脫著

可衣夾衣.

2-5) 복이

서여(薯蕷, 마)를 수제(修製, 먹기 좋도록 가공함)하여 먹으면 몸을 보익(補益)한다【안 수제 방법은 《관휴지(灌畦志)》에 보인다.[53] 아래의 백합도 이와 같다[54]】.

백합(百合)뿌리로 면(麵)을 만들어 먹으면 몸을 보

服餌

取薯蕷修製, 補益【案 方見《灌畦志》. 下百合同】.

取百合根作麵, 益人.

---

50 《養生月覽》卷上〈二月〉《中醫古籍整理叢書》118, 11~13쪽).

51 《養生月覽》卷上〈二月〉《中醫古籍整理叢書》118, 10~13쪽).

52 《養生月覽》卷上〈二月〉《中醫古籍整理叢書》118, 12쪽).

53 수제 방법은……보인다 : 《관휴지》에 없다. 《임원경제지 만학지》 권3〈풀열매류[蓏類]〉에 나온다.

54 아래의……같다 : 《임원경제지 관휴지》 권2〈채소류[蔬類]〉에 나온다.

[10] 髮 : 《養生月覽·二月》에는 "浴".

익한다.[55]

2-6) 기거

2일에 잠을 자지 않도록 해야 한다.[56]

起居

二日不欲眠.

2-7) 요질

이달은 신장의 기운이 미약하고 간장의 기운이 바르고 왕성하니, 흉격을 깨끗하게 하여 담(痰)을 없애야 한다. 또 피부를 소설(疏洩, 트이게 뚫어줌)하여 약간 땀을 냄으로써 겨울 동안 쌓여 잠복해 있던 기를 흩어 없애야 한다.

월초에 두 다리에 있는 삼리(三里)[57]·절골(絶骨)[58] 양혈의 네 군데에 각 7장씩 뜸을 떠서 독기(毒氣)를 빼내면 여름이 되어 각기(脚氣)가 심장을 치받는 질환이 없다.

사일(社日)[59]에 술을 마시면 이롱(耳聾)[60]을 치료한다.[61]

療疾

是月腎藏氣微, 肝藏正王, 宜淨膈去痰, 宜洩皮膚, 令得微汗, 以散去冬溫伏之氣.

月初便須灸兩脚三里、絶骨對穴各七壯, 以洩毒[11]氣, 至夏卽無脚氣衝心之疾.

社日飲酒治聾.

2-8) 구사

을유(乙酉)일 한낮에 머리를 북쪽으로 향해 누운

求嗣

乙酉日日中北首臥, 合陰

---

55 《養生月覽》卷上〈二月〉(《中醫古籍整理叢書》118, 12쪽).
56 《養生月覽》卷上〈二月〉(《中醫古籍整理叢書》118, 10쪽).
57 삼리(三里) : 정강이뼈 끝에서 아래로 0.1척 내려와 다시 0.1척 바깥쪽에 있는 경혈.
58 절골(絶骨) : 바깥 복사뼈에서 약 0.3척(寸) 위 비골(腓骨)의 오목한 부위의 경혈.
59 사일(社日) : 입춘과 입추 뒤 각각 5번째의 무일(戊日). 입춘 뒤 춘사일(春社日)에는 풍년을 기원하고, 입추 뒤 추사일(秋社日)에는 추수 감사를 드린다. 여기서는 춘사일을 가리킨다.
60 이롱(耳聾) : 귀가 어두워 소리가 잘 안 들리는 증상.
61 《養生月覽》卷上〈二月〉(《中醫古籍整理叢書》118, 14쪽).
[11] 毒 : 《養生月覽·二月》에는 없음.

채로 성행위를 하여 아기를 가지면 아기는 귀하게
될 것이다.[62]

陽, 有子卽貴.

2-9) 금기

먼길 여행을 금한다. 물길이나 뭍길 모두 다녀서
는 안 된다.

상가(喪家)에 조문하거나 문병(問病)을 가서는 안
된다.[63]

禁忌

忌遠行. 水陸竝不可往.

不可弔喪問疾.

2-10) 불양

2월의 첫 진일(辰日)에 길 가의 진흙을 문에 바르
면 관사(官事)[64]를 피할 수 있다.[65]

祓禳

上辰日取道中土, 泥門戶,
辟官事.

2-11) 벽온

우방자(우엉씨)·강활을 복용해서 담(痰)을 토한
다【안 처방은《인제지》에 보인다[66]】.

춘분 후 신명산(神明散)을 복용한다[67]【안 처방은
《인제지》에 보인다[68]】.

辟瘟

服牛蒡子、羌活, 吐痰【案
方見《仁濟志》】.

春分後服神明散【案 方見
《仁濟志》】.

---

62 《養生月覽》卷上〈二月〉《中醫古籍整理叢書》118, 13쪽).

63 《養生月覽》卷上〈二月〉《中醫古籍整理叢書》118, 11~12쪽).

64 관사(官事) : 관청에 불려 다니는 일. 관재(官災)라고도 한다.

65 《養生月覽》卷上〈二月〉《中醫古籍整理叢書》118, 13쪽).

66 처방은……보인다 :《임원경제지 인제지》권23〈비급〉"민간요법[辟禳]" '전염병 예방[辟瘟]'에 나온다.

67 《養生月覽》卷上〈二月〉《中醫古籍整理叢書》118, 12~13쪽).

68 처방은……보인다 :《임원경제지 인제지》권23〈비급〉"민간요법[辟禳]" '전염병 예방[辟瘟]'에 나온다.

二　月建卯

藥兼運主九日忌食　二日取枸
二　厥陰初氣　一切魚鮓　杞菜煮湯　可衣夾衣　取薯蕷修二日不欲是月腎臟乙酉日　忌遠行水上辰旦取服茱萸子
　　　　　　　　　　　　　　　　　制補血□眠　氣微肝臟□北首卧　陸豆不可逼土□羌活嗽

時配手陽○丸勿○沐浴令人
明大腸燥　食魚仙蒙龙痒不病
金每日丑　氣○是　不老○六
寅時握固月勿食黄日日亥
後高悁攣頭發痛疾天祐其福
轉頸及肘花菜及凍沐浴齋戒
呎漱咽關節不通令人輕健
日五六度勿食生林一人日黄
卯醬六六令人氣壯昏時沐浴
三○春勿食寒子八日拔
分運步及雞子滯日○上卯
陰二氣時入氣勿食白神仙良
毗手陽明肺脉傷人
胜手陽明志性勿食
大腸燥金志性物食
每日丑寅兔肉令人
時伸手過神魂不安　疾

　　　　　　　　　　　　　　　　　　　方見灣畦
　　　　　　　　　　　　　　　　　　　志下百合
　　　　　　　　　　　　　　　　　　　同○取百　志下百合
　　　　　　　　　　　　　　　　　　　合根作麫　合根作麫
　　　　　　　　　　　　　　　　　　　盆人

正王安淨合陰陽有往○不可門戶隄宮空方見仁
膈土痰疫子即貴　弄襄問疾事　蔣志○春
浅皮膚令　　　　　　　　　　　　　分後脉神
得微汗以　　　　　　　　　　　　　明敷按方
散去冬溫　　　　　　　　　　　　　見仁濟志
伏之氣○
月初侵須
灸兩脚三
里絕骨對
穴各七壯
必次毒氣
至夏即無
脚氣衝心
之疾○社
日飲酒治

양생월령표 2월(고려대본)

頭左右挽　勿食狐貉
引各六七　南傷人神
蹙呬藁六　〇勿食㹠
六呬兩㳂　〇勿食羹

咽三

傷腎〇勿
食雞子令
人常惡心
〇安食韭
大益人心
〇是月行

地流泉令
途勿飲陰

金發癰疽
又損脚令
軟〇是月
不可食生
冷〇庚寅
日勿食魚
大惡

3) 3월 건진(建辰)

3-1) 좌공

청명(小滿)에, 운기는 소음 이기를 주관한다. 때는 수태양소장(手太陽小腸) 한수(寒水)와 짝한다.

매일 축시·인시에 정좌(正坐)하고 손을 좌우로 바꾸어 센 활을 당기듯이 각각 56번 한다. 고치, 납청토탁(內淸吐濁, 맑은 기운 마시고 탁한 기운 내뱉기), 연액(咽液)[69]을 각각 3번 한다.

곡우(穀雨)에, 운기는 소음 이기를 주관한다. 때는 수태양소장 한수와 짝한다.

매일 축시·인시에 평좌(平坐)하고 손을 좌우로 바꾸어 들어 올리면서 밀치고 팔을 좌우로 옮겨가면서 젖 감싸기를 각각 35번 한다. 고치, 토납, 연수를 한다.[70]

三月建辰

坐功

清明, 運主小陰二氣, 時配手太陽小腸寒水.

每日丑寅時, 正坐, 換手左右如引硬弓各七八度, 叩齒, 內淸吐濁、咽液各三.

穀雨, 運主少陰二氣, 時配手太陽小腸寒水.

每日丑寅時, 平坐, 換手左右舉托, 移臂左右掩乳各五七度, 叩齒、吐納、漱咽[12].

청명삼월절좌공도(淸明三月節坐功圖)
《준생팔전》 와세다대학 소장본

곡우삼월중좌공도(穀雨三月中坐功圖)
《준생팔전》 와세다대학 소장본

---

69 연액(咽液) : 입속의 침[液]을 모아 삼키는[咽] 수양법. 연액(嚥液)으로 쓰기도 한다.
70 《遵生八牋》卷3〈四時調攝牋〉 "春卷" '陳希夷季春二氣導引坐功圖勢'(《遵生八牋校注》, 84쪽) ;《保生心鑑》〈太淸二十四氣水火聚散圖〉(《壽養叢書》 6, 30~33쪽).
⑫ 漱咽 : 저본에는 "咽漱".《遵生八牋·四時調攝牋·春卷》에 근거하여 수정.

3-2) 음찬

3일에 온갖 풀을 먹지 말라.

3일은 신일(神日)[71]이니, 여러 비늘 달린 생물을 먹지 말라.

3일에 새나 들짐승의 오장(五臟) 및 일체의 과일과 채소, 오신채 등은 먹지 말라. 그러면 매우 길할 것이다.

부추를 먹어야 한다. 심장을 크게 보익하기 때문이다.

생염교[生薤]를 먹지 말라.

달래를 먹지 말라. 지성(志性, 정신)을 상하게 하기 때문이다.

계란을 먹으면 평생 혼미하고 어지럽다.

짐승의 지라[脾, 비장]를 먹지 말라. 계월(季月)[72]에는 토기(土氣)가 왕성하여 그 기운이 지라에 있기 때문이다.

이달에는 생선과 고기를 일체 먹지 말라. 음식이 소화되지 않아 묵은 병을 재발시키고 사람의 신기(神氣)를 상하게 해서 황홀(恍惚, 정신이 어지러움)하게 만들기 때문이다.

경인(庚寅)일에 생선을 먹으면 흉하다.

묵은 김치를 먹어서는 안 된다. 먹으면 여름에 열병으로 악창이 발생한다.

飮餐

三日勿食百草.

三日是神日, 勿食諸鱗物.

三日勿食鳥獸五臟及一切果菜、五辛等物, 大吉.

宜食韭, 大益人心.

勿食生薤.

勿食小蒜, 傷人志性.

食鷄子, 終身昏亂.

勿食脾, 季月土旺, 在脾故也.

是月勿食一切魚肉, 令人飮食不化, 發宿病, 傷人神氣恍惚.

庚寅日食魚, 凶.

不得食陳菹, 夏熱病發惡瘡.

---

71 신일(神日) : 신기(神氣)가 노니는 날. 3월 3일은 양의 수가 겹친 날이라 가장 정미로운 신 기운이 퍼지도록 해야 하는데 수중에 살거나 또는 땅을 기어 다니는 생물의 음 기운을 몸에 들이면 해롭다고 본 것이다.

72 계월(季月) : 각 계절의 마지막 달로, 여기서는 음력 3월을 가리킨다. 계춘(季春)은 음력 3월, 계하(季夏)는 음력 6월, 계추(季秋)는 음력 9월, 계동(季冬)은 음력 12월이다.

생아욱을 먹으면 음식이 소화되지 않아 묵은 병을 재발시킨다.

월말 18일 동안 단맛은 줄이고 짠맛을 늘여 신장의 기운을 기른다.

말고기를 먹지 말라. 신혼(神魂)이 안정되지 않기 때문이다. 노루나 사슴고기 등을 먹지 말라. 기(氣)와 지(志)를 손상시키기 때문이다.[73]

食生葵, 令飲食不消化, 發宿疾.

月末一十八日, 省甘增鹹以養腎氣.

勿食馬肉, 令人神魂不安.
勿食麞鹿肉等, 損氣損志.

3-3) 즐목

3일에 구기채 삶은 물로 목욕하면 몸에 광택이 나고, 병에 걸리지 않으며, 늙지 않는다.

6일 신시(申時, 오후 3~5시)에 머리를 감으면 몸에 이롭다.[74]

櫛沐

三日取拘杞菜煮湯沐浴, 令人光澤, 不病不老.

六日申時洗頭, 令人利[13].

3-4) 탈착

홑옷을 입으면 좋다.[75]

脫著

可服單衣.

3-5) 복이

송화주(松花酒)[76]를 마신다【안 처방은 제5권에 보인다[77]】.

송지(松脂, 송진)를 정련하여 먹는다.

服餌

飲松花酒【案 方見第五卷】.

煉松脂, 餌之.

---

73 《養生月覽》卷上〈三月〉(《中醫古籍整理叢書》118, 14~18쪽).
74 《養生月覽》卷上〈三月〉(《中醫古籍整理叢書》118, 15쪽).
75 《養生月覽》卷上〈三月〉(《中醫古籍整理叢書》118, 16쪽).
76 송화주(松花酒): 소나무꽃을 넣어서 빚은 술.
77 처방은……보인다: 《보양지》권5〈복식(약 음식 복용)〉 "약이(藥餌, 약과 약 음식)" '초목(草木)을 복용하는 방법'에 송엽(松葉, 솔잎) 및 송진 등을 이용한 처방이 있다.
[13] 利: 《養生月覽·三月》에는 "利官".

상륙(商陸, 자리공뿌리)을 가루 낸 뒤 술을 빚어 복용한다.[78]

抹商陸, 釀酒服.

3-6) 기거

없음

起居

3-7) 요질

3일(삼짇날)에 쑥을 캐서 사람모양으로 만든 다음 문에 걸어두고서 1년간 뜸뜨는 용도로 쓸 것을 대비한다.

三日探艾爲人掛戶, 以備一歲之灸用.

3일에 복숭아잎을 거두어 햇볕에 말린 다음 찧어 체로 거른 뒤 정화수로 0.1냥 복용하면 심장의 통증을 치료한다.

三日收桃葉, 曬乾, 擣篩, 井花水服一錢, 治心痛.

3일은 곧 상사일(上巳日)[79]이니, 쑥 및 순무[蔓菁]를 캐서 먹으면 황달병을 치료한다.

三日乃上巳日, 探艾及蔓菁, 療黃病.

아직 피지 않은 복숭아꽃을 따서 100일간 그늘에 말려 쓰면 독창(禿瘡)[80]을 치료한다.

採桃花未開者, 陰乾百日, 治禿瘡.

백초상(百草霜)[81]을 만든다.

造百草霜.

한식날(양력 4월 5~6일경) 종이포대에 밀가루를 담아 바람이 부는 곳에 걸어두면 더위로 인한 병을 치료한다.

寒食日紙袋盛麵掛當風處, 治暑.

한식날 물에 찹쌀을 담가두었다가 날마다 물을

寒食日水浸糯米, 逐日換

---

78 《養生月覽》 卷上 〈三月〉(《中醫古籍整理叢書》 118, 16~17쪽).

79 상사일(上巳日) : 삼짇날. 음력 3월의 첫째 사일(巳日). 흐르는 물가에서 몸을 깨끗이 씻어, 부정한 것을 예방하는 관습이 있다.

80 독창(禿瘡) : 머리에 회색 혹은 하얀 비듬이 많이 생기고 머리카락이 빠지는 증상.

81 백초상(百草霜) : 여러 가지 약초를 태울 때 솥 밑에 생긴 그을음.

갈고 소만(小滿, 양력 5월 20~21일경)일에 걸러내어 햇볕에 말리고 볶아서 가루 낸 뒤 쓰면 타박상을 치료한다.

3일에 복숭아꽃을 거두고 그늘에 말려 가루 낸 뒤, 7월 7일에 취해둔 오골계선지와 섞어 얼굴과 온몸에 바르면 피부가 하얀 옥(玉)처럼 된다.[82]

水, 至小滿漉出, 曬乾炒末, 治打撲傷.

三日收桃花, 陰乾爲末, 和七月七日所取烏鷄血, 塗面及遍身, 肌如白玉.

3-8) 구사

없음

求嗣

3-9) 금기

1일에 여인과 같은 곳에 있어서는 안 된다. 크게 금해야 할 일이다.

16일에 먼길 여행을 금한다. 물길이나 뭍길 모두 다녀서는 안 된다.

계춘(季春, 음력 3월)에는 양(陽)의 기운이 치성하고 음(陰)의 기운은 잠복해 있으니, 땀을 많이 내지 말라.

이달은 화기(火氣)가 돕고 수기(水氣)가 죽으니, 서북풍을 맞지 말라. 습한 곳에 오래 머무르지 말라. 오래 머무르면 반드시 나쁜 독기를 불러들인다. 크게 땀을 낸 후 바람을 맞지 말라. 밤하늘 별자리 아래 몸을 노출시켜서 불상사(不祥事, 상서롭지 않은 일)를 불러들이지 말라.[83]

禁忌

一日不得與女人同處, 大忌之.
十六日忌遠行. 水陸俱不可往.
季春陽熾陰伏, 勿發洩大汗.
是月火相水死, 勿犯西北風. 勿久處濕地, 必招邪毒. 勿大汗當風. 勿露體星宿下以招不祥事.

82 《養生月覽》卷上〈三月〉(《中醫古籍整理叢書》118, 14~19쪽).
83 《養生月覽》卷上〈三月〉(《中醫古籍整理叢書》118, 14~18쪽).

3-10) 불양

한식날 기장 짚단을 가져오고 월덕(月德)[84] 방향에서 흙을 취하여 날벽돌[墼] 120개를 만든 뒤 집안의 복덕(福德)을 비는 곳에 잘 놓아두면 복(福)을 부른다.[85]

3-11) 벽온

3월 첫 사일(巳日)에 기장누룩[黍麴]을 채소와 섞고 국을 끓여 먹어 시기(時氣, 계절병)를 누른다.[86]

祓禳

寒食日取黍穰, 於月德上取土, 脫墼[14]一百二十口, 安宅福德上, 令人致福.

辟瘟

上巳日取黍麴和菜作羹, 以壓時氣.

---

84 월덕(月德) : 명리학(名利學)에서 월지(月支)를 기준으로 하여 천간(天干)을 배합시킬 때, 1월에는 병(丙), 2월에는 갑(甲), 3월에는 임(壬)의 방향을 월덕이라 말한다. 달이 떠오르는 방향을 의미한다는 설도 있다.
85 《養生月覽》卷上〈三月〉(《中醫古籍整理叢書》118, 19쪽).
86 《養生月覽》卷上〈三月〉(《中醫古籍整理叢書》118, 15쪽).
[14] 墼 : 저본에는 "塹". 《養生月覽·三月》에 근거하여 수정.

清明運主三日勿食言取枸
少陰二氣百草○三杞茉煮湯
時配手太日是神日沐浴令人
陽小腸寒勿食諸鮮光澤不病
水每日丑物△三日不老△六
寅時坐勿食身對日申時洗

可服單衣飲松花酒
接之是弟
○寒△煉
松脂再
採菌陸
釀酒服

學手左右藏及一頭令人利
如引硬弓望菓菜五
各八度辛等物大
叩齒内清吉○空食
配手太陽念性○
陰二氣時食少蒜傷
雷運主少半山○勿
噎咽液韮夫益人
各三○穀心勿食
獨活心勿食
小腸寒水食雞子終
每日丑寅身皆亂○
時早坐換食勿胖李
手左右擧月土旺在
托後腎左脾故也○
左攪乳各是月勿食

言抹艾
爲人掛戶
葉煎乾橋
之炙用○
三日收桃

蓟芋花水
服一錢治
心痛○三
薑芝食蔓
日珠艾及
日乃上巳
治先瘡○
遷百草福
○寒食日
紙袋盛麪
掛堂風處
治暑○寒

一百不得寒食直取上旨日取
與女人間衣襄於肯苑麴絮茶
處大足之德上取土作美壁
○十六日腕整一百時氣
忌遠行水二十口安
陸俱死可宅福德上

往○季春令人致福
陽織陰候
刃發減大
汗出○是月
火相火死
風勿久處
濕地必招
邪毒勿大
汗毫瘟加
霧體星看
下拾不
祥事

양생월령표 3월(고려대본)

五七度叩一切魚肉齒吐納咽令人飲食不化發宿病傷人神氣怳惚◯

庚寅日食魚凶◯不得食陳起夏熱病發惡瘡◯食生癸令飲食不消化發宿疾◯

月末一十个日省甘增醎養腎氣◯勿食馬肉令神魂不安勿食麞鹿肉等損氣損志

食百水浸便米丞日澳水至小蒲藏出曝乾炒末治

打撲傷◯三旦收桃花陰乾爲末和七月七日所取烏雞血塗面及遍身肌如白玉

4) 4월 건사(建巳)

4-1) 좌공

입하(立夏)에, 운기는 소음(少陰) 이기를 주관한다. 때는 수궐음심포락(手厥陰心包絡) 풍목(風木)과 짝한다.

매일 인시(寅時, 오전 3~5시)·묘시(卯時, 오전 5~7시)에 폐식(閉息)[87]하면서 눈을 지그시 감은 채로 두 손을 맞바꾸어가면서 양쪽 무릎을 누르고 당기기를 각각 35번 한다. 고치, 토납, 연액을 한다.

소만(小滿)에, 운기는 소양(少陽) 삼기(三氣)를 주관한다. 때는 수궐음심포락 풍목과 짝한다.

매일 인시·묘시에 정좌하고 한 손은 들어올리면서 밀치고 한 손은 무릎을 누르면서 문지르기를 좌우로 각각 15번 한다. 고치, 토납, 연액을 한다.[88]

四月建巳

坐功

立夏, 運主少陰二氣, 時配手厥陰心包絡風木.

每日寅卯時, 閉息瞑目, 反換[15]兩手, 抑掔兩膝各五七度, 叩齒、吐納、咽液.

小滿, 運主少陽三[16]氣, 時配手厥陰心包絡風木.

每日寅卯時, 正坐, 一手擧托, 一手拄按, 左右各三五度, 叩齒、吐納、咽液[17].

입하사월절좌공도(立夏四月節坐功圖)
《준생팔전》 와세다대학 소장본

소만사월중좌공도(立夏四月中坐功圖)
《준생팔전》 와세다대학 소장본

---

87 폐식(閉息): 마치 숨쉬기를 멈춘 듯이 숨을 내뱉고 들이 마시는 과정을 매우 천천히 하는 호흡법.

88 《遵生八牋》 卷4 〈四時調攝牋〉 "夏卷" '陳希夷孟夏二氣導引坐功圖勢'(《遵生八牋校注》, 113쪽);《保生心鑑》〈太淸二十四氣水火聚散圖〉(《壽養叢書》 6, 34~37쪽).

15 換 : 저본에는 "接".《遵生八牋·四時調攝牋·夏卷》에 근거하여 수정.

16 三 : 저본에는 "二".《遵生八牋·四時調攝牋·夏卷》에 근거하여 수정.

17 納咽液 : 저본에는 없음.《遵生八牋·四時調攝牋·夏卷》에 근거하여 보충.

4-2) 음찬

이달에 꿩을 먹으면 기가 위로 치솟는다. 드렁허리[鱔魚]를 먹으면 몸을 해친다.

죽순을 먹어야 한다.

닭고기를 먹지 말라. 생염교를 먹지 말라.

마늘[葫]을 먹지 말라. 신기(神氣)를 상하게 하고, 쓸개의 기운을 손상키시며, 천계(喘悸, 천식과 두근거림)가 생기면서 옆구리의 갈비뼈 부위가 당기기 때문이다.

닭고기를 폭식하지 말라. 폭식하면 내저(內疽)[89]가 되는데, 가슴과 겨드랑이 부위 아래에 누공(漏孔)[90]이 생긴다. 그러면 장부(丈夫)는 양기가 줄어들고, 부인은 임신이 안 되니, 이는 허로(虛勞)해진 기 때문이다.

뱀고기와 드렁허리고기를 먹지 말라. 신기(神氣)를 손상시키기 때문이다.

생마늘을 먹지 말라. 신기(神氣)와 담기(膽氣)를 손상시키기 때문이다.

여름 3개월간 매일 아침 빈속에 소총두(少蔥頭, 실파의 머리 부분)와 술을 먹으면 혈기가 막힘없이 잘 흐른다.

여름 72일간 쓴맛을 줄이고 매운맛을 늘려서 폐의 기운을 기른다.

여름에는 고매(苦蕒)[91]를 먹어 심장을 이롭게 해야 한다.

여름에는 모든 짐승의 심장을 먹어서는 안 된다.[92]

飲餐

是月食雉, 令人氣逆. 食鱔魚, 害人.

宜食筍.

勿食鷄肉, 勿食生薤.

勿食葫, 傷人神, 損膽氣, 令人喘悸, 脇肋氣急.

勿食暴鷄肉, 作內疽[18]. 在胸腋下出漏孔. 丈夫少陽, 婦人絕孕, 虛勞之氣.

勿食蛇肉、鱔肉, 損神害氣.

勿食生蒜, 傷人神損膽氣.

夏三月, 每朝空心喫少蔥頭、酒, 令血氣通暢.

夏七十二日, 省苦增辛以養肺氣.

夏月宜食苦蕒以益心.

夏不可食諸心.

---

89 내저(內疽) : 몸 안 즉 장부(藏府)에 생긴 옹저. 음식의 독으로 인해 생긴다.

90 누공(漏孔) : 옹저가 오래되어 생기는 구멍.

91 고매(苦蕒) : 시화과에 속하는 다년초. 담뱃잎과 비슷한 모양이며, 식용으로도 쓰이고 위장약으로도 쓰인다.

92 《養生月覽》 卷上 〈四月〉 《中醫古籍整理叢書》 118, 20~23쪽).

18 疽 : 저본에는 "疳". 《養生月覽·四月》에 근거하여 수정.

4-3) 즐목

4일에 해질녘에 목욕하면 송사(訟事)가 없게 된다.

7일에 머리를 감으면 큰 부자가 된다.

8일에 목욕재계하면 반드시 재앙이 없어질 것이다.

8일에 구기채 삶은 물로 목욕하면, 몸에 광택이 나고, 병에 걸리지 않으며, 늙지 않는다.

9일에 해가 질 때 몸을 씻으면 수명이 늘어난다.

16일에 흰머리를 뽑으면 검은머리가 된다.

여름 3개월간 오지탕(五枝湯, 오목탕)으로 목욕하고 목욕을 마친 뒤에 향분(香粉)을 몸에 바르면 장독(瘴毒, 풍토병)을 없애고, 풍기(風氣)를 소통시키며, 혈맥을 자양한다.[93]

櫛沐

四日昳時沐浴, 令人無訟.

七日沐, 令人大富.

八日沐浴齋戒, 必禍廢.

八日取枸杞菜煮湯沐浴, 令人光澤, 不病不老.

九日日沒時浴, 令人長命.

十六日拔白則黑髮.

夏三月宜用五枝湯澡浴, 浴訖, 以香粉傅身, 能祛瘴毒, 疏風氣, 滋血脈.

4-4) 탈착

없음

脫著

4-5) 복이

없음

服餌

4-6) 기거

여름 3개월간 늦게 자고 일찍 일어나며 햇빛을 싫어하지 말고, 뜻에 노기(怒氣)를 두지 말라.[94]

起居

夏三月夜臥早起, 無厭於日, 使志無怒.

4-7) 요질

없음

療疾

---

93 《養生月覽》卷上〈四月〉(《中醫古籍整理叢書》118, 20~23쪽).
94 《養生月覽》卷上〈四月〉(《中醫古籍整理叢書》118, 23쪽).

| 4-8) 구사 | 求嗣 |

없음

| 4-9) 금기 | 禁忌 |

8일에 먼길 여행을 해서는 안 된다.

八日不宜遠行.

8일에 풀을 죽이거나 나무를 베지 말라.

八日勿殺草伐樹.

이달에 입방(入房, 성행위)을 해서는 안 된다. 음양
순용사(陰陽純用事)⁹⁵의 달을 피하기 때문이다.

是月不得入房, 避陰陽純
用事之月也.

여름에는 크게 취해서는 안 된다.

夏月不得大醉.

이달은 건괘(乾卦, ☰)의 달이라 만물이 생성되고
천지가 화생(化生)한다. 지나친 더위를 무릅쓰지 말
라. 크게 땀을 뺀 후 바람을 맞지 말라. 밤하늘 별
자리 아래에 몸을 함부로 드러내지 말라. 이 모두
나쁜 질환이 생기기 때문이다.

是月爲乾, 萬物以成, 天地
化生. 勿冒極熱, 勿大汗後
當風, 勿暴露星宿, 皆成惡
疾.

여름에는 신장의 기운이 쇠하고 끊기므로, 방색
(房色, 성행위)이 과도하면 원기를 상하게 하고 수명을
손상시킨다. 또한 소통시키는 약을 많이 복용해서
는 안 된다.⁹⁶

夏月腎氣衰絶, 若房色過
度, 卽傷元氣而損壽. 亦不
宜多服疏藥.

| 4-10) 불양 | 祓禳 |

없음

| 4-11) 벽온 | 辟瘟 |

없음

---

95 음양순용사(陰陽純用事) : 음이나 양이 오직 한 가지만 작용하는 것. 4월은 주역(周易)에서 건괘(乾卦, ☰)에
해당하여 모든 효(爻)가 양효(陽爻)이다. 이런 경우를 순용(純用)이라 하며 음양효의 교합이 없기 때문에
남녀의 합방을 금하는 관습이 있었다. 또한 10월은 곤괘(坤卦, ☷)에 해당하여 모든 효가 음효(陰爻)이다.
이런 경우 역시 남녀의 합방을 금하였다.
96 《養生月覽》卷上〈四月〉《中醫古籍整理叢書》118, 20~22쪽).

巳建月

立夏運主是月食雞無訟〇四映時
立夏陰二氣会人氣逆沐浴令人

| | 夏三月夜卧早起無 | 一日不宜遠行〇〇 |

時配手厥陰
風木每日
寅卯時閉
且頓目反
接兩手抑
望兩脈各
五七度叩
齒兩咽
夜小滿
運卦少陽
二氣時配

食鱔鼈薯無訟〇七
仝〇安食〇日沐浴令人
筍〇勿食
雞肉勿食日沐浴齋大富〇八
生〇〇勿〇〇戒必福慶
食菖蒲人心〇取
神損膽氣枸杞葉煮
令人喘悸湯沐浴
肉作內湯沐浴令
病不老〇
九日没
時浴令人
長命〇十
六日拔白
則里聾盲
手厥陰心
巳絡風木虚勞之氣
夏三月空

厭於日
志無怒

目勿殺草
戒樹〇是
月不得入
多避陰陽
純用事之
醉〇夏
月也〇夏
月不得大
為乾萬物
化生〇〇
成天地
極熱勿當
汗後當風
勿暴〇露星
宿〇〇戒忌

양생월령표 4월(고려대본)

每日寅卯
時正坐一　　　　○勿食蛇
肉鮓肉損人濯浴訖　用五枝湯
手舉托一　神宮氣○　以者粉傅
年柱按左　勿食生薪　身能袪痒
右各三五
度叩齒吐

疾　○夏月
腎氣旣絕
若房色過
度即傷元
氣而損毒
亦不宜多
服疎藥

傷人神損
膽氣○夏
三月每朝
窓哭少
葱頭酒令
血氣通暢
○夏七十
二日省苦
增辛養
肺氣○夏
月安食苦
賢以益心
○夏不可
食諸心

5) 5월 건오(建午)

5-1) 좌공

망종(芒種)에, 운기는 소양(少陽) 삼기(三氣)를 주관한다. 때는 수소음심(手少陰心) 군화(君火)와 짝한다.

매일 인시·묘시에 똑바로 서고 몸을 위로 향하여 양손을 위로 밀치면서 좌우로 힘껏 들어올리기를 각각 30번 한다. 숨을 고른 다음 고치, 토납, 연액을 한다.

하지(夏至)에, 운기는 소양 삼기를 주관한다. 때는 수소음심 군화와 짝한다.

매일 인시·묘시에 웅크려 앉고 손을 뻗어 손가락을 깍지 낀 채로 다리를 굽혀 교대로 밟기를 좌우로 각각 35번 한다. 고치, 납청토탁, 연액을 한다.[97]

五月建午[19]

坐功

芒種, 運主少陽三氣, 時配手少陰心君火.

每日寅卯時, 正立仰身, 兩手上托, 左右力擧各五六度, 定息, 叩齒·吐納·咽液.

夏至, 運主少陽三氣, 時配手少陰心君火.

每日寅卯時, 跪坐, 伸手叉指, 屈脚[20]換踏, 左右各五七度, 叩齒·內淸吐濁·咽液.

망종오월절좌공도(芒種五月節坐功圖)
《준생팔전》 와세다대학 소장본

하지오월중좌공도(夏至五月中坐功圖)
《준생팔전》 와세다대학 소장본

---

97 《遵生八牋》卷4〈四時調攝牋〉"夏卷"'陳希夷仲夏二氣導引坐功圖勢'(《遵生八牋校注》, 125쪽);《保生心鑑》〈太淸二十四氣水火聚散圖〉(《壽養叢書》6, 38~41쪽).

19 午 : 저본에는 없음. 일반적 용례에 근거하여 보충.

20 脚 :《遵生八牋·四時調攝牋·夏卷》에는 "指足".

5-2) 음찬

5일에 종자(糉子)[98] 등을 많이 먹지 말라.

5일에 잉어알을 돼지의 간과 함께 먹지 말라. 악질(惡疾)이 생기기 때문이다.

5일에 자라의 알을 포어자(鮑魚子, 전복알)와 함께 먹지 말라. 황달이 되기 때문이다.

5일에 일체의 생채(生菜, 안 익힌 채소)를 먹지 말라. 온갖 병이 발생하기 때문이다.

부추를 먹지 말라. 기력이 없어지기 때문이다.

기름지고 진한 음식을 먹지 말고, 삶은 떡을 먹지 말라. 잠복된 음기가 그 안에 있기 때문이다. 따뜻한 성질의 음식을 먹는 게 좋다.

노루고기를 먹지 말라. 신기(神氣)를 상하게 하기 때문이다.

말고기를 먹지 말라. 신기를 상하게 하기 때문이다.

연못의 고인 물을 마시지 말라. 별가병(鱉瘕病)[99]에 걸리기 때문이다.

사슴을 먹지 말라. 신기(神氣)를 상하게 하기 때문이다.

덜 익은 핵과(核果, 단단한 씨가 있는 과일)를 먹으면 옹절(癰癤)[100]과 한열이 발생한다.

닭고기를 먹지 말라. 옹저(癰疽)와 누창(漏瘡, 치루)

飲餐

五日勿多食糉子等.

五日勿以鯉魚子共豬肝食, 成惡疾.

五日勿以[21]鼈子共鮑魚子食, 作癉黃.

五日勿食一切生菜, 發百病.

勿食韭, 令人乏氣力.

勿食肥濃, 勿食煮餅, 伏陰在內. 可食溫煖之味.

勿食麞肉, 傷人神氣.

勿食馬肉, 傷人神氣.

勿飲澤中停水, 令患鼈瘕病.

勿食鹿, 傷神.

食未成核果, 令人發癰癤及寒熱.

勿食鷄肉, 生癰疽, 漏瘡.

---

98 종자(糉子) : 댓잎에 찹쌀을 넣은 다음 삼각형모양으로 만들어 찐 떡. 주로 단오절에 만들어 먹는 절기 음식이다. 종자(粽子, 종쯔)라고도 쓴다.

99 별가병(鱉瘕病) : 뱃속에 음식물이 뭉쳐 배가 부어오르는 병증. 주로 자라고기를 먹고 소화가 안 되는 경우에 발생한다.

100 옹절(癰癤) : 피부나 장기에 악창이 생겨 급성으로 곪는 병증.

21 勿以 : 《養生月覽·五月》에는 없음.

이 생기기 때문이다.

드렁허리[鱔]나 뱀[蛇] 종류의 고기를 먹지 말라. 산주(算籌)[101]를 꺾고, 신기(神氣)가 불안해지기 때문이다.

백가반(百家飯)[102]을 먹으면 여름을 잘 견뎌낸다.

하지에서 추분까지는 기름진 음식, 떡이나 고깃국 따위는 먹지 말라.[103]

勿食鱔、蛇等肉，折算籌，神氣不安.

食百家飯，耐夏.

夏至迄秋分，勿食肥膩、餅臛之屬.

5-3) 즐목

1일 한낮에 목욕하면 몸에 광택이 난다【안 일설에는 "몸을 길하고 이롭게 한다."[104]라 했다】.

1일에 구기채(枸杞菜)를 삶은 물로 목욕하면 몸에 광택이 나고, 병에 걸리지 않으며, 늙지 않는다.

5일에 난초를 삶은 물로 목욕한다.

5일에 반딧불이[螢] 14마리를 잡아 머리털에 비비면 머리털이 저절로 검어진다.

단오일 오시(午時, 오전 11시~오후 1시)에는 정화수로 목욕해서는 안 된다. 1년 내내 역기(疫氣, 전염병의 기운)가 떠나지 않기 때문이다.

20일에 흰머리를 뽑아야 한다.[105]

櫛沐

一日日中時沐浴，令人身光【案 一云："令人吉利"】.

一日取枸杞菜煮作湯沐浴，令人光澤，不病不老.

五日以蘭湯沐浴.

五日取螢二七枚撚[22]髮，自黑.

午日午時，不可取井花水沐浴，一年疫氣不去.

二十日宜拔白.

---

101 산주(算籌)：숫자를 셀 때 쓰는 대나무가지. 사람의 수명(壽命)을 상징하는 의미가 있다.

102 백가반(百家飯)：여러 집을 옮겨 다니면서 얻어먹는 밥. 밥 얻어먹기는 중국에 있던 세시 풍속 중의 하나이며, 우리나라에서도 대보름에 '조릿밥' 또는 '세성받이밥'이라는 이름으로 여러 집을 다니면서 밥을 얻어먹는 풍속이 있었다.

103 《養生月覽》 卷上 〈五月〉 《中醫古籍整理叢書》 118, 25~33쪽).

104 몸을……한다：《양생월람(養生月覽)》 〈오월(五月)〉 원문에서 《형초세시기(荊楚歲時記)》에 나오는 내용을 요약한 구절이다.

105 《養生月覽》 卷上 〈五月〉 《中醫古籍整理叢書》 118, 23~31쪽).

[22] 撚：저본에는 "燃". 《養生月覽·五月》에 근거하여 수정.

5-4) 탈착

없음

脫著

5-5) 복이

오미자 끓인 물을 복용해야 한다.

하지에는 일음(一陰)이 생겨나니, 유황(硫黃)을 복용해서 음기를 꺾어야 한다.106

服餌

宜服五味子湯.

夏至一陰生, 宜服硫黃以
折陰氣.

5-6) 기거

없음

起居

5-7) 요질

5일(단오)에 두꺼비를 잡아먹으면 악성 감창(疳瘡)107을 치료한다.

5일에 동쪽으로 기어가는 땅강아지를 잡아먹으면 난산(難產)을 치료한다.

5일에 캐어 놓은 여러 약초를 모아서 독기(毒氣)를 제거한다.

5일에 쑥을 사람모양으로 만든 다음 문에 걸어두어 독기를 예방한다.

5일 오시(午時)에 쑥을 캐서 먹으면 온갖 병을 치료한다.

5일 오시에 여러 약초의 심(心)을 캐고 섞어서 잘 찧는다. 뽕나무 속을 뚫은 다음 그 약을 안에 넣고

療疾

五日取蟾蜍, 治23惡疳瘡.

五日取東行螻蛄, 治難產.

五日蓄探衆藥以蠲除毒氣.

五日將艾爲人, 懸門戶上以
禳毒氣.

五日午時探艾, 治百病.

五日午時探百藥心, 和擣,
鑿桑樹心, 內藥泥封, 百日

106《養生月覽》卷上〈五月〉《中醫古籍整理叢書》118, 32~33쪽).

107 감창(疳瘡) : 결핵이나 영양 부족 등의 원인으로 피부에 부스럼이 생기는 병증.

23 治 :《養生月覽·五月》에는 "可合".

진흙으로 봉한 뒤 100일 후에 꺼내서 찧고 가루 내어 바르면, 금창(金瘡, 쇠붙이에 다친 상처)을 치료한다.

5일에 마디가 짧은 창포(菖蒲)뿌리 7개를 각각 0.1척 길이로 만들어 청주와 함께 복용하면 몸의 손상을 치료한다.

5일 정오에 육일니(六一泥)[108]를 만든다【안 처방은《인제지》에 보인다[109]】.

5일에 붉은 비단이나 석류꽃으로 눈을 문지르면 눈에 낀 백태[瞖]를 치료한다.

5일에 청호(靑蒿, 개똥쑥)를 오시에 석회와 찧은 다음 떡으로 만들어 먹으면 금창을 치료한다.

5일 오시에 학질귀곡단(瘧疾鬼哭丹)[110]을 만든다【안 처방은《인제지》에 보인다[111]】.

5일에 자라발톱을 옷깃 안에 달면 건망증이 생기지 않게 한다.

5일에 아욱씨를 볶아서 가루 낸 뒤 먹으면 임병(淋病)[112]을 치료한다.

5일에 잉어 침골(枕骨)[113] 태운 재를 복용하면 오래된 이질을 치료한다.

5일에 길가의 풀 100종류를 그늘에 말려 태우고 재를 만들어 먹으면 액기(腋氣, 암내)를 치료한다.

擣末, 治金瘡.

五日取菖蒲根節促者七莖, 各長一寸, 淸酒中服之[24], 治傷損.

五日正午時, 造六一泥【案 方見《仁濟志》】.

五日取紅絹或榴花拭目, 醫目瞖.

五日取靑蒿擣石灰午時, 作餠子, 治金瘡.

五日午時, 合瘧疾鬼哭丹. 【案 方見《仁濟志》】.

五日取鼈爪著衣領中, 令人不忘.

五日收葵子炒末, 治淋.

五日取鯉魚枕骨燒服, 治久痢.

五日取露草一百種, 陰乾燒爲灰, 治腋氣.

---

108 육일니(六一泥) : 지렁이의 똥으로 만든 한약. 이질이나 설사의 치료약으로 쓰인다.
109 처방은……보인다 :《임원경제지 인제지》권8〈내외겸인〉"치통"'탕액'에 나온다.
110 학질귀곡단(瘧疾鬼哭丹) : 학질과 해학(痎瘧)을 치료하는 처방. 상산(常山)·빈랑(檳榔)·반하(半夏)·패모(貝母) 등의 약재를 넣어 만든다. 줄여서 귀곡단(鬼哭丹)이라고 한다.
111 처방은……보인다 :《임원경제지 인제지》권6〈외인〉"해학(痎瘧)"'탕액'에 나온다.
112 임병(淋病) : 비뇨기계통의 질병. 주로 오줌이 잘 나오지 않는 증상이 동반된다.
113 침골(枕骨) : 머리 후두부에 있는 뼈.
[24] 中服之 : 저본에는 없음.《養生月覽·五月》에 근거하여 보충.

5일 한낮에 칡뿌리를 가루로 만들어 먹으면 금창과 학질을 치료한다.

5일에 돼지이빨을 구해서 쓰면 뱀에 물린 상처를 치료하고, 어린아이의 경간(驚癎)[114]을 치료한다.

5일에 동쪽으로 향해 난 복숭아나무가지를 구해서 해뜨기 전 0.3척 길이의 나무인형을 만들어 옷고름 안에 달면 건망증이 생기지 않게 한다.

5일에 현채(莧菜, 참비름)와 마치현(馬齒莧, 쇠비름)을 캐서 가루 낸 뒤 복용하면 난산을 치료한다.

5일 오시에 복숭아속씨(도인)와 황단(黃丹, 납)을 갈고 환(丸)을 만들어 복용하면 학질을 치료한다.

5일 오시에 돼지의 심장피를 거두어 황단·유향과 함께 환을 만들어 복용하면 자사복중(子死腹中, 뱃속에서 태아가 죽은 경우)을 치료한다.

5일에 백반을 아침부터 저녁까지 햇볕에 말리고 거두어 바르면, 온갖 벌레에 물린 상처를 치료한다.

5일에 누에나방을 가루 낸 뒤 바르면 대나무나 나뭇가지가 살에 박힌 상처를 치료한다.

5일에 온갖 풀의 머리 부분을 꺾어 잘게 자른 다음 햇볕에 말려서 쓰면 학질을 치료한다.

5일에 마늘 한 쪽을 껍질을 제거하고 가운데를 쪼갠 다음 그 속에 파두 1개를 넣고, 다시 양쪽을 붙여 구운 뒤 찧어서 환을 만들어 복용하면 학질을 치료한다.

5일 해뜨기 전에 동쪽 방향으로 가서 정화수를

五日日中, 取葛根爲屑, 療金瘡及瘧.

五日取猪齒, 治蛇咬, 治小兒驚癎.

五日取東向桃枝, 日未出時, 作三寸木人, 著衣帶中, 令人不忘.

五日採莧菜和馬齒莧爲末, 治難産.

五日午時, 研挑仁、黃丹作丸, 治瘧.

五日午時, 收猪心血, 同黃丹、乳香爲丸, 治子死腹中.

五日取白礬, 自朝曬至晚收之, 治百蟲嚙.

五日取蠶蛾爲末, 治竹木刺入肉.

五日取百草頭細剉, 曬乾, 治瘧.

五日取蒜一片去皮中破之, 內巴豆一枚, 合兩片炙之, 擣爲丸, 治瘧.

五日日未出時, 面東汲井花

---

114 경간(驚癎) : 놀라서 생기는 발작이나 간질. 주로 어린아이에게 발생한다.

길어와 입에 머금었다가 문지방에 3번 내뿜는다. 30
일간 이렇게 하면 구취(口臭, 입냄새)를 없앤다.

5일에 적촉규(赤蜀葵, 붉은접시꽃)·백촉규(白蜀葵, 흰
접시꽃)를 거두어 쓰면 적백대하(赤白帶下)를 치료한다.

5일에 물고기같이 하얀 상이(桑耳)버섯을 구해서
쓰면 인후(목구멍)가 막힌 증상을 치료한다.

5일 해뜨기 전에 온갖 풀의 머리 부분을 뜯어다
가 찧어 낸 즙으로 석회와 함께 떡을 만들어 먹으면
금창혈을 치료하고, 어린아이의 악창을 치료한다.

5일에 아욱씨를 태워 재를 만들면 석림(石淋)[115]을
치료한다.

5일 오시에 독두산(獨頭蒜, 통마늘) 5개, 황단 2냥
을 찧고 환을 만들어 복용하면 심장의 통증을 치료
한다.

5일 한낮에 계장초(鷄腸草, 닭의장풀)를 캔 다음 말
리고 태워 재를 만들어 복용하면 해묵은 악창을 치
료한다.

5일에 달래잎을 햇볕에 말려 복용하면 심장의 통
증을 치료하고, 여러 독과 어린아이의 단진(丹疹)[116]
을 풀어준다.

하지에 무화과를 따서 복용하면 인후를 치료한
다.[117]

水, 三漱門閫中, 三十日,
除口臭.

五日收赤、白蜀葵, 治赤白
帶下.

五日採桑耳白如魚者, 治喉
閉.

五日日未出時, 採百草頭擣
汁和石灰作餠, 治金瘡血,
治小兒惡瘡.

五日取葵子燒灰, 治石淋.

五日午時, 取獨頭蒜五顆、
黃丹二兩, 擣作丸, 治心痛.

五日日中採鷄腸草, 乾燒作
灰, 治積年惡瘡.

五日採小蒜葉曝乾, 治心
痛, 解諸毒、小兒丹疹.

夏至採無花果, 治咽喉.

115 석림(石淋) : 소변을 볼 때 음부가 아프고 모래 또는 돌 같은 알갱이가 섞여 나오는 병증. 임증(淋證)의 한
   증세이다.
116 단진(丹疹) : 피부의 상처로 세균이 들어가서 열이 높아지고 붓는 병증
117 《養生月覽》 卷上 〈五月〉(《中醫古籍整理叢書》 118, 24~33쪽).

5-8) 구사

5일 오시에 비가 오면 빗물로 주사(朱砂)를 갈아 '용(龍)'자를 쓴다. 다음 해 5일 오시에 또 비가 오면 묵필(墨筆)로 '용'자를 쓰고 이 둘을 합쳐 작은 환을 만든 다음, 아이를 낳을 때에 유향탕(乳香湯, 유향 달인 물)과 함께 삼켜 넘긴다.[118]

求嗣

五日午時有雨, 將雨水研朱砂, 書"龍"字. 次年五日午時有雨, 用墨筆書"龍"字, 合㉕作小丸, 臨產用乳香湯吞下.

5-9) 금기

5일에 혈물(血物, 피가 있는 물건이나 음식물)을 보지 말라.

5일·6일·16일에는 부부가 잠자리를 따로 해야 하니, 이것을 어기면 3년 내에 죽는다.

5일·6일·7일·15일·16일·17일·25일·26일·27일은 성행위를 금한다.

이달은 민간에서 '악월(惡月)'이라 하니, 성색(聲色, 노래와 성욕)을 그치고 기욕(嗜慾, 즐기려는 욕구)을 조절한다.

지붕에 오르는 일은 금한다.

침상과 천석(薦席, 멍석과 돗자리)을 햇볕에 쬐는 일은 금한다.[119]

禁忌

五日勿見血物.

五日、六日、十六日別寢, 犯之三年致卒.

五·六·七日、十五·六·七日、二十五·六·七日, 忌房事.

是月俗稱"惡月", 止聲色, 節嗜慾.

忌上屋.

忌曝牀、薦席.

5-10) 불양

5일에 채색된 새끼줄에 오색의 도인(桃印)[120]을 달아 문을 장식하여 나쁜 기운을 그치게 한다.

祓禳

五日采索五色桃印, 爲門戶飾以止惡氣.

118《養生月覽》卷上〈五月〉(《中醫古籍整理叢書》118, 30쪽).
119《養生月覽》卷上〈五月〉(《中醫古籍整理叢書》118, 27~31쪽).
120 도인(桃印): 복숭아나무로 만든 부적. 복숭아나무 조각에 글씨를 쓰거나 무늬를 새긴 다음 문에 달아 나쁜 기운을 물리치는 용도로 쓴다.
㉕ 合:《養生月覽·五月》에는 "圓".

5일에 오색으로 채색된 실을 팔에 매어두면 병화 (兵火)와 귀신을 막는다.

무진(戊辰)일에 돼지머리로 조왕신(竈王神, 부엌의 신)에 제사를 올리면 모든 일이 형통하고 태평하게 된다.[121]

五日以五彩絲繫臂, 辟兵及鬼.

戊辰日, 用豬頭祭竈, 令人百事通泰.

5-11) 벽온

1일에 무덤가의 흙과 벽돌을 질그릇에 담은 다음 문밖 섬돌 아래에 묻는다.

5일에 오색으로 채색된 실을 팔에 매어두면 온병 (溫病)[122]에 걸리지 않는다.

5일 오시에 예전에 쓰고 나서 비축해 두었던 약들을 태운다. 또는 창출만 태운다.

하지에 우물을 쳐서 물을 갈면 온병을 없앨 수 있다.

하지에 오채(五綵, 화려한 비단옷)를 입고 '유광(游光)'[123]이라 써붙이면 온병이 없다.[124]

辟瘟

一日取塚上土及磚石, 盛瓦器, 埋門外堦下.

五日以五彩絲繫臂, 不病溫.

五日午時, 聚先所蓄時藥燒之. 或止燒朮.

夏至浚井改水, 可去溫病.

夏至著五綵, 題曰"游光", 無溫病.

---

121 《養生月覽》卷上〈五月〉(《中醫古籍整理叢書》118, 24~32쪽).
122 온병(溫病) : 외부의 급격한 온도 변화나 나쁜 균의 감염 등의 원인으로 발생하는 급성 열병.
123 유광(游光) : 중국의 전설 속에 등장하는 악귀(惡鬼)의 이름.
124 《養生月覽》卷上〈五月〉(《中醫古籍整理叢書》118, 24~32쪽).

右左各五之味〇勿 志二十
七度咽〇食麤醬肉傷日宮拔白
内清吐濁人神氣〇
咽浊

中停水令
〇勿飲漿
傷人神氣
勿食馬肉
人神氣〇

惠蟊廮病
〇勿食鹿
傷神〇食
未成核果
令人發癰
癰及寒熱
〇勿食雞
肉生癰疽
漏瘡〇勿
食鱔蛇寺
肉折筆壽
神氣不安

治金瘡〇
〇五日取
莒蒲根剉
促者七莖
文長一寸
清酒治傷

損〇五日
正午時造
六一泥圍

方見仁齋
志〇五日
取紅絹或
榴花拭目
醫目青〇
吾日取青
蒠橋石灰
午時作餅

子瘇
金瘡

五月建

是種運至 吾日勿久 一日日中
少陽三氣 食榜子等時沐浴令
時配手少 口五 叩 身光菜
陰心君火 以鯉魚子一二令人
每日寅卯 芙猪肝食吉利 一
時正立卯 戒惡疾心 最枸杞

穿服五味
子湯心夏
至一陰生
穿服硫黄
安服硫黄
新陰氣

身兩手上 五日勿以 菜煮葫湯
托左右力 醬子共鮑沐浴令人
擧名五吏 魚子食作光澤 无病
厚息叩齒黄○五 不老○五
齒吐納咽 日勿食 一日○蘭湯
漱復全運切生菜發沐浴○五
主少陽三 百病心勿 日取螢二
氣時配手食韭令人 七枚燃髮
去陰心君 冬氣力心 自黑○午
火每日寅 勿食肥濃 日午時不
卯時跪坐 病○五日 採艾治百
伸手又指 五日午時 病○五日
屈脚搓搿 伏陰在內 艾為人懸
可食溫煖 氷沐浴一 門戶上以
年疫氣不 可取井花 下

吾取蟾 五日午時 五日采家
蜍治惡疳有四醬兩皿物○五 一日取塚
瘡○五日水研朱砂 枇桃印主及磚
取東行螻書龍字炙菖別慢 為門石飾石甕瓦器
蛄治難產年百午犯之三年 以止君氣埋門外墻
○五日蓄田時有兩用數辛○五 五彩絲繫以五彩絲

採泉藥以 臂絆兵及繫臂不病
鱗除毒氣字合作小五之七日 俗稱惡月
○五日將 丸臨產用二十五六 百事通泰燒令人
採艾治百 日用猪頭午時聚先 所蓄菖藥
病○五日 事心是月登竈令人 嗜慾心忌
採心採百 上聲包節 止聲包改 水可去溫
藥心和擣 藥榦樹心 至夏井改
鱉榦和封 內藥泥封 病心夏至
百日擣末 溫病 著五絲題
溫病 曩光無

日取豬齒

治蛇咬治

小兒驚癇

〇五日取
東向桃枝

杲出時

作三寸木
令著衣帶
中令人不
忘〇五日
採覓菾和
馬齧覓為
末治難産
〇五日午
時研桃仁
黄丹作丸
治瘧〇匹
日午時收
豬心血同
黄丹乳香
為丸治子
死腹中〇

亼食百家

飯耐夏△

夏至送秋

分勿念肥

臛臟餌膗之

亼五日午

時令瘧疾

鬼哭丹鼠

方見仁濟

志△五日

取龜似著

衣領中令

人不志△

五日收葵

子炒末治

淋△五日

取鯉魚桃

骨燒眼治

名洲△五

日取落艸

一百種陰

乾燒爲灰

治腋氣△

及癰金瘡

取菖根爲

五日日中

眉療金瘡

及癰△五

時取東汲
井花水三
漱門關中
三日除
臭〇五

日收赤白
蜀葵治赤
白帶下〇
五日揀桑
耳白如魚
者治喉閉
〇五日
未出時採
百卅頭搗
汁和石灰
作餅治金
瘡惡瘡心
兒惡瘡小
吾日取葵
子燒灰治

五日取日
礬目朝瞼
至晩收之

治百虫囓

○五日取
蚕蛾棠
活竹木刺
八肉○五

日取百艸
頭細剉膿

乾治癰○
吾日取蒜
尼去皮

已豆一枚
中破之
合兩片炙
之搗爲丸
塗瘡上

日日未出

石淋○五
旦早時取

獨頭蒜五
黃丹二
兩搗作
丸

治心痛○
○五日日
中採雞腸
草乾燒作
灰治積年
惡瘡○五
日採小蒜
葉暴乾治
心痛解諸
毒○兒丹
疹○夏至
採無花果
治咽喉

6) 6월 건미(建未)

6-1) 좌공

소서(小暑)에, 운기는 소양(少陽) 삼기(三氣)를 주관한다. 때는 수태음폐(手太陰肺) 습토(濕土)와 짝한다.

매일 축시·인시에 양손을 땅에 대어 앉고, 한 발은 굽혀서 누르고 한 발은 곧게 펴는 식으로 9번씩 힘을 주어 끌어당긴다. 고치, 토납, 연액을 한다.

대서(大暑)에, 운기는 태음(太陰) 사기(四氣)를 주관한다. 때는 수태음폐 습토와 짝한다.

매일 축시·인시에 양주먹을 땅에 대어 앉고 머리는 어깨 쪽으로 돌려 당기면서 호랑이가 노려보는 자세를 좌우로 각각 3번 한다. 고치, 토납, 연액을 한다.125

六月建未

坐功

小暑, 運主少陽三氣, 時配手太陰肺濕土.

每日丑寅時, 兩手踞地[26], 屈壓一足, 直伸一足, 用力掣三三度, 叩齒、吐內、咽液.

大暑, 運主太陰四氣, 時配手太陰肺濕土.

每日丑寅時, 雙拳踞地, 返首向[27]肩引作虎眎, 左右各三度, 叩齒、吐納、咽液.

소서유월절좌공도(小暑六月節坐功圖)
《준생팔전》 와세다대학 소장본

대서유월중좌공도(大暑六月中坐功圖)
《준생팔전》 와세다대학 소장본

125《遵生八牋》卷4〈四時調攝牋〉 "夏卷" '陳希夷季夏二氣導引坐功圖勢'(《遵生八牋校注》, 130~131쪽);《保生心鑑》〈太淸二十四氣水火聚散圖〉(《壽養叢書》6, 42~45쪽).

[26] 地 : 저본에는 없음.《遵生八牋·四時調攝牋·夏卷》에 근거하여 보충.

[27] 向 : 저본에는 없음.《遵生八牋·四時調攝牋·夏卷》에 근거하여 보충.

6-2) 음찬

연못의 물을 마시지 말라. 별징(鼈癥)[126]에 걸리기 때문이다.

부추를 먹으면 눈이 침침해진다.

짐승의 지라[脾]를 먹지 말라. 계월(季月)에는 토기(土氣)가 왕성하여 그 기운이 지라에 있기 때문이다.

수유(茱萸)를 먹지 말라. 신기를 상하게 하기 때문이다.

양고기·오리고기·기러기고기를 먹지 말라. 신기를 상하게 하기 때문이다.

기름지고 진한 음식을 줄여야 한다.

양선지를 먹지 말라. 신혼(神魂, 정신)을 손상시키고, 의지를 줄이며, 잘 잊어버리게 한다.

생아욱을 먹지 말라. 수벽(水癖)[127]이 생기기 때문이다.

월말 18일간 단맛은 줄이고 짠맛을 늘려서 신장의 기운을 기른다.

이슬을 맞은 아욱을 먹고 개에 물리면 평생 상처가 낫지 않는다.[128]

飮餐

勿食澤水, 令人病鼈癥.

食韭, 目昏.

勿食脾, 季月土旺在脾故也.

勿食茱萸, 傷神氣.

勿食羊肉、鶩肉、雁肉, 傷人神氣.

減肥濃之物.

勿食[28]羊血, 損人神魂, 少志, 健忘.

勿食生葵, 成水癖.

月末一十八日, 省甘增鹹以養腎氣.

食露葵, 犬噬, 終身不差.

6-3) 즐목

1일에 머리를 감으면 질병을 없애고 재앙을 막는다.

櫛沐

一日沐, 令人去疾禳災.

---

126 별징(鼈癥) : 별가(鱉瘕)의 이칭.
127 수벽(水癖) : 양옆구리 밑에 물이 차서 움직일 때마다 물소리가 나고 아픈 병증.
128 《養生月覽》 卷上 〈六月〉(《中醫古籍整理叢書》 118, 34~35쪽).
[28] 食 : 저본에는 "令". 《養生月覽·六月》에 근거하여 수정.

6일에 목욕재계하면 영속(營俗)[129]을 끊는다【안 일설에는, "6일에는 머리감기를 금한다. 암내가 나기 때문이다."라 했다】.

7일·8일·21일에 목욕을 하면 질병을 없애고 재앙을 막는다.

19일에 흰머리를 뽑으면 흰머리가 영영 나지 않는다.

24일은 노인이 흰머리를 뽑는 날이다.

27일 식사할 때에 목욕하면 몸이 가벼워지고 건강해진다.

27일에 구기채(枸杞菜)를 삶은 물로 목욕하면 광택이 나고, 병에 걸리지 않으며, 늙지 않는다.[130]

六日沐浴齋戒, 絕其營俗【案】一云 : "六日忌沐, 令人胡臭"】.

七日、八日、二十一日浴, 去疾禳災.

十九日拔白, 永不生.

二十四日, 老子拔白日.

二十七日食時沐浴, 令人輕健.

二十七日取枸杞菜煮湯沐浴, 令人光澤, 不病不老.

6-4) 탈착
없음

脫著

6-5) 복이

오매장(烏梅漿, 오매음료)을 마시면 좋다. 갈증을 멈추기 때문이다.

모과장[木瓜漿, 모과음료]을 마시면 좋다.

삼복날에는 신력탕(腎瀝湯)[131]을 복용해야 한다.[132]

服餌

可飲烏梅漿, 止渴.

可飲木瓜漿.

三伏日宜服腎瀝湯.

---

129 영속(營俗) : 무리를 지어 모여 사는 일. '영속을 끊는다'는 말은 탈속한다는 뜻으로, 신선의 경지에 오른다는 의미이다.

130《養生月覽》卷上〈六月〉(《中醫古籍整理叢書》118, 33~35쪽).

131 신력탕(腎瀝湯) : 양의 신장·생강·현삼(玄參) 등의 약재를 넣어 끓인 약탕. 《임원경제지 인제지》 권4 〈외인〉 "중풍" '탕액'에 나온다.

132《養生月覽》卷上〈六月〉(《中醫古籍整理叢書》118, 34~36쪽).

6-6) 기거 　　　　　　　　　　　　　起居

없음

6-7) 요질 　　　　　　　　　　　　　療疾

없음

6-8) 구사 　　　　　　　　　　　　　求嗣

없음

6-9) 금기 　　　　　　　　　　　　　禁忌

6일에 흙을 갈지 말라. 　　　　　　　　　六日勿起土.

24일에 먼길 여행을 금한다. 물길이나 뭍길 모두　　二十四日忌遠行. 水陸俱不
다녀서는 안 된다. 　　　　　　　　　　　可往.

몸을 해치는 나쁜 기운[賊邪]을 삼가라. 　　　　　愼賊邪之氣.

목욕 후 바람을 맞지 말라. 　　　　　　　　勿沐浴後當風.

오로지 찬물에 손과 발을 담그고 씻지는 말라. 　　勿專用冷水浸手足.

동쪽에서 오는 나쁜 기운을 삼가라. 이것을 어기　　愼東來邪氣. 犯之, 令人手
면 손이 마비되고, 몸이 무거워지며, 호흡이 짧아지　　癱[29]緩, 體重氣短, 四肢無
고, 사지가 무력하게 된다. 　　　　　　　　力.

여름철에 노숙하면 안 된다. 　　　　　　　暑月不可露臥.

복날에 신부를 맞이해서는 안 된다. 신부가 죽었　　伏日不可迎婦. 婦死已不還
어도 집으로 돌아가지 못하기 때문이다.[133] 　　　家.

133《養生月覽》卷上〈六月〉(《中醫古籍整理叢書》118, 33~35쪽).
[29] 癱 : 저본에는 “癰”.《養生月覽·六月》에 근거하여 수정.

6-10) 불양   祓禳

복날에 떡국을 만들어 먹으면 나쁜 기운을 막는   伏日作湯餅, 辟惡.
다.[134]

6-11) 벽온   辟瘟

없음

---

134 《養生月覽》卷上〈六月〉(《中醫古籍整理叢書》118, 35쪽).

六月建未

少暑運主、勿食澤水〇一日沐令人去疾癢
步陽三氣令人病齚人去疾癢
時配手太陽〇一日〇可飲烏梅
陰肺濕土旦昏〇勿食韭眾嵩〇
每日丑寅、食脾季月絶其營衛　　可飲木瓜
時兩手踞土旺在脾〇一六　　漿〇三伏
無風處一足壓一足故也〇勿　　日宜服腎
直伸〇足食葉董傷〇餉晏〇一日巳沐令
用力舉三神氣〇七八日〇
三度咽嚥〇食善鳥二十一日
吐肉因嚥肉雁肉浴去疾癢
太陰肺濕羊四慎人十四日老
土每日丑神魂少志〇子拔白日
審時運拳健怠〇二十七
踞地及首食葵健成日食時沐
肩引作虎水辟〇月浴令人輕
眇左右各末十八〇健〇二十
三度叩齒日宜甘温七日取枸
畎笑腎杞菜煑湯
吐納咽液氣人食露沐浴令人
身不老
蔘人噎終光澤不病
不老

沐浴後當
風〇勿專
用冷水浸
手足〇慎
東來邪風
犯之令人
重屬緩體
股無力〇
暑月弄奇
露臥〇伏
日不可迎
婦婦花巳
不遠家

百勿起伏日作湯
十二二十
四日忌遠
行水陸俱
不可往〇
之氣〇勿
〇慎賊邪
簡辟惡

7) 7월 건신(建申)

7-1) 좌공

입추(立秋)에, 운기는 태음(太陰) 사기(四氣)를 주관한다. 때는 족소양담 상화와 짝한다.

매일 축시·인시에 정좌하여 양손을 땅에 대고 몸을 움츠려 폐식하고 몸을 세우고 위로 뛰기를 모두 56번 한다. 고치, 토납, 연액을 한다.

처서(處暑)에, 7월 중 운기는 태음 사기를 주관한다. 때는 족소양담 상화와 짝한다.

매일 축시·인시에 정좌하고 머리를 좌우로 돌리면서 양손을 들어당기고 뒤집어서 등 위 두드리기를 각각 35번 한다. 고치, 토납, 연액을 한다.[135]

七月建申

坐功

立秋, 運主太陰四氣, 時配足少陽膽相火.

每日丑寅時, 正坐, 兩手托地[30], 縮體閉息, 聳身上踴, 凡七八度, 叩齒、吐納、咽液[31].

處暑, 七月中運主太陰四氣, 時配足少陽膽相火.

每日丑寅時, 正坐, 轉頭左右舉引, 就返兩手槌背之上, 各五七度, 叩齒、吐納、咽液.

입추칠월절좌공도(立秋七月節坐功圖)
《준생팔전》 와세다대학 소장본

처서칠월중좌공도(處暑七月中坐功圖)
《준생팔전》 와세다대학 소장본

---

135 《遵生八牋》 卷5 〈四時調攝牋〉 "秋卷" '陳希夷孟秋二氣導引坐功圖'(《遵生八牋校注》, 159쪽) ; 《保生心鑑》 〈太淸二十四氣水火聚散圖〉(《壽養叢書》 6, 46~49쪽).

[30] 地 : 저본에는 없음. 《遵生八牋·四時調攝牋·秋卷》에 근거하여 보충.

[31] 液 : 저본에는 "漱". 《遵生八牋·四時調攝牋·秋卷》에 근거하여 수정.

7-2) 음찬

염교를 먹으면 눈을 손상시킨다.

순채를 먹으면 순채 윗부분에 애벌레가 있어 몸에 해롭다.

마름나물을 먹지 말라. 요충(蟯蟲, 기생충의 일종)이 생기기 때문이다.

수유를 먹지 말라. 신기(神氣)를 상하게 하기 때문이다.

생꿀을 먹지 말라. 갑자기 설사하고 곽란이 일어나기 때문이다.

노루고기를 먹지 말라. 기를 요동시키기 때문이다.

기러기고기를 먹지 말라. 신기(神氣)를 상하게 하기 때문이다.

입추 후 5일간 오이는 먹으면 안 된다.

이달에 더운 기운이 잠복하려 하니, 약간 냉한 음식으로 조리해야 하고, 죽엽죽(竹葉粥, 댓잎죽)을 먹어야 한다.

가을에는 모든 짐승의 허파를 먹어서는 안 된다.

가을 72일간 매운맛을 줄이고 신맛을 늘려서 간의 기운을 기른다.[136]

飲餐

食薤, 損目.

食蓴, 上有蠋蟲, 害人.

勿食菱芰, 作蟯蟲.

勿食茱萸, 傷神氣.

勿食生蜜, 令人暴下發霍亂.

勿食獐肉, 動氣.

勿食雁, 傷神.

立秋後五日, 瓜不可食.

是月中暑氣將伏, 宜以稍冷爲理, 宜食竹葉粥.

秋不可食諸肺.

秋七十二日, 省辛增酸以養肝氣.

7-3) 즐목

7일(칠석)에 반딧불이 14마리로 머리털을 비비면 머리털이 저절로 검어진다.

櫛沐

七日取螢火蟲二七枚撚[32]髮, 自黑.

---

136 《養生月覽》 卷下 〈七月〉(《中醫古籍整理叢書》 118, 41~43쪽).

[32] 撚 : 저본에는 "燃". 《養生月覽·七月》에 근거하여 수정.

7일에 백합뿌리를 찧고 새 와기(질그릇)에 담아 밀봉한다. 이를 문 위에 건 채로 그늘에서 100일 말린 다음 흰머리털을 뽑고 나서 그 약을 바르면 곧 검은 머리털이 난다.

11일에 구기채를 삶은 물로 목욕하면 광택이 나고, 병에 걸리지 않으며, 늙지 않는다.

23일에 목욕하면 머리털이 세지 않는다.

25일에 목욕하면 오래 살게 된다.

25일에 아침 먹을 때 목욕하면 사람을 신선의 길로 들어서게 한다.

28일에 흰머리털을 뽑으면 머리털이 평생 세지 않는다.

입추일에 목욕하면 안 된다. 피부가 거칠고 건조해지며 백설(白屑, 비듬)이 생기기 때문이다.[137]

7-4) 탈착

가을에는 발과 뇌가 모두 추워야 한다.[138]

7-5) 복이

7일에 송자(松子, 잣)를 채취해서 1방촌시씩 하루 3~4번 복용한다【안 일설에는 "하루 0.3승씩 복용한다."라 했다】.

가을에 황기 등이 들어간 환약을 1~2첩 복용하

七日取百合根擣, 盛新瓦器, 密封, 掛門上, 陰乾百日, 拔白髮, 搽33之, 卽生黑髮.

十一日取枸杞菜煮湯沐浴, 令人光澤, 不病不老.

二十三日沐浴, 令髮不白.

二十五日浴, 令人長壽.

二十五日34早食時浴, 令人進道.

二十八日拔白, 終身不白.

立秋日不可浴, 令人皮膚麤燥, 生白屑.

脫著

秋日宜足、腦俱凍.

服餌

七日採松子, 服方寸匕日三四【案 一云 : "一服三合"】.

秋服黃芪等丸一兩劑, 百

137《養生月覽》卷下〈七月〉(《中醫古籍整理叢書》118, 39~42쪽).
138《養生月覽》卷下〈七月〉(《中醫古籍整理叢書》118, 43쪽).
33 搽 : 저본에는 "拔". 《養生月覽·七月》에 근거하여 수정.
34 日 : 저본에는 없음. 《養生月覽·七月》에 근거하여 보충.

면 온갖 병이 생기지 않는다.

입추 후에는 장기(張機)139의 팔미환(八味丸)140을 복용해야 한다.141

病不生.

立秋後宜服張仲景八味丸.

7-6) 기거

가을 3개월간은 일찍 자고 일찍 일어나야 하니, 닭울음소리와 함께 일어난다.

가을에 서쪽으로 머리를 향하고 자려 하면 이익이 있다.142

起居

秋三月早臥早起, 與鷄俱興.

秋欲西首臥, 有所利益.

7-7) 요질

7일에 창포주 3방촌시를 복용하면 술을 마셔도 취하지 않는다. 쇠붙이를 닿으면 안 되니, 구토하게 만들기 때문이다.

7일 오시에 생오이잎 7매를 따서 북당(北堂, 북쪽에 있는 집)으로 들어간다. 얼굴이 남쪽을 향한 채로 서서 그 잎으로 얼굴을 문지르면 사마귀를 제거한다.

7일에 오골계선지를, 3월 3일에 따 두었던 복숭아꽃의 가루와 섞어 얼굴 및 온몸에 바르면 2~3일 만에 피부가 옥처럼 희어진다.

7일에 거미줄 1가닥을 옷깃 속에 붙이면 건망증

療疾

七日取菖蒲酒服三方寸匕, 飲酒不醉. 不可犯鐵, 令人吐逆.

七日午時, 取生瓜葉七枚, 入北堂, 面向南立, 以拭面去黶.

七日取烏鷄血和三月三日桃花末, 塗面及遍身, 三二日肌白如玉.

七日取蜘蛛網一枚, 著衣

---

139 장기(張機) : 150~219. 중국 후한 말기의 저명한 의학자. 호는 중경(仲景). 저서로 《상한잡병론(傷寒雜病論)》등이 있다.

140 팔미환(八味丸) : 장기(張機)가 만든 처방으로, 신장이 허한 증상을 치료한다. 숙지황·마·산수유·목단피·백복령·택사·육계·부자 총 8가지 약미가 들어간다. 《임원경제지 인제지》 권1 〈내인〉 "내상" '탕액'에 나온다.

141 《養生月覽》卷下 〈七月〉《中醫古籍整理叢書》118, 37~42쪽).

142 《養生月覽》卷下 〈七月〉《中醫古籍整理叢書》118, 43쪽).

이 생기지 않게 한다【안 일설에는 "거미를 그늘에서 말려 옷깃 속에 넣는다."라 했다】.

7일에 고과(苦瓠)[143]의 흰 속을 짜 즙 0.1승을 내고, 식초 1승, 옛동전 7문(文)을 합하여 담그고 약한 불에 반으로 줄어들 때까지 달인 다음 그 거품을 눈꼬리 속으로 넣으면 눈이 어두운 증상을 치료한다.

7일에 말벌애벌레[露蜂蛹子] 100마리를 그늘에서 100일간 말린 다음 갈아서 가루 낸 뒤, 이를 꿀에 개어 바르면 기미를 제거한다.

15일에 적부평(赤浮萍, 개구리밥)을 거두어 키[筲箕]에 담고, 물을 담은 통 위에 띄워서 햇볕에 말리고[144] 가루 내었다가 눈이 오는 추위가 오면 물에 타서 복용한다. 또 한초(漢椒, 산초)가루와 부평을 몸에 바르면 열이 나서 추위를 두려워하지 않는다.

입추일에 가을의 물로 붉은팥을 넘기면 적백리(赤白痢)[145]를 그치게 한다.

입추일 해뜨기 전에 개오동나무잎을 고아서 고(膏)를 만들어 쓰면 창양(瘡瘍, 부스럼증)을 치료한다.[146]

7-8) 구사

없음

領中, 令人不忘【案 一云 : "取蜘蛛陰乾, 納衣領中"】.

七日取苦瓠瓤白, 絞取汁一合, 以酢一升, 古錢七文和漬, 微火煎之減半, 以沫納眼眥中, 治眼暗.

七日取露蜂蛹[35]子百枚, 陰乾百日, 碾末, 和蜜塗, 除䵟䵳.

十五日收赤浮萍, 用筲箕盛, 放桶盛水曬爲末, 遇雪寒水調服. 又用漢椒末、浮萍, 擦身上, 則熱不畏寒.

立秋日, 以秋水下赤小豆, 止赤白痢.

立秋日日未出, 採楸葉熬爲膏, 治瘡瘍.

求嗣

---

143 고과(苦瓠) : 여주. 만려라고도 한다.
144 물을……말리고 : 물을 담은 통 위에 키를 놓은 다음 키 위에 적부평을 펼쳐서 햇볕에 말린다는 의미. 물에 떠 다니는 풀이므로 키로 물을 차단하고 그 위에서 햇볕에 말린다는 의미로 추정된다.
145 적백리(赤白痢) : 이질의 일종. 고름과 피가 섞인 대변이 나오는 병증.
146《養生月覽》卷下〈七月〉(《中醫古籍整理叢書》118, 37~41쪽).
35 蛹 : 저본에는 "桶".《養生月覽·七月》에 근거하여 수정.

7-9) 금기

7일(칠석)에 나쁜 일을 생각하지 말라. 이는 선가(仙家)의 큰 금기이다.

마당에서 등을 드러낸 채로 바람을 맞고서 서늘한 기를 취하면 안 된다. 오장의 수혈(俞穴)[147]이 모두 등에 모여 있기 때문이다. 또는 부채를 부치게 하거나 손과 발의 옷을 걷어부치고 밖으로 드러내는 일도 모두 중풍의 원인이 된다.[148]

7-10) 불양

7일 밤에 뜰을 청소한 다음 뜰에 상과 자리를 펴고 술과 포와 제철 과일을 올리며 자리에 향가루를 뿌린 다음 견우(牽牛)와 직녀(織女)에게 부귀를 빌고, 수명을 빌고, 후사가 있기를 빈다.

7일에 붉은팥을 남자는 7알 삼키고 여자는 14알 삼키면 평생 병이 없이 산다.

축일(丑日)에 부잣집 안마당의 흙을 가져다 자기집 부엌에 바르면 부자가 된다. 이때 남이 모르게 해야 한다【안 일설에는 "7월 안에 부잣집 밭의 흙을 가져다 부엌에 바르면 큰 부자가 된다."라 했다】.[149]

7-11) 벽온

없음

禁忌

七日勿念惡事. 仙家大忌.

不可於中庭脫露身背, 受風取涼. 五臟俞穴幷會於背. 或令人扇風, 或揎露手足, 皆中風之源.

祓禳

七日夜灑掃於庭, 露施几筵, 設酒脯、時果, 散香粉於筵, 以祈牽牛、織女, 乞富乞壽乞子.

七日取赤小豆, 男吞一七粒, 女吞二七粒, 令人畢歲無病.

丑日取富家中庭土泥竈, 令人富. 勿令人知【案 一云: "七月內取富家田中土塗竈, 大富"】.

辟瘟

───────

147 수혈(俞穴) : 인체 부위 중에 침을 놓거나 뜸을 뜨는 자리. 모든 침구치료혈(鍼灸治療穴)을 지칭한다.
148《養生月覽》卷下〈七月〉(《中醫古籍整理叢書》118, 37~43쪽).
149《養生月覽》卷下〈七月〉(《中醫古籍整理叢書》118, 38~41쪽).

月建申

（※ 세로쓰기 한문 본문 — 오른쪽에서 왼쪽으로, 위에서 아래로）

天陰四氣合食尋上火虫二七腦俱凍子服方寸匕卧早起與蒲酒服三

秋運主食雜損目七日取螢秋日立秋七日採松秋二月旱七日取菖

七日勿念七日反瀉惡事愼勿分掃於庭露

時配足巳有蝠害書枚燃髮自

陽膽相火人勿食黑四七日

每日丑寅夌叜作竅取百合根

時配足兩虫勿食博戯盛乾

上蹻尻七生蟲令人百日拔白

反度四齒曓下發霍髮後之卽

手托縮體莫傷神器益蚌

閉息登身氣勿食門上陰乾

口咽嗽亂勿食薰髮

吐納嗽亂勿食薰髮

慶書七月中連主勿動氣十一日取

太陰罣果傷神立湯洋洛令

時配足少三月桃花

陽膽相人瓜不可食病老

每日丑寅是月中二十三日

時正坐轉著氣將伏沐浴令髮

秋脈黃琵盎

服三合腎所利可犯鐵令人吐逆

七日午時取生虵蛻

等先一兩劑百病不

虫立秋堂面窗

杇立試面去屬毛

日取烏雞血和三月

立試面入北

雜云一秋欲四首酒不醉不

雜三四雞俱與孕匕飮

男茝八味

仲

九

大忌心不施凢蓮設

可於虫庭酒脯時采脫露普散香粉於

蠶鳳取涼天臟飮久

或令人翁汗四七日

正會拾且富乞壽織女乞巧

風或擅露取赤小豆手足皆中男吞七粒女吞二

畢歲無病

土菀龜人倉勿令人知案

日肌白如遍身三

風之源七粒令人

末坌面及

富永坌庭

七日勿念七日反瀉

頭左右舉宜以補冷　否○二
引訖及兩為理裏　十五日浴
手捉背之　竹葉粥○　令人長壽
上各五七　秋不可食○二十五
納咽液　諸肺○秋早食時遵
度叩齒吐　○秋　令人進道
七十二日　者辛壇齋日拔白終
　　　　　身不白心
　　　　　可浴令
　　　　　諸日不
　　　養肝氣
　　　義日不
　皮膚麁燥
　生白眉

玉○七日
取蜘蛛網
二枚著衣
領中令人

不忘亲一
云取蜘蛛
陰乾納衣
領中○七
日取苦
瓢白絞取
汁一合以
酢一升古
錢七文和
之減半以
沫納眼皆
中治眼暗
○七日取
露蜂桶子
百枚乾陰
百日礦末

云七月内
取鼋番
甲素亞竈
大富

백로팔월절좌공도(白露八月節坐功圖)   추분팔월중좌공도(秋分八月中坐功圖)
《준생팔전》 와세다대학 소장본   《준생팔전》 와세다대학 소장본

8) 8월 건유(建酉)

8-1) 좌공

백로(白露)에, 운기는 태음(太陰) 사기(四氣)를 주관
한다. 때는 족양명위(足陽明胃) 조금(燥金)과 짝한다.

매일 축시·인시에 정좌하고, 양손으로 무릎을
주무르고 머리를 좌우로 돌리면서 끌어당기기를 각
각 15번 한다. 고치, 토납, 연액을 한다.

추분(秋分)에, 운기는 양명(陽明) 오기(五氣)를 주관
한다. 때는 족양명위 조금과 짝한다.

매일 축시·인시에 책상다리를 하여 앉고 양손으
로 귀를 덮고 좌우로 번갈아 기울이기를 각각 15번
한다. 고치, 토납, 연액을 한다.[150]

八月建酉

坐功

白露, 運主太陰四氣, 時配
足陽明胃燥金.

每日丑寅時, 正坐, 兩手按
膝, 轉頭左右推引各三五
度, 叩齒, 吐納, 咽液.

秋分, 運主陽明五氣, 時配
足陽明胃燥金.

每日丑寅時, 盤足而坐, 兩
手掩耳, 左右返側各三五
度, 叩齒, 吐納, 咽液.

---

150 《遵生八牋》 卷5 〈四時調攝牋〉 "秋卷" '陳希夷仲秋二氣導引坐功圖'(《遵生八牋校注》, 163쪽) ; 《保生心鑑》
〈太淸二十四氣水火聚散圖〉(《壽養叢書》 6, 50~53쪽).

8-2) 음찬

부추나 이슬 맞은 아욱을 먹으면 좋다.

생마늘을 먹지 말라. 신기(神氣)를 상하게 하고, 담기(膽氣)를 손상시키기 때문이다.

마늘[葫]을 먹지 말라. 신기를 상하게 하고, 담기를 손상시키고, 천식과 두근거림이 생겨 옆구리의 기운이 뻐근해지기 때문이다.

생강을 먹지 말라. 신기를 상하게 하고, 수명을 깎기 때문이다.

돼지허파를 찰진 음식과 함께 먹지 말라. 이것을 먹으면 겨울이 되서 옹저가 발생한다.

닭고기를 먹지 말라. 신기를 상하게 하기 때문이다.

꿩고기를 먹지 말라. 신기를 손상시키기 때문이다【안 일설에는 "건병(建丙)일[151]에 꿩고기를 먹으면 숨이 가빠진다."라 했다】.

노루고기를 먹으면 기를 요동시킨다.

미나리를 먹지 말라. 교룡징(蛟龍癥)[152]을 일으키기 때문이다.

이달에 멀리 가는 동안 음지(음습한 땅)에 흐르는 샘물을 마시지 말라. 장학(瘴瘧, 풍토병과 학질)을 일으키고, 또 다리를 손상시켜 다리힘을 빠지게 하기 때문이다.

신맛을 늘이고 매운맛을 줄여서 간의 기운을 길

飲餐

可食韭、露葵.

勿食生蒜, 傷人神損膽氣.

勿食葫, 傷人神損膽氣, 令人喘悸, 脇肋氣急.

勿食薑, 傷人神, 損壽.

勿食猪肺及粘和, 食之至冬, 發疽.

勿食鷄肉, 傷人神氣.

勿食雉肉, 損人神氣【案一云："建丙日食雉, 令人短氣"】.

食獐肉, 動氣.

勿食芹, 發蛟龍癥.

是月行途之間, 勿飮陰地流泉, 發瘴瘧, 損脚令軟.

宜增酸減辛以養肝氣. 毋

---

151 건병(建丙)일 : 북두칠성의 자루가 병(丙)의 위치를 가리키는 때.
152 교룡징(蛟龍癥) : 교룡(蛟龍, 도마뱀의 일종)의 알이 묻어 있는 채소를 먹어 발생하는 질병. 배가 단단하게 굳어지면서 통증이 심하다.

러야 한다. 지나치게 많이 먹게 하지 말라. 체하게 하기 때문이다.
令極飽, 令人壅.

생꿀을 많이 먹지 말라. 곽란이 일어나기 때문이다.
勿食生蜜多, 作霍亂.

생과일을 먹지 말라. 대부분 창(瘡)이 생기기 때문이다.
勿食生果子, 令人多瘡.

기름지고 비린 음식을 늘리지 말라. 곽란이 일어나기 때문이다.
勿增肥腥, 令人霍亂.

게[蟹]는 게의 배딱지에 난 털[芒]을 내보낸 뒤 이 달을 넘겨서야 먹을 수 있다.[153] 게가 서리 맞지 않았을 때에는 게에 독이 있다.[154]
蟹輸芒後, 過此月方食. 未經霜有毒.

8-3) 즐목
櫛沐

3일에 머리를 감아야 한다.
三日宜沐[36].

7일에 머리를 감으면 총명해진다.
七日沐, 令人聰明.

8일에 구기채를 삶은 물로 목욕하면 광택이 나고, 병에 걸리지 않으며, 늙지 않는다.
八日取拘杞菜煮湯沐浴, 令人光澤, 不病不老.

19일에 흰머리털을 뽑으면 영영 나지 않는다.
十九日拔白, 永不生.

22일 해가 뜰 때 목욕하면 재앙이 올 수밖에 없다.
二十二日日出時沐浴, 令人無非禍.

25일에 목욕해야 한다.[155]
二十五日宜浴.

---

153 게[蟹]는……있다 : 8월 이전에 게의 배딱지에는 털[芒]이 나 있기 때문에 8월이 지나서 털이 다 사라진 후에야 먹을 수 있다.

154《養生月覽》卷下〈八月〉(《中醫古籍整理叢書》118, 44~46쪽).

155《養生月覽》卷下〈八月〉(《中醫古籍整理叢書》118, 44쪽).

[36] 沐 :《養生月覽·八月》에는 "浴".

8-4) 탈착

1일 이후에는 곧 약한 불로 발을 따뜻이 해서 아래를 냉하게 하지 말고, 일을 구상하지 말라.[156]

脫著

一日以後卽微火煖足, 勿令下冷, 無生意.

8-5) 약의 복용

삼륵장(三勒漿)[157]을 만들어야 한다.

저실(楮實, 닥나무열매)을 따서 복용한다.[158]

服餌

宜合三勒漿.

採楮實服.

8-6) 기거

8일에는 잠자지 말아야 한다.

때에 잘 맞춰 기거해야 한다.[159]

起居

八日不宜眠.

宜起居以時.

8-7) 요질

중추(추석)에는 간장(肝臟)은 기운이 줄어들고 폐장(肺臟)이 홀로 왕성하니, 간의 기운을 돕고, 근육을 보하고, 담(膽)과 위장의 기운을 길러야 한다.

음기(陰氣)가 비로소 성하게 되니, 냉질(冷疾)이 있는 사람은 예방해야 한다.[160]

療疾

仲秋肝臟少氣, 肺臟獨王, 宜助肝氣, 補筋養膽胃.

陰氣始盛, 冷疾者宜防之.

8-8) 구사

없음

求嗣

---

156 《養生月覽》卷下〈八月〉《中醫古籍整理叢書》118, 43쪽).

157 삼륵장(三勒漿) : 가려륵(訶黎勒)·비리륵(批梨勒)·엄마륵(掩傌勒) 3가지 약재를 합쳐서 만든 장(漿, 음료). 음식을 소화시키고 기를 내리는 효과가 있다.

158 《養生月覽》卷下〈八月〉《中醫古籍整理叢書》118, 45~46쪽).

159 《養生月覽》卷下〈八月〉《中醫古籍整理叢書》118, 44~45쪽).

160 《養生月覽》卷下〈八月〉《中醫古籍整理叢書》118, 45~46쪽).

8-9) 금기

4일에 다리가 달린 물건을 시장에서 사지 말라. 이는 선가의 큰 금기이다.

몸을 해치는 나쁜 바람을 쐬지 말라.

추분일에는 살생해도 안 되고, 형벌을 시행해도 안 되고, 성행위를 해도 안 되고, 조문(弔問)이나 문병해도 안 되고, 크게 취해도 안 된다.[161]

禁忌

四日勿市附足物, 仙家大忌.

勿犯賊邪之風.

秋分之日不可殺生, 不可行刑罰, 不可處房帷, 不可弔喪問疾, 不可大醉.

8-10) 불양

10일 주사(朱砂)로 붉은 점을 어린아이 머리에 찍는데, 이를 '천구(天灸)'라 부르며, 질환을 막아준다.

진일(辰日)에 동전 1문을 베풀면 나날이 배로 돌아와 부귀하게 된다.[162]

祓禳

十日以朱點小兒頭, 名"天灸", 以厭疾.

辰日施錢一文, 日倍還富貴.

8-11) 벽온

없음

辟瘟

---

161 《養生月覽》卷下〈八月〉(《中醫古籍整理叢書》118, 44~46쪽).
162 《養生月覽》卷下〈八月〉(《中醫古籍整理叢書》118, 44쪽).

八

月建 酉

白露運至 可食韭露三日空沐一日以後空合三勒合不安 仲秋肝臟
太陰四氣 癸○勿食○七日沐勿食蒜傷人
時配足陽 連蒜傷人 今人聰明 足勿令下實服
微火煖紫○抹楮眠○安起少気肺臓
居以時 獨王安助

肝氣補筋
養脾胃○
陰氣始臓
冷疾者安
防之

明胃燥金神損膽氣○今日取冷無生意
毋且蕾○勿食菌茄萓菜煮
時正兩傷○神損湯沐浴令
手按腺轉膽氣令人光澤不
頭左右推喘悸肋肋瘺者○
引各三五氣急勿○十九日拔不生
度叩劑吐食氣傷人白未不生
納咽液○神損壽○四二十二
秋金運辛勿食豬肺日日出時
陽明五氣及粘和食沐浴令人
時配陽之至冬發無韭禍○
明胃燥金痦○勿食二十五日
每且黃雞肉傷人空浴
時皆足布神氣○
坐兩手揜食雜肉
耳左右返入神氣冏
側各三五二云建肉
度留盗吐日食雜令
納咽液○人短氣○
食魔肉動

曾勿市十日以朱
附足物仙點小兒頭
家太忘○名灸以

勿犯賊邪厭疾○辰
之風○秋日施錢一
分之旦文日倍還
可殺生不富賣
可行刑割
否虔考
惟不可申
喪間疾不
可大醉

양생월령표 8월(고려대본)

氣○勿食
芹發蛟龍
癥○是月
行途之間
勿飲陰地
流泉發瘴
瘡損脚令
軟○勿增
酸減辛以
養肝氣毋
令極飽令
人癃○勿
食生蜜多
作霍亂○
勿食生果
子令人多
瘡○勿增
肥腥令人
霍亂後過
此月乃食
未經酒有
毒

9) 9월 건술(建戌)

9-1) 좌공

한로(寒露)에, 운기는 양명(陽明) 오기(五氣)를 주관한다. 때는 족태양방광(足太陽膀胱) 한수(寒水)와 짝한다.

매일 축시·인시에 정좌하고 양팔을 들어서 몸을 도약시키며 위로 밀치기를 좌우로 각각 15번 한다. 고치, 토납, 연액을 한다

상강(霜降)에, 운기는 양명 오기를 주관한다. 때는 족태양방광 한수와 짝한다.

매일 축시·인시에 평좌하고 양손을 펴서 양발을 당기고 발 사이에 힘을 써서 풀었다가 다시 거두어들이기를 35번 한다. 고치, 토납, 연액을 한다.[163]

九月建戌

坐功

寒露, 運主陽明五氣, 時配足太陽膀胱寒水.

每日丑寅時, 正坐, 舉兩臂踊身上托, 左右各三[37]五度, 叩齒、吐納、咽液.

霜降, 運主陽明五氣, 時配足太陽膀胱寒水.

每日丑寅時, 平坐, 紓兩手, 攀兩足, 隨用足間力縱而復收五七度, 叩齒、吐納、嚥液.[38]

한로구월절좌공도(寒露九月節坐功圖)
《준생팔전》 와세다대학 소장본)

상강구월중좌공도(霜降九月中坐功圖)
《준생팔전》 와세다대학 소장본)

---

163 《遵生八牋》卷5〈四時調攝牋〉"秋卷"'陳希夷季秋二氣導引坐功圖'(《遵生八牋校注》, 167쪽) ;《保生心鑑》〈太淸二十四氣水火聚散圖〉(《壽養叢書》6, 54~57쪽).

[37] 三 : 저본에는 "二".《遵生八牋·四時調攝牋·秋卷》에 근거하여 수정.

[38] 紓兩……嚥液 : 저본에는 없음.《遵生八牋·四時調攝牋·秋卷》에 근거하여 보충.

9-2) 음찬

생강을 먹으면 눈을 손상시킨다【안 일설에는
"신기(神氣)를 상하게 하고 수명을 깎는다."라 했다】.

개고기를 먹지 말라. 신기를 상하게 하기 때문이다.

서리 맞은 오이를 먹으면 겨울에 반드시 혈병(血
病)이 발생한다【안 일설에는 "반위병(反胃病, 위암)이
된다."라 했다】.

노루고기를 먹으면 기를 요동시킨다.

월말 18일간 단맛을 줄이고 짠맛을 늘려서 위장
의 기운을 기른다.

생아욱을 먹지 말라. 음식이 소화되지 않아 고질
병이 재발하기 때문이다.

날것이나 냉한 음식물을 절제하여 전염병을 예방
한다.

달래를 먹지 말라. 신기를 상하게 하고, 수명을
깎으며, 혼백(魂魄, 영혼)이 불안해지기 때문이다.

여뀌씨를 먹지 말라. 지기(志氣)를 손상시키기 때
문이다.

돼지간을 엿과 섞어 함께 먹지 말라. 겨울이 되면
해수병이 생겨서 해를 넘기도록 병이 낫지 않기 때
문이다.

갈까마귀고기나 꿩고기 등을 먹지 말라. 신기(神
氣)를 손상시키기 때문이다.

닭고기를 먹지 말라. 혼(魂, 양기의 영혼)이 불안해

飮餐

食薑, 損目【案 一云 : "傷
人神損壽"】.

勿食犬肉, 傷人神氣.

食霜下瓜, 血必冬發【案
一云 : "成反胃病"】.

食獐肉, 動氣.

月末一十八日[39], 省甘增鹹
以養胃氣.

勿食生葵菜, 令人飮食不
化, 發宿病.

節生、冷以防厲疾.

勿食小蒜, 傷神損壽, 魂魄
不安.

勿食蓼子, 損人志氣.

勿以猪肝和餳同[40]食, 至
冬成嗽病而經年不差.

勿食鴉、雉等肉, 損人神氣.

勿食雞肉, 令人魂不安, 魄

---

[39] 日 : 저본에는 없음. 《養生月覽·九月》에 근거하여 보충.
[40] 同 : 저본에는 없음. 《養生月覽·九月》에 근거하여 보충.

지고 백(魄, 음기의 영혼)은 놀라 흩어지기 때문이다.

이달은 간의 기운이 미약하고 폐의 금(金) 기운이 활발하기 때문에 신맛을 늘려 간의 기운을 보태주고, 근육을 돕고 혈을 보하여 이때에 맞게끔 한다.[164]

9-3) 즐목

16일은 노인이 흰머리털을 뽑는 날이다.

20일에 목욕재계해야 하니, 그렇게 하면 하늘이 사람의 복을 돕는다.

20일 닭이 3번 울 때에 목욕하면 병화(兵禍)를 예방한다.

21일에 구기채를 삶은 물로 목욕하면 광택이 나고, 병에 걸리지 않으며, 늙지 않는다.

28일에 목욕해야 한다.[165]

9-4) 탈착

협의(夾衣, 겹옷)를 처음 입는다.[166]

9-5) 복이

9일[167]에 국화·복령·송백지(松柏脂, 소나무와 측백나무 진액)를 채취하여 환으로 만들어 복용하면 늙지 않는다.

9일에 구기자를 거두어 술에 담가 마시면 늙지

驚散.

是月肝臟氣微, 肺金用事, 宜增酸以益肝氣, 助筋補血以及其時.

櫛沐

十六日, 老子拔白日.

二十日宜齋戒沐浴, 天祐人福.

二十日鷄三唱時沐浴, 辟兵.

二十一日取枸杞菜煮湯沐浴, 令人光澤, 不病不老.

二十八日宜浴.

脫著

始服夾衣.

服餌

九日採菊花與茯苓、松柏脂, 丸服, 令人不老.

九日收枸杞浸酒飲, 不老不

164《養生月覽》卷下〈九月〉(《中醫古籍整理叢書》118, 48~49쪽).
165《養生月覽》卷下〈九月〉(《中醫古籍整理叢書》118, 47~48쪽).
166《養生月覽》卷下〈九月〉(《中醫古籍整理叢書》118, 48쪽).
167 9일 : 9월 9일은 중양절(重陽節)로서, 단오절(5월 5일)에 버금가는 많은 세시 풍습이 있다.

않고 흰머리털이 안 생기며, 일체의 풍을 제거한다.

이달은 음기가 이미 쇠하고 양기는 아직 잠복하지 않아서 몸을 보하고 다독이는 약을 먹어야 좋다.

지황탕(地黃湯, 지황 달인 물)을 먹어야 한다.[168]

髮白, 去一切風.

是月陰氣旣衰, 陽氣未伏,
可餌補修之藥.

宜進地黃湯.

9-6) 기거

9일에 상석(牀席, 침상자리)에서 일어나지 말라.[169]

起居

九日勿起牀席.

9-7) 요질

9일에 국화로 술을 담가 마시면 두풍(頭風)[170]을 치료한다.

9일에 진국화(眞菊花, 감국화로 추정됨)가루 1방촌시를 미음으로 복용하면 술이 깨지 않는 증상을 치료한다.[171]

療疾

九日以菊花釀酒, 治頭風.

九日眞菊花末飮服方寸匕,
治酒醉[41]不醒.

9-8) 구사

없음

求嗣

9-9) 금기

18일에 먼길 여행을 금한다. 그 장소에 도달하지 못하기 때문이다.[172]

禁忌

十八日[42]忌遠行, 不達其所.

---

168 《養生月覽》 卷下 〈九月〉 (《中醫古籍整理叢書》 118, 47~48쪽).
169 《養生月覽》 卷下 〈九月〉 (《中醫古籍整理叢書》 118, 47쪽).
170 두풍(頭風) : 머리가 쑤시거나 지끈거리면서 아픈 증상. 두통의 일종.
171 《養生月覽》, 위와 같은 곳.
172 《養生月覽》 卷下 〈九月〉 (《中醫古籍整理叢書》 118, 48쪽).
[41] 酒醉 : 저본에는 "頭風". 《養生月覽·九月》에 근거하여 수정.
[42] 十八日 : 저본에는 없음. 《養生月覽·九月》에 근거하여 보충.

9-10) 불양

9일에 수유를 방머리에 꽂아두면 나쁜 기운을 막고, 첫 추위를 막는다【안 일설에는 "몸에 수유를 차고, 쑥떡을 먹으며, 국화주를 마시면 장수한다."[173]라 했다】.

인가에서 떨어진 술(戌, 서북)방위 땅에 깊이 3척으로 구덩이를 파고 숯 5근이나 5칭(秤)[174] 또는 50근이나 500근을 묻는다. 술(戌)방위 땅이 화묘(火墓, 불무덤)이니, 자연히 화재가 없기 때문이다.[175]

9-11) 벽온

없음

祓禳

九日以茱萸挿房[43]頭, 辟惡氣, 禦初寒【案】一云 : "佩茱萸, 食蓬[44]餌, 飲菊花酒, 令人長壽"】.

於人家戌地開坎, 深三尺, 以土埋炭五斤, 或五秤或五十斤或五百斤. 戌火墓也, 自然無火災.

辟瘟

---

173 몸에……장수한다 : 《事物紀原》卷8〈舟車帷幄部〉40 "菊酒".
174 칭(秤) : 무게의 단위로, 1칭은 15근이다. 5칭은 곧 75근이다.
175 《養生月覽》卷下〈九月〉(《中醫古籍整理叢書》118, 47~48쪽).
[43] 挿房 : 저본에는 "房挿". 《養生月覽·九月》에 근거하여 수정.
[44] 蓬 : 저본에는 없음. 《事物紀原·舟車帷幄部·菊酒》에 근거하여 보충.

○勿食小
蒜傷猙損
壽魂魄不
安○勿食
鼈子損人
志氣○勿
豬肝和
餳○食至
冬成病
而經年不
差○勿食
鴉雉等肉
○勿食雞
肉令人魂
損人神氣
不安魄離
散○是月
肝臟氣微
肺金用事
宜增鹹以
益肝氣助
筋補血以
及其時

양생월령표 9월(고려대본)

九月建戌

寒露運至食晝損目十六日老　始服裌衣九月採菊九日勿起九日以菊　忌遠行不九日以菜

陽明五氣案一云傷子接自日

時配足太人神損壽○二十日

陽膓脱寒○勿食犬空齋栽沐

水晉丑○肉傷人神浴天祐人　服令人不　老○九日　目真菊花末飲服方　達具所

寅時正坐氣○食霜福二十　松栢脂丸　頭風○九　寸七頭　食酒令人

身上托左冬發一時沐谷辟　花與葵冷　狀席　花醸酒溶

病○食靈一日取枸

納咽液○　歲及胃兵○二十

霜降運業　度即嗌止　是月陰氣　收枸杞浸　酒飲不老

陽明五氣　月末一十沐浴令人　既衰陽氣　不髮白去

時配足太　省甘增苦澤不病　未伏可餌　一切風○

陽膓脱寒　鹹以養胃不老○二　補修之藥　風不醒

寅時坐○飲食不　黃湯　妄進地

水每丑○氣○勿食十六日空

節生冷　化爨煮病　以防癘疾

云佩茱萸　食酒餔菊

花酒令人　初襄園一

長壽○於

倉庚地

開坎溪三

天坐埋

炭五○五

五斗或五

百戌火

十五或五

墓宅貝然

無火灾

10) 10월 건해(建亥)

10-1) 좌공

입동(立冬)에, 운기는 양명(陽明) 오기(五氣)를 주관한다. 때는 족궐음간(足厥陰肝) 풍목(風木)과 짝한다.

매일 축시·인시에 정좌하고[176] 목을 꺾어 좌우를 돌아보면서 양손을 좌우로 밀어내기를 각각 15번 한다. 토납, 고치, 연액을 한다.

소설(小雪)에, 운기는 태양(太陽) 종기(終氣)를 주관한다. 때는 족궐음간 풍목과 짝한다.

매일 축시·인시에 정좌하고 한 손으로 무릎을 주무르고 한 손으로 팔꿈치를 당기기를 좌우로 힘을 주어 각각 15번 한다. 토납, 고치, 연액을 한다.[177]

十月建亥

坐功

立冬, 運主陽明五氣, 時配足厥陰肝風木.

每日丑寅時, 正坐, 拗頸左右顧, 兩手左右托各三五度, 吐納、叩齒、咽液.

小雪, 運主太陽終氣, 時配足厥陰肝風木.

每日丑寅時, 正坐, 一手按膝, 一手挽肘, 左右爭力各三五度, 吐納、叩齒、咽液.

입동시월절좌공도(立冬十月節坐功圖)
《준생팔전》 와세다대학 소장본

소설시월중좌공도(小雪十月中坐功圖)
《준생팔전》 와세다대학 소장본

---

176 정좌하고:《준생팔전》에는 이 뒤에 "한 손으로 무릎을 주무르고 한 손으로 팔꿈치를 당긴다(一手按膝, 一手挽肘)."는 구절이 추가되어 있다.

177 《遵生八牋》 卷6 〈四時調攝牋〉 "冬卷" '陳希夷孟冬二氣導引坐功圖勢'(《遵生八牋校注》, 189~190쪽);《保生心鑑》〈太淸二十四氣水火聚散圖〉(《壽養叢書》 6, 58~61쪽).

10-2) 음찬

돼지고기를 먹지 말라. 고질병이 재발하기 때문이다.

산초를 먹지 말라. 심장의 혈맥을 손상시키기 때문이다.

생염교를 먹지 말라. 가래와 콧물이 많아지기 때문이다.

서리 맞은 채소를 먹지 말라. 얼굴에 광택이 없어지고 눈이 깔깔하게 아프기 때문이다.

노루고기를 먹으면 기를 요동시킨다.

겨울 72일간 짠맛을 줄이고 쓴맛을 늘려서 심장의 기운을 기른다.

겨울에 배[梨]로 뜨거운 술을 휘저어 마시지 말라. 머리가 어지러워 몸을 가누지 못하게 된다.

겨울에 돼지콩팥을 먹어서는 안 된다.

겨울은 밤이 길고 성질이 뜨거우니, 따뜻하고 연한 음식물을 적게 먹어라. 또 먹고 난 뒤 몸을 많이 움직여 소화를 시키라. 그렇지 않으면 각기병이 생긴다.

겨울달에만 양고기를 먹고 다른 달에는 먹으면 안 된다.

파를 많이 먹으면 안 된다.

해일(亥日)에 떡을 먹으면 병이 없다.[178]

飮餐

勿食猪肉, 發宿疾.

勿食椒, 損傷心血脈.

勿食生薤, 令人多涕唾.

勿食被霜菜, 令人面無光澤, 眼目澀痛.

食獐肉, 動氣.

冬七十二日, 省鹹增苦以養心氣.

冬月勿以梨攪熱酒而飮, 令頭旋不可枝梧.

冬不可食猪[45]腎.

冬月夜長及性熱, 少食溫軟物. 食訖, 搖動令消, 不爾成脚氣.

冬月食羊, 他月不可食.

不宜多食蔥.

亥日食餠, 無病.

178《養生月覽》卷下〈十月〉(《中醫古籍整理叢書》118, 51~52쪽).

45 猪 : 저본에는 "諸". 《養生月覽·十月》에 근거하여 수정.

10-3) 즐목

1일에 목욕해야 한다.

10일에 흰머리털을 뽑아야 한다.

13일은 노인이 흰머리털을 뽑는 날이다.

14일 구기채를 삶은 물로 목욕하면 광택이 나고, 병에 걸리지 않으며, 늙지 않는다.

18일 닭이 처음 울 때 목욕하면 오래 산다.[179]

10-4) 탈착

방한복을 처음 입는다.[180]

10-5) 복이

첫 해일(亥日)에 구기자 2승과 생지황 3승을 술에 담가 복용하면 수염을 검게 하고, 노화를 견디고, 몸이 가벼워진다.

첫 사일(巳日)에 괴자(槐子, 회화나무열매)를 복용하면 온갖 병을 제거하고 신명을 통하게 한다.

대추탕을 먹어야 한다. 큰 대추는 껍질과 씨를 제거하고 가운데를 갈라 중간불로 뒤집어가며 구워서 향이 나면 탕을 끓여 복용한다.

겨울 동안 약주(藥酒)를 2~3첩 복용하다가 입춘이 되면 그친다. 평생 이렇게 하면 온갖 병이 생기지 않는다.

櫛沐

一日宜沐浴.

十日宜拔白.

十三日, 老子拔白日.

十四日, 取枸杞菜煮湯沐浴, 令人光澤, 不病不老.

十八日鷄初鳴時沐浴, 令人長壽.

脫著

始服寒服.

服餌

上亥日探枸杞子二升、生地黃三升, 浸酒服, 烏髭, 耐老輕身.

上巳日探槐子服之, 去百病通神.

宜進棗湯. 取大棗去皮核, 中破之, 文武火翻覆炙令香, 煮湯服.

冬服藥酒兩三劑, 立春則止. 終身常爾, 百病不生.

---

179 《養生月覽》卷下〈十月〉(《中醫古籍整理叢書》118, 49~50쪽).
180 《養生月覽》卷下〈十月〉(《中醫古籍整理叢書》118, 50쪽).

겨울에는 종유주(鍾乳酒)[181]를 복용해야 한다.[182]　　冬月宜服鍾乳酒.

10-6) 기거　　起居

겨울밤 발을 펴고 자면 온몸이 모두 따뜻하다.　　冬夜伸足臥, 則一身俱煖.

겨울밤 옷과 이불이 너무 따뜻한 경우에는 자고　　冬夜衣被太暖, 睡覺張目,
깰 때 눈을 크게 떠 그 독기를 내보내면 영영 안질이　　出其毒氣, 永無眼疾.
없을 것이다.

겨울에 서쪽 방향으로 머리를 두고 자려 하면 이　　冬欲西首臥, 有所利益.
익이 있다.

이달은 일찍 자고 늦게 일어나야 하니, 반드시 하　　是月早臥晚起, 必候天曉,
늘이 환해져서 따뜻하고 화창할 때까지 기다렸다 일　　使至溫暢.
어나야 한다.[183]

겨울(이하 누락)　　冬(이하 누락)[46]

10-7) 요질　　療疾

없음

10-8) 구사　　求嗣

없음

---

181 종유주(鍾乳酒) : 정기가 부족하거나 허로(虛勞) 증상이 있을 때 몸을 보양해주는 술. 종유·단삼·두충·천
　문동·석곡·방풍·황기 등의 약재를 넣어 담근다. 《임원경제지 보양지》 권5 〈복식〉 "종유주"에 나온다.
182 《養生月覽》卷下〈十月〉《中醫古籍整理叢書》118, 50~52쪽).
183 《養生月覽》卷下〈十月〉《中醫古籍整理叢書》118, 51~52쪽).
46 冬(이하 누락) : 저본과 규장각본 모두 이하의 원문이 누락되어 있다. 《養生月覽》卷下〈十月〉에 의거하면,
　이하의 기사는 다음의 내용으로 추정된다. "겨울에 차가운 물건 또는 쇠나 돌 등을 베개로 쓰지 말라. 눈
　을 어두워지게 만들기 때문이다(冬不用枕冷物、鐵石等, 令人眼暗)."

10-9) 금기

4일에 사람을 책망하거나 벌하지 말라. 이는 선
가의 큰 금기이다.

입방(성행위)을 해서는 안 된다. 음양순용사(陰陽純
用事)184의 달을 피하기 때문이다.

땀을 많이 흘리지 말라. 얼음덩이를 만지지 말라.
나쁜 기운이 밖에서 이르게 하지 말라.185

禁忌

四日勿責罰人. 仙家大忌.

不得入房, 避陰陽純用事
之月.

無泄大汗. 勿犯氷凍. 無令
邪氣外至.

10-10) 불양

없음

祓禳

10-11) 벽온

없음

辟瘟

---

184 음양순용사(陰陽純用事) : 10월은 주역(周易)에서 곤괘(坤卦, ䷁)에 해당하여 모든 효(爻)가 음효(陰爻)이
다. 이런 경우를 순용(純用)이라 하며 음양의 교합이 없기 때문에 남녀의 합방을 금지하는 관습이 있었다.
185 《養生月覽》 卷下 〈十月〉(《中醫古籍整理叢書》 118, 50~52쪽).

聖運主　勿食猪肉　一日宜沐　姤脈寒服上亥日採　冬忌僵足

十
陽明五氣　發病疾浴〇十日
時配足厥　勿食椒損安茯白〇

月
陰肝風木傷心脈　三日老
每日丑寅〇勿食生子拔白日

建
時正季朔　雖今令〇西日
頸左右顧　勿食〇取枸杞菜

丑*
兩手左右　食被霜菜煮湯沐浴
托各三五　令人面無令人光澤
度吐納叩　先澤眼目不病不老
齒咽液〇　潜痛〇食〇十八日
菌運主麞肉動氣雞初鳴時
小雪運主麞肉動氣雞初鳴時
太陽終氣〇冬七十沐浴令人
時配足厥　三日省鹹長壽

枸杞子三〇耳
升生薑黃〇得暖〇冬
得青煖冬
服烏鬚之疾〇冬衣被太
老輕身〇目出其毒
槐子採〇氣永無眼
亡日採氣永無眼
三升浸酒夜衣被太
服生薑黃〇得暖〇冬

去百病通西首臥有
神〇進所利血〇
書湯取是月早臥
事去〇後晚起於
中破之文天曉使至
武火翻覆溫暢〇冬

陰肝風木增苦以養
每日丑寅心氣〇之三

灸令香煮
湯服〇〇

罳勿貴
罰人象
太怠不
得青煖
事之月〇
陰陽純用
勿犯冰凍
無令犯氣
外至

* 丑: 亥의 오류.

時正生　二月勿以梨　　服藥酒兩
平按脈一　攪熱酒而　　三劑春
手挽肘左　飲令頭旋　　則止終身
石勇各　否被捂　　　　常甫自病
三五度吐　ふ冬不可　　不生ふ冬二
納叩圖咽　食諸腎。　　月安脈鍾
液　　　　　　　　　　乳酒

冬月夜長
及性熟少
食温軟物
食乞摇動
食泊不甫
成脚氣。
他月食辜
冬月食辜
病
日食節無
食適る亥
食不安亥

11) 11월 건자(建子)

11-1) 좌공

대설(大雪)에, 운기는 태양(太陽) 종기(終氣)를 주관한다. 때는 족소음신(足少陰腎) 군화(君火)와 짝한다.

매일 자시·축시에 몸을 일으켜 무릎을 올리고 양손을 좌우로 밀어내고 양발은 좌우로 밟아주기를 각각 35번 한다. 고치, 토납, 연액을 한다.

동지(冬至)에, 운기는 태양 종기를 주관한다. 때는 족소음신 군화와 짝한다.

매일 자시·축시에 평좌하고 양발을 펴고 양손은 주먹을 쥔 채로 양쪽 무릎 주무르기를 좌우로 힘을 다해서 각각 15번 한다. 토납, 고치, 연액을 한다.[186]

十一月建子

坐功

大雪, 運主太陽終氣, 時配足少陰腎君火.

每日子丑時, 起身仰膝, 兩手左右托, 兩足左右踏各五七度, 叩齒·吐納·咽液.

冬至, 運主太陽終氣, 時配足少陰腎君火.

每日子丑時, 平坐, 伸兩足, 拳兩手按兩膝, 左右極力三五度, 吐納·叩齒[47]·咽液.

대설십일월절좌공도(大雪十一月節坐功圖)
《준생팔전》 와세다대학 소장본)

동지십일월중좌공도(冬至十一月中坐功圖)
《준생팔전》 와세다대학 소장본)

186 《遵生八牋》 卷6 〈四時調攝牋〉 "冬卷" '陳希夷仲冬二氣導引坐功圖勢'(《遵生八牋校注》, 194~195쪽);《保生心鑑》 〈太淸二十四氣水火聚散圖〉(《壽養叢書》 6, 62~65쪽).
47 叩齒 : 저본에는 없음. 《遵生八牋·四時調攝牋·冬卷》에 근거하여 보충.

11-2) 음찬

아침식사로 하룻밤 푹 익힌 고기를 먹어야 한다.

거북이나 자라를 먹지 말라. 수병(水病, 부종의 일종)
에 걸리기 때문이다.

묵은 포를 먹지 말라.

원앙고기를 먹지 말라. 오심이 발생하기 때문이다.

생채소를 마시지 말라. 고질병이 재발하기 때문
이다.

생염교를 먹지 말라. 가래와 콧물이 많아지기 때
문이다.

쥐고기와 제비고기를 먹지 말라. 신기를 손상시
키기 때문이다.

노루고기를 먹으면 기를 요동시킨다.

새우와 조개 및 단단한 껍데기가 있는 수산물을
먹지 말라.

고슴도치고기를 먹지 말라. 신기를 상하게 하기
때문이다.

불에 쬐어 말린 고기를 먹지 말라.

여름을 난 기장쌀 속의 육포나 건어물은 먹지 말
라. 수벽질(水癖疾, 적취의 일종)이 생기기 때문이다.

동짓날에는 양기가 몸 속으로 돌아오니, 뱃속이
뜨거워져서 음식물이 위장으로 들어가면 소화가 잘
된다.[187]

飮餐

宜早食進宿熟之肉.

勿食龜鼈, 令人水病.

勿食陳脯.

勿食鴛鴦, 令人惡心.

勿食生菜, 令人發宿疾.

勿食生薤, 令人多涕唾.

勿食鼠肉、燕肉, 損人神氣.

食獐肉, 動氣.

勿食鰕、蚌、著甲之物.

勿食蝟肉, 傷人神.

勿食焙肉.

勿食經夏黍米中脯腊, 成
水癖疾.

冬至日陽氣歸內, 腹中熱,
物入胃易消化.

---

[187] 《養生月覽》 卷下 〈十一月〉 (《中醫古籍整理叢書》 118, 53~55쪽).

11-3) 즐목

10일과 11일에 흰머리털을 뽑으면 흰머리털이 영영 나지 않는다.

11일에 목욕을 하면 안 된다. 이것은 선가의 큰 금기이다【안 일설에는 "11일에 목욕을 해야 한다."라 했다】.

11일에 구기채를 삶은 물로 목욕하면 광택이 나고, 병에 걸리지 않으며, 늙지 않는다.

15일 한밤중에 목욕을 하면 걱정과 두려움이 생기지 않는다.

16일에 목욕을 하면 길하다.[188]

櫛沐

十日、十一日拔白. 永不生.

十一日不可沐浴, 仙家大忌【案一云 : "十一日宜沐浴"】.

十一日取拘杞茱煮湯沐浴, 令人光澤, 不病不老.

十五日, 過夜半時沐浴, 令人不憂畏.

十六日沐浴, 吉.

11-4) 탈착

따뜻한 곳에 몸을 갑자기 들이지 말라.[189]

脫著

勿暴溫暖.

11-5) 복이

보약을 먹으면 좋지만 성질이 매우 뜨거운 약을 먹어서는 안 된다.[190]

服餌

可餌補藥, 不可餌大熱之藥.

11-6) 기거

동짓날 북쪽벽 아래에 건초를 두텁게 펼쳐 깔고 눕는다. 그러면 원기(元氣)를 받는다고 한다.[191]

起居

冬至日於北壁下厚鋪草而臥, 云受元氣.

188《養生月覽》卷下〈十一月〉《中醫古籍整理叢書》118, 53쪽).
189《養生月覽》卷下〈十一月〉《中醫古籍整理叢書》118, 54쪽).
190《養生月覽》卷下〈十一月〉《中醫古籍整理叢書》118, 55쪽).
191《養生月覽》, 위와 같은 곳.

11-7) 요질

이달은 신장의 기운이 바르고 왕성하며 심장과 폐가 쇠하니, 폐를 돕고 신기(神氣)를 안정시키며 비장과 위장을 보하여 조리해야 한다.[192]

療疾

是月腎氣正旺, 心肺衰, 宜助肺安神, 補理脾胃.

11-8) 구사

없음

求嗣

11-9) 금기

11월은 음양이 다투므로 동지 전후 각 5일은 부부가 따로 잠을 잔다.

센 불로 배나 등에 뜸뜨지 말라.

동남쪽에서 불어와 몸을 해치는 나쁜 바람을 삼가라. 이 바람을 맞으면 땀이 많이 나고, 얼굴이 붓고, 허리와 척추에 강한 통증이 있고, 사지를 움직이지 못한다.

동짓날에 말을 많이 하지 말라. 일양(一陽)이 막 생기려는데, 기운을 많이 쓰면 안 되기 때문이다.

동짓날에는 성색(聲色)을 제거하고 기욕(嗜慾)을 금한다.[193]

禁忌

陰陽爭, 冬至前後各五日別寢.

勿以炎火灸腹背.

愼東南賊邪之風. 犯之, 令人多汗, 面腫, 腰脊强痛, 四肢不收.

冬至日勿多言, 一陽方生, 不可大用.

冬至日, 去聲色, 禁嗜慾.

11-10) 불양

없음

祓禳

---

192 《養生月覽》 卷下 〈十一月〉 《中醫古籍整理叢書》 118, 54쪽).
193 《養生月覽》 卷下 〈十一月〉 《中醫古籍整理叢書》 118, 54~55쪽).

11-11) 벽온

동짓날에 찬수취화(鑽燧取火)[194]하면 온병(溫病)을
제거한다.[195]

辟瘟

冬至日鑽燧取火, 去溫病.

---

[194] 찬수취화(鑽燧取火) : 나무나 돌 등에 송곳같이 날카로운 물건을 비벼 불을 얻는 일.
[195] 《養生月覽》卷下〈十一月〉(《中醫古籍整理叢書》 118, 55쪽).

養생월령표 11월(고려대본)

大雪運主太陽寒水食進甘苦土

太陽終氣宿熟之肉目拔泉
時配足少心勿食醯不生四十
陰腎君火勿醢令水百不可
毎日子丑病心勿食沐浴傷
膝兩手左食貿養云十日

右各階各勿食生菜土日取
五芒度卯念發病枸杞葉煮
蔦吐納咽疾勿食湯沐浴令
液冬至多爭嘶○病不老
運主太陽夜羊時沐
終氣陰腎冬至過
足安陰腎勿損人夜羊時沐
君火毎日神臭食浴令不
于丑時羊臟肉勤氣高氣長十
坐伸兩足勿食鮫六日沐浴
墓兩手按蚌著甲之吉

勿暴煖腹可餌補藥冬至日於是月腎氣
不可餌火北盛下厚衰妄動肺
熟之藥 鋪草卧妄心肺
妄充氣安神補理
腎胃

陰陽爭冬
至前後各
五日別腹
心勿以炎
炎腹背
慎東南
賊邪之風
犯之令
多汗宣腫
腰脊強痛
服不收
冬至日
勿炎言二
陽芳生不
可大用心
冬至日光
聲色哲哲
慜

冬主言鑽
燦取大去
温病

12) 12월 건축(建丑)

12-1) 좌공

소한(小寒)에, 운기는 태양 종기를 주관한다. 때는 족태음비(足太陰脾) 습토(濕土)와 짝한다.

매일 자시·축시에 정좌하고 한 손은 발을 주무르고 한 손은 위로 밀치는데, 서로 손을 바꾸어가며 당기기를 힘을 다해서 15번 한다. 토납, 고치, 수연을 한다.

대한(大寒)에, 운기는 궐음 초기를 주관한다. 때는 족태음비 습토와 짝한다.

매일 자시·축시에 양손은 뒤를 향한 채로 평상 위에 웅크리고 앉고 한쪽 다리는 구부린 채로 앉고 한쪽 다리는 곧게 펴기를 힘을 주어 좌우로 15번 한다. 고치, 수연, 토납을 한다.[196]

十二月建丑

坐功

小寒, 運主太陽終氣, 時配足太陰脾濕土.

每日子丑時, 正坐, 一手按足, 一手上托, 挽手互換, 極力三五度, 吐納、叩齒、漱咽.

大寒, 運主厥陰初氣, 時配足太陰脾濕土.

每日子丑時, 兩手向後[48]踞牀, 跪坐一足, 直伸一足, 用力左右三五度, 叩齒、漱咽、吐納.

소한십이월절좌공도(小寒十二月節坐功圖)
《준생팔전》 와세다대학 소장본)

대한십이월중좌공도(大寒十二月中坐功圖)
《준생팔전》 와세다대학 소장본)

196《遵生八牋》卷6〈四時調攝牋〉"冬卷"'陳希夷季冬二氣導引坐功圖勢'(《遵生八牋校注》, 199~200쪽) ;《保生心鑑》〈太淸二十四氣水火聚散圖〉(《壽養叢書》6, 66~69쪽).

48 向後 : 저본에는 없음.《遵生八牋·四時調攝牋·冬卷》에 근거하여 보충.

12-2) 음찬

소고기를 먹지 말라. 신기(神氣)를 상하게 하기 때문이다.

생염교를 먹지 말라. 가래와 콧물이 많아지기 때문이다.

게나 자라를 먹지 말라. 신기를 손상시키기 때문이다.

새우나 조개 및 단단한 껍데기가 있는 생물을 먹지 말라.

노루고기를 먹지 말라. 기를 요동시키기 때문이다.

짐승의 지라[脾]를 먹지 말라. 계월에는 토기(土氣)가 왕성하여 그 기운이 지라에 있기 때문이다.

생아욱을 먹지 말라. 음식이 소화되지 않아 고질병이 재발하기 때문이다.

월말 18일간 단맛을 줄이고 짠맛을 늘려서 신장의 기운을 기른다.

돼지고기를 먹지 말라. 신기를 상하게 하기 때문이다.

서리 맞아 죽은 과일이나 채소를 먹지 말라. 안색을 상하게 하기 때문이다.

곰고기를 먹지 말라. 신혼(神魂, 정신)을 상하게 하기 때문이다.

생산초를 먹지 말라. 혈맥을 상하게 하기 때문이다.[197]

飮餐

勿食牛肉, 傷人神氣.

勿食生薤, 令人多涕唾.

勿食蟹、鱉, 損人神氣.

勿食鰕、蚌、著甲之物.

勿食獐肉, 動氣.

勿食脾, 季月土旺在脾故也.

勿食生葵, 令人飮食不化, 發宿病.

月末一十八日, 省甘增醎以養腎氣.

勿食猪犰肉, 傷人神氣.

勿食霜死之果菜, 失人顏色.

勿食熊羆肉, 傷人神魂.

勿食生椒, 傷人血脈.

197《養生月覽》卷下〈十二月〉(《中醫古籍整理叢書》118, 56~57쪽).

12-3) 즐목

1일에 목욕해야 한다.

2일에 머리를 감아야 한다. 재앙을 제거하기 때문이다.

7일에 흰머리털을 뽑으면 흰머리털이 영영 안 난다.

8일에 목욕하면 죄의 업장[罪障][198]을 전환시켜 제거한다.

13일 한밤중에 목욕하면 옥녀(玉女, 미녀)를 얻어 시봉을 받는다.

23일에 머리를 감으면 길하다.

30일에 구기채를 삶은 물로 목욕하면 광택이 나고, 병에 걸리지 않으며, 늙지 않는다.[199]

櫛沐

一日宜沐浴.

二日宜沐[49], 去災.

七日拔白, 永不生.

八日沐浴, 轉除罪障.

十三日夜半時沐浴, 令人得玉女侍房.

二十三日沐, 吉.

三十日取枸杞菜煮湯沐浴, 令人光澤, 不病不老.

12-4) 탈착

언 곳을 버리고 따뜻한 곳으로 가라.

지나치게 따뜻하게 지내지는 말라.[200]

脫著

去凍就溫.

勿甚溫暖.

12-5) 복이

없음

服餌

12-6) 기거

없음

起居

---

198 죄의 업장[罪障] : 전생에 지은 죄업으로 이 세상에서 받는 장애(障碍). 불교 윤회사상이 반영되어 있는 용어이다.

199 《養生月覽》卷下〈十二月〉(《中醫古籍整理叢書》118, 55~59쪽).

200 《養生月覽》卷下〈十二月〉(《中醫古籍整理叢書》118, 57쪽).

[49] 沐 : 《養生月覽·十二月》에는 "浴".

12-7) 요질

　12월의 첫 해일(亥日)에 돼지기름으로 구지(膃脂)[201]를 만들어 쓰면 옹저를 치료한다.

　납일(臘日)[202]에 돼지기름을 거둔 다음 물을 묻히지 말고 새 그릇에 넣어 해지(亥地)[203]에 100일을 묻어 두었다가 쓰면 옹저를 치료한다.

　이달에는 찐떡을 판처럼 펴고 말아서 빈속에 돼지기름과 함께 먹으면 개창(疥瘡)이 생기지 않는다. 오래 복용하면 신체가 광택이 나고 매끄럽다.

　납일에 산 쥐를 잡아다 기름에 끓이고서 고를 만들어 쓰면 화상을 치료하고 흉터를 줄인다.

　이달에 숫여우의 쓸개를 거두어 쓰면 건망증을 치료한다.

　인진원(茵陳元)[204]을 만들어 장기(瘴氣, 풍토병)·시역(時疫, 전염병)·온황(瘟黃, 황달의 일종) 등을 치료한다.

　청어쓸개를 그늘에 말려 복용하면 후폐(喉閉)[205]와 골경(骨鯁)[206]을 치료한다.

　이달에 약이(藥餌, 약음식)를 잘 만들어 두었다가 쓰면 오래도록 더위를 먹지 않는다.[207]

療疾

上亥日，取猪肪脂，作膃脂，治癰疽.

臘日收猪脂，勿令經水，盛新器，埋亥地百日，治癰疽.

是月空心用蒸餠卷板，猪脂食之，不生瘡疥. 久服身體光滑.

臘日取活鼠，以油煎爲膏，治湯火瘡，滅瘢疵.

是月收雄狐膽，治暴忘.

合茵陳圓，治瘴氣、時疫、瘟黃等.

取靑魚膽陰乾，治喉閉及骨鯁[50].

是月好合藥餌，經久不暍.

---

201 구지(膃脂) : 오래 묵은 기름.

202 납일(臘日) : 납월은 12월(섣달)이며, 납일은 동지 뒤 셋째 술일(戌日)이다. 우리나라에서는 조선 태조(太祖) 이후에는 동지 후 셋째 미일(未日)로 정하였다. 이날 조상과 신들에게 제사를 올렸다.

203 해지(亥地) : 해(亥, 북북서) 방향에 있는 땅.

204 인진원(茵陳元) : 봄에 채취한 사철쑥으로 만든 환약. 전염병과 황달을 치료하는 용도로 사용된다. 《임원경제지 인제지》 권6 〈외인〉 "전염병[瘟疫]" '탕액'에 나온다.

205 후폐(喉閉) : 목구멍 속이 부어오르고 아프며 막힌 느낌이 있는 증상.

206 골경(骨鯁) : 목구멍에 생선가시나 동물의 뼈가 박혀 통증이 심한 증상.

207 《養生月覽》 卷下 〈十二月〉 《中醫古籍整理叢書》 118, 57~59쪽).

50 鯁 : 저본에는 "硬". 《養生月覽·十二月》에 근거하여 수정.

12-8) 구사

없음

求嗣

12-9) 금기

피부에 땀을 너무 내지 말라.

큰 눈을 맞지 말라.

나쁜 바람을 삼가하여 근육과 뼈를 상하지 말라.

함부로 침을 놓지 말라. 그 피가 껄끄럽게 되고 진액이 잘 흐르지 않기 때문이다.

노래하고 춤추지 말라. 이를 어기면 반드시 흉하기 때문이다.[208]

禁忌

勿泄皮膚大汗.

勿犯大雪.

愼邪風, 勿傷筋骨.

勿妄針刺, 以其血澁, 津液不行.

勿歌舞. 犯者, 必凶.

12-10) 불양

계축(癸丑)일에 문을 만들면 도둑이 감히 들어오지 못한다.

납일에는 조왕신에 제사를 드려 복을 빈다.

납일에 대들보 위에 돼지귀를 걸어두면 부자가 된다.

이달의 어느 날 저녁에 집의 네 귀퉁이를 파서 큰 돌 하나씩을 묻어 진택(鎭宅)[209]으로 삼으면, 주로 재이(災異)가 일어나지 않는다.

제야(除夜, 12월 마지막밤)에 마당에 땔감을 쌓고 불을 붙이면 재앙을 막고 양기를 돕는다.

제야에 대청·마루·방·헛간에 모두 등불을 켜서

祓禳

癸丑日造門, 令盜賊不敢來.

臘日祠竈祈福.

臘日掛猪耳於堂梁上, 令人致富.

是月暮日, 掘宅四角, 各埋一大石爲鎭宅, 主災異不起.

除夜積柴於庭燎火, 辟災, 助陽氣.

除夜廳、堂、房、圊[51], 皆明

---

208 《養生月覽》 卷下 〈十二月〉 (《中醫古籍整理叢書》 118, 57~58쪽).
209 진택(鎭宅) : 집에 잡귀가 들어오지 못하도록 막아주는 물건이나 부적.
[51] 圊 : 저본에는 "濁". 《養生月覽·十二月》에 근거하여 수정.

새벽까지 밝게 하면, 주로 집안에 광명이 든다.

제야에 부잣집 밭에서 흙을 가져다 자기집 부엌에 바르면 재물을 불러들인다.[210]

燈至曉, 主家室光明.

歲夜於富家田內取土泥竈, 招財.

12-11) 벽온

세모 납일에 둥근 돌을 집모퉁이에 묻고 복숭아씨 7개를 섞어두면 귀역(鬼疫, 귀신으로 인한 전염병)이 없다.

납일 밤에 산초 21알을 갖고 우물 옆에 누워서 다른 사람과 말하지 말고 우물 속으로 던지면 온역을 제거한다.

거두어둔 조각자(皁角子)를 납일에 태워 가루 낸 뒤 쓰면 역병을 치료한다.

그믐날 낮에 도소주(屠蘇酒)를 매달아 우물 속에 담가두었다가 정월 초하루 새벽에 이 술을 끓여 먹으면 온병을 막는다.

그믐날에 집안사람 머리털을 모아 우물 속에 던지며 주문을 외치는데, "부디 아무개 집안사람을 모두 돌보아 주십시오!"라 하면, 온병을 막는다.

제야에 집안사람을 모두 모은 다음 조각자를 태워 이들에게 눈물이 나오도록 하면 역병을 막는다.

제야에 집안의 안 쓰는 약을 모아 안마당에서 태우면 역병을 막는다.

제야 4경(四更, 새벽 1~3시)에 삼씨·팥 각 14알과 집

辟瘟

歲暮臘埋圓石於宅隅, 雜以桃核七枚, 無鬼疫.

臘夜持椒三七粒, 臥井傍, 勿與人言, 投井中, 除瘟疫.

臘日收皁角燒爲末, 治疫.

晦日日中, 懸屠蘇沈井中, 正月朔日曉酒煎飮, 辟瘟.

歲暮日合家髮投井中, 呪[52] 曰"勅使某甲家口眷", 辟瘟.

除夜集家衆, 燒皁角, 令淚出, 辟疫.

除夜集家中所不用藥, 焚中庭, 辟疫.

除夜四更取麻子·小豆各

210《養生月覽》卷下〈十二月〉(《中醫古籍整理叢書》118, 57~61쪽).

[52] 呪 : 저본에는 "咀".《養生月覽·十二月》에 근거하여 수정.

안사람 머리카락 조금을 우물 속으로 던지면 역병을 막는다.[211]

二七[53]粒、家人髮小許, 投井中, 辟疫.

보양지 권제8 끝

葆養志卷第八

211《養生月覽》卷下〈十二月〉(《中醫古籍整理叢書》118, 58~61쪽).
[53] 七 : 저본에는 "粒".《養生月覽·十二月》에 근거하여 수정.

十二月 建丑

丑時正坐 一食頃 輒嚥還

手託兩脇 著骨之物 日夜半時

手上托挽 勿食龜鼈鱗障 ○十三

毎日子丑弟嚥○勿泉不生

陰脾濕土難令久 ○七日振

時配足太 ○浴轉除罪

太陽總氣傷人神氣浴○卄一○勿甚溫

勿食生 空沐麦暖

小寒運主 勿食牛肉 一日空沐 麦凍甄溫

力三五度 ○勿食藁 沐浴令人

吐納叩齒肉動氣○

漱咽○大 勿食脾孕

寒運辛庾月土旺在

陰初發時 脾故也○

配足太陰 勿食生葵 取枸杞米

脾濕土毎 令人飲食 煮湯漆

日子丑時 不化發宿

兩手踞床 病卄末 令允津

脆坐一足 卄八日 至病不老

直伸一足 省甘增鹹

上亥日取 勿泄受膚癸丑造 ○歲暮臘埋

猪防脂作 太汗○勿門令盜賊圖石祐宅

膈脂治癰 犯大雪○不取来○隅雜以桃

疽○腑○ 慎邪鼠勿膩日祠過枝七枚無

收猪脂勿 復筋骨○祈猫○腑鬼痘心臘

令經水盛 傷筋骨○膩 校七枚三

新埋埋亥 勿安針刺日掛殯耳夜持椒三

地百日治 其血脈在於堂課七粒卧井

癰疽是 灌液不行令人致當旁勿與人

勿歌舞○是月暮言投井中

月空心用 犯春立冬日掘宅四 除瘟疫○

蒸餅麦核 角各埋一臙角收皂○

猪脂食之 大石為頭角燒為末

久服身 宅主家崇治疫○晦

光滑○ 不起○除日中懸

賣瘡湯又 最治鼠 夜積柴柴 屠辭沉井

減爛批 以油煎 庭燎父辭 中正月胡

為為油煎熬 災助陽氣 日曉酒煎

除夜廳 飲辟瘟○

堂彦過日歲暮自合

用力左右以養腎氣
三五度叩○勿食豬
蘓激咽吐○狗肉傷人
納神氣○勿

食霜死之
果菜夫人
顏色○勿
傷人神魂
食能罷肉
○勿食生
椒傷人血
脉

○是月收
雛狐膽治
暴忘○合
菌陳圓治

聲氣時疫
瘟黃寺ㄷ
取青魚膽
陰乾治喉
閉及骨硬
○是月好

合藥餌
經久不壞

明燈至曉　家髮役并
主家室先　申日勅
明○歲夜　便其甲家
於富家田　○春辟瘟

內取土泥
竈招財

南令凄出
辟疫○除
夜集少中
所不用藥

葵中庭辟
疫○除夜
四更取麻
子豆各

○除夜集
家家燒竈

人髮少許
投井中辟
疫

二粒各
三粒各

《보양지》 참고문헌 서목

경서류

《周易正義》, 王弼 注, 孔穎達 疏 (《十三經注疏整理本》1, 北京大學出版社, 2000)

《禮記正義》, 鄭玄 注, 孔穎達 疏 (《十三經注疏整理本》14-15, 北京大學出版社, 2000)

사서류

《呂氏春秋》(《文淵閣四庫全書》848, 臺灣商務印書館, 1983)

《春秋左傳注疏》, 杜預 (《十三經注疏整理本》17, 北京大學出版社, 2000)

제자류

《朱子全書》(臺灣商務印書館, 2002)

문집류

《東坡全集》, 蘇軾 撰 (《文淵閣四庫全書》1107, 臺灣商務印書館, 1983)

《敬齋古今黈》, 李治 撰 (《文淵閣四庫全書》866, 臺灣商務印書館, 1983)

자전과 운서류

《說文解字》, 許慎 撰 (《文淵閣四庫全書》223, 臺灣商務印書館, 1983)

《重修玉篇》, 重修玉篇 (《文淵閣四庫全書》224, 臺灣商務印書館, 1983)

《大漢韓辭典》(교학사, 1998)

유서류

《說郛》, 陶宗儀 撰 (《文淵閣四庫全書》881, 商務印書館, 1983)

《福壽全書》, 陳繼儒 編 (국립중앙도서관古古10-00-나9)

《藏外道書》(巴蜀書社, 1992)

《壽養叢書》, 胡文煥 編 (《中華古籍資源庫》所藏本)

《中華道藏》, 張繼禹 主編 (華夏出版社, 2004)

《古今秘苑》, 曾慥 撰 (《古今秘苑全書》, 上海校經山房印行)

《居家必用事類全集》, 작자미상 (《續修四庫全書》1184, 上海古籍出版社, 1995)

《太平御覽》, 李坊 (《文淵閣四庫全書》900, 臺灣商務印書館, 1983)

《遵生八牋校注》, 高濂 撰, 趙立勛 等 校注 (人民衛生出版社, 1994)

의서류

《格致餘論·局方發揮》, 朱震亨 著 (中國醫藥科技出版社, 2011)

《古今圖書集成醫部全錄》, 陳夢雷 等編 (人民衛生出版社, 2012)

《古今醫鑑》, 龔廷賢 著 (《龔廷賢醫學全書》, 中國中醫藥出版社, 2009)

《臞仙神隱書》, 朱權 著 (《四庫全書存目叢書》260, 齊魯書社, 1996)

《金匱鉤玄》, 朱震亨 著 (《丹溪醫集》, 人民衛生出版社, 2014)

《圖經本草》, 蘇頌 撰 (安徽科學技術出版社, 1994)

《東醫寶鑑》, 許浚 著 (《原本東醫寶鑑》, 南山堂, 2009)

《李東垣 醫學全書》, 張年順 等 編 (中國中醫藥出版社, 2006)

《萬病回春》, 龔廷賢 撰 (人民衛生出版社, 2009)

《脈經》, 王叔和 撰 (人民衛生出版社, 2011)

《名醫別錄》, 陶弘景 著 (人民衛生出版社, 1986)

《保生要錄》, 蒲虔貫 撰 (《中華道藏》23, 華夏出版社, 2004)

《普濟方》, 朱橚 著 (《文淵閣四庫全書》758, 臺灣商務印書館, 1983)

《本草綱目》, 李時珍 著, 劉衡如 校 (人民衛生出版社, 1982)

《本草衍義》, 寇宗奭 撰 (人民衛生出版社, 1990)

《婦人大全良方》, 陳自明 著 (人民衛生出版社, 1996)

《備急千金要方》, 孫思邈 著 (《孫思邈醫學全書》, 中國中醫藥出版社, 2015)

《三因極一病證方論》, 陳言 著 (人民衛生出版社, 2010)

《世醫得效方》, 危亦林 著 (人民卫生出版社, 1983)

《世醫得效方》, 危亦林 撰 (上海科學技術出版社, 1997)

《巢氏諸病源候論》, 巢元方 撰 (《文淵閣四庫全書》734, 臺灣商務印書館, 1983)

《壽世保元》, 龔廷賢 著 (《龔廷賢醫學全書》, 中國中醫藥出版社, 2015)

《食療本草》, 孟詵撰張鼎 編 (人民衛生出版社, 1984)

《神農本草經疏》, 繆希雍 著 (《繆希雍醫學全書》, 中國中醫藥出版社, 2015)

《醫方類聚》, 金禮蒙·柳誠源 等 編 (人民衛生出版社, 2006)

《醫說》, 張杲 著 (《文淵閣四庫全書》742, 臺灣商務印書館, 1983)

《醫學入門》, 李梴 撰 (人民衛生出版社, 2006)

《醫學正傳》, 虞搏 著 (中國醫藥科技出版社, 2011)

《仁齋直指方論》, 楊士瀛 著 (《楊士瀛醫學全書》, 中國中醫藥出版社, 2015)

《褚氏遺書》, 褚澄 撰 (《文淵閣四庫全書》734, 臺灣商務印書館, 1983)

《濟陰綱目》, 武之望 撰 (中國哲學書電子化計劃 電子版)

《濟衆新編》, 康命吉 奉敎 撰 (通文館, 1968)

《蟲斯秘訣》, 찬자 미상 (中國哲學書電子化計劃 電子版)

《種杏仙方》, 龔廷賢 著 (《龔廷賢醫學全書》, 中國中醫藥出版社, 2009)

《證類本草校注》, 唐愼薇 著, 郭君雙 等 校注 (中國醫藥科技出版社, 2011)

《證治準繩》, 王肯堂 撰 (《王肯堂醫學全書》, 1999)

《眞誥》, 陶弘景 撰 (《中華道藏》2, 華夏出版社, 2004)

《珍珠囊補遺藥性賦》, 李東垣 著 (中國哲學書電子化計劃 電子版)

《千金翼方》, 孫思邈 著 (《孫思邈醫學全書》, 中國中醫藥出版社, 2015)

《太平聖惠方校注》, 王懷隱 撰 (河南科学技术出版社, 2015)

《太平惠民和劑局方》, 陳師文 篇 (人民衛生出版社, 2007)

《鄕藥集成方》, 俞孝通·盧重禮·朴允德 撰 (국립중앙도서관, 7651-10=2)

《黃帝內經素問語譯》, 郭靄春 編 (人民衛生出版社, 1992)

《鍼灸甲乙經校釋》, 山東中醫學院 校釋 (人民衛生出版社, 2009)

농서 및 음식서류

《增補山林經濟》, 柳重臨 著 (《農書》3, 亞細亞文化社, 1981)

도교 양생서

《群仙要語纂集》, 董漢醇 撰 (《中華道藏》27, 華夏出版社, 2004)

《祈嗣眞詮》, 屠隆 著 (《叢書集成初編》2986, 商務印書館, 1936)

《道德眞經註》(《中華道藏》9, 華夏出版社, 2004)

《類修要訣》, 胡文煥 編 (《壽養叢書》3)

《類修要訣續附》, 胡文煥 編 (《壽養叢書》3)

《保生心鑑》, 鐵鋒居士 撰 (《壽養叢書》6)

《三元延壽參贊書》, 李鵬飛 撰 (《壽養叢書》1, 2 ; 《中華道藏》23, 華夏出版社, 2004)

《上陽子金丹大要》, 陳致虛 撰 (《中華道藏》27, 華夏出版社, 2004)

《上淸洞眞九宮紫房圖》, 찬자 미상 (《中華道藏》2, 華夏出版社, 2004)

《攝生要義》, 河濱丈人 撰 (《壽養叢書》5)

《修眞秘要》, 王蔡 撰 (《壽養叢書》4 ; 《藏外道書》25)

《修眞十書》(《中華道藏》19, 華夏出版社, 2004)

《修眞十書黃庭內景玉經注》, 梁丘子 批注 (《中華道藏》19, 華夏出版社, 2004)

《壽親養老書》, 胡文煥 校正 (《壽養叢書》11)

《壽親養老新書》, 陳直 撰 (《文淵閣四庫全書》738, 臺灣商務印書館, 1983)

《養生導引法》, 胡文煥 校正 (《壽養叢書》8)

《養生月覽》, 周守忠 撰 (《中醫古籍整理叢書》118, 人民衛生出版社, 1987)

《悟眞篇注疏》, 翁葆光 注, 戴起宗 疏 (《文淵閣四庫全書》1061, 臺灣商務印書
　　館, 1983)

《祐山雜說》, 馮汝弼 撰 (《叢書集成初編》2922, 商務印書館, 1936)

《雲笈七籤》, 張君房 撰 《中華道藏》29, 華夏出版社, 2004)

《長生詮經》, 저자미상 《中華道藏》2, 23, 華夏出版社, 2004)

《眞誥》, 陶弘景 撰 《中華道藏》2, 華夏出版社, 2004).

《天隱子》, 司馬承禎 述 《中華道藏》26, 華夏出版社, 2004)

《天隱子養生書》, 司馬承楨 述 《中華道藏》26, 華夏出版社, 2004)

《太上老君說常淸靜妙經》, 저자미상 《中華道藏》6, 華夏出版社, 2004)

《太上老君養生訣》 《中華道藏》19, 華夏出版社, 2004).

《太淸道林攝生論》, 저자미상 《中華道藏》23, 華夏出版社, 2004)

《通玄眞經注》, 徐靈府 《中華道藏》15, 華夏出版社, 2004)

《抱朴子內篇》, 葛洪 《中華道藏》25, 華夏出版社, 2004).

《抱朴子養生論》, 葛洪 撰 《中華道藏》23, 華夏出版社, 2004)

《亢倉子》, 庚桑楚 撰 《中華道藏》15, 華夏出版社, 2004)

《海瓊問道集》, 白玉蟾 撰 〈玄關顯秘論〉 《中華道藏》19, 華夏出版社, 2004)

《厚生訓纂》, 周臣 編 《壽養叢書》7)

《抱朴子內篇校釋》, 王明 著 (中華書局, 1985)

《抱朴子外篇校箋》上·下, 楊明照 撰 (中華書局, 1991)

《活人心法》, 朱權 撰 (中国中医药出版社, 2015)

그 외 원전

《金華耕讀記》, 徐有榘 著 (東京都立日比谷圖書館 所藏)

《式古堂書畫彙考》, 卞永譽 撰 (浙江人民美術出版社, 2012)

사전과 도감류

《한국민족문화대백과사전》, 한국정신문화연구원편찬부 (한국정신문화연구원)

《大漢和辭典》, 諸橋轍次 著 (大修館書店, 1984)

《漢語大詞典》, 羅竹風 主編, 漢語大詞典編輯委員會, 漢語大詞典編纂處
　　編纂 (上海, 漢語大詞典出版社, 1990-93)

《중국역대인명사전》, 임종욱 외 1인 (이회문화사, 2010)

《한국고전용어사전》, 한국고전용어사전 편찬위원회 (세종대왕기념사업회, 2001)

번역서

《화타오금지희도해(華佗五禽之戲圖解)》, 郭廷獻 지음, 김성기·박윤선 공역
　　(우리출판사, 2001)

《회남자(淮南子)》, 李錫浩 옮김 (세계사, 1992)

《老子와 21세기》, 김용옥 저 (통나무, 1999)

《老子 : 길과 얻음》, 김용옥 지음 (통나무, 1989)

《노자 : 삶의 기술, 늙은이의 노래》, 김홍경 지음 (들녘, 2003)

《莊子》, 안동림 역주 (현암사, 1993)

《임원경제지 정조지(林園經濟志 鼎俎志)》 1·2·3·4, 풍석 서유구 지음, 임원
　　경제연구소 옮김 (풍석문화재단, 2020)

연구논저

《임원경제지(林園經濟志) : 조선 최대의 실용백과사전》, 풍석 서유구 지음,
　　정명현·민철기·정정기·전종욱 외 옮기고 씀(씨앗을 뿌리는 사람, 2012)

검색사이트

百度 (바이두) http://www.baidu.com

國學大師 http://www.guoxuedashi.com/

異體字字典 (中華民國教育部) http://dict.variants.moe.edu.tw/

한국고전번역원 http://www.itkc.or.kr

한국한의학고전DB https://www.mediclassics.kr/

국립수목원 http://www.kna.go.kr

고전용어 시소러스 (한국고전번역원)

Google (구글) http://www.google.com

DAUM(다음) http://www.daum.net/

NAVER(네이버) http://www.nave.com

고려대 해외한국학자료센터 http://kostma.korea.ac.kr/

고려대학교 중앙도서관 http://library.korea.ac.kr/

국립중앙도서관 http://www.nl.go.kr/

규장각 한국학연구원 (서울대학교) http://kyujanggak.snu.ac.kr/

색인

인명

지명

물명

🌿 임원경제연구소

임원경제연구소는 고전 연구와 번역, 출판을 주요 목적으로 하는 사단법인이다. 문사철수(文史哲數)와 의농공상(醫農工商) 등 다양한 전공 분야의 소장학자 40여 명이 회원 및 번역자로 참여하여, 풍석 서유구의 《임원경제지》를 완역하고 있다. 또한 번역 사업을 진행하면서 축적한 노하우와 번역 결과물을 대중과 공유하기 위해 관련 전문가 및 단체들과 교류하고 있다. 연구소에서는 번역 과정과 결과를 통하여 '임원경제학'을 정립하고 우리 문명의 수준을 제고하여 우리 학문과 우리의 삶을 소통시키고자 노력한다. 임원경제학은 시골살림의 규모와 운영에 관한 모든 것의 학문이며, 경국제세(經國濟世)의 실천적 방책이다.

번역

전종욱(全鍾頊)

대구 칠곡 출신. 전북대학교 한국과학문명학연구소 교수. 한의사. KAIST 의과학대학원 박사. 서울대학교 경제학과, 동신대학교 한의학과, 한국한의학연구원을 거쳤다. 도올서원과 한림대학교 태동고전연구소(지곡서당)에서 한문을 익혔다. 《임원경제지》〈보양지〉와 〈인제지〉 번역과 함께 우리 문화의 성취에 주목하고 동과 서, 고와 금을 아우르는 지평에서 한국문명의 좌표와 미래를 탐색하고 있다. 《임원경제지》〈인제지〉의 처방을 기반으로 신약개발플랫폼 특허를 등록하였으며, 〈원효의 《금광명경》〈제병품〉 주석을 통해 살펴본 한국고대불교의학〉, 《역시만필》 속 맥진에 대한 연구〉, 〈조선 침구의 지향에 대한 연구〉 등의 논문과 《국역 구급이해방》, 《국역 의림촬요》, 《조선최대의 실용백과사전, 임원경제지 개관서(공저)》, 《이수귀의 동의보감 실전기, 역시만필(공저)》, 《임원경제지와 조선의 일용기술(근간)》 등의 저서가 있다.

정명현(鄭明炫)

광주광역시 출신. 고려대 유전공학과를 졸업하고, 도올서원과 한림대 태동
고전연구소에서 한학을 공부했다. 서울대 대학원 '과학사 및 과학철학 협동
과정'에서 전통 과학기술사를 전공하여 석사와 박사를 마쳤다. 석사와 박사
논문은 각각 〈정약전의《자산어보》에 담긴 해양박물학의 성격〉과 〈서유구의
선진농법 제도화를 통한 국부창출론〉이다.《임원경제지》중《본리지》·《섬용
지》·《유예지》·《상택지》·《예규지》·《이운지》·《정조지》를 공역했다. 또 다른
역주서로《자산어보 : 우리나라 최초의 해양생물 백과사전》이 있고,《임원경
제지 : 조선 최대의 실용백과사전》을 민철기 등과 옮기고 썼다. 현재 임원경제
연구소 소장으로《임원경제지》번역 사업에 참여하고 있다.

감수 및 서문

도올 김용옥(金容沃)

우리시대를 대표하는 사상가이다. 고려대학교 생물과, 철학과, 한국신학대
학 신학과에서 수학하고 원광대학교 한의과대학, 대만대학, 동경대학, 하바
드대학에서 소정의 학위를 획득했다. 고려대학교, 중앙대학교, 한국예술종합
학교, 연변대학, 사천사범대학 등 한국과 중국의 수많은 대학에서 제자를 길
렀다.《동양학 어떻게 할 것인가》등 80여 권에 이르는 다양한 주제의 저술을
통해 끊임없이 민중과 소통하여 왔으며, 우리나라 KBS1 TV프로그램《도올
아인 오방간다》(2019, KBS1 TV)를 통하여 우리 현대사 100년의 의미를 국민에
게 전했다. 그가 직접 연출한《도올이 본 한국독립운동사 10부작》(2005, EBS)
은 동학으로부터 해방에 이르는 다난한 민족사를 철학자의 시각에서 영상으
로 표현한 20세기 한국역사의 대표적인 걸작으로 꼽히며, 향후의 모든 근대
사 탐구의 기준을 제시했다. 역사에 대한 탐색은 여기에 그치지 않고, 국학
(國學)의 정립을 위하여《삼국유사》·《일본서기》·《고려사》·《조선왕조실록》의
역사문헌과 유적의 연구에 정진하며, 고대와 근세 한국사에 대한 인식을 새
롭게 하고 있다. 최근에는 광주MBC에서 마한문명을 고조선의 중심으로 파
악하는 파격적인 학설을 주장하여 사계 학자들의 관심을 집중시켰다. 도올
김용옥 선생은 역사와 문학과 철학, 문화인류학, 고고학, 그리고 치열한 고등

문헌학을 총체적으로 융합시킬 수 있는 당대의 거의 유일한 학자로서 후학들의 역사이해를 풍요롭게 만들어가고 있다. 최근 50년 학문 역정을 결집시킨 《노자도덕경》 주석서, 《노자가 옳았다》는 인류문명 패러다임의 전환에 대한 새로운 시각을 제시하였으며, 베스트셀러로서 광범위한 민중들의 호응을 얻고 있다.

교열, 교감, 표점

민철기(閔喆基)

서울 출신. 연세대 철학과를 졸업하고 도올서원에서 한학을 공부했다. 연세대 대학원 철학과에서 학위논문으로 〈세친(世親)의 훈습개념 연구〉를 써서 석사과정을 마쳤다. 임원경제연구소 번역팀장과 공동소장을 역임했고, 현재는 선임연구원으로 재직하며 《섬용지》를 교감 및 표점했고, 《유예지》·《상택지》·《예규지》·《이운지》·《정조지》를 공역했다.

정정기(鄭炡基)

경상북도 장기 출신. 서울대 가정대학 소비자아동학과에서 공부했고, 도올서원과 한림대 태동고전연구소에서 한학을 익혔다. 서울대 대학원에서 〈성리학적 부부관에 대한 연구〉로 석사를, 〈조선시대 가족의 식색교육 연구〉로 박사를 마쳤다. 음식백과인 《정조지》의 역자로서 강의와 원고 작업을 통해 그에 수록된 음식에 대한 소개에 힘쓰며, 부의주를 빚고 가르쳐 집집마다 항아리마다 술이 익어가는 꿈을 실천하고 있다. 임원경제연구소 교열팀장과 번역팀장을 역임했고, 현재는 연구원으로 재직하며, 《섬용지》를 교열했고, 《유예지》·《상택지》·《예규지》·《이운지》·《정조지》를 공역했다.

최시남(崔時南)

강원도 횡성 출신. 성균관대 유학과(儒學科) 학사 및 석사를 마쳤으며 동 대학원 박사과정을 수료했다. 성균관(成均館) 한림원(翰林院)과 도올서원(檮杌書院)에서 한학을 공부했으며 호서대학교에서 강의를 했다. IT회사에서 조선시대 왕실 자료와 문집·지리지 등의 고문헌 디지털화 작업을 했다. 현재 임원경제연

구소 팀장으로 근무하며, 《섬용지》·《유예지》·《상택지》·《예규지》·《이운지》·
《정조지》를 공역했다.

김현진(金賢珍)

경기도 평택 출신. 공주대 한문교육과를 졸업하고 한림대 태동고전연구소와
한국고전번역원에서 한학을 공부하였으며 성균관대 대학원 한문학과에서 석
사과정을 수료했다. 현재 임원경제연구소 연구원으로 근무하며 《섬용지》를
교열했고, 《유예지》·《상택지》·《예규지》·《이운지》·《정조지》를 공역했다.

김수연(金秀娟)

서울 출신. 한국전통문화대 전통조경학과를 졸업하고 한림대 태동고전연구
소에서 한학을 공부했다. 현재 임원경제연구소 팀장으로 근무하며 《섬용지》
를 교감 및 표점했고, 《유예지》·《상택지》·《예규지》·《이운지》·《정조지》를 공
역했다.

강민우(姜玟佑)

서울 출신. 한남대 사학과를 졸업하고 한림대 태동고전연구소에서 한학을 공
부했다. 성균관대 대학원 사학과에서 석사과정을 마쳤고, 박사과정 재학 중
이다. 현재 임원경제연구소 연구원으로 근무하며, 《섬용지》를 교열했고, 《유
예지》·《상택지》·《예규지》·《이운지》·《정조지》를 공역했다.

김광명(金光明)

전라북도 정읍 출신. 전주대학교 한문교육과를 졸업하고 한국고전번역원에서
한학을 공부했으며, 성균관대 대학원 고전번역 협동과정에서 석박사통합과
정을 수료했다. 현재 임원경제연구소 연구원으로 근무하며, 《유예지》·《상택
지》·《예규지》·《이운지》·《정조지》를 공역했다.

김용미(金容美)

전라북도 순창 출신. 동국대 철학과를 졸업하고, 한국고전번역원 국역연수원

과 일반연구과정에서 한문 번역을 공부했다. 한국고전번역원에서 추진하는 고전 전산화사업에 교정교열위원으로 참여했고, 《정원고사(政院故事)》 공동번역에 참여했으며, 전통문화연구회에서 추진하고 있는 《모시정의(毛詩正義)》 공동번역에 참여하고 있으며, 현재 임원경제연구소 연구원으로 근무하며, 《유예지》·《이운지》·《정조지》를 공역했다.

자료정리
고윤주(高允珠)(푸르덴셜 라이프 플래너)

교감·표점·교열·자료조사
임원경제연구소

🌍 풍석문화재단

(재)풍석문화재단은 《임원경제지》 등 풍석 서유구 선생의 저술을 번역 출판하는 것을 토대로 전통문화 콘텐츠의 복원 및 창조적 현대화를 통해 한국의 학술 및 문화 발전에 기여함을 목적으로 설립되었다.

재단은 ①《임원경제지》의 완역 지원 및 간행, ②《풍석고협집》, 《금화지비집》, 《금화경독기》, 《번계시고》, 《완영일록》, 《화영일록》 등 선생의 기타 저술의 번역 및 간행, ③풍석학술대회 개최, ④《임원경제지》 기반 대중문화 콘텐츠 공모전, ⑤ 풍석디지털자료관 운영, ⑥《임원경제지》 등 고조리서 기반 전통음식문화의 복원 및 현대화 사업 등을 진행 중이다.

재단은 향후 풍석 서유구 선생의 생애와 사상을 널리 알리기 위한 출판·드라마·웹툰·영화 등 다양한 문화 콘텐츠 개발 사업, 《임원경제지》 기반 전통문화 콘텐츠의 전시 및 체험교육 등을 목적으로 하는 서유구 기념관 건립 등을 추진 중이다.

풍석문화재단 웹사이트 및 주요 연락처

웹사이트

풍석문화재단 홈페이지 : www.pungseok.net

출판브랜드 자연경실 블로그 : https://blog.naver.com/pungseok

풍석디지털자료관 : www.pungseok.com

풍석문화재단 음식연구소 홈페이지 : www.chosunchef.com

주요 연락처
풍석문화재단 사무국

주　소 : 서울 서초구 방배로19길 18, 남강빌딩 301호

연락처 : 전화 02)6959-9921 팩스 070-7500-2050 이메일 pungseok@naver.com

풍석문화재단 전북지부

연락처 : 전화 063)290-1807 팩스 063)290-1808 이메일 pungseokjb@naver.com

풍석문화재단 음식연구소

주　소 : 전북 전주시 완산구 향교길 104

연락처 : 전화 010-8983-0658 이메일 zunpung@naver.com

조선셰프 서유구(음식연구소 부설 쿠킹클래스)

주　소 : 전북 전주시 완산구 향교길 104

연락처 : 전화 010-8983-0658 이메일 zunpung@naver.com

서유구의 서재 자이열재(풍석 서유구 홍보관)

주　소 : 전북 전주시 완산구 향교길 104

연락처 : 전화 010-3010-2057 이메일 pungseok@naver.com

풍석학술진흥연구조성위원회

(재)풍석문화재단은《임원경제지》의 완역완간 사업 등의 추진을 총괄하고 예산 집행의 투명성을 기하기 위해 풍석학술진흥연구조성위원회를 두고 있습니다. 풍석학술진흥연구조성위원회는 사업 및 예산계획의 수립 및 연도별 관리, 지출 관리, 사업 수익 관리 등을 담당하며 위원은 아래와 같습니다.

위원장 : 신정수(풍석문화재단 이사장)

위　원 : 서정문(한국고전번역원 고전번역연구소장), 진병춘(풍석문화재단 사무총장)
　　　　안대회(성균관대학교 한문학과 교수), 유대기(활기찬인생 2막 이사장)
　　　　정명현(임원경제연구소장)

풍석문화재단 사람들

이사장	신정수 ((前) 주택에너지진단사협회 이사장)
이사진	김윤태 (우석대학교 평생교육원장) 김형호 (한라대학교 이사) 모철민 ((前) 주 프랑스대사) 박현출 ((前) 서울시농수산식품공사 사장) 백노현 (우일계전공업그룹 회장) 서창석 (대구서씨대종회 총무이사) 서창훈 (우석재단 이사장 겸 전북일보 회장) 안대회 (성균관대학교 한문학과 교수) 유대기 (활기찬인생 2막 이사장) 이영진 (AMSI Asia 대표) 정명현 (임원경제연구소 소장) 진병춘 (상임이사, 풍석문화재단 사무총장) 채정석 (법무법인 웅빈 대표) 홍윤오 ((前) 국회사무처 홍보기획관)
감사	홍기택 (대일합동회계사무소 대표)
음식연구소장	곽미경 (《조선셰프 서유구》 저자)
재단 전북지부장	서창훈 (우석재단 이사장 겸 전북일보 회장)
사무국	박정진, 박소해
고문단	이억순 (상임고문) 고행일 (인제학원 이사) 김영일 (한국AB.C.협회 고문) 김유혁 (단국대 종신명예교수) 문병호 (사랑의 일기재단 이사장) 신경식 (헌정회 회장) 신중식 ((前) 국정홍보처 처장) 신현덕 ((前) 경인방송 사장) 오택섭 ((前) 언론학회 회장) 이영일 (한중 정치외교포럼 회장) 이석배 (공학박사, 퀀텀연구소 소장) 이수재 ((前) 중앙일보 관리국장) 이준석 (원광대학교 한국어문화학과 교수) 이형균 (한국기자협회 고문) 조창현 ((前) 중앙인사위원회 위원장) 한남규 ((前) 중앙일보 부사장)

《임원경제지·보양지》 완역 출판을 후원해 주신 분들

㈜DYB교육 ㈜벽제외식산업개발 ㈜오가닉씨드 ㈜우리문화 ㈜우일계전공업 ㈜청운산업 ㈎인문학문화포럼 굿데이영농조합법인 눈비산마을 대구서씨대종회 문화유산국민신탁 옹기뜸골 홍주발효식품 한국에너지재단 강윤화 강흡모 고관순 고경숙 고옥희 고유돈 고윤주 고혜선 공소연 구도은 구자민 곽미경 곽의종 곽중섭 곽희경 권경숙 권미연 권정순 권희재 김경용 김근희 김남주 김덕수 김덕숙 김동관 김동범 김동섭 김두섭 김문경 김문자 김미숙 김미정 김병돈 김상철 김석기 김선유 김성규 김성자 김 솔 김수경 김수향 김순연 김영환 김용도 김유혁 김은영 김은희 김익래 김인혜 김일웅 김재광 김정기 김정숙 김정연 김종덕 김종보 김종호 김지연 김지형 김창욱 김태빈 김현수 김혜례 김흥희 김후경 김 훈 김흥룡 나윤호 노창은 류충수 류현석 문성희 민승현 박낙규 박동식 박록담 박미현 박민숙 박민진 박보영 박상용 박상준 박석무 박선희 박성희 박수금 박영재 박용옥 박용희 박재정 박종규 박종수 박지은 박찬교 박춘일 박현자 박혜옥 박현출 박효원 배경옥 백노현 백은영 변홍섭 서국모 서봉석 서영석 서정표 서창석 서청원 석은진 선미순 성치원 손현숙 송상용 송은정 송원호 송형록 신동규 신미숙 신영수 신응수 신종출 신태복 안순철 안영준 안철환 양덕기 양성용 양인자 양태건 양휘웅 오미환 오민하 오성열 오영록 오영복 오은미 오인섭 용남곤 우창수 유미영 유영준 유종숙 유지원 윤남철 윤석진 윤신숙 윤영실 윤은경 윤정호 이건호 이경근 이경제 이경화 이관옥 이광근 이국희 이근영 이기웅 이기희 이남숙 이동규 이동호 이득수 이범주 이봉규 이상근 이성옥 이세훈 이순례 이순영 이승무 이영진 이우성 이윤실 이윤재 이원종 이인재 이재용 이정란 이정언 이주희 이진영 이진희 이천근 이 철 이태영 이태인 이태희 이현식 이현일 이형배 이형운 이혜란 이효지 임각수 임승윤 임윤희 임종태 임종훈 임재춘 자원스님 장상무 장영희 장우석 전명배 전종욱 전치형 전푸르나 정갑환 정경숙 정 극 정금자 정명섭 정명숙 정상현 정소성 정여울 정연순 정영미 정외숙 정용수 정우일 정정희 정종모 정지섭 정진성 정창섭 정태경 정태윤 정혜경 정혜진 조규식 조문경 조성연 조숙희 조은미 조은필 조주현 조재현 조창록 조헌철 조희부 주석원 주호스님 지현숙 진묘스님 진병춘 진선미 진성환 진인옥 차재숙 차영익 차흥복 천재박 최경수 최경식 최광현 최미옥 최미화 최범채 최성희 최승복 최연우 최용범 최윤경 최정숙 최정원 최정희 최진욱 최필수 최희령 탁준영 태경스님 태의경 하영휘 하재숙 한승문 함은화 허영일 허 탁 홍미숙 홍수표 함은화 황경미 황재운 황재호 황정주 황창연 그 외 이름을 밝히지 않은 후원자분